U0909077

本成果受到重庆工商大学商科学术研究国际化促进计划、重庆工商大学专著出版基金资助，本成果为教育部人文社会科学重点研究基地重庆工商大学长江上游经济研究中心的科研成果

土地征用、非农就业与城郊农民收入研究

刘 魏 著

中国财经出版传媒集团
中国财政经济出版社

图书在版编目（CIP）数据

土地征用、非农就业与城郊农民收入研究 / 刘魏著. -- 北京：中国财政经济出版社，2022.4
ISBN 978-7-5223-1265-1

Ⅰ.①土… Ⅱ.①刘… Ⅲ.①土地征用－影响－农民收入－研究－中国 ②农村劳动力－劳动力转移－影响－农民收入－研究－中国 Ⅳ.①F323.8

中国版本图书馆 CIP 数据核字（2022）第 046972 号

责任编辑：彭 波　　责任印制：史大鹏
封面设计：卜建辰　　责任校对：张 凡

中国财政经济出版社 出版
URL：http：//www.cfeph.cn
E-mail：cfeph@cfeph.cn

社址：北京市海淀区阜成路甲 28 号　邮政编码：100142
营销中心电话：010-88191522
天猫网店：中国财政经济出版社旗舰店
网址：https：//zgczjjcbs.tmall.com
北京财经印刷厂印刷　各地新华书店经销
成品尺寸：170mm×240mm　16 开　21.75 印张　335 000 字
2022 年 4 月第 1 版　2022 年 4 月北京第 1 次印刷
定价：68.00 元
ISBN 978-7-5223-1265-1
（图书出现印装问题，本社负责调换，电话：010-88190548）
本社质量投诉电话：010-88190744
打击盗版举报热线：010-88191661　QQ：2242791300

前　言

改革开放以来，随着经济社会的快速发展，我国城镇化进程逐渐加快，大量剩余劳动力从“过密化”的农业中释放出来，进入城市，通过非农就业的形式获得了比传统农业经营更多的收入回报。这种“城镇化刺激非农就业、非农就业加速城镇化”的循环模式在深刻影响城市和农村的同时，也对城郊农民产生了深刻影响。一方面，城镇化的外围扩张导致城郊村大量土地被征用；另一方面，城镇化的拉力也迫使城郊农民脱离农业生产，面临生计行为的重新配置。可见，城镇化引致的土地征用、非农就业对城郊农民微观行为进行了重新配置，并进一步影响其收入水平和结构。

面对转型时期快速变化的形势，本书试图回答：土地征用、非农就业和城郊农民收入三者之间究竟有怎样的关系。围绕这三者的关系问题，本书运用了农户生产行为理论、收入增长（经济增长）理论、二元经济理论等一系列理论，并试图将土地征用、非农就业、城郊农民收入纳入一个统一的分析框架，考察土地征用与非农就业对城郊农民收入的影响路径及机制，并运用数理模型推导出相关命题。在此基础之上，论文利用 CFPS2010、2014 和 CHNS 数据，综合运用交互效应模型、分位数回归、倾向得分匹配方法等一系列研究方法，从收入水平、收入结构等角度实证验证土地征用、非农就业对城郊农民收入的影响。

通过理论与实证的分析，本书得出如下结论：

(1) 城郊农民与远郊农民遵循不同的收入增长路径，同时两者的非农就业行为和土地征用频率也存在显著差异。

本书的研究对象是城郊农民，但只有通过与远郊农民的对比，才能发现土地征用和非农就业在城郊农民收入增长中的关键作用。改革开放以来，无论是城郊农民还是远郊农民，我国农村居民的收入均呈现快速增长，两者呈现类似的变化趋势。但两者之间却存在较大的收入差距，从收入水平上看，城郊农民收入显著高于远郊农民；从收入结构上看，城郊农民收入构成中工资性收入和财产性收入占据重要位置，远郊农民收入构成中工资性收入和农业经营性收入占据重要位置。工资性收入的差异主要表现在城郊农民与远郊农民非农就业类型不同，城郊农民主要以本地非农就业为主，其本地非农就业率为64.32%，远郊农民本地非农就业率刚过50%，这说明城郊农民更倾向于本地非农就业、远郊农民更倾向于异地非农就业。财产性收入的差异主要表现在城郊农民土地征用（承包地征用和宅基地征用）频率较高，城郊农民能够获得征地补偿收入和租金收入。

(2) 土地征用后城郊农民收入提高的关键在于征地补偿金的多寡和非农就业机会的获取。

具体来说，土地征用后，城郊农民是否参与非农就业，受到征地强度和非农就业机会的影响，非农就业机会主要包括供给和需求两个层面，主要表现为：一是征地强度，征地强度越大，农户将倾向于非农就业；二是供给因素，家庭中老年人比例越高、家庭成员健康状况较差、家庭越贫困，即使土地被征用，农户由于丧失非农就业的劳动力，他们也很难参与到非农就业中；三是需求因素，本地非农产业越发达，将会吸引更多的劳动力参与到非农活动中。

土地征用后，城郊农民的非农就业对收入的边际效应与征地补偿金有关，非农就业的收入边际效应随着征地补偿金的上升而不断降低。即当补偿价格较低时，城郊农民非农就业率更高，其收入增长效应也更明显，而当补偿价格较高时，城郊农民非农就业率更低，其收入增长效应变得不显著。

土地征用对城郊农民收入的影响关键在于征地补偿金的多寡。土地征用对城郊农民收入呈现出正向显著效应，即征地补偿金越多，城郊农民收入增加越明显。因此，虽然土地征用的农户收入显著高于未征地农户，但土地征用的关键在于征地补偿收入，显然大多数的被征地农户获得的补偿收入并不高，也并不能持续增加农户收入。当补偿价格较低时，土地征用并不能带来城郊农民家庭收入的增加；当补偿价格较高时，土地征用会显著增加城郊农民家庭收入。

(3) 征地补偿过高时，存在城郊农民离开非农就业市场的现象，其原因主要在于很多城郊农民能够获取租金收入。

土地征用后，城郊农民的非农就业对收入的边际效应与征地补偿金有关，非农就业的收入边际效应随着征地补偿金的上升而不断降低，即当补偿价格较低时，城郊农民非农就业率更高，而当补偿价格较高时，城郊农民非农就业率更低。而这一观点正解释了我国当前的一种现象：当承包地的征地补偿金较高时，很多城郊农户离开了就业市场。对于城郊农民来说，他们将很难再返回到农业生产活动中，这是因为农业的边际效益相对较低。因此，我们试图从城郊农民的租赁经济中寻找答案，我们发现租赁经济能够显著正向影响城郊农民收入，很多城郊村存在租赁经济现象，既包括城郊农户私人租赁经济，也包括城郊村集体租赁经济。

租赁收入主要表现为：对于宅基地征用后的城郊农民来说，虽然他们不能再获得租赁收入，但如果他们在与村集体的博弈中还保留有村集体成员的身份，则他们还能够获得集体收入；对于宅基地未征用的城郊农民来说，城郊农民的租房决策及租金收入将会受到房屋质量、地理位置、房产数量、村庄内产业发展情况等多种供求因素影响；运用倾向得分匹配模型消除样本偏差后，即控制了房屋质量、地理位置、房产数量、村庄内产业发展情况等因素后，我们发现，城郊农户的房屋出租能够显著正向影响城郊农民收入。

(4) 土地征用后被征地农户的农业经营性收入显著低于非征地农户，非农就业也会显著负向影响城郊农民的农业经营性收入。

从农业经营性收入角度看，农业生产性投资是土地征用影响农业经营收入的完全中介变量，土地征用导致农业生产性投资的下降（征地农民比未征地农民的农业生产性投资下降85.5%），农业生产性投资也导致城郊农民农业经营性收入下降，农业生产性投资的减少会导致经营收入下降102.3%。

(5) 我国城郊农民收入存在极化现象，主要在于城郊农民低收入群体与其他群体收入差距拉大。而这种极化的影响因素则在于土地征用和非农就业机会的不同。

通过城郊农民收入极化的经验观察表明，我国城郊农民收入存在极化现象，主要是由收入分布中50%~10%分位数差导致的，即城郊农民低收入群体与其他群体收入差距拉大引起的。而收入分布中90%~50%分位数差呈下降趋势，说明高收入群体与其他群体收入差距在逐渐下降。城郊农民收入极化主要在于低收入群体收入增长缓慢。通过构建回归模型的Shapley值分解表明，非农就业和土地征用是城郊农民收入极化的主要因素，非农就业机会的差异正在加剧城郊农民的收入极化，而土地征用对收入极化的作用正在下降。

基于上述研究结论，本书提出了相应的政策含义，主要有：提高征地补偿较低人群的非农就业水平；鼓励有房屋等财产保障的农户发展租赁经济，为“租售同权”提供经验；规范房屋租赁市场，调整产业结构；优化配置城郊农民的土地资源，设计合理的征地补偿金标准。

本书的创新之处主要体现在：

(1) 把土地征用、非农就业和城郊农民收入产统一纳入农户微观行为分析的理论框架内，去深入分析城郊农民收入增长背后的城镇化诱因，通过城镇化诱因推导出土地征用和非农就业在城郊农民收入增长中的重要作用。一方面可以深入理解城郊农民收入增长背后的城镇化诱因；另一方面也拓展了非农就业与收入相关主题的研究范畴，研究视角较为新颖。

(2) 本书的研究中，对土地征用、非农就业对城郊农民收入影响的机理进行了充分阐释，已有研究基本停留在土地或非农就业对收入研究的直接效应层面，鲜有研究将背后的间接效应梳理出来。本书从收入结构视角，分别探讨土地征用、非农就业对城郊农民收入影响的直接效应和间接效应，发现土地租金、农业投资等变量是重要的传导变量，从而使研究大大深入。

(3) 为了支撑研究主题，使研究的思路能够跃然纸上，本书运用到了大量实证方法。俗话说“巧妇难为无米之炊”，学术研究的开展也离不开研究方法的运用。本书在第5章承包地征用和非农就业对城郊农民收入水平的影响一章，会运用线性交互效应模型进行分析，在异质性分析中，会运用到分位数回归方法，对不同收入群体的异质性进行剖析；第6章宅基地征用和租赁经济对城郊农民收入影响一章，会运用到PSM模型；在第7章土地征用和非农就业对城郊农民收入结构析一章，会运用中介效应模型，通过构中介效应模型，探索土地征用、非农就业对城郊农民收入结构的影响机制。

(4) 本书的研究得到三个新发现：第一，通过分析发现城郊农民收入增长路径与远郊农民迥异，城郊农民主要受到土地征用以及由此引致的土地增值影响，财产性收入在其收入构成中占据着重要位置；而远郊农民由于不能享受土地红利，只能依靠外出务工和农业生产经营为生，工资性收入和农业经营性收入在其收入构成中占据重要位置。同时，城郊农民与远郊农民非农就业也存在差异，城郊农民主要以本地非农就业为主，而远郊农民异地非农就业的比例更大。可见，在城镇化的影响下，农民也产生了分化，城郊农民和远郊农民遵循着不同的收入增长路径，从而使农民收入研究更为细化。第二，已有研究都得出土地征用会减少农民的平均收入水平，也有研究得出土地征用会增加农户收入水平，本书运用CFPS2010、2014数据得出的结论是，土地征用是否增加城郊农民收入水平的关键在于征地补偿金的多寡和非农就业机会的获取，因此土地征用对城郊农民收入的影响效应不能一概而论。第三，本书还发现当征地补偿金过高时会存在农户离开就业市场的现象，即征地补偿金会负向影响城郊农民非农就业。存在这种现象的主要原因在于很多城郊农民存在租赁经济现象，在控制了地理位置、产业发展、房屋质量等因素后，发展租赁经济可以明显增加收入。

目　录

| 第 1 章 |

导　　论

1.1　研究问题及选题背景

1.1.1　研究问题

关于农民收入问题，微观经济学主要从资本、劳动、技术、制度等要素的投入和配置入手，通过各种要素的优化配置，实现农民生产和收入的最大化。改革开放以来，我国农民收入的增加充分运用了上述要素的投入和配置。如在农村制度变革上，以家庭联产承包责任制为核心的农村改革使我国农地制度产权分割为所有权与承包经营权，农民获得承包经营权，生产积极性高涨，农业生产力得到解放，粮食产量逐年增加，农民收入稳步提高。统计表明，我国人均可支配收入由 1978 年的 381 元人民币上升到 2015 年的 21966 元人民币。其中城镇居民的人均可支配收入从 343.3 元上升到 2015 年的 31195 元，农村居民人均纯收入由 1978 年的 133.6 元增长到 2015 年的 11422 元。无论是农村还是城镇，居民收入总量是在不断上升的。可见，通过生产要素的投入，使我国农民的收入迅速提高。

然而，还需要清醒地认识到，纵然农村制度变革使农民收入短期得以提高，但随着制度改革重心转移到城市，这种制度要素的收入边际效应也逐渐减弱。同时，以“均田制”为基础的家庭联产承包责任制也带来了农地细碎化、农地规模较小、农地流转率低等问题。纵观改革开放以来农民收入增长变化，如

图1-1所示，农民收入增长速度处于波动状变化之中。这其中家庭联产承包责任制带来的农地规模不经济以及国家涉农政策的变动扮演了重要角色。

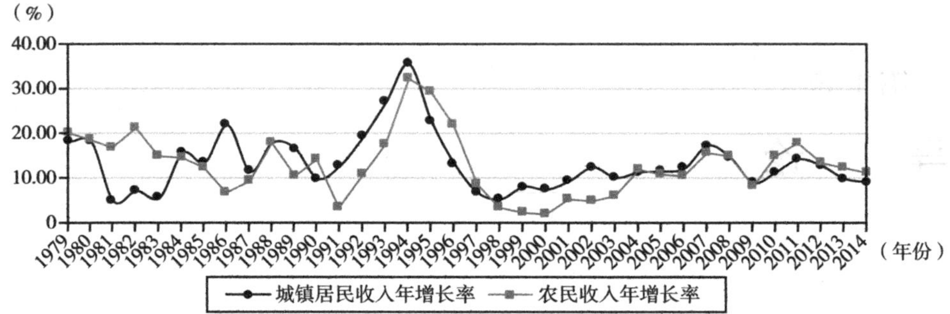

图1-1 我国1979~2014年城乡居民收入增长率变化

资料来源：国家统计局。

对于农民收入水平整体低下的问题，学者们进行了广泛的研究。有学者提出“人动”策略，即通过转移农村劳动力进入城市，从而使农业脱离“没有发展的增长”困境，促使农村土地流转，实现留乡农民的农业规模化增长（钟甫宁等，2010；陈锡文，2012；李瑞琴，2015）。还有学者提出通过农民的非农就业和素质提高，以实现农民收入的长效增长（樊奇，2012）。这两种策略也是我国当前正在实行的农民增收途径。而劳动力的转移和非农就业的增加则会加速城镇化发展，城镇化的发展需要将城郊的大量农业用地转化为非农用地，从而刺激一部分城郊农民依靠土地增值获得收入。另外，大量农村劳动力进入城市并非永久性的，由于缺乏城市公平的就业、教育、社会保障机会，这些转移劳动力还经常往返于城市、农村之间，从而造成农民土地流转困境重重、增收困难。可见，试图通过劳动力转移和城镇化发展，以实现农民收入增长，由于相关配套措施缺乏，并没有实现农民收入长效增长，反而造成城郊农民与远郊农民收入的分化，即远郊农民处于“没有发展的增长”困境中，无法实现收入快速增加，而城郊农民则依靠土地增值和非农就业实现收入快速增长①。

① 当然，这种说法是基于平均意义而言的，很多城郊农民可能未享受到租赁经济，也可能征地后未实现非农就业。但对于大多数城郊农民而言，他们享受到土地增值收入的机会和非农就业机会要高于远郊农民。这将在第5章和第6章详细论述。

运用中国家庭营养调查（CHNS）1993～2011 年的数据，分析了城郊农民与远郊农民年均收入的增长变化情况[①]。从绝对水平看，城郊农民收入从 1993 年的 6709.52 元增长到 2011 年的 37161.85 元；远郊农民收入从 1993 年的 4459.18 元增长到 2011 年的 34424.24 元。从收入水平的横向比较来看，城郊农民收入比远郊农民收入更高。从收入结构来说，城郊农民逐渐呈现工资性收入、财产性收入占比越来越大的局面，而远郊农民逐步呈现工资性收入、农业经营收入占比越来越大的局面。从收入的水平和结构看，城郊农民与远郊农民呈现出不同的收入增长路径。

通过上述分析，以增加农民收入为目标，通过劳动力的转移、城镇化的扩张、非农就业等途径，其结果造成了土地外围扩张的“摊大饼”式城镇化模式，并造成了城郊农民收入与远郊农民收入的分化。城郊与远郊分属两个不同的区域，其面临的土地征用以及由此引致的非农就业机会与压力均有差异，从而造成城郊农民与远郊农民的收入呈现出差异。基于此，本书尝试回答土地征用、非农就业与城郊农民收入的内在机理问题。围绕这一研究主题，本书将聚焦以下几个问题：城郊农民与远郊农民收入的差异主要表现何在？土地征用、非农就业如何影响城郊农民收入水平、结构、极化？回答这些问题对于研究城郊农民收入问题及其结构变化、找到城郊农民收入增长机制是很有意义的，不仅有助于认识城郊农民收入的来源，更有利于揭示城郊农民收入增长的深层次原因，客观反映出城郊农民在自身及外部环境发生变化时城郊农民收入及其结构变化规律特征。

本书将研究对象设定为城郊农民而非远郊农民[②]，主要基于以下三点：第一，土地征用对城郊农民的影响是直接的，而对远郊农民的影响则是间接的[③]，同时城郊农民的非农就业既有自发形成的，也有因土地征用而被迫选择的，因此非农就业既可能是一种机会，也可能因无地或少地而成为一种压力；第二，虽然城郊农民能够通过土地增值实现收入增长（当然还有非农就

---

① 对于城郊农民与远郊农民样本数据的筛选，后文有详细描述。

② 虽然本书的研究对象是城郊农民，但在分析时，我们也会涉及远郊农民，通过两者收入情况的经验观察和比较得出有益的结论。

③ 当然，远郊农民也可能因国家工程建设或乡镇、村集体公益建设而被征用土地，但这种土地征用频率远不及城郊农民。

业），但显然这种依靠土地增收的模式是不可持续的，通过土地征用、非农就业与城郊农民收入内在机理的分析，有助于剖析这种不可持续增收模式的根源；第三，已有文献关于农民收入的研究基本上属于远郊农民范畴，本书的文献梳理也发现研究土地、非农就业与远郊农民的相关主题卷帙浩繁，而鲜有研究从城郊农民角度进行研究。

1.1.2 选题背景

本书研究问题的提出，有其深刻的背景。

第一，城镇化是人类社会发展的必然规律，城市扩张所引致的土地征用以及城市所提供的非农就业机会深刻影响着城郊农民的生存和发展。

亚里士多德曾说："人们来到城市是为了生活，人们居住在城市是为了生活得更好。"城市为人类提供了大量就业发展机会，是人类生存和发展的重要平台。"留得住青山绿水，记得住乡愁"也需要通过城市化来实现，当剩余劳动力大量聚集于农业，其结果是没有发展的增长所带来的"过密化"问题，而非美好的乡愁。可见，劳动力转移及城市化已经成为人类文明的必然。纵观世界各国的城市化经验，均表明随着经济社会的发展，城市化水平将逐步提高。当前，西方发达国家的城市化率普遍在80%以上，全球平均城市化率为54.9%。

改革开放40多年来，我国经济社会取得巨大成就，而城镇化战略作为我国改革开放总路线的重要组成部分，对经济发展也起到重要推动作用。城镇化战略也结束了新中国成立以来经济发展大起大落的现象，实现了稳定而快速的推进，城镇化率由1978年的17.92%上升到2016年57.35%，通过产业演化和空间转换、劳动力迁移，使得城镇在中国经济社会中的作用越来越大。党的十八大提出的新型城镇化，则是拉动投资和实现经济内生增长的必然之路。城镇化和城市发展对于经济发展尤为重要（梁文泉，2015）。中央城镇化工作会议指出，"城镇化是现代化的必由之路，是破除城乡二元结构的重要依托，要健全城乡发展一体化体制机制，坚持走以人为本、五化同步、优化布局、生态文明、传承文化的新型城镇化道路，要发挥好消费的基础作用和投资的关键作用"。可见，新型城镇化是一种社会发展潮流，是党和国家既定的政策方针。

但仍然要看到，我国的城镇化长期受制于城乡二元经济体制（户籍和土地）的束缚，我国的城镇化进程发展滞后，2011 年我国城镇化率才超过50%，2015 年我国城镇化率才达到世界平均水平，且上述数据仅是以常住人口为统计口径的城镇化率。如果以户籍人口为统计口径，则我国的城镇化率仅为41.2%（2016 年），还远未达到世界平均水平。可见，户籍人口城镇化率明显低于常住口城镇化率，这主要是由于户籍制度的限制，使我国 2 亿多农民工游离于城市和农村，他们只是“来到了城市”，而并未“居住在城市”。

当然，城镇化的发展也对地处城郊村的农民产生了深刻影响。据统计，城镇化率每提高 1 个百分点，可以吸纳 1000 多万农村人口进城，进而带动1000 多亿元的消费需求，而相应增加的投资需求会更多（李克强，2012），这将对城市经济产生深刻影响。同时，城镇常住人口达 7 亿以上，这将刺激内需和产业发展，导致城镇化进程加快。而城市的外围扩张促使城郊村的土地不断被征用，由此产生大量城郊失地农民。城郊农民不能再从事传统的农业生产经营，而进入到城市从事非农就业。

可见，城镇化的发展导致城郊村的土地和劳动力配置发生深刻变化。由于城市的扩张，城郊村土地大量被征用，土地性质由集体所有转换为国有建设用地；同时，土地资源的重新配置也带来劳动力资源的重新配置，失去土地的城郊农民转为非农就业，未失去土地或房屋的城郊农民依靠租赁经济生存。

第二，城乡居民收入差距不断拉大，也将深刻影响城郊农民。

随着城镇化的发展，城市攫取了大量资源，政策、劳动力、资本、技术等资源不断向城镇集聚，城镇软硬件环境不断改善；与之相应的，农村受制于二元经济格局，得不到人才、技术、资本等资源的青睐，加之农业属于弱质性产业，使得农村城为经济增长的洼地。由此造成城乡居民收入差距不断拉大。据统计，我国城乡居民收入比由 1978 年的 2.57 上升到 2016 年的 2.72。

而国外研究表明，城乡居民财产性收入差距是四种收入差距中最大的，也是城乡居民总收入差距的关键来源。Davies 和 Shorrocks（1999）发现发达国家收入分配的基尼系数在 0.3 ~0.4，而财产性收入的基尼系数则在 0.5 ~0.9。而对于我国来说，王敏和曹润林（2015）通过广义熵指数计算 2002 ~

2012 年我国城乡人均可支配收入及四种收入来源的 GE 值[①]，发现财产性收入差距在十年间呈上升趋势，城镇化加剧了城乡居民财产性收入的不平等程度。

城镇化加剧城乡居民财产性收入差距会直接映射到城郊农民群体。土地是城郊农民的重要资源，伴随着土地价值的增值，土地越来越成为城郊农民财产性收入的重要来源，当然，也是城郊农民财产性收入不平等的主要因素。无论是已经被土地征用的失地农民，还是未被征地的城郊农民，土地都可以使城郊农民获得较高的财产性收入。对于失地农民来说，他们可以获得征地补偿，而对于未失地的城郊农民来说，他们可以通过租赁房屋、土地获得租金回报。

第三，土地征用后的生计配置行为关系到城郊农民收入增长的福祉。

土地征用作为政府的一种外生行为，虽然不是直接由城郊农民所主导，但土地征用后将会引起城郊农民一系列生计行为的重新配置。

首先，土地征用会直接导致城郊农民的重要生产要素——土地发生变化。城郊村的土地属于集体所有，在 20 世纪 80 年代初就已经基于人口均分制形成了家庭联产承包责任制，集体拥有土地所有权、农户拥有承包经营权成为城郊农民土地产权的基本构成。显然，土地征用将会打破城郊农民的土地产权结构。

其次，土地征用还会引起农户生计行为的变化。土地征用之前，城郊农民可以利用土地从事农业生产，或者通过土地流转实现规模化经营，以增加财产性收入。而土地征用将会使土地面积减小，甚至完全失去土地，这将使城郊农民从事农业生产的要素基础减弱，农户也将不再能够通过土地流转实现土地要素的重新配置。另外，土地征用可能为劳动力资源的重新配置带来新的契机，一部分从事农业生产且身体健康的农民可能选择非农就业，一部分宅基地尚未被征用的农户可能利用房屋进行出租，获取租赁收入，也可能导致一部分农户成为“失地又失业”的群体。

可见，对于城郊农户来说，土地征用所带来的生计变化和劳动力资源重新配置，究竟是利大于弊还是弊大于利，还未可知。因此，有必要对土地征用后生计变化所导致的农民收入变化进行深入研究。

---

① GE 值是衡量收入差距的一种指标。

1.2 选题意义与实践价值

在转变投资和消费结构的背景下，新型城镇化是拉动投资和消费的重要举措，也是解决劳动力转移问题、实现城乡二元结构转化的重要途径。更是增加农民收入、实现农村繁荣的重要保障。在城乡建设用地不断推进的前提下，产生了大量失地农民，形成新的二元经济结构。因此，由于城镇化的推进，导致城郊农民外在约束条件发生变化，并进一步导致土地征用和非农就业的变化，城郊农民收入将受到怎样的影响，是否会影响到我国的城镇化战略，这既是一个值得研究的理论问题，也是一个重大的现实问题。因此，本书的研究具有重要的理论和现实意义。

1.2.1 选题意义

本书旨在探讨基于城镇化视角的城郊农民增收机制研究，其理论意义和价值主要体现在：农民收入问题是“三农”问题的核心，农民收入问题已经成为制约“三农”问题的关键，关系到农业现代化发展和农村全面繁荣。而城郊农民收入问题又是城乡交互所产生的新问题，是城乡二元经济结构转向城乡统筹发展的症结之一。因此，城郊农民收入的变迁反映出我国城乡统筹、农民市民化和人口城镇化的变迁历程。只有准确把握城郊农民收入的波动及特征，尤其是探究土地征用、非农就业对城郊农民收入的影响问题，关系到我们能否正确认识城郊农民收入增长规律，进而为研究整个农民收入问题提供参考，把握农民市民化和城镇化的发展规律。具体来说：

第一，城镇化的外围扩张导致城郊村的土地资源配置发生较大变化，而土地资源配置的变动也会促使劳动力资源配置发生变化。因此，综合考察土地征用、非农就业如何影响城郊农民收入，均值得探讨。

第二，本书基于相关理论，拓展了土地征用、非农就业影响城郊农民收入的机理。已有研究仅仅注意到三者之间的直接效应，但忽视了土地征用也会带来劳动力就业的重新配置，从而间接地影响城郊农民收入。同时，土地征用对城郊农民收入的影响还会通过诸如租赁经济、投资变化等渠道进行传递，非农就业对城郊农民收入的影响也会通过农业生产性投资、非生产性投资等渠道进行传递，从而带来收入结构的改变。而区分土地征用、非农就业对城郊农民收入影响的直接效应和间接效应，则具有较大的理论价值。

1.2.2 实践价值

从现实意义上来说，城镇化是传统的农业文明向现代城市文明转化的过程，主要表现为城市产业演化、空间集聚和人口迁移。城郊农民问题作为城镇化进程中的一个症结，不仅关系到城镇化的健康发展，同时也是实现城乡一体化、繁荣农村经济社会的关键，更关系到社会的和谐稳定。其现实意义主要表现在：

第一，城郊农民收入问题是城镇化能否可持续发展的关键。传统城镇化模式以“摊大饼”为主，通过圈地将城郊农民的宅基地、耕地等转化为城乡建设用地，造就了大量空城、鬼城。这种城镇化模式在长期的发展过程中产生了“路径依赖”，简单地将城郊农民从宅基地搬出来，“合村并居”，保护18亿亩耕地红线以“占补平衡”为操作手段。这不仅不是可持续的城市化发展模式。党的十八届三中全会提出城镇化中长期规划，就是要打破传统城镇化的路径依赖，实施新型城镇化。探讨土地征用、非农就业与城郊农民收入问题，牵一发而动全身，如果不能解决好，必将对城镇化的可持续发展产生严重影响。

第二，为我国城市的征地政策提供经验支撑。城市的不断扩张，势必会导致城郊土地不断被征用，土地征用对城郊农民收入水平、收入结构、收入极化究竟有何影响，学界仍然存在着较大的争议，从而导致提出的政策含义完全相悖。因此，有必要基于全国层面的城郊农民样本数据，对土地征用与城郊农民收入之间的关系及机理进行检验，并考察是否具有异质性。从而使土地征用政策的制定或调整提供智力支撑。

第三，为我国农民的非农就业政策提供经验支撑。随着城镇化的发展，越来越多的农民不再从事农业生产，而转入非农就业。但城郊农民与远郊农民往往采取不同的非农就业方式，从地域来说，有本地非农就业与异地非农就业之分，从雇用方式来说，有自我雇用和他人雇用之分，而不同的非农就业方式往往会获得不同的非农收入。因此，考察并检验非农就业与城郊农民收入之间的关系问题，并考察是否具有异质性，从而引导农民采取不同的非农就业方式，实现收入最大化。

第四，为缓解我国收入差距提供经验支撑。由于土地征用、非农就业的非均质性，导致不同的群体可能因为地理位置的不同、非农就业机会的不同，而与其他群体产生收入差距。因此，基于收入极化视角，考察土地征用、非农就业对城郊农民收入差距的影响。可以找到我国城郊农民收入极化的重要影响因素，从而制定针对性的政策，缓解收入差距。

1.3 研究目标与内容框架

1.3.1 研究目标

近年来，我国城镇化进程加快，无疑对城郊农民影响深远，尤其是土地征用所引致的城郊农民生计行为变化，并引起城郊农民收入结构发生变化，从而影响到城郊农民收入增长。本书的研究目标可以归纳为：以城镇化为背景，研究土地征用所引致的生计变化，尤其是非农就业、租赁经济变化，深入分析土地征用、非农就业对城郊农民收入水平、收入结构、收入极化的影响机制，并在此基础上得出针对性的政策含义。具体来说：

第一，界定“城郊农民”“远郊农民”“土地征用”“非农就业”等的理论内涵。这是本书研究的逻辑起点。通过对核心概念的界定，为后续分析奠定基础。

第二，对城镇化造成我国城郊农民收入问题的现状进行考察，以探寻农民收入结构的变迁。

第三，揭示土地征用引致的农户生计行为变化，主要从非农就业和租赁经济两个视角进行分析。土地征用后非农就业机会的获取，从而探究非农就业机会对城郊农民收入增长的关键作用。土地征用后征地补偿金对城郊农民收入的关键作用。

第四，揭示宅基地未征用城郊农民租赁经济的重要作用，分析城郊农民发展租赁经济的影响因素，并探讨租赁经济对城郊农民收入的重要作用。

第五，揭示土地征用、非农就业如何影响城郊农民收入结构。城郊农民收入的增长，必然触及收入结构问题，从工资性收入、财产性收入、经营性收入和转移性收入四个维度分析各自的变动情况，针对性地分析各自变化的原因，其背后的影响机理如何。这有助于把握我国城郊农民收入的变动规律和波动趋势，促进城郊农民收入持续平衡增长。

第六，揭示土地征用、非农就业如何影响城郊农民收入极化。通过土地征用、非农就业的收入增长效应研究发现，土地征用、非农就业不仅影响城郊农民收入的水平和结构，还会影响到收入差距，即不断造成城郊农民不同群体收入的极化。

1.3.2 研究内容

根据研究目标，本书的主要研究内容有：

第一，城郊农民收入的现状分析。主要包括城郊农民与远郊农民收入差距问题、城郊农民内部征地农民与未征地农民的收入差距问题、城郊农民的收入极化问题。从本质上来说，这些问题主要在于城郊农民收入增长的结构与其他农民群体有着较大差异。具体来说，城郊农民与远郊农民收入差距问题主要表现为工资性收入获取的不同，城郊农民非农就业比例较大，而非农就业对收入的提升效应较大，从而造成两者收入差距问题。城郊农民内部征地农民与未征地农民的收入差距主要表现为财产性收入差距的获取不同，城镇化的快速发展提升了城郊农民的土地价值，通过征地获得的收入以及通过房屋租赁获得的收入，使城郊农民内部因征地而导致征地农民与未征地农民的财产性收入存在差异。收入极化主要表现为中高收入群体收入过快增长，而低收入群体收入则增长缓慢，从而导致城郊农民低收入群体与中高收入群体收入差距越拉越大，出现极化问题。可见，城郊农民收入的主要问题主要在于土地征用、非农就业的影响。

第二，土地征用、非农就业对城郊农民收入的影响机理分析。土地征用、非农就业通过影响城郊农民的收入结构，进而影响收入水平，并造成收入极化问题。具体来说，城镇化与土地征用互相影响，造成城郊土地不断升值，提升了城郊土地和房屋的租金水平，使更多的人依靠租金生存；同时，土地征用会直接增加被征地农民的征地补偿收入。这两者共同影响其财产性收入。另外，城郊农民通过减少农业生产活动、增加非农就业机会，可以获得更多的工资性收入。土地征用、非农就业会通过减少农业生产性投资活动，从而减少农业生产的积极性，造成农业经营收入的下降。由此，土地征用、非农就业通过影响城郊农民的工资性收入、财产性收入和农业经营性收入，会综合影响其收入水平。而这种影响针对不同的人群会产生不同的影响，从而造成不同群体之间的收入差距问题和收入极化问题。

第三，城郊农民收入增长问题的对策剖析。从原因分析可以知道，城郊农民收入结构的变化是城郊农民收入增长的主要问题，而导致收入结构的微观机制主要在于农户行为的变化，工资性收入增长的关键在于城郊农民非农就业行为；财产性收入增长的关键在于城郊农民的征地补偿和租赁经济。因此，非农就业、征地政策、租赁经济是解决城郊农民收入增长的关键途径。

1.3.3 结构安排

根据以上研究内容的设定，本书将通过 8 章来完成研究目标，具体来说，各章的具体安排如下：

第 1 章为研究导论，主要包括研究问题的提出及其背景、研究的目的和意义、研究的思路与方法、研究内容及框架、研究特色及创新、研究概念的界定。

第 2 章为理论借鉴与文献述评，主要梳理与城郊农民收入增长相关的理论概念，包括二元经济理论、经济增长理论、城市化理论、小农经济行为理论、边际人理论等；文献主要梳理城郊农民收入增长的国内外文献，城郊农民群体是城镇化背景下产生的一个独特群体，因此有必要梳理城镇化与农民关系的文献，城郊农民收入增长是农民收入的一个范畴，因此有必要梳理收入增长与经济增长相关的文献，同时，城郊农民收入增长与城郊的土地征用有密切关系，因此有必要梳理失地农民与农民市民化方面的文献。

第 3 章为城郊农民收入研究的理论框架。本章主要构建本书的分析框架，首先阐述城郊农民收入问题产生的根源，即城镇化与农村劳动力的快速转移以及由此导致的征地问题。在这种根源下，土地征用和非农就业造成城郊农民与远郊农民遵循着不同的收入增长路径。接下来则分别剖析土地征用、非农就业对城郊农民收入的影响机理，土地征用、非农就业综合影响城郊农民的工资性收入、财产性收入和农业经营性收入，非农就业通过其直接效应影响城郊农民的工资性收入，土地征用通过土地投资价值的提升影响其财产性收入，非农就业和土地征用通过农业生产性投资的减少影响其农业经营性收入。

第 4 章为城郊农民收入增长及土地征用的现状分析。本章主要阐述城郊农民收入增长过程中出现的问题，主要表现为收入结构问题，而这种收入结构问题主要通过与其他农民群体比较中发现。因此，具体问题表现为城郊农民与远郊农民收入差距问题、城郊农民内部征地农民与未征地农民收入差距问题。对城郊农民与远郊农民收入差距问题，两者收入差距主要表现为工资性收入差距，而工资性收入差距则主要表现为两个群体非农就业比重有所不同，同时还表现为财产性收入差距，财产性收入差距主要表现为城郊农民租赁经济较发达；对于城郊农民内部征地农民与未征地农民收入差距问题，主要表现为征地所带来的收入差距问题。

第 5 章为土地征用、非农就业与城郊农民收入水平。本章主要基于第 3 章的分析框架，分析承包地征用、非农就业对城郊农民收入的影响。重点分析承包地征用后城郊农民非农就业机会形成的影响因素，并在此基础上分析非农就业和征地补偿对城郊农民收入的影响，征地补偿的多寡和非农就业机会的获取是承包地征用后城郊农民收入增加的关键。本章的价值在于：摒弃了传统意义上土地征用是增加还是减少城郊农民收入的简单论证，而是基于征地补偿和非农就业机会两个视角探寻城郊农民收入增加的砝码。同时，考虑到征地补偿与非农就业的交互效应，得出征地补偿较高时城郊农民可能离开非农就业市场的观点，为下一章提供立论基础。

第 6 章为征地补偿过高时城郊农民离开非农就业市场的原因剖析——基于租赁经济视角。这一章是第 5 章的扩展，继续探究征地补偿与非农就业的交互效应，分析为什么征地补偿过高时城郊农民会存在离开非农就业市场的现象？论文试图以租赁经济的角度进行分析。重点分析城郊农民发展租赁经济的影响因素，主要在于房屋质量、本地的非农产业发展、本地外来务工人员数量、本村的地理位置等。因此城郊农民能否发展租赁经济，主要与这些因素有关。然后我们进一步在此基础上控制了上述因素，分析城郊农民租赁决策是否可以增加收入。本章的价值在于：从宅基地视征用视角分析租赁经济与城郊农民收入的影响，同时本章的价值还在于继续论证第5章中“征地补偿较高时城郊农民可能离开非农就业市场”的原因。

第7章为土地征用、非农就业对城郊农民收入结构的实证分析。以非农就业和土地征用对城郊农民收入的作用路径分析为基础，利用CFPS2010、2014调查数据，研究了土地征用和非农就业对城郊农民收入结构的影响机制及效应。

第8章为土地征用、非农就业对城郊农民收入极化的实证分析。本章主要分析城郊农民收入极化的经验事实及原因。通过经验事实的观察，发现城郊农民低收入群体与中高收入群体的收入差距越拉越大，存在收入极化趋势。进一步通过收入回归的Shapley值分解发现，非农就业、土地征用是导致城郊农民收入极化的重要影响因素，由此可见，即使在城郊农民内部，低收入群体与中高收入群体也会因为非农就业比例的差异、土地征用的差异，而表现出收入的异质性。

第9章为研究结论及政策含义、研究展望。本章主要对文章研究的结论进行总结，并提出针对性的政策建议，以及本书研究的未来展望等问题。

1.4　研究思路与分析方法

1.4.1　研究思路

本书选择了转型时期土地征用、非农就业与城郊农民收入变化这一研究主题。并以城市化理论、农户行为理论、经济增长理论等理论为基础，通过城郊农民调查样本，剖析城郊农民收入增长中的问题，主要表现为城郊农民与远郊农民的收入差距问题、城郊农民内部征地与未征地农户的收入差距问题，并通过理论分析得出土地征用、非农就业对城郊农民收入产生了深刻影响、城郊农民收入的极化问题，从而造成上述问题。第一，基于国家推行的城镇化战略，地方政府实行“摊大饼”式城镇化模式，需要通过土地征用来实现城市外围扩张。第二，土地征用会引致城郊农民生计资本发生重要变化，并进而引致城郊农民生计行为的变化，其中非农就业和发展租赁经济是两种重要的生计行为。第三，基于生计变化视角，首先从承包地角度分析土地征用后城郊农民非农就业机会、征地补偿收入对城郊农民收入的影响。第四，从宅基地角度分析土地征用、租赁经济对城郊农民收入的影响，同时租赁经济的分析也是回答第三点的重要结论，即征地补偿与非农就业的交互效应——征地补偿较高时存在农户离开非农就业市场的现象。第五，通过上述的分析，进一步从收入结构和收入极化的视角，分析土地征用、非农就业对城郊农民收入结构和收入极化的影响。研究的技术路线如图 1－2 所示：

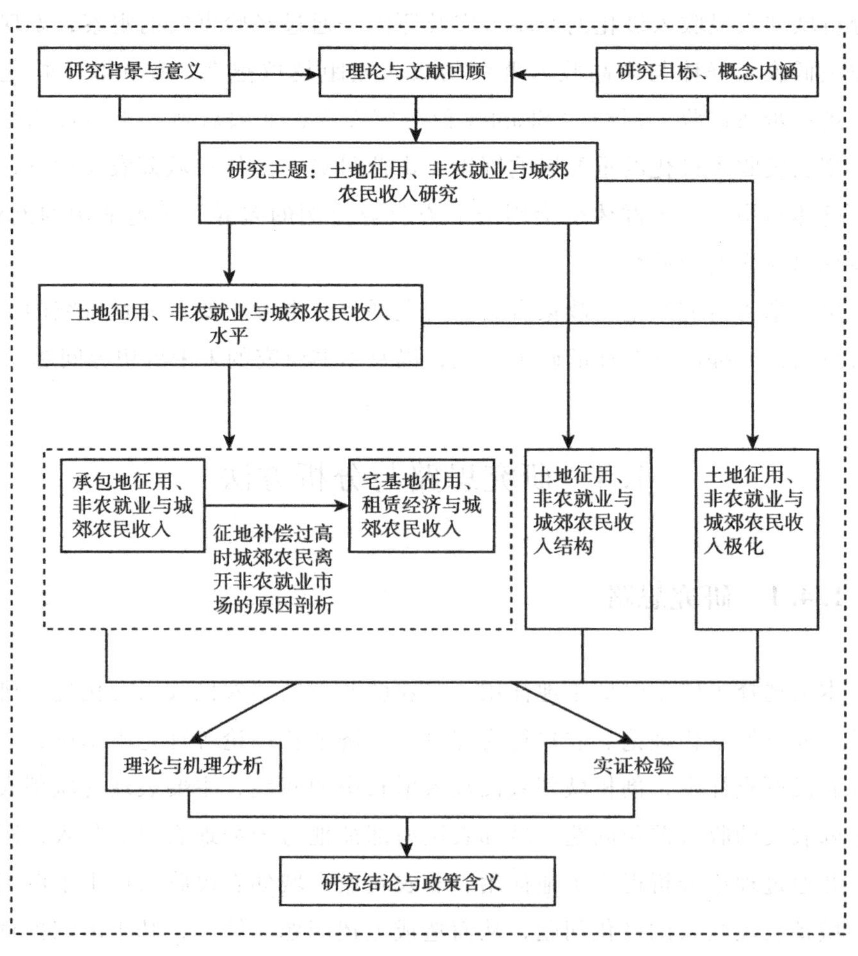

图 1－2　本书研究技术路线

1.4.2 研究方法

本书主要研究土地征用、非农就业与城郊农民收入增长问题，根据本书研究对象及内容的界定，拟采用定性、定量、理论和实证等分析方法，以研究城郊农民收入增长中出现的收入水平、收入结构、收入极化等问题。具体来说，主要运用到如下研究方法：

（1）逻辑演绎分析法。在构建本书研究的理论框架时，主要根据经济学、管理学等学科的理论基础，分析城镇化进程中城郊农民收入的演化特征，并通过演化特征的分析剖析出城郊农民与远郊农民、城郊内部征地农民与未征地农民收入的各自增长轨迹，从而达到描述问题、剖析原因、制定政策依据之目的。

（2）文献分析法。对于城郊农民收入问题的研究，本书搜寻了大量国内外的学术著作，包括专著、论文、学位论文等，对本领域的学术史料进行采撷，尽可能地将本研究主题的相关文献和研究现状进行梳理，积极地借鉴前人的研究成果和研究方法。

（3）描述分析法和数理分析方法相结合。对于城郊农民收入增长中存在的问题，本书借助中国家庭营养调查数据，对 1993 ~ 2011 年城郊农民收入总体情况及各项收入来源进行描述，并对总体收入水平及各项收入来源的差异进行 t 检验，以查看这种差异的显著性，从而准确把握城郊农民与远郊农民、城郊农民内部征地农民与未征地农民的收入水平及结构差异，为城郊农民收入增长过程中出现的问题提供统计上的支撑。同时，在第 5 章、第 6 章、第 7 章中也会运用到描述性统计方法，对变量之间的关系做初步的分析。

（4）比较分析法。本书研究中多次运用到比较分析方法，城郊农民作为城镇化进程推进过程中所产生的一个特殊群体，必然涉及城郊农民与远郊农民收入的比较、城郊农民内部因征地而产生的征地农民与未征地农民收入的比较，通过不同群体收入差距的比较可以剖析其收入结构之变化，并从不同收入结构来源视角探讨农户行为，从而找到城郊农民收入增长的微观机制。

（5）实证分析方法。经济学是一门实证科学，虽然无法做到与自然科学那样精确，但越来越多的经济学研究开始注重数据和模型。本书第 5、6、7

连续三章运用到实证研究方法，通过回归分析、分位数回位等，剖析土地征用、非农就业对城郊农民收入水平及结构的影响。此外，本书还运用到以下几种计量经济学方法。

第一，中介效应方法。本书在分析土地征用、非农就业对城郊农民收入水平、结构的影响机制时，会运用到中介效应模型。土地征用、非农就业对收入水平和结构的影响，既可能存在直接影响，也可能通过其他变量间接发生作用。因此，引入中介效应模型进行分析是有必要的。在第 7 章中，我们将通过中介效应分析土地征用、非农就业对城郊农民收入结构的影响机制，从而使研究更为深入。

第二，倾向得分匹配方法（PSM）。在解决内生性问题和样本自选择问题时，还可以通过倾向得分匹配方法解决。在第 6 章进行稳健性分析时，将运用倾向得分匹配方法，主要解决城郊农民租赁决策对城郊农民收入的效应问题，由于租赁经济受到房屋质量、地理位置、本地非农产业发展、外来流动人口等因素影响，因此需要控制这些因素，以消除样本的自选择偏误。而倾向得分匹配则可以克服这一困难，其基本思想是找到与激励组相似的控制组样本，从而降低样本自选择偏误。

第三，Shapley 值分解。在分析城郊农民收入极化的原因时，本书运用到 shapley 值分解的方法，通过回归的 shapley 值分解，找到土地征用、非农就业机会对城郊农民收入极化的贡献度。

本书所使用的数据分析软件主要有 MATLAB、R、Stata13. 1、Java 等。

1.4.3 数据来源

本书主要运用到两个数据集：一是中国家庭健康与营养调查数据（CHNS），二是中国家庭跟踪调查数据（CFPS）。在研究土地征用、非农就业对城郊农民收入水平及结构的影响时，将运用 CFPS 数据，在研究城郊农民收入的现状考察时、土地征用和非农就业对城郊农民收入极化的影响时，将运用到 CHNS 数据。这主要是由于 CFPS 为截面数据①，而 CHNS 为跨年度

① CFPS 数据也发布了年度数据，包括 CFPS2010、CFPS2012、CFPS2014 数据，但年份较短，不能较好地分析城郊农民收入的演化过程。

数据，跨年度数据可以较好地分析城郊农民收入的演化过程。

中国健康与营养调查（China Health and Nutrition Survey，CHNS）是由北卡罗来纳大学人口研究中心（The Carolina Population Center at the University of North Carolina at Chapel Hill）、美国国家营养与食物安全研究所（The National Institute of Nutrition and Food Safety）和中国疾病与预防控制中心（The Chinese Center for Disease Control and Prevention）合作开展的调查项目。该调查旨在检验健康、营养和计划生育政策的影响以及研究中国社会经济的转变如何作用于整个人口健康和营养状况。到目前为止，该调查一共进行了8次，分别是1989年、1991年、1993年、1997年、2000年、2004年、2006年、2011年。该调查采用多阶段整群抽样的方法，其中有几年因为一些原因，调查的省份发生了变化，最新的2006年的调查范围涉及辽宁、黑龙江、江苏、山东、河南、湖北、湖南、广西和贵州9个省区，调查内容涉及住户、营养、健康、成人、儿童、社区等。该数据也搜集了城郊农户个体特征和收入相关的数据，便于本文的分析。

中国家庭追踪调查（China Family Panel Studies，CFPS）是由北京大学中国社会科学调查中心（ISSS）组织实施，采用面访和电访两种调查形式。主要收集个体、家庭、社区三个层次的数据，该数据重点关注中国居民的经济与非经济福利，以及包括经济活动、教育成果、家庭关系与家庭动态、人口迁移、健康等在内的诸多研究主题，是一项全国性、大规模、多学科的社会跟踪调查项目。CFPS样本覆盖25个省/市/自治区，目标样本规模为16000户，调查对象包含样本家户中的全部家庭成员。CFPS在2008年、2009年两年在北京、上海、广东三地分别开展了初访与追访的测试调查，并于2010年正式开展访问。经2010年基线调查界定出来的所有基线家庭成员及其今后的血缘/领养子女将作为CFPS的基因成员，成为永久追踪对象。2014年，该中心发布了新一期的数据，即本书所用到的CFPS2014调查数据。

此外，本书还会运用到《中国统计年鉴（1978～2014）》《中国国土资源年鉴（2001～2014）》等宏观数据，以便深入、准确地分析土地征用、非农就业对城郊农民收入的影响。

1.5 本书的可能创新之处及研究不足

1.5.1 可能创新

当前学术界对城郊农民的研究较为鲜见，城郊农民作为一个特殊的群体，本是学术研究的重点。当然事实上，也有许多学者对城郊农民中失地农民的生计、补偿、社保、就业等问题做了充分研究，但失地农民仅仅是城郊农民的一个子群体。在城郊接合部以及城郊村，还有大量未失地农民，他们的生计方式、收入结构等与失地农民明显不同，但与远郊农民也明显不同，只有将整个城郊农民群体纳入研究范畴，才能从收入水平、收入结构等方面做出充分比较，而本书正致力于这一研究目标。具体来说，本书的创新之处主要有：

（1）把土地征用、非农就业和城郊农民收入统一纳入农户微观行为分析的理论框架内，去深入分析城郊农民收入增长背后的城镇化诱因，通过城镇化诱因推导出土地征用和非农就业在城郊农民收入增长中的重要作用。已有文献研究农民收入增长的因素，并未将土地征用与非农就业的交互作用充分展现，本书则通过中介效应分析将土地征用与非农就业的交互影响进行分析，使研究更为深入。特别值得注意的是，从非农就业与土地角度分析农民收入的相关文献中，也鲜有研究将重点放在城郊农民这一对象上。因此，本书通过把土地征用、非农就业和城郊农民收入纳入到同一个理论框架中，一方面可以深入理解城郊农民收入增长背后的城镇化诱因；另一方面也拓展了非农就业与收入相关主题的研究范畴，使得研究有明确的落脚点。

（2）本书的研究中，对土地征用、非农就业对城郊农民收入影响的机理进行了充分阐释，已有研究基本停留在土地或非农就业对收入研究的直接效应层面，鲜有研究将背后的间接效应梳理出来。本书从收入结构视角，分别探讨土地征用、非农就业对城郊农民收入影响的直接效应和间接效应，发现土地租金、农业投资等变量是重要的传导变量，从而使得研究大大深入。

（3）为了支撑研究主题，使研究的思路能够跃然纸上，本书运用到了大量实证方法。俗话说“巧妇难为无米之炊”，同样，学术研究的开展也离不开研究方法的运用。本书在第5章承包地征用和非农就业对城郊农民收入水平的影响一章，会运用线性交互效应模型进行分析，在异质性分析中，会运用到分位数回归方法，对不同收入群体的异质性进行剖析；第6章宅基地征用和租赁经济对城郊农民收入影响一章，会运用到PSM模型；在第7章土地征用和非农就业对城郊农民收入结构这一章，运用中介效应模型，通过构建中介效应模型，探索土地征用、非农就业对城郊农民收入结构的影响机制；在第8章城郊农民收入极化的原因分析一章，会运用到收入回归的shapley值分解，通过构建回归模型，分解出土地征用和非农就业对城郊农民收入极化的贡献度。

（4）本书的研究得到三个新发现：第一，通过分析发现城郊农民收入增长路径与远郊农民迥异，城郊农民主要受到土地征用以及由此引致的土地增值影响，财产性收入在其收入构成中占据着重要位置；而远郊农民由于不能享受土地红利，只能依靠外出务工和农业生产经营为生，工资性收入和农业经营性收入在其收入构成中占据重要位置。同时，城郊农民与远郊农民非农就业也存在差异，城郊农民主要以本地非农就业为主，而远郊农民异地非农就业的比例更大。可见，在城镇化的影响下，农民也产生了分化，城郊农民和远郊农民遵循着不同的收入增长路径，从而使农民收入研究更为细化。第二，已有研究都得出土地征用会减少农民的平均收入水平，也有研究得出土地征用会增加农户收入水平，本书运用CFPS2010、2014数据得出的结论是，土地征用是否增加城郊农民收入水平的关键在于征地补偿金的多寡和非农就业机会的获取，因此土地征用对城郊农民收入的影响效应不能一概而论。第三，本书还发现当征地补偿金过高时会存在农户离开就业市场的现象，即征地补偿金会负向影响城郊农民非农就业。存在这种现象的主要原因在于很多城郊农民存在租赁经济现象，在控制了地理位置、产业发展、房屋质量等因素后，发展租赁经济可以明显增加收入。

1.5.2 研究不足

由于作者研究能力和客观条件的限制，本书肯定还存在各方面的问题，而这些问题则有待后续进一步研究。

(1) 本书所用到的数据主要来自中国家庭健康与营养调查数据、中国跟踪调查数据等微观数据集，这些数据集对于实证分析有着较好地数据说明，但本文由于调研经费的不足，无法走街入户，实地探访城郊农民的行为特征、资产收入等情况，文章的经验观察还有一定的不足。而这对于后续进一步研究城郊农民收入问题提供了方向。

(2) 城郊农民的经济行为是复杂而综合的，从而其收入构成和来源也是复杂的，而本书对城郊农民的经济行为主要限定于非农就业、征地行为、租赁行为等方面，这种割裂、孤立的分析范式与抽象整体的研究范式之间，其差异有多大，尚不得而知。但文章总体上还是把影响城郊农民收入的主要经济行为进行了较为充分的分析，对于城郊农民收入增长机制有一定的剖析。

(3) 本书对土地征用类型分为了宅基地征用和承包地征用，也对非农就业类型进行了区分。非农就业行为通常分为本地非农就业和异地非农就业，这两种非农就业行为对城郊农民收入的影响肯定会存在较大差异。在经验观察中城郊农民由于离城较近，往往会选择本地非农就业，而远郊农民则会选择异地非农就业。但受制于数据集的问题设置，我们只进行了描述性分析，而没有运用回归分析这两种非农就业行为对城郊农民收入的影响差异。在后续的研究中，这是一个值得思考的问题。

(4) 本书主要静态地分析了土地征用、非农就业对城郊农民收入的影响，通常征地行为是一次性的，征地之后城郊农民收入增长的可持续性问题则是一个值得关注的问题，即土地征用对城郊农民收入的动态影响。但受到数据样本的限制以及作者本人的研究水平，我们还不能较好地分析土地征用对城郊农民收入影响的动态影响，而这对于研究的深入是至关重要的。这需要以后加强对这一问题的研究。

| 第 2 章 |

理论借鉴与文献述评

2.1 理论借鉴

2.1.1 非农就业理论

关于劳动力的流动和非农就业问题，一直是发展经济学和农业经济学的研究重点。这一议题最初可以追溯到 1885 年 Ravenstein 的研究，他利用欧洲的劳动力转移数据对城乡二元经济作了初步探索。第二次世界大战以后，一大批经济学家围绕城乡经济结构、劳动力迁移和非农就业做了充分研究，形成了劳动力迁移和非农就业的经典理论模型。

Arthur Lewis（1954）在《劳动力无限供给条件下的经济发展》中提出了发展中国家劳动力转移的“二元经济理论”，认为在具有二元经济结构特征的社会里，由于传统农业部门存在着大量低收入的劳动力，促使了农业劳动力资源不断从农村流向城市，直到农业部门剩余劳动力全部被工业部门吸收，二元经济变为一元经济。但是刘易斯的两部门结构发展模型中假设的劳动力无限供给、劳动和资本的比例不变、城市工资率不变作为前提不符合实际情况，同时没有考虑城市失业现象不符合发展中国家的事实，所以，该模型的解释力大打折扣（托达罗，1985）；且把农业作为一个无所作为的部门，仅能为工业部门提供廉价劳动力，不利于提高农业资本积累，并延缓经济由二元结构向一元转变的过程（Schultz，1964）。Fei（1961）和 Ranis（1964）

认为，该模型存在“对农业在推动工业发展中的作用重视不够”“应把农业劳动生产率提高”作为前提条件。为此提出了重视技术变化的“费—拉”模型，明确了劳动力转移的三阶段，两个刘易斯拐点。修正后的刘易斯—费—拉模型（LRF 模型）重视技术进步、农业发展动态等更现实的社会情况，且在日本等国家验证了刘易斯拐点的存在性。

但在部分国家，不仅存在二元经济结构，还存在二元制度体系，这是约束农业劳动力转移的主要障碍，LRF 模型忽略了二元制度体系变革的艰巨性，并不能充分解释发展中国家农村劳动力转移的现实：为何在城市存在高失业率的情况下，农村劳动力仍然做出迁移的决策。不同于以前的人口增长、转移作为外生变量的二元经济理论，Jorgenson（1961）从内生的消费结构变化角度分析了农村劳动力向城市转移的问题。他认为，农业剩余和消费结构变化是农村劳动力向非农部门转移的根本原因。人们对粮食的需求是有生理限度的，而对工业品需求是无止境的，农业剩余的出现为农业人口向工业部门转移提供了必要条件，在农业技术进步的前提下，出现农业剩余是必然的，且农业剩余的规模决定着工业部门的发展和农村劳动力转移的规模。该模型进一步推进了结构主义方法对劳动力转移问题的研究，符合大部门转型成功国家以农业充分发展为前提的事实，但忽视了农业物质投资的重要性，忽视了农村其他产业发展的意义，且无法解释城市失业与农村劳动力转移并存的现象。

Todaro（1969）建立的城乡劳动力转移模型很好的回答了这一点（Willis，1980），指出农村劳动力向城市转移的决策是根据预期收入而非实际收入，预期收入等于实际收入与城市就业的概率乘积的现值，就业概率作为一种调节机制，基本能够使城市部门处于均衡就业状态。迁移人口猛增主要是由城乡预期收入差距扩大的结果，Todaro 主张通过大力发展农村经济，改善农村基础设施，发展小规模劳动密集型产业缩小城乡收入差距，以解决农村的劳动力转移和城市失业问题。但有研究表明城市失业和农村劳动力转移并无直接联系。针对 Todaro 模型存在的一些缺点，很多学者进行了修正（Sjaastad，1974；Hatton，1992；Mundlak，1997 等）。其中，Harris（1970）在论文《人口流动、失业和发展：两部门分析》中，假定城市工资率外生决定，则由内生决定的市场结算工资会导致流向城市部门的人数减少，由此产生较多的就业机会和较低的失业率，并分析了劳动力转移对农村和城市的产量、收入和福利的影响，得出若强行阻碍和限制劳动力的转移会减少农业部门的净福利，被称为HT模型。HT模型基于个人的效用或收入最大化分析的，忽略了人的社会性特征和社会网络的重要性。

20世纪80年代以前，劳动力转移基本被分为新古典经济学派和结构主义学派（Alexandre Abreu，2012），直到Stark为代表的新经济迁移理论（New Economicsof Labor Migration，NELM）诞生。Stark和Taylor（1991）则用相对剥削（贫困）的概念来弥补HT模型的不足，将研究视角从宏观转向微观，强调迁移中家庭决策的主体性，假定家庭福利最大化的前提下，根据投资组合理论和契约安排理论来解释分析劳动力转移行为，认为家庭成员中的个别转移是为了规避农业生产的周期波动带来的收入波动，通过外出打工能够消减这种波动性，获得更加稳定的家庭长期收入，但家庭成员都受制于契约安排，如转移前的人力投资和打工后的汇款行为（Robert Lucas，1988）。同时，相对于本地区如果收入水平提高的幅度低于参照地区，会感觉到相对“剥削”，即使本来收入水平较高，也会考虑迁移。Stark的新劳动力转移理论从家庭视角扩展了新古典经济主义的研究范畴，考虑了人的社会性因素，但仍不能很好地解释劳动者转移的个体差异，为何面临同样的社会和宏观环境，为何有的家庭迁移而有的则不迁移。社会学家Portes（1993）和Massey（1994）则从网络视角解释这种差异，网络间的亲友或同胞关系能够为移民提供各种形式的支援（就业信息，资金，提供住宿），这就降低了劳动力转移的成本和风险，同时，移民网络的示范效应能够吸引更多的人迁移，网络作为一种人际结构，介于个人决策的微观层面和社会结构的宏观层面，其理论更易为多数人接受。Massey（1999）认为，迁移网络生长在一个社区或国家内的流行，它改变价值观念和文化观念的方式，增加未来迁移的可能性，在社区层面上，随着时间的推移，作为在目的地国家的工作和生活方式的信息变得更加扩散，迁移成为普通家庭的经济发展战略。Alexandre Abreu（2012）重新梳理劳动力的经典理论，提出劳动力转移的新经济理论实质是对新古典学派的进一步修正和发展。另外文化迁移理论、收入分配理论、土地分配理论、人力资本分配理论、社会标签理论等（Massey、Arango、Taylor，1993）也尝试研究劳动力转移的内在规律。

2.1.2 经济（收入）增长理论

城郊农民收入增长的源泉在于城郊经济增长。我国农村地区在新中国成立后很长一段时期内都处于没有发展的增长状态中（黄宗智，2000），城郊在城镇化推进之前也是没有发展的增长。直到城镇化的兴起，城郊才步入经济发展的快车道。因此，探究农民收入增长的理论来源，经济增长理论始终是一个绕不过去的主题。本书将梳理出经济增长理论的脉络，为农民收入增长提供理论基础。

1. 经济增长理论脉络梳理

经济增长理论研究始于亚当·斯密（1776），自那以后，古典经济学派围绕经济增长的驱动因素展开了长达200年的争论，大卫·李嘉图、卡尔·马克思、拉姆齐、索罗等，都从不同维度探讨了经济增长的基本因素。Tanzi和Zee（1997）总结了古典经济学关于经济增长的因素，他归纳为三大要素：一是生产性资源的累积，如劳动；二是资本；三是技术进步。古典经济学关于经济增长理论的开创性研究值得赞赏，但他们把技术进步作为外生变量、资本和劳动的边际递减规律决定了经济增长也将趋于停滞的结论，显然与现实情况是不相符合的。① 因此一大批新古典经济增长理论学派的代表人物对传统的理论进行了完善，这种日渐完善的理论被称为内生经济增长理论，经济增长是由内生增长因素决定的，劳动投入要素并非简单的体力劳动投入，还包括教育、培训等人力资本的投入，物质资本要素的投入也并非单纯的土地投入，还包括研发、创新等技术进步投入，从而，技术进步要素被内生化到经济增长要素投入中，技术进步的存在使得资本、劳动等要素不再遵循边际递减规律，而是边际递增的。这也说明经济是能够长期增长的。

干中学模型是最早的内生经济增长模型，Arrow（1962）和Sheshinski（1967）提出干中学模型（learning by doing），他们认为知识和思想会伴随经济增长的全过程，知识和思想是投资过程中的副产品，劳动者的每个新发现

① 早期的很多经济学家早已注意到人力资本和技术进步对经济增长的促进作用，如Schumperter（1934）、舒尔茨（1990）、贝克尔（1989）。但是他们都将人力资本和技术进步看作是外生因素。

都可能外溢到整个经济活动中，瞬时的知识溢出在理论上是可行的，这充分肯定了劳动者的思维和知识结构对经济增长的突出作用。此外，干中学模型还认为劳动者的思维和知识外溢是非竞争性的。Romer（1986）进一步构建了劳动者知识和思维的竞争性框架，以此寻求最优的技术进步率，但由此产生的经济增长通常无法达到帕累托最优状态。因此纳入知识的不完全竞争性框架是解决这一缺陷的唯一方法（Romer，1990）。此后，20 世纪 80 年代后期，以罗默（1986）和卢卡斯（1988）为代表的经济学家将经济增长理论发展到了一个新的高度，他们的研究重点还是聚焦于长期经济增长取决于何种要素，其研究假设还是基于新古典经济增长模型，即经济增长拥有一个外生的技术进步率。即使将技术进步率设为变化的内生变量，也只是古典经济增长模型的拓展。因此，他们还是没有发展出一套真正意义上的技术进步内生增长理论。此后新时期一大批学者也在不断探索经济增长的内生决定要素问题，如 Sachs 和 Yang（2001）、Aghion 等（2009）、Acemoglu 等（2012）。

新古典经济增长模型和现代内生经济增长理论的分歧，也使得他们在政策含义上出现了差异。城市经济学家普遍认为城市化能够影响经济增长，但是新古典经济增长理论却认为，经济增长是由资本、劳动等外生要素所决定，经济最终将趋于稳态。因此无论采用何种政策，长期增长都不变，换句话说，城镇化政策对经济增长的影响只有短期效应，而无长期效应；而内生经济增长理论则认为，经济增长主要由知识或技术进步等内生要素决定，而知识或技术进步等要素对政府政策较为敏感，最终政策效应将内化到经济增长中。

上述关于古典经济增长理论和内生经济增长理论脉络的梳理，有助于理解城郊农民收入增长的理论内涵。而经济增长的理论的经验意义和数据关联，才有助于理解城郊农民收入增长的内在机制。本书将重点梳理新古典经济增长时期经典的两个经济增长理论模型。

2. 哈罗德—多马模型

哈罗德—多马模型是古典经济时期代表性的经济增长模型，其提出的背景在于动态化凯恩斯总供给—总需求理论。模型假设总产出符合具有固定系数比例的里昂惕夫函数：

$$Y_t = \min\left\{\frac{L_t}{\alpha}, \frac{K_t}{\beta}\right\} \tag{2-1}$$

式（2-1）的模型设定中，为了生产一个单位的产出需要使用 α 单位的劳动和 β 单位的资本，劳动和资本不可互相替代，即资本和劳动低于其最低需求时，不能通过另一种要素进行替代。其基本推导为：

从总需求角度来说，国民经济运行满足收入等于支出假设，社会的总储蓄都被有效地用于投资。在储蓄率 s 给定的条件下，总产出与投资的关系满足：

$$Y_t = \frac{1}{s} I_t \tag{2-2}$$

式（2-2）等号两边对时间求导数，有：

$$\frac{dY}{dt} = \frac{1}{s}\frac{dI}{dt} \tag{2-3}$$

假定资本都充分运用，而劳动力还有大量剩余，则式（2-1）的函数形式可以表示为：

$$Y_t = \frac{K_t}{\beta} \tag{2-4}$$

式（2-4）等号两边对时间求导数，有：①

$$\frac{dY}{dt} = \frac{1}{\beta}\frac{dK}{dt} = \frac{1}{\beta} I_t \tag{2-5}$$

将式（2-3）和式（2-5）结合，可得：

$$\frac{dY}{dt} = \frac{1}{s}\frac{dI}{dt} = \frac{1}{\beta} I_t \tag{2-6}$$

我们定义 $\dot{I}$、$\dot{Y}$ 分别表示投资、总产出对时间的导数，则 $\frac{\dot{I}}{I}$、$\frac{\dot{Y}}{Y}$ 分别表示投资增长率、产出增长率，其计算方式分别为 $\frac{\dot{I}}{I} = \frac{dI}{dt}/I_t$、$\frac{\dot{Y}}{Y} = \frac{dY}{dt}/Y$。则式（2-6）可以简化为：

$$\frac{\dot{I}}{I} = \frac{\dot{Y}}{Y} = \frac{s}{\beta} \tag{2-7}$$

① 资本的时间变化转化为投资。

因此在资本充分运用的假定下，式（2-7）表明总产出与投资必须同步增长，其增长率由储蓄率 s 和资本参数 β 决定。

假定劳动力都充分运用，而资本还有大量剩余，则式（2-1）的函数形式可以表示为：

$$Y_t = \frac{L_t}{\alpha} \tag{2-8}$$

进一步定义劳动增长率为：$\frac{\dot{L}}{L} = \frac{dL}{dt}/L_t = g_L$。同理可以得出总产出必须与劳动力同步增长，即$\frac{\dot{Y}}{Y} = g_L$。

当资本和劳动都被充分利用时，总产出的增长必须与储蓄率和劳动增长率相协调，即：

$$\frac{s}{\beta} = g_L \tag{2-9}$$

从以上推导可以得出，哈罗德—多马增长模型表现了在给定技术条件（生产函数）下应该怎样充分利用所投入的均衡条件，这个条件揭示了资本参数 β、储蓄率和劳动增长率之间的内在联系。它强调了由储蓄转化而来的投资和劳动力协调发展对经济增长的至关重要作用，资本充分运用假定对于解释我国经济发展早期资本严重匮乏条件下经济如何增长有着重要的意义。但模型中的三个参数 s、g_L、β 均为严格外生的，这与实际情况不径相符。同时，投资增长、产出增长和劳动增长速度必须保持一致的条件，也与现实不符，一旦偏离均衡增长路径，无自动调节机制。

3. *索罗模型*

索罗模型认为经济增长中有四个关键要素，分别是产出（Y）、劳动力（L）、资本（K）和技术进步（A）。经济增长总是由一定比例的劳动力、资本和技术进步所形成，且限定技术进步在一定历史时期是固定的，即严格外生。[①] 四者之间形成如下的生产函数形式：

---

① 技术进步通过 AL 的乘积引入，被称为有效劳动，以此种方式引入的技术进步又称作劳动力技术进步或哈罗德中性。

$$Y_t = F(K_t, A_tL_t) \tag{2-10}$$

式（2－10）所设定的生产函数的一个重要性质是资本与劳动力规模报酬不变，即资本与有效劳动增加一个常数 c 倍，则产出也增加 c 倍。对于任意自然数 c，有：

$$F(cK_t, cA_tL_t) = cF(K_t, A_tL_t) \tag{2-11}$$

规模报酬不变的假定，可以对生产函数进行简化，令 $c = 1/A_tL_t$，则式（2－10）可以化简为：

$$\frac{Y_t}{A_tL_t} = F\left(\frac{K_t}{A_tL_t}, 1\right) \tag{2-12}$$

式（2－12）反映的是一种人均形式，$\frac{Y_t}{A_tL_t}$表示单位有效劳动的产出，$\frac{K_t}{A_tL_t}$表示单位有效劳动的资本投入。定义 $y_t = \frac{Y_t}{A_tL_t}$，$k_t = \frac{K_t}{A_tL_t}$，$f(k) = F(k_t, 1)$，则式（2－12）可以表示成：

$$y_t = f(k_t) \tag{2-13}$$

式（2－13）反映出人均产出是人均资本的函数。其关键性质是人均资本的边际递减特性，即随着人均资本投入的增加，人均产出将增加，但人均产出增加幅度越来越小。用数学含义表示为：

$$f'(k_t) > 0,\ f''(k_t) < 0 \tag{2-14}$$

此外，式（2－13）还必须满足稻田条件（lnada，1964）：

$$\lim_{k\to 0} f'(k_t) = \infty,\ \lim_{k\to\infty} f'(k_t) = 0 \tag{2-15}$$

稻田条件表明，人均资本投入足够小的时候，人均资本的边际产出却无限大，而人均资本投入足够大时，人均资本的边际产出却无限小。这个条件是确保经济增长路径能够不断收敛。

同时，我们定义 $\dot{K}_t$、$\dot{L}_t$、$\dot{A}_t$、$\dot{k}_t$ 分别表示资本、劳动力、技术进步、人均资本对时间的导数，定义劳动力和技术进步的增长率为：$\frac{\dot{L}_t}{L_t} = n$、$\frac{\dot{A}_t}{A_t} = g$。

有了以上推导和假定，就可以进行索罗模型的推导了。由前述可知 $k_t = K_t/A_tL_t$，两边同时对时间求导数，有：

$$\frac{dk_t}{dt}=\dot{k}_t=\frac{d(K_t/A_tL_t)}{dt}=\frac{\dot{K}_t}{A_tL_t}-\frac{K_t}{(A_tL_t)^2}(A_t\dot{L}_t+L_t\dot{A}_t)$$

$$=\frac{\dot{K}_t}{A_tL_t}-\frac{K_t}{A_tL_t}\frac{\dot{L}_t}{L_t}-\frac{K_t}{A_tL_t}\frac{\dot{A}_t}{A_t}$$

$$=\frac{sY_t-\delta K_t}{A_tL_t}-k_tn-k_tg$$

$$=s\frac{Y_t}{A_tL_t}-\delta k_t-nk_t-gk_t$$

$$=sy_t-(\delta+n+g)k_t \tag{2-16}$$

由式（2－13），最终可以得到：

$$\dot{k}_t=sf(k_t)-(\delta+n+g)k_t \tag{2-17}$$

式（2－17）是索罗模型的经典方程，它表明人均资本的变化由实际投资和持平投资两项决定，实际投资是人均资本所带来的产出真正用于投资的那部分，持平投资是为了保持现有经济增长水平必须进行的投资，进行持平投资的原因在于：首先，原有资本在不断折旧，折旧的那部分资本需要进行替换，以保证资本存量不下降；其次，有效劳动在不断增加，有效劳动以 n＋g 的速度在不断增长，要是人均资本存量不变，则持平投资也必须以 n＋g 的速度增长。因此，资本存量是经济增长的重要因素，资本存量的大小决定了经济增长的路径。图 2－1 是根据式（2－17）微分方程的图形描绘。

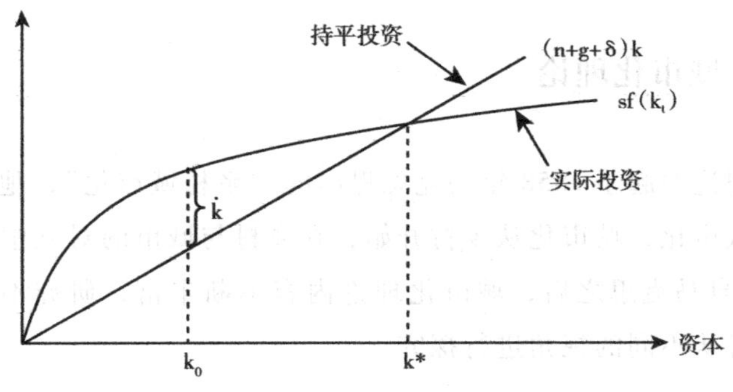

图 2－1　索罗模型图示

如图 2-1 所示，给定资本存量 k_0，则资本的变化率 $\dot{k}$ 由实际投资曲线和持平投资曲线的垂直距离所决定，在 k^* 之前，实际投资曲线高于持平投资曲线，资本变化率 $\dot{k}$ 是正的，而在 k^* 之后，实际投资曲线低于持平投资曲线，资本变化率 $\dot{k}$ 是负的。无论资本变化率 $\dot{k}$ 是正还是负，都会驱使 $\dot{k}$ 不断趋近于 k^*，以达到增长的稳态。

经济增长的路径取决于资本存量的高低，资本存量进一步决定实际投资和持平投资。如果资本存量相对较稀缺，则资本对经济增长的贡献就会更大，此时实际投资会高于持平投资。但资本的边际递减规律，实际投资增长的速度会慢于持平投资增长的速度，当持平投资大于实际投资时，资本对经济增长的作用将耗尽，此时经济将停止增长。

基于我们的假设，实际投资是由居民储蓄转化而来，从前述分析可知，当持平投资大于实际投资时，经济将停止增长，因此依靠储蓄带动经济长期增长是不可能的。当储蓄率较高、而有效劳动增长率和折旧率相对较低时，储蓄转化而来的投资能够促进经济发展，而有效劳动增长率和折旧率超过储蓄率时，实际投资额不足以维持资本用于折旧的部分，经济将因此亏损。通过提高储蓄率的方法也不能使经济长期增长，在短期内可以提高资本累积率，使稳态点 k^* 向右移动，实际投资与持平投资的距离会被拉大。但这并不能使经济长期增长，经济增长到达新的稳态后，经济增长将重新趋于停滞。内生经济增长理论试图内生化储蓄率，以使经济能够长期增长。无疑，这又是经济增长理论的一大突破。

2.1.3 城市化理论

城市化理论源起于 1858 年马克思提出的“乡村城市化”，他认为现代的历史是乡村城市化，城市化从乡村开始，在乡村与城市的对立中进行（马克思，1858）。自马克思之后，城市化理论内容不断丰富，研究不断深入，不同领域的学者从不同的视角进行探究。

1. 二元城市化理论

现代城市化理论主要以二元经济城市化理论为主导，沿用了马克思关于城乡对立的研究视角。刘易斯在《劳动力无限条件下的经济发展》一文中提出二元经济模型，后经拉尼斯、费景汉等学者对二元经济模型的补充发展，形成了著名的“刘易斯—拉尼斯—费景汉”模型。这一模型对城市理论的贡献在于“刘易斯拐点”的提出，刘易斯拐点是指劳动力供给无限为特点的经济发展初始阶段与劳动力、资本共同促进经济发展为特征的经济发展中后期阶段的交点。在刘易斯拐点之前，劳动力供应充足，大量廉价劳动力提供了便宜的要素价格，从而使产品在市场上更具竞争力。这一阶段也就是人口学上通常的“人口红利”阶段。当经济增长跨过刘易斯拐点后，劳动力变得相对稀缺，经济发展的供给成本上涨，使产品在市场上的价格竞争力下降，不利于经济的发展。刘易斯拐点理论对城郊农民的启示在于，它较好地分析了经济发展中人口与经济的关系问题，突出了劳动力对经济增长的重要贡献。因而破除限制人口流动的户籍门槛，加快城市化发展是必要的。这不仅会影响到城郊农民的生产方式，还会促使城郊农民市民化。

2. 城市化空间机制理论

城市的空间机制理论主要是从城市的空间动力机制剖析城市的发展。代表性理论主要有增长极理论、扩散—极化理论、中心—外围理论等。增长极理论由法国城市经济学家佩鲁提出，后经缪尔达尔、赫希曼等学者发展，理论内容逐步完善。该理论的主要观点是认为经济发展在空间分布上是非均质的，城市和乡村之间、城市和城郊之间以及不同城市之间，在经济、社会、文化结构上都是有所差异的，因而经济发展水平也各不相同，这就会促使城乡和城市间发生劳动、资本、技术等要素的流动。缪尔达尔将其解释为扩散效应和回流效应，赫希曼将其解释为极化效应和涓滴效应，两者均以此解释区域之间、城乡之间经济发展不平衡现象。

新经济地理学家弗里德曼（1966）提出了中心—外围理论，以此解释经济地理系统内看似互不关联、孤立发展的区域其实是彼此联系、不可分割的，但同时区域间又存在着发展不平衡。因此区域间如何由发展不平衡变为发展相对较平衡，成了关键问题。他进一步指出，由于经济周期的存在，产生了经济的空间转换，这会导致区域的不平衡，有的区域处于经济发展的增长或繁荣阶段，有的区域处于经济发展的衰退阶段。城市地区往往由于资本、劳动要素的集聚，拥有经济增长的资源优势，而农村地区则资本匮乏，难以实现经济较快发展，因此导致城市和乡村之间的中心—外围差距。弗里德曼根据经济增长指标，将经济发展分为前段业阶段、工业阶段和后工业阶段。前工业阶段经济发展不平衡不显著，工业阶段出现中心—外围差距，形成区域发展不平衡，后工业阶段经济活动逐步由中心地带扩散到外围地带，外围地区逐渐被同化。

我国当前处于工业化中后期，城市化不断发展，城市的生产要素逐步扩散到城郊地区、农村地区，城郊逐步被纳入城市发展体系中。原先两个独立发展的经济系统被同化到一个系统，必然造成城郊农民收入结构的差异。

3. 新马克思主义城市化理论

20 世纪 60 年代法国城市经济学家列斐伏尔将马克思的阶级分析理论纳入城市化分析中，它将城市看作一种独特的商品。它的研究开创了新马克思主义城市化理论。简单来说，新马克思主义城市化理论就是将马克思的阶级分析思想运用到城市化研究中。大卫哈维基于马克思的历史唯物主义建立了资本积聚理论，他认为城市化是一个有机协调的历史过程，应该用历史唯物主义的视角看待城市化和城市中的资本积累，现代城市是资本主义大生产方式的产物，资本的扩张需要运用城市积聚来维持，因为城市有规模经济，能够吸引大量劳动力和资本进入到城市，从而获得资本主义所需的原始积累。可以说，这种理论将城市化过程置于阶级分析范式之下，强调了城市的资本扩张性质，因此城市化过程是伴随着冲突的。这也正是当下城市扩张导致失地农民冲突的写照。

4. 城乡和谐理论

城乡和谐理论最典型的代表就是英国城市经济学家霍华德提出的“田园城市理论”，19 世纪的英国在工业化和城市化进程中大量农村人口向城市迁移，但城市发展却滞后于工业发展，导致城市环境恶化、农村转移人口就业困难、城市土地价格暴涨、农村土地闲置等问题。霍华德针对这一系列问题提出了田园城市的概念，他认为田园城市是拥有完整经济和社会结构的城市，城市空间布局合理、劳动力充分就业，城市规划良好，城市拥有完整的再生机制。他将城市和农村比喻为两块磁铁，它们各自把人民吸引过去，然而还有一个与之抗衡的劲敌，即吸取二者特色的新的生产方式。城市和农村都有各自的优点和缺点，而融合二者优势的城市—农村一体化则避免了缺点。霍华德反对政府的集权推进城市化，主张“私人合作”来提供就业和城市化。但他的理论在现实中遇到的很多困难。实际上后来的英国城市化主要还是由政府推进的。

2.1.4　农户行为理论

研究城郊农民收入问题，应该从城郊农民的经济行为着手，而土地征用和非农就业就是城郊农民两种重要的经济行为，而经济行为的改变则会影响到其获取收入的方式和途径。因此，经典的小农经济理论，理应成为城郊农民收入研究的理论基础。回顾小农经济理论的发展脉络，主要有基于“经济人”或“理性人”假设的形式主义传统，基于道义和生存假设的实体主义传统，基于阶级分析的马克思主义小农观，以及综合三者理论的黄宗智综合小农理论。中国的农民既有扎根于 2000 多年小农经济的小户经营传统，也有现代农业经营方式的冲击，对于城郊农民来说更是如此，因此梳理国内外经典小农经济理论无疑有着深远意义。

1. 形式主义小农理论

形式主义小农理论主要是借助现代资本主义大生产方式的“经济人”或“理性人”假设，将农民看作是农业资本家，其生产经营的唯一目的在于农业利润的最大化。他们把资本主义的自由竞争和自由分配原则纳入农业生产分析，因此，在他们的眼中农民是精于算计的理性人，而传统的社会结构和宗法结构完全不纳入他们的分析中。理性人小农理论的代表人物主要有西奥多·舒尔茨（Theodore W. Schultz）、波普金、索尔·塔克斯。

舒尔茨的小农理论主要集中于《改造传统农业》一书，他将传统农业看作是一个经济概念，非经济特征如社会结构、文化结构是无足轻重的，传统农业是以农民世代使用的各种生产要素为基础，其要素配置效率并不低下，也并非其他学者所假定的“零值农业劳动学说”，他通过危地马拉和印度南部两地的实证数据证明传统农业虽然贫穷但并非无效率，在长期的历史中传统农业形成一种特殊的均衡。改造传统农业的唯一途径就是投入新的生产要素，使用新的要素而非世代所使用的要素来打破传统农业的长期均衡。

舒尔茨将传统农业中的农民视作理性人，农民会根据收益与风险权衡各种经营。尽管各个地方农民教育、经验观察能力和接受新信息的能力有所不同，但他们都具有农业资本家精神，将牟利作为唯一经营目的。因此农民收入高低是一个经济问题。

塔克斯（Tax，1953）直接将农民称为便士资本家，其是与企业资本家别无二致的农业利润追求者。他在《一个便士的资本主义》一书中将农业社会视作微型的资本主义社会，只是没有工厂和厂房，农民既是资本家也是工人，流通的资本通常是小额的货币。因此，这个社会具备资本生产经营的一切特征，有所差异的仅仅是资本的多寡。波普金（popkin，1979）也认为小农是一个权衡利益后做出理性决策的利润最大化追求者。

形式主义小农理论将农民视作资本家，将市场经营的分析范式运用到农业社会，从微观层面构造了农民行为理论，无疑具有独到性和开创性。这对当前城郊农民面对政府征地时所做的决策有较好的适应性。

2. 实体主义小农理论

实体主义小农理论与形式主义小农理论不同，他们不再将农民看作是追求最大化利润的经济人，农户家庭的运行过程也不再遵循牟利原则。相反，他们遵循家庭效用最大化原则，即农业生产经营的目的在于消费和生存。这一学派的代表人物主要有恰亚诺夫、博兰尼、斯科特等。

恰亚诺夫在20世纪20年代通过对十月革命前俄国小农经济的研究，发现俄国的小农问题并不适用于资本主义理性人农学理论。他认为每一个小农都是生产经营者，但并一定产生雇佣关系，小农经营关系完全由家庭经营结构所决定。恰亚诺夫在《农民经济组织》一书中着重研究了家庭农场的产生、组织、资本运作等问题，家庭农场通常是自给自足的，其投资回报主要用于满足农民消费。这种投资—消费结构普遍贯穿于俄国小农经济社会中，具有较强的稳定性，很难被资本主义社会化大生产所冲击。他的理论对于研究以家庭经营为单位的我国小农经济有着重要的借鉴意义。

经济史学者卡尔·博兰尼（Karl Polanyi）也批判了理性小农理论，他认为世界上绝大多数的农业经济社会都属于前资本主义形态，没有发达的市场结构，农民以自给自足方式为主，经济关系只从属于社会关系，只有市场具有调节机制时，经济关系才从社会关系中脱离出来。因而用资本主义的生产方式去解释农业经济社会是不适用的。

美国社会学家詹姆斯·斯科特（James Scott）通过对东南亚小农经济的研究指出，在前资本主义社会，农民普遍面临粮食短缺、饥荒、死亡等生存问题，因而他们经营的唯一目的在于生存。这种生存伦理表现为农业社会是自给自足的经济形态，农民经营的动机是为了生存和消费。

实体主义小农理论并不仅仅考虑经济关系，还将历史传统、生存压力、社会结构等因素纳入分析框架，这是对经济学万能主义的有力反驳。对于以家庭经营为主的我国小农经济社会也有较好适用性。

3. 马克思主义小农理论

马克思主义小农理论认为农民是封建生产关系中被剥削的一方。封建土地通常集中在地主手中，但经营却分散到小农中，由此形成封建社会特有的租佃关系，农民生产经营的所得除小部分用于生活外，大部分被地主以地租形式给榨取掉。这是由农民的阶级属性所决定的。与此同时，马克思主义小农理论还表现在小农处于宗法体系中，农民之间往往是相互隔离的，个人是狭隘人群的附属物，个体是共同体的“财产”，个体对共同体的依附产出出于共同体成员对“共同体之父”的依附。农民社会受到共同体之父的支配。这种“共同体之父”其实是一种权力体系，包括国家政权、家族体系、民间信仰，他们对小农的影响是深刻的。[①] 正如马克思在《政治经济学批判大纲》中所说，“我们越往前追溯历史，个人就越表现为独立，从属于一个较大的整体”。这就决定了农民受到的剥削既有来自租佃关系，也有来自权力体系的影响。

马克思主义小农理论基于阶级学说，农业生产关系是租佃关系，因此消灭地主或小农的任何一方都是不可取的，消灭地主后还会产生新的地主，消灭小农后还会产生新的小农。农业改造的有效途径是消灭租佃关系，实行“一大二公”的农业集体化。我国在 20 世纪 50 年代所推行的土地集体化改造就是马克思小农理论的实践。然而，土地集体化超越了现阶段的生产力和生产关系，导致农民积极性不高、农业生产力下降，20 世纪 80 年代后实行了双层经营的家庭联产承包责任制，农民又回到了传统的小农经营。

---

① 赵俪生、秦晖等学者将个体与群体之间的这种依附关系称之为“亚细亚生产方式”。

集体化的失败说明现阶段的生产力还不能使“小生产绝种”[①]，我国小农经营理论和实践并能机械套用马克思小农理论。尤其对于城郊农民来说，城镇化是社会化大生产方式，对城郊农业生产关系的改造还需要立足中国小农经营传统的本土视角，急功近利、脱离实际，非但不能使城镇化有效推进，还会导致农业生产关系受到损害，农民收入下降。

4. 综合主义小农理论

综合主义小农理论认为上述三种小农理论都不能较好地概括中国的小农生产经营方式，要了解和认识中国的小农，需要进行综合分析，即既要认识到小农是一个利润追求者，还要认识到其是生计维持者，同时也要认识到其是被剥削的耕作者。三者相辅相成，从不同的侧面反映出我国小农的生存现实。综合主义小农理论比较有代表性的学者主要是黄宗智，他认为新中国成立前我国小农有三种现实：其一是由于农业生产力低下，小农为了家庭生存和消费，会进行自给自足的生产；其二是受制于中国两千多年的封建租佃制生产关系，小农的剩余产品被地主以地租形式给剥夺，受制于宗法共同体的影响，小农依附于宗族和权利体系，他们的产品还会被非农部门给剥夺；其三是受制于近代资本主义生产方式的发展，小农开始意识到农业利润的重要性，他们开始为利润最大化而生产，因此部分家庭具备了资本主义农业生产关系的特征。从阶层层面来看，这三种生产方式对应了三种不同的小农阶层，经济地位较高、具有较大话语权的乡绅或富农，往往更符合于舒尔茨等描述的农业资本家；经济地位较低、收入较低、依靠租地生存的佃雇农或贫农，往往更符合马克思小农理论分析被剥削小农；而自给自足、无任何依附关系的小农，则更适合于实体主义分析范式所描绘的农民。

黄宗智主要根据农业的商品化程度进行了这种划分，商品化程度较高的农民，会主要考虑利润最大化问题，而商品化程度较低的农民，则更多地考虑农村社会结构和生存问题。对于革命前的中国农村，普遍是小户经营的自给自足生产方式，而这种低下劳动生产率面对数量众多的农村劳动力时，便产生了过密化问题。黄宗智所指的过密型农业，其实就是指人口压力所决定的劳动生产率提高受到限制的情形。劳动力增长限制了其他生产条件改善，

① 毛泽东认为农村土地的集体化改造，本质上就是要使小生产绝种。

囿于旧有生产条件生产方式，生产力不可能获得突破性进展。这种发展不是农产量的增加，而是农户家庭经济资源重组和农业生产经济结构的变化，这种资源重组和经济结构变化打破了旧的农村经济平衡，但是不足以造就新的结构和新的平衡。

综上所述，形式主义小农理论将小农视为一个精于算计和投机的农业企业家，其生产的目的在于使利润最大化。这种观点对于小农经营的中国来说，有其运用的局限性，中国分散经营的家庭生产方式在 2000 多年的时间里形成了社会关系的均衡状态，这种稳态很难在短期内发生改变，舒尔茨等人的资本主义市场竞争机制很难渗透到农村社会中。此外，形式主义小农理论将小农视为企业家，将家庭视为企业，这种分析弱化了亲情、血缘、宗族等社会关系，这严重与农村现实不符合，在乡村理论学者眼中，通常是“国权不下县，县下唯宗族，宗族皆自治，自治靠伦理，伦理出乡绅”，农村是一个温情脉脉的熟人社会，伦理道德往往决定着农村各种经济和社会关系（费孝通，2007）。因此，可以看出，中国农村社会所展现出的价值观念和伦理道德是与形式主义小农理论所预设的前提是不同的。不过随着农村熟人社会的瓦解，社会化生产关系嵌入农村时，这种理论有其借鉴意义。

实体主义小农理论认为不能将资本主义分析范式照搬到传统农村社会中，否则将导致实用主义泛滥。应当运用本土性的视角进行分析，强调社会结构、文化结构以及历史经验对农民根深蒂固的影响。这对于我国为什么长期处于小农经济状态有较好的解释力。然而这种理论过于保守和非现代性，缺乏针对性的农业改造措施。

实体主义与形式主义的区别主要还是根据农民是否理性为出发点，黄宗智认为理性与非理性都只是表象，其本质介于二者之间，可以动态转化。从家庭内部来说，小农都会为了家庭效用进行最大化生产，而不管生产出的产品是用于自给还是出售。而从家庭或村落外部视角来看，一些被认为是非理性视角的生产行为，可能恰恰是农民面对外部限制时的理性行为（王小华，2015）。因此，理性与非理性这类纯经济学范式，是很难适用于农民社会的，只有综合考虑文化结构、社会结构、经济结构以及农民自身素质，农民问题才能被很好地把握。

2.1.5 可持续生计框架理论

可持续生计框架理论认为，农户的生计行为与维持生计的各种资本高度相关，这些资本主要包括自然资本、物质资本、人力资本、社会资本、金融资本等。任何一种维持家庭生计的资本发生变化都将导致农户行为的调整，以适应可持续的生计发展（Scoones，1998）。已有研究中有不少研究都基于可持续生计框架分析土地征用后农户是否会陷入贫困、降低收入等问题。众多学者基于这一框架均认为土地是农民的重要生计资本，土地的丧失将导致农户面临失地又失业的窘境。如徐琴（2006）基于可持续生计框架分析得出土地征用后失地农民可能面临人力资本和社会资本同时贬值的状况。高进云等（2010）认为，土地征用后农户除居住条件得到改善外，家庭的经济状况、社会保障状况、心理状况、社区状况都将比征地前恶化。周义等（2014）认为，土地征用对农户福利具有多重效应，但福利的整体综合效应将下降。史清华等（2011）则认为，土地征用对东部和中西部将产生不同的生计影响，对于东部地区来说劳动力市场较完善，土地征用将促使农户非农就业，提高收入水平，而中西部地区劳动力市场不完善，土地征用将使农户面临“失地失业”的困境。

可持续生计分析框架理论将城郊失地农民对家庭资本禀赋的认识视作其土地征用行为选择的根本，因而其原则是政府的减贫政策必须关注失地农户资本的改善，或者能够充分利用既有资本。这种理论主张以积极的态度去帮助失地农户，应当关心他们在土地征用后的生计禀赋，政府应当帮助失地农民改变生计行为，而不是阻止或破坏失地农户的生计。

2.2 文献学术史梳理及其述评

2.2.1 关于城镇化与农民问题研究

改革开放 40 多年来我国经济的高速发展，与城镇化有着重要关系。城镇化所带来的规模经济效应有利于市场的成长，提高劳动生产率。同时，城镇化在推进过程中，必然会与农民发生联系，它既可以提高农民收入，同时也有助于缩小城乡收入差距（陆铭、向宽虎、陈钊，2011）。城镇化与农民的关系问题，对本书探讨城郊农民收入问题有着重要意义。

1. 国外文献研究

城镇化与农民的关系研究，主要来自于发展经济学的二元经济理论和劳动力转移理论。英国人口学家 Ravenstein（1885，1889）最早关注劳动力转移现象，发现从农村向能够吸纳劳动力的城市工业、商业地集中，经济因素是转移的主要动因，总结和扩展了人口“迁移法则”，奠定了人口转移的“推—拉”理论，被视为劳动力迁移理论研究的起点。Bague 于20 世纪50 年代系统提出了人口转移模型，认为城乡收入差距、生活、待遇、身份是吸引劳动力转移的“拉力”，农村不利于劳动力留下的因素是所谓的“推力”。Lee（1966）补充了文化沟通、语言障碍、生活习惯等人口转移的中间障碍因素，指出人口迁移发生在于迁出地内推力总和大于拉力总和，迁入地拉力总和大于推力总和，完善了劳动力迁移“推—拉”框架。

刘易斯（1989）的二元经济论以两部门模型为基础，假定传统农业部门的边际生产率为零或成负数，因而存在无限劳动力供给，只要集中精力发展城市工业化，积累足够资本，不断扩大城市工业生产，就可以源源不断吸收农村剩余劳动力，达到工业与农业两个部门的均衡和工业化与城市化的同步推进。钱纳里和赛尔昆（1989）通过对各个国家经济结构转变趋势的研究，概括出了城镇化与工业化关系的一般变动模式：随着人均收入水平的上升，工业化的演进导致产业结构的转变，带动了城镇化程度的提高。托达罗（1999）的人口流动模型提出，促使农村居民迁移的决定因素是预期收入，而不是实际收入。即使城市当中存在大量失业，只要迁移者的预期收入大于农村收入，依然会促使农村人口向城市迁移。托达罗模型解释了没有工业化的城市化发展模式，或者说过度城市化模式。巴顿（1986）从微观的角度解释了工业化与城市化相关的经济学成因，即聚集经济效益，而对于具体的作用机制没有更多的阐述。威尔科克斯研究发现，在 1870～1940 年长达 70 年的时间里，美国的城镇化率与工业化率的变动曲线，几乎是两条平行上升的曲线。Kojima（1996）研究了发展中国家的人均 GDP 和城市化率在 1965～

1989 年的变动趋势，发现大部分发展中国家属于过度城市化，其特征是城市化大大超前于工业化的发展，首位城市过度膨胀，农村人口大量向城市流入。保罗·贝洛克（1991）研究了总量增长与城市化的相关关系。

2. 国内文献研究

国外学者基于市场主导①的城镇化模式提出的二元经济和劳动力转移理论。但中国由于存在户籍制度、土地制度等因素（陆铭、陈钊，2011），中国的城镇化进程中农民问题并不能简单地用西方的二元经济模型和劳动力迁移模型。国内学者更多是从城乡分割角度分析城镇化与农民问题。

关于城乡分割的原因研究。林毅夫等（1994）、杨涛（2000）、蔡昉（2003）、Kanbur 和 Zhang（2005）认为，中国的城乡分割政策主要源自于政府优先发展重工业战略，并导致城乡差距扩大。Yang 和 Cai（2000）认为，城市人口在政治经济上有较强的影响力，政府为了保持政权的稳定性和合法性，采取了对城市人口有利的工业优先战略，这种工业优先发展战略逐渐导致城乡分割。Krueger 和 Schiff 等（1992）认为，大多数发展中国家通过工业保护和宏观经济政策直接或间接地影响农业生产价格，这些政策使得农业部门更容易受到政府的影响。政府为了降低城市人口消费成本，直接干预农业市场。主要有两种方式：一是政府直接定价，给农民设置天花板价格；二是建立价格双轨制，农业生产者高价出售，城市消费者低价购买，其中的差价由政府通过财政预算补贴。而政府预算往往难以保证收支平衡，最后又直接向农民征税。两种干预农业市场方式都使农业利润转移到城市部门。这种政策长期实行使得城乡差距逐渐拉开，形成城乡二元经济结构。这种做法本质上是一种价格剪刀差（Preobrazhensky，1926），工农业产品价格剪刀差是指发展中国家通过扭曲市场要素机制和市场价格机制，从农民那里赚取农业生产剩余价值，以补贴城市工业部门（Schultz，1978）。萨和斯蒂格利茨（1984）系统地提出了价格剪刀差的 S－S 模型，通过分析社会福利函数对农业贸易的不利影响。新中国成立初期到改革开放以前，价格剪刀差成为我国经济增长的一种重要方式，通过从农业部门攫取剩余价值转移到城市工业部门，为我国经济增长做出了重要贡献。价格剪刀差理论成为城乡差距形成的

① 李强等（2012）认为城镇化动力大体可以分为市场主导、政府主导和社会主导三种模式。

重要原因，已经成为经济学界的一个共识。如林毅夫和余淼杰（2009）分析了城乡居民福利比重，发现城市工人福利比重高于农民，政府重视工业资本积累，轻视农民利益，印证了我国改革开放以前的“剪刀差”。持类似观点的还有严瑞珍（1993）、韩志荣（1996）、武力（2001）、柳思维（2006）、祝树金和钟腾龙（2014）。周振和伍振军（2015）通过分析城乡之间资金流动机制和规模，进一步证实我国改革开放以后也存在价格剪刀差，得出 1978～2012 年，农村向城市净流入资本共计 26.66 万亿元。Li 和 Wei（1997）也计算出 1955～1985 年，农村向城市转移出农业剩余达 5430 亿元。农业向工业转移农业剩余的机制必须有一个制度保障，那就是户籍制度。陈钊（2011）、陈钊和陆铭（2008）认为，户籍制度是形成城乡分割的制度根源，国家为了保证农业剩余源源不断地输送到城市，必须限制劳动力转移。因此新中国成立后的很长一段时间都实行限制人口流动政策。改革开放以后，这种政策逐渐被打破，但由户籍制度固化而形成的城乡利益分割却仍然存在。陈斌开和林毅夫（2013）认为，政府优先发展资本密集型产业的战略，造成城市产业部门的就业需求降低，农民不能有效转移到城市，导致城乡进一步分割，延续了城镇化进程。此外 Yang 和 Cai（2000）从福利经济学角度分析了城乡分割的原因，Lipton（1977）和 Bates（1981）从发展中国家的政治结构分析了城乡分割的原因，王永钦和张晏（2007）、陈安平（2009）、余长林（2011）、赖小琼（2011）、李伶俐（2013）、贺俊（2013）、李雪松和冉光和（2013）、马万里（2014）等从分权角度分析了城乡分割的原因。

关于城乡分割对农民的影响研究。在政府允许劳动力在城乡自由流动之后，进城农民逐年增加，据统计我国的农民工人群已超过 2 亿。但户籍制度限制造成的城乡利益不均等仍然严重。陈钊、陆铭和陈敏静（2012）基于上海市居民微观调查数据，发现不同户籍的人群在空间上有分割。这也可以解释为什么我国出现大量的“城中村”现象，城乡居民由于户籍制度和身份、地位的不同，在空间上依然表现出强烈的分化。这是一种地理位置的二元结构（陆铭、陈钊，2011）。Meng 和 Zhang（2001）认为，持续约 40 年的中国城乡分割政策在劳动力流动限制解除后，对进城农民一个直接的影响在于工资和就业的差距。在城市内部，城市居民收入和职业素养显著高于进城农民，这并不是由于劳动生产效率的差异导致的，而在于户籍制度。蔡昉（2003）也认为，户籍制度造成了城乡劳动力市场的分割，导致进城农民被排斥在正规部门就业之外，或者在相同岗位上工资低于城市工人。这种工资扭曲机制可能导致劳动力回流到农村，影响城镇化水平。陈钊、陆铭和佐藤宏（2009）进一步指出，户籍制度是行业收入差距的重要因素。户籍制度对行业进入的障碍以东部地区更为显著，这说东部地区非市场力量因素对市场机制的扭曲作用更为明显。陆铭等（2012）进一步指出，城乡分割政策限制了城市规模的发展，而城市具有集聚效应，城市规模每扩大1%，劳动力就业率会提高0.039～0.041个百分点，并且对高技能和低技能的影响更为显著，但对低技能的户籍制度限制政策却使得低技能劳动者不能在城市充分发展，影响城市包容性增长。梁文泉和陆铭（2015）也认为，低技能劳动者的限制政策使低技能劳动者供给受限，而高技能和低技能劳动者具有互补作用，这将不利于高技能劳动者需求满足，对城市生产率将产生不利影响。类似观点的还有Glaeser和Lu（2014）、Moretti（2004）等。

有关城市“新二元经济结构”的研究。户籍制度形成的城乡分割，也会随着城市中越来越多的农民进入，形成城市内部的“二元结构”（陆铭，2008）。李实、罗楚亮（2011）对城市内部收入差距进行了测算，发现城市内部的基尼系数达到0.4（2007年）。这种城市内部的二元结构表现为教育、医疗和公共服务等的不均等。Knight和Song（1993）针对中国的城乡公共服务均等问题指出，户籍制度赋予城市居民教育、医疗和养老等方面的利益，农民到城市后也会因为政府城市倾向政策而面临更高的生活成本，加剧城市内部的二元结构。Carter（1997）认为，城市倾向政策扭曲了城市的要素市场配置，导致进城农民与城市居民在住房、教育、医疗等领域公共服务不均等，降低了他们的积极性，也会影响他们对子女人力资本的投资，将扩大城市内部的收入差距。吴晓刚、张卓妮（2014）也认为，户籍制度所造成的机会结构尤其是教育机会是城乡内部二元结构的重要原因。城市内部的这种“二元结构”危害巨大，尽管农村地区的农民源源不断地输送到城市，但并不能有效提升城市化水平，不均等的公共服务可能导致农民回流到农村，这与西方经典劳动力转移理论不相符，因为中国的城乡政策倾向于符合城市人口的政策。同时城市内部城市人口和农村人口工资的差异和歧视政策会影响社会的和谐稳定（陈钊和陆铭，2008）。刘晓峰等（2010）认为，城市化发展早期，城乡分割的歧视政策可能有助于城市居民，但当经济发展到一定阶段，城市中农民人口达到一定规模时，歧视和不均等的公共服务政策会加剧城市内部福利差距和社会矛盾，并进一步造成社会资源的“非生产性消耗”，扩大城市内部差距和二元结构，阻碍城市化进程。此外，城市内部的二元结构还会影响到城市内部不同群体之间的信任，汪汇等（2009）利用上海地区微观数据分析了城市内部不同户籍群体之间的信任问题，无户籍人口对有户籍人口的信任程度很低，而且不会随着教育、收入水平变动。而信任关系到社会的和谐稳定，也关系到居民的生活满意度，有利于公共品供给和经济发展（Delhey & Newton，2003），信任的分裂将加剧城市内部“二元结构”。陆铭等（2014）还从幸福角度研究了城市内部不同户籍人口的差异，城市外来人口幸福感受户籍、身份、收入等影响。陈斌开等（2010）研究了不同户籍之间消费行为差异，基于 CHIPS 数据研究发现，城市内部无户籍人口的边际消费倾向比有户籍人口低 14.6 个百分点，无户籍人口的消费水平显著低于有户籍人口。总之，城市内部所形成的“二元结构”，无论是在教育、医疗、住房、收入，还是在居民幸福感、信任、消费水平，城市农民都与城市居民有着巨大差异。

有关城乡收入差距的研究。城乡分割导致的另一个结果就是城乡收入差距问题。关于城乡收入差距的文献可谓汗牛充栋，前述的工业优先战略所形成的城市偏向政策是城乡收入差距的重要原因（陆铭和陈钊，2004）。由于城乡分割和城乡二元结构，以及城市内部的“新二元结构”，导致我国城乡收入差距不断扩大（Wu & Perloff，2004；Benjamin 等，2006；Fan 和 Zhang，2002；Wan & Lu，2006；Sicular & Ximing，2007；林毅夫，1998；陆铭等，2006；陈斌开和张鹏飞，2010；钞小静和沈坤荣，2014；余菊和刘新，2014）。城乡收入差距的形成与户籍制度和政策有关系（陆铭、陈钊，2004；万海远、李实，2013），也与教育水平和投入有关系（陈斌开，2010）。同时，政府对农产品价格的定价机制、农民税费负担、歧视性的城乡劳动力市场分割、社会保障和福利等，也是城乡收入差距扩大的重要原因（Yang，1999）。还有从金融角度分析城乡收入差距的形成（王修华和邱兆祥，2011；孙永强，2014）。而城乡收入差距的形成将会反作于农民收入，影响经济增长。Banerjee 和 Newman（1993）研究了转型过程中投资决策和财富分配的关系问题，由于资本市场的不完善，穷人在投资机会上弱于富人，降低了他们财富的累积，收入差距会扩大，从而影响经济增长。Bolton（1997）也研究了类似问题。陆铭、陈钊、杨真真（2007）指出，低技能劳动者倾向于选择不分工，由于高技能行业中存在“干中学”现象，低技能劳动者通过不分工进入高技能行业，可以获得高收入和社会地位，但这会导致社会总产出降低，影响经济增长。Fishman 和 Simhon（2002）认为，分工和财富分配存在互相影响的效应，分工有助于财富分配的平等，财富分配的平等可以促进分工和经济增长。显然，城乡收入差距导致的财富分配不利于经济发展。还有学者从消费视角研究了城乡收入差距对经济增长的不利影响。沈凌和田国强（2009）认为，城乡收入差距的扩大不利于创新和消费，提高低收入者收入水平不是解决城乡收入差距的根本办法，减少低收入者数量即城市化才是缩小城乡收入差距的根本途径。Murphy（1988）、权衡（2002）、杨汝岱和朱诗娥（2007）等也探讨了收入不平等对消费的影响。还有学者从政治经济学角度研究了城乡收入差距的经济发展的影响，通过对低收入者征税会加剧社会冲突，影响经济增长（Persson and Tabellini，1994；尹恒，2005）。

2.2.2 关于农民收入增长研究

“三农”问题的核心在于农民，而农民问题的核心在于农民收入增长，党的十八大明确提出“着力促进农民增收，保持农民收入持续较快增长”。对于农民收入问题，国内外学者分别从农民收入的影响因素、农民增收的模式选择等维度，进行了全方位的研究，形成了比较系统的理论，这对进一步研究我国的农民收入问题有着重要意义。而城郊农民收入问题作为农民收入问题的重要研究领域，通过农民收入的研究，也有助于本书更好地把握城郊农民收入问题，通过城乡比较、区域比较，探索出一条行之有效的城郊农民增收途径。鉴于此，本部分拟从农民收入的影响因素、农民增收的模式选择等角度梳理文献，通过文献研究了解我国农民收入问题的研究现状，获得有益的启示。

1. 农民收入增长的影响因素研究

李实（2003）总结了农民收入增长的影响因素，主要在于以下四方面：一是农民在农业和非农产业两大行业的机会结构差异以及在这两个行业的劳动报酬率差异；二是地区差异引起农民在不同地区的收入差异；三是农村财产分配；四是现行税制的累退效应。李实的总结较为宏观，而农民收入的微观因素则更为直接，国内外学者更多的是从人力资本、物质资本、社会资本等角度进行分析。

（1）经济发展水平因素。Kuznets（1955）认为、经济增长和个人收入呈倒“U”形曲线关系，这种倒“U”形曲线就是库兹涅茨曲线。他认为，经济发展带来的“创造”与“破坏”改变着我们的社会经济结构，并影响了收入分配。他对曲线的说明，设想了一个将收入分配部门分为农业、非农业两方面的模型。在此情况下，各部门收入分配不平等程度的变化可以由如下三个因素的变化来说明，分别是：按部门划分的个体数的比率、部门之间收入的差别、部门内部各方收入分配不平等的程度。库兹涅茨推断这三个要素将随同经济发展而起下述作用：在经济发展的初期，由于不平等程度较高的非农业部门的比率加大，整个分配趋于不平等；一旦经济发展达到较高水平，由于非农业部门的比率居于支配地位，比率变化所起的作用将缩小，部门之间的收入差别将缩小，使不平等程度提高的重要因素财产收入所占的比率将降低，以及以收入再分配为主旨的各项政策将被采用等，各部门内部的分配将趋于平等，总的来说分配将趋于平等。此外，户籍制度、城镇化和城乡分割政策也会对农民收入产生影响，前文已经有分析，这里不再赘述。

（2）个体特征因素。Blinde（1973）比较了黑人男性、白人男性和白人女性的工资差异，发现黑人工资率回报低于白人，女性工资率回报低于男性。造成这种现象的原因在于种族和性别歧视。Oaxaca 和 ransom（1994）也分析了企业工资结构中种族、性别歧视所造成的工资差异问题。在我国由于提倡男女平等政策，李春玲、李实（2008）发现在改革开放之前性别造成的收入差距不大。Shu 和 Bian（2003）认为，市场化对性别的收入差异影响并不显著。但在改革开放以后，市场化造成的冲击影响到就业参与、工资支付等，性别的收入差距逐渐拉大，女性占男性的工资比从 1988 年的 86.3% 下降到 2004 年的 76.2%（李实、马欣欣，2006；刘泽云，2008；Zhang，

2008)，到 2007 年女性收入只有男性的 74%（李实、宋锦，2014）；贺光烨和吴晓刚（2015）认为，市场化对性别的收入差异影响显著，但随着部门和地区不同，其影响程度和强度有所差异。Gustafsson 和 Li（2000）认为，女性收入低于男性的主要原因在于市场竞争中人力资本作用增强，而女性受教育年限往往低于男性。Card（1999）也认为，人力资本是性别收入差异的重要原因。Reskin（2003）认为，职业性别隔离是性别收入差异的重要原因。而程诚、王奕轩和边燕杰（2015）则认为，人力资本和职业性别隔离在现阶段对性别收入差异的解释力不足，社会资本才是造成性别收入差异的根本原因。还有学者研究了年龄结构与收入的关系，邓明（2014）从技术进步视角研究了抚养比与收入关系问题，发现在控制要素扭曲机制后，老年人口抚养比越高，劳动生产率越高，而魏下海、董志强和赵秋运（2012）则认为，老年抚养比的上升和少儿抚养比的下降是我国劳动收入降的重要因素。

（3）物质资本因素。DAVID 和 FRANK（2003）研究了计算机替换工人的影响，发现计算机可以对简单的体力劳动进行替换，也可以帮助工人解决非常规性问题和复杂性问题，有助于提高劳动效率。土地也是一种重要的物质资本，马克思认为，地租是土地所有权在经济上借以实现即增殖价值的形式。许庆等（2008）研究了农地细碎化对农民收入的影响，发现农地细碎化有助于提高农民总收入水平，同时还有助于缩小农民内部收入不平等。郭庆海（2014）探讨了效率和收入视角下土地经营规模问题。王睿和黄森（2010）认为，资金在农民收入增加过程中有着重要作用，他们还比较了东西部收入差距，发现资金及其使用效率是关键因素。温涛等（2015）还注意到合作经济组织对农民收入的影响，他认为合作经济是实现规模经济的组织形式，能够促进劳动分工和农户专业化生产，提高农民收入。

（4）人力资本因素。舒尔茨（schultz，1964）在他的《改造传统农业》分析了农业落后和农民贫困的根源，指出传统的生产要素制约了农业的发展。舒尔茨认为，发现、发展和生产新要素，并使农民能够得到并使用这些要素的那些人和机构。他们在改造传统农业中起着至关重要的作用。一方面他们要提供新的生产要素，另一方面还要让传统农民接受并使用这些要素。而这些新要素中，人力资本起着决定作用，提高农民收入、改造传统农业的重中之重便是改造这个农业的生产者，即农民。舒尔茨强调了人力资本投资对农民增收的重要性，“各种历史资料都表明，农民的技能和知识水平与其耕作的生产率之间存在着有力的正相关关系”。park（1996）利用59个国家的横截面数据研究了教育对收入分配的影响，结果表明受教育程度较高的国家其收入分配更为公平，而受教育程度差异较大的国家，其收入分配更为不公平，同时还发现教育背景中学校教育差异较大的国家，收入分配也更为不公平。Lucas（1988）基于新古典经济增长理论，构建了新古典物质资本模型、人力资本模型和干中学模型等三个模型，得出影响收入增长的因素有物质资本、通过学校教育而形成的人力资本和通过干中学获得的人力资本。Mincer（1974）构建了收入分配的人力资本模型，认为学校教育和经验是人力资本的两个主要元素，种族、性别、年龄、城乡之间人力资本的差异导致收入的差异，作者认为提高女性、黑人、老年人和农村工人的人力资本投资是提高收入的关键。Psacharopoulos（1985）也研究了教育投资问题，发现发展中国家的教育收益率一般都在15%以上。国内很多学者也研究了人力资本对农民收入的影响，邹薇和张芬（2006）认为，农村地区收入差异主要在于工资性差异，而工资性差异的主要影响因素是受教育程度。徐舒（2010）认为，教育会对收入产生影响，教育可以分解为要素结构效应和要素回报效应，前者缩小了收入不平等，后者扩大了收入不平等，总体而言教育会拉大收入不平等。此外，杨新铭和罗润东（2008）、王海港（2009）、朱长存等（2009）、王甫勤（2010）、焦斌龙（2011）、温涛等（2014）、黄小明（2014）、才国伟等（2014）等学者也研究了人力资本和收入问题。

还有学者注意到健康人力资本对收入的影响。Strauss（1986）通过对塞拉利昂的研究发现营养摄入与劳动生产率有正相关关系，Duncan 和 Strauss（1997）、Schultz（2002）发现身高对收入有促进作用，身体强壮对受教育程度较的劳力劳动者提高收入有显著性。而 Deolalikar（1988）则发现身高对收入没有显著性。张车伟（2003）发现营养摄入和疾病对收入有显著作用，魏众（2004）也发现健康对农民从事非农产业有着重要作用。王引和尹志超（2009）发现营养结构的改善对农民收入的增长有显著作用。

（5）社会资本是影响农民收入的一个重要因素，它能帮助农民获得更多的信息（Granovetter，1995；Waldinger，1999），降低交易成本（Abraham & Medoff，1983；Eccles & Crane，1988），提高农村劳动力市场效率（Burt，

2009)，或者改善信任、改善人际间的行为规范准则（Akerlof，1982）。Montgomery（1991）发展了一个逆向选择模型，比较了能为公司带来更高收益的员工和当前工资较高员工的关系问题，结果发现社会网络有助于员工求职晋升和获得较高报酬。还有研究者运用美国各州的统计数据研究了招聘推荐（Granovetter 1995；Waldinger，1999）、加入组织（Bartlett & Miller，1985）、社会关系（Mortensen & Vishwanath，1994）对增加收入的重要性。

学者对中国社会资本的研究更侧重于“关系”①。关系被用于分析中国经济交易（Bian，1994a；Wank，1995）、社会生活（Kipnis，1997；Yang，1994；Yan，1996）。Oi（1999）认为，关系是个体在社会中实现经济政治利益目标的“钥匙”。对于关系的起因，学者认为关系的形成主要在于中国缺乏完善的法律体制（McMillan，1995）和执法的不一致性（Yang，1994；Lee，1998），而关系有助于减小在不确定的政治经济环境中的风险（Walder，1988；Oi，1989）、扩散经济资源短缺时的风险（Kipnis，1997；Chang，1999），以及在不完善的市场经济结构中实现信息共享（Knight & Song，1999）。实现关系的形式通常是送礼，中国的城乡社会都广泛存在着送礼现象（Yang，1994）。

对于关系对劳动力市场的影响，Bian（1994a）认为，在就业分配体系中关系是就业成功的关键因素。Bian（1994b）在对中国国有企业工人获得首份工作的案例研究中，发现一半的工人是通过关系获得工作的，而另一半已经换过工作的工人在寻求首份工作时也是通过关系实现的。Oi（1989）也发现在招聘中关系很重要。Lee（1998）发现管理者喜欢雇用有好感员工推荐的员工，而减少对无好感员工推荐其他员工工作的机会。Knight 和 Song（1999）认为，在不完善的劳动力市场中，招聘企业和求职员工的联系有助于改善信息不对称。关系也有助于提高收入，Bian（1994a）和 Lee（1998）发现晋升和加薪通常来自于内部关系良好的员工。此外，Dimaggio 和 Garip（2011、2012）、程诚和边燕杰（2014）等也越来越认识到社会资本对收入不平等所造成的影响。

---

① Knight 和 Yueh（2008）认为，“关系”通常被界定为个体在社会网络中互相维持的一种联系。

(6) 社会资本中有一类重要资本，那就是政治资本[①]。大量的研究发现政治地位和关系在收入提高过程中所起的重要作用。Roberts (1990) 利用参议员亨利杰克逊的死亡对股票价格走向研究，发现与他有政治联系的伙伴的股票价值会因为他的死亡而下降，而与他没有政治联系的人的股票则上升。Morduch 和 Sicular (2000) 认为，干部和党员身份等政治因素对农民收入有正向效应，这种身份优势对收入的影响是间接的，主要是通过他们的特权获得更多的生产性资产用于大型畜牧业养殖或水果种植等，这种获取公共服务的优势提高了他们的收入水平。Walder (2002) 也认为，农村党员或干部的身份会为他们带来更多的预期收入，他们会依靠其政治资本从兴起的乡镇企业、国有企业或集体企业私有化过程中获得利益。Knight 和 Yueh (2008) 认为，农村党员或干部能通过会议、文件等形式能快速掌握国家的经济政治信息，通过这种信息优势获得创业就业、社会福利等收益，进而获得经济利益。Knight 和 Song (1991, 1993) 认为党员和收入之间是一种正相关关系，这种因果关系的方向还不明确，但入党是很有前途的。Zhang (2012) 研究了计划经济向市场经济转型过程中政治地位和关系所带来的回报是否减少的问题，通过对全国 10 个省的农村家庭面板数据分析发现，村干部家庭平均收入要比非村干部家庭多 9%，这种收入优势会随着时间推移而增加，随着地区从富裕地区转向贫困地区而减少。研究还发现，这种优势主要在于村干部家庭获得本地非农就业和工资的概率较大，当村干部卸任后，其收入优势将不再显现。这说明农村地区村干部身份所带来的收入优势和政治租金非常明显。

(7) 财政金融因素。关于金融与经济的关系，Gurley 和 Shaw (1955)、Patrick 和 Hamilton (1966)、Kellermann 和 Shaw (1973)、King 和 Levine (1993) 等认为金融发展和经济增长之间有显著的相关关系。Galor 和 Zeira (1993)、Banerjee 和 Newman (1993) 研究了金融与收入差异之间的关系。这些学者都从侧面说明了金融发展与农民收入之间有着重要关系。但他们都没有直接研究金融与农民收入的关系，温涛等 (2005) 通过研究储蓄率和信

---

① 关于政治资本的界定，一般认为政治资本是制度化的社会资本，是指由政党、政权或意识形态提供的身份、权力或资源，以及由此而带来的影响力 (Szelenyi, 1978; Lin, 2002)。Morduch 和 Sicular (2002) 认为政治资本通常用干部或党员身份来表征，以便在定量研究中分析收入等问题。

贷率对农民收入的影响，得出农村金融的发展会降低农民收入的结论。方金兵等（2009）则认为，农村金融发展的规模和结构会降低农民收入，而农村金融发展效率会提高农民收入。余新平等（2010）进一步认为，农村存款和保险赔付会增加农民收入，而农村贷款和农业保险会降低农民收入。陈斌开和林毅夫（2012）认为，金融抑制会导致穷人面临高贷款率和低存款率，造成机会不均等，从而使农民收入增长缓慢，陷入贫困。王定祥等（2011）也持类似观点。王小华等（2014）从金融抑制对不同农民群体的影响，并基于县域面板数据分析得出，贫困的农民受到金融抑制的影响更大，陷入更加贫困的状态，而富裕的农民基于自身资本积累和融资能力，收入会走上良性发展轨道。此外，学者还从财政支农角度研究了农民收入增长问题，李燕凌和欧阳万富（2011）认为，县乡级政府的财政支农政策提高了农业生产率，但覆盖面窄，缺少配套的公共服务设施，导致财政支农对农民收入的影响不显著。罗东和矫健（2014）研究了国家财政支农对农民收入的影响，发现有显著效应。还有学者研究了农机具购置补贴这一特殊财政支农方式对农民收入的影响，李农和万祎（2010）农机具购置补贴有助于提高粮食产量和种植业收入，进而促进农户收入增加。曹光乔等（2010）认为，农机具购置补贴会诱导农民购置大型农机具，增加农用机械数量。高玉强（2010）进一步指出，农机具购置补贴增加了农户购置农用机械的意愿，可以促进土地规模化和集约化，提高土地生产率，进一步增加农户收入。吕炜等（2015）认为，农机具购置补贴提高了农业生产率，增加了农户收入，同时也会促使农村劳动力的转移。

总之，农民收入的影响因素是多方面的，既有宏观经济因素，如区域经济发展水平、制度政策等，也有微观因素，如社会资本、人力资本、物质资本、就业行为、农户家庭特征（程名望等，2015）。

2. 农民收入增长的模式选择研究

哈索蒂（M. Hasody）认为，农民中小农成分较多，提高农民的有效手段是政府提供贷款。[①] 刘易斯（Lewis，1954）认为，经济发展中存在着现代化的工业部门和落后的农业部门，农民收入的增长一方面要通过转移农村劳

① 张杰．中国农村金融制度：结构、变迁与政策［M］．北京：中国人民大学出版社，2003.

动力，另一方面要提高农业生产效率。舒尔茨（Schultz，1964）提出，贫困而有效率的假说，驳斥了零值劳动力假说，农民在生产过程中不存在隐蔽失业，劳动力的减少必然会使农业生产下降，通过减少劳动力数量实现农民增收是不可行的。他提出新的生产要素才是农民增收的有效途径，而人力资本则是一种新生产要素，农民增收应当通过经验教训、教育、在职培训等人力资本投资实现，发展中国家尽管需要引进技术，更主要的加大本国内的人力资本投资帮助本国农业生产者来实现改造传统农业的目的。R. Nurkse（1953）认为，发展中国家存在资本不足的问题，这会造成投资下降，经济发展会因此而受到很大影响，农民人均收入下降，又进一步造成资本不足，由此进入贫困的恶性循环中，这就是典型的“一国穷是因为它穷”。他认为要打破贫困循环陷阱，必须加大资本的投入力度，以便有更多的资金进行投资，从而促成资本形成和累积，带动经济增长和农民收入增加。Tordaro（1969）也认为，加大资金投入是促进农民增收、改善农民生活水平的有效手段。Mincer（1974）提出，人力资本投资对个体和家庭优化决策的重要性和对收入的决定作用，发达国家收入差距较小的主要原因是他们对农民的教育投资形成了一套完善的体系，有科学的管理机构保证教育经费的供应。他认为人力资本投资是农民收入增长的重要途径。Fan（1991）分析了 1949～1986 年农业生产率的变动及成因问题，指出这期间农业劳动生产率为每年 4%，在改革开放之前主要是通过丰富的劳动力资源、肥沃的土地和化肥的增加实现，而后期主要财政支农体制和农业生产技术的改善实现，农业产出的 30% 可归结为技术的改进和效率的提高。由此可以看出财政支农和农业技术改进对农民收入增长的意义。Tatom（1993）认为，20 世纪 70 年代以来公共部门的资本存量逐年下降，这导致了生产效率的下降，农民收入水平相应下降。他认为加大基础设施投入力度是增加农民收入的有效手段。

2010 年后，对农民收入增长模式的研究更加细化。Wang（2014）利用我国藏区农民的研究数据，得出改善农户生计的关键收入来源在于非农就业的结论。Glaeser 和 Lu（2014）利用 CHIPS2002 和 CHIP2007 的城市数据研究了异质型人力资本外部门性问题，运用 20 世纪 50 年代城市大学搬迁数量作工具变量，发现个人受教育年限每增加 1 年，每小时工资上涨 21.9%，说明人力资本的外部性使得教育回报率上升，这也解释了中国经济增长较快的原因。他们进一步认为国家应该充分发展大城市，消除大城市发展的制度因素，充分发挥人力资本的外部性，提高低技能者收入。Nguyen 等（2015）认为，传统农业集中了大量人口，导致农业生产效率较低，农民增收困难。他们通过文献梳理得出订单农业才是增加农民收入的有效途径。Wainaina 等（2012）、Kumar 等（2016）也得出合同农业是农民增收有效途径的结论。Gao 和 Wen（2013）等人认为财政支农是提高农民收入和繁荣农村经济的有效手段，他们运用中国 1997～2010 年的省级面板数据得出，财政支农有较强的空间溢出效应，将这种空间溢出效应纳入分析之后，发现财政支农的直接效应较为显著，但其间接效应则由正变负。

2.2.3 关于土地征用的研究

我国自党的十五届三中全会首次提出“城镇化”，至党的十八大提出新型城镇化，城镇规模和城市空间迅速扩张，挤占了大量城郊土地，其导致的后果是产生大量失地农民①。据统计，我国城镇化建设导致每年约 300 万的失地农民（陶然等，2005）。失地农民的增加，必然伴随着失地农民的市民化过程。因此，对于城郊农民来说，失地农民和农民市民化是双位一体的。

所谓失地农民，是指城镇化外围扩张过程中，政府改变城郊土地用途，从而在城郊地区产生失去土地使用权和经营权的农业人口（鲍海君等，2002）。失地的后果通常包括完全失地和部分失地，完全失地农民的户籍已经转为城市户口，而不完失地农民的户籍仍然为农业户口。学者们对失地农民的界定并不完全一致，金丽馥等（2008）认为，只要发生土地被征用，而不管是完全征用还是部分征用，就算失地农民。倪军昌（2004）则认为，土地完全被征用才算失地农民。

土地征用会产生两个直接的后果，一是土地征用对城郊农民收入的影响问题；二是土地征用后城郊农民的就业问题。

1. 土地征用对城郊农民收入的影响问题

关于土地征用对城郊农民收入的影响，学术界的普遍共识是：征地补偿

① 也有学者将这个群体称为被征地农民。

标准是土地征用的核心问题，土地征用对城郊农民收入的影响直接取决于征地补偿标准（周飞等，2004），征地补偿标准偏低、征地程序不规范、征地主体泛化将导致被征地农民权益受到侵犯，自然土地征用也不能提高收入水平。还有学者指出土地征用的症结在于土地出让价与征地补偿标准之间存在巨大的落差，征地补偿严重低于土地出让价（钱忠好，2004）。导致这种落差的主要原因在于地方政府对征地价格和征地主体的垄断，城郊农民只能以土地征用的形式转让给政府，城郊农民丧失土地转让权（Hui et al.，2013）。政府对土地征用的垄断使得城郊农民丧失交易谈判权，并导致价格机制被排除土地征用市场之外。因此，有学者提议赋予城郊农民土地转让的权利，以便土地交易价格随市场机制配置（刘守英，2014）。当然也有学者认为鉴于我国农村土地的集体所有性质，赋予农户土地交易谈判权不现实，他们的折衷方案是政府直接提高被征用土地的补偿标准、完善土地征用补偿机制（钱忠好，2004）。

当然，从完善土地征用补偿标准角度进行研究的学者，他们的主要观点是征地补偿标准应当考虑到土地的多重属性。土地作为农民最重要的生产资料，除了具有生产以获得粮食的功能外，还兼具社会保障、就业、财产等多种功能，现行的土地征用补偿标准显然不能维持征地后农民的生活水平（柴国俊、陈艳，2017）。因此有学者提议征地补偿标准应该考虑土地的社会保障功能（汪晖，2002）。

也有学者针对土地征用对农民收入水平的研究进行了实证分析，如史清华等（2011）的研究表明，经济较发达的东部沿海地区劳动力就业市场相对较完善，土地征用后被征地农民能够流入非农就业部门，因此东部沿海地区的农民收入不降反升，而且东部沿海地区还存在着等待被征地的现象。相反，欠发达的中西部地区由于劳动力就业市场不完善，土地征用后他们不一定能够获得非农就业机会，土地征用将导致“失地失业”。从史清华的研究来看，土地征用对农民收入的影响存在着异质性，东部地区的被征地农民由于非农就业机会较大，可以获得收入的提高，而中西部地区被征地农民很难进入劳动力市场，就业的缺乏将导致收入的降低。王慧博（2010）的调查研究也表明经济较发达的地区农户的征地意愿和征地满意度较高，而欠发达地区则相反。汪险生和郭忠兴（2017）综合了“产权残缺论”和“失地失业论”两种理论进行了综合分析认为，在交易费用为零的情况下赋予农民土地转让权能够提高征地收入，但当交易费用大于零时赋予农民土地转让权并非有效率的，相反土地转让以集体产权的形式更有效率。土地征用的转让权赋予政府本质上是以企业代替市场、降低交易费用之举。此外，他们的研究也不同于史清华等人的“失地失业论”，他们利用倾向得分匹配法验证了土地征用能够显著提高被征地农户收入水平的结论，也能够显著提高欠发达地区被征地农民的收入水平，土地征用的收入效应在贫困家庭中更显著。

2. 土地征用后城郊农民的就业问题

城郊土地被征用的直接后果，是如何解决失地农民的就业问题。毛丹（2009）认为，有效途径是城郊农民市民化。市民化过程并非简单地转换户籍、工作等，更重要的在于心理和文化认同的角色转变。其实质在于农民思想意识、生产与生活方式的本质转变，是农民社会文化属性与角色内涵的转型过程（市民化）和各种社会关系的重构过程（结构化）（文军，2004）。是农民向城市转移并逐渐变为市民的一种过程和状态，期间伴随着意识、行为方式和生活方式的变化（“我国农村劳动力转移与农民市民化研究”课题组，2003）。具体可分为四个维度：经济活动市民化、公共服务市民化、生活方式市民化、户籍管理市民化（翟振武，2012）。狭义标准，农民市民化主要指农民、城郊农民等在身份上获得作为城市居民相同的合法身份和社会权利的过程，如居留权、选举权、受教育权、劳动与社会保障权。可以分为：内在素质市民化与外在资格市民化（许峰，2004）；内在素质市民化是指有关市民生活意识、权利意识（多层的权利）的发育及行为的变化等内容，这是一个转化过程；外在资格市民化更加偏重的是职业和身份的非农化，其中涉及户口及附带的福利保障，是完全变农民为市民的一个结果。

除了市民化这个途径之外，还有学者试图将城镇化、农地再配置、社会保障及非农就业纳入一个统一的分析框架，认为城镇户籍制度和农村土地集中制度的配套改革尤为重要（陶然和徐志刚，2005）。这是由于，可持续的生计框架表明，农户的生计与其资产高度相关，家庭资产的任何变化都将导致农户行为的调整（Scoones，1998）。显然土地征用将导致城郊农民土地资产的流失或减少，但同时也将使农户获得土地征用的补偿金，因此这种资产的重新配置也将会使农户家庭的劳动力禀赋重新配置，即劳动力资源将从农业部门转向非农业部门。具体来说，土地征用后城郊农民的非农就业将受到农户自身的人力资本、物质资本和社会资本等影响，受教育程度较高的城郊农民在土地征用后将被配置到工资待遇较高的非农就业部门（Lucas，2004），与周联系较密切的农户更容易非农就业，受到金融资本约束较大的农户其流动性将更低。

2.2.4　关于非农就业的研究

近年来，国内外学术界对农民的非农就业问题进行了广泛讨论和深入研究，并取得了丰硕的成果。不少学者探讨了发展中国家非农就业的特点和影响因素。Reardon 等认为，非农就业在农村经济发展中扮演越来越重要的作用，它为农业生产的上下游提供了产品和服务，同时提供了较多的农村收入份额，为粮食安全、缓解贫困、提高农业生产竞争力做出了较大贡献。Abdulai 和 Delgado 通过对加纳北部已婚男性和女性非农就业行为的研究，得出教育、经验、基础设施、到首都的距离、人口密度能够显著提高劳动力非农就业的参与率，同时非农就业工资具有性别差异。Barrett 发现非农就业与家庭福利存在正相关关系，非农收入的多元化有利于刺激消费的快速增长。Canagarajah 发现自我雇佣方式的非农就业会导致收入不平等程度的加剧，对于以女性为户主的家庭更甚，而以工资为主要方式的非农就业可以减小收入不平等程度。此外，他还发现地理位置、受教育程度、年龄和距离市场远近是影响非农就业的关键因素。Lanjouw 认为，穷人由于受教育程度较低，其参与非农就业活动的劳动生产率低下。任国强探讨了人力资本对非农就业的影响，发现受教育程度越高，非农就业参与度越高，除高中外，农民受教育程度越高，非农报酬也越高。艾春荣、汪伟发现农户非农就业与否主要与由农户的农业生产率和非农劳动单位报酬决定，与当期收入不相关。

非农就业的进入限制也是一个值得研究的问题。Knight 指出初中及以上学历的农民更容易获得贸易、制造业等非农工作，其子女更容易受到良好的教育，这会形成一个良性循环，而那些受教育程度较低的农民往往会陷入恶性循环中。同样，营养不良的农民由于工作效率低下，失业的可能性更高，从而陷入贫困的恶性循环之中。Jha 运用印度农村的实证研究证实了营养不良导致贫困的假设。Reardon 强调贫困家庭由于非农活动进入限制，阻碍了他们投资非农活动，这印证了贫困陷阱的存在，也说明贫困家庭进入非农产业工作并非是一个自然过程。

还有学者研究了非农就业与收入之间的关系问题。Taylor J. E 非农就业所造成的农业劳动力流失会导致农业收入的下降。Haggblade 等认为，发展中国家非农就业是农民收入的主要来源，贡献了 35% ~50% 的份额，同时吸纳了 33% 的农村劳动力。不少学者认为非农就业活动在经济社会中的作用越来越大，增加了农民的粮食产出和收入，缩小了农业家庭和非农就业家庭的收入差距。刘洪银运用丹尼森方法构建回归模型，发现非农就业能够显著促进经济增长，同时非农就业对经济增长的作用符合边际递减规律。钱文荣等区分了非农就业对收入影响的直接和间接效应，直接效应显示非农就业人数的增加会导致农业收入下滑，间接效应显示非农就业的工资汇款可以补偿直接效应所带来的负面影响。宁光杰运用 2008 年农村住户调查数据分析了非农就业的影响因素及非农就业对农民收入的影响问题，研究发现教育、年龄、培训、健康以及非农工作经历会显著影响农民非农就业参与度。同时还发现外出非农就业的收入显著高于本地就业。冉璐等运用 2008 年中国综合社会调查数据，分析了非农就业经历对务农收入的影响，发现具有非农就业经历的农民务农收入显著高于无非农就业经历的农民。

2.2.5 文献简要评述

通过对相关文献的梳理，本书的创新和贡献主要是：

1. 国外相关研究中，早期的劳动力理论的基本观点是“比较利益的存在会促使社会劳动力从农业部门流向工业部门和商业部门”，与比较利益表述相近的如迈克·托达罗建立的城乡劳动力模型（1969），迈克·托达罗认为农村劳动力向城市转移的决策根据是农民“预期收入”的增加或扩大化，当农民预期流入城市的预期收入高于他在农业就业的收入时，劳动力会不断向城市移动。其实，不仅是早期即使是现在，在经济生存问题没有解决的时候，劳动力转移的根本原因还是比较利益。此后的新经济迁移理论则在此基础上对劳动力迁移做了新的补充解释。新经济迁移理论强调家庭作为决策主体的重要性，也就是说，预期收入最大化的核算单位不是个体劳动者，而是家庭预期收入最大化，以此决定家庭成员的外出或迁移。阿瑟·刘易斯的“二元经济结构模型”和诺瑟姆的城市化发展“S”曲线理论，被认为是关于城镇化两个具有代表性的理论。阿瑟·刘易斯的“二元经济结构模型”(1954) 提出，发展中国家经济发展的典型特征是城乡二元经济结构。随着经济活动从传统农业向现代化非农产业的转移，二元经济将逐步向一元经济转化。国内学者也对城乡二元结构做了大量论述，分析了城市倾向政策导致了我国城乡收入差距扩大和城乡二元结构，这种二元经济结构对经济增长的危害。陆铭等学者还深入分析了城市内部的“新二元经济结构”，这些对本文研究主题颇有裨益。

2. 但上述研究几乎都是针对城市和农村两部门、城市居民和农民两种群体进行研究。首先，理论成果对于农民群体中城郊农民的研究几乎没有触及。我国的城郊农民问题主要是由城镇化推进所造成的，它具有农民普遍所具有的问题，同时也有基于城镇化和工业化背景所形成的特殊问题。因此需要结合中国的实际情况分析城郊农民问题。其次，虽然关于城镇化和农民问题的理论成果数量很充足，但缺少相关基础理论创新；表现为：一是现有成果对具体农民群体研究得不够。在分化的农民群体中，最引起学术界重视的是农民工和普通农民。而对于城郊农民问题研究较少。二是现有研究忽略了中国地区差异，而是概论农民问题。我国地域广阔，地区经济社会发展差异明显，阶梯特征突出，这就决定了不同地区，即使是同一地区但不同农民群体需要不同方式的城镇化。目前很多研究忽视了比较研究。当然，现有研究文献中也有针对个别地区的农民问题研究成果，但这种研究还不普遍。三是较系统全面分析城郊农民收入的区域差异和原因的文献较为缺乏，导致很多控制变量被忽略，从而影响回归估计偏误和解释力不足的问题，尤其对于城郊农民来说，土地征用和非农就业在其收入构成和来源中占据重要地位，而已有文献却鲜见其将土地征用和非农就业两者纳入收入增长分析框架中。

3. 国外学者主要从微观视角研究收入问题，但其数据不适用于国内城郊农民收入问题研究，国内学者主要从宏观视角研究收入问题，多借助于《中国统计年鉴》《中国农村统计年鉴》等宏观数据进行分析。本书主要借助于中国家庭健康与营养调查数据（CHNS）和中国家庭追踪调查（CFPS）数据，覆盖面广、代表性强；

4. 既有研究主要从单视角分析农民收入增长，要么研究土地征用对收入的影响或者非农就业对收入的影响，而很少从土地征用和非农就业双视角研究收入增长，土地征用和非农就业之间往往存在交互影响，忽视这种交互关系，可能导致研究的不深入；同时，土地征用和非农就业对城郊农民收入的影响，往往是通过中介变量发生传递效应的，忽视这种影响机制的研究，也不能充分地揭示城郊农民收入增长的动因。而本书既考虑到了交互关系的作用，也对其背后的影响机制进行深入阐述。

| 第3章 |

土地征用、非农就业与城郊农民收入研究的分析框架

3.1 相关概念

3.1.1 城镇化

关于城镇化①的内涵，罗西在《社会科学词典》中认为有四个方面的含义：一是市中心对农村腹地影响的传播过程；二是全社会人口逐步接受城市文化的过程；三是人口集中的过程，包括集中点的增加和每个集中点的扩大；四是城市人口占全社会人口比例提高的过程。弗里德曼（J. Friedman）将城市化区分为城市化Ⅰ和城市化Ⅱ。前者包括人口和非农业活动在规模不同的城市环境的地域集中过程，非城市景观转化为城市景观的地域推进过程；后者包括城市文化、城市生活方式和价值观在农村的地域扩散过程。诺瑟姆（Ray M. Northam）揭示了城镇化发展的三个发展阶段。在城镇化早期和后期阶段，城镇化率提升得十分缓慢，而在城镇化中期阶段，城市人口比重可在短短的几十年内突破50%而上升到70%，显然这是城镇化的快速发

① 关于“城市化”与“城镇化”的内涵，中国学界和政界的认识存在有一个由完全对立到趋于一致的过程。目前，主流观点认为其内涵已经无本质差异，都是指中国城市化要走一条符合中国国情的、以城市群为主要空间载体，大中小城市和小城镇协调发展的道路。因此，本书将城市化与城镇化等同看待。

展阶段。藤田昌久和弗里德曼（2013）在其《空间经济学》中认为，市场潜力曲线决定了多中心城市体系的出现。市场潜力由厂商可以给出的要素价格和要素要求的最低要素价格之比决定。前者决定于规模报酬递增的效应和市场竞争激烈程度，后者则决定于劳动力的生活成本等因素。随着离中心城市的逐渐远离，规模报酬递增作用的减弱、远离市场需求，将导致市场潜力函数持续向下；同时，随着离中心城市越来越远，市场潜力函数再度上升随着该函数再次达到峰顶，新的城市就会形成。当然，大多数时候，这些城市的规模会小于原有城市。这一理论对于新型城镇化发展和大、中、小城镇有序发展具有积极意义。此外，他们还认为，政府的外生推动在城镇化中也很重要，城镇化的发展才能达到均衡布局。随着城镇人口逐渐增加，人均效用逐渐上升，在人均效用达到最大时，分散人口为了获得更多的效用，仍然会进入城市，这时，城市的人均效用就越过了最优点，进入了次优状态，但是经济没有渠道去自发地令城市人口回到最优状态，此时，政府的作用就显得格外重要。

3.1.2 城郊农民

城郊农民主要是指地处城市郊区的农民，他们从户籍上还是农民，拥有集体所有土地的承包权和经营权，这些特征与其他农民较为相似。但将其单独列为一类，主要在于城郊农民在收入结构、家庭结构、生存状况以及各种机会的可获取性，都与远郊农民有着本质不同。

城郊农民最重要的特征是他们能够从城市二三产业的快速发展中获得各种机会，还能够从土地升值中获得收益。主要表现在：其一，因为地处城郊，他们能够从城市二三产业中获得就业机会，相对于农民工或者其他农民来说，他们能够获得更高的就业收入和社会福利，而且工作性质较为轻松，多从事服务性产业或者管理性职位；其二，因为地处城郊，他们不用外出务工，这样可以减少外出务工支付房租等费用，没有其他农民存在的留守儿童或留守老人问题，也没有其他农村地区存在的土地抛荒撂荒现象；其三，能够从城市的外围扩张中获得土地增值收入和级差收入，城镇化会带来房价和房租的上涨，城郊农民能够利用宅基地建造房屋出售或出租，从而带来房租等收入；其四，城郊农民能够获得集体红利，城市征地会给村集体发放留用地指标，而村集体可以利用留用地建造房屋、兴办产业，城郊农民便能够从中获得分红收入；其五，城郊农民在征地过程中能够获得征地收入，虽然征地补偿费用要远低于土地市值，但相较于其他农民来说，他们还能够获得土地补偿收入，而且也远高于土地的农业收益。

城郊农民的上述特征，说明城郊农民是不同于普通农民的一种特殊群体。因此，对其准确界定有助于我们对其收入问题的分析。在实证分析中，我们将城郊农民界定为地处城郊[①]但户口为农业户口的农民。

3.1.3　远郊农民

远郊农民，此概念来自于华生（2014），也有学者称之为一般型农业地区农民（贺雪峰，2010），它是农民的主体。从地理位置上讲，远郊农民离城较远，他们不能从土地中获得巨额级差收益，土地只能反映出农业租金的价值，他们也很少从农村二三产业中获得就业机会，如果要从事非农产业，只能外出打工。

远郊农民的主要特征表现如下：其一，农民的收入来源主要为外出务工收入和农业家庭经营收入，在农业产业较发达的地区，经营收入可能高于工资性收入，而在中西部落后的地区，外出务工所获得的工资性收入则高于经营性收入；其二，由于此类型农民生活在离城较远的地区，其土地价值仅表现为农业租金价值（见第 3 章理论分析），而土地位置所带来的级差收益、土地的预期增值价值则无法获取，这就决定远郊农民不能像城郊农民那样通过土地获得财产性收入；其三，农民收入主要来源于农民外出务工与家庭经营的收入，这就决定了农民必须将时间分配给农业与外出务工，因此农业的兼业化趋势会越来越明显，也会由此导致农业活动的专业化分工，老人、妇女在家经营生产率较低的农业，男青壮年则外出务工，获得价值较高的务工收入；其四，远郊农民的家庭结构有可能没有城郊农民那样完整，由于有成

① 对于城郊的定义，国家统计局专门规定了城乡的划分，在统计数据搜集中，也有专门的城郊类型。

员外出务工，所以会出现留守儿童、留守老人、留守妇女等留守现象。

从上述分析可以发现，远郊农民由于不能获得土地的级差收益，也不能获得租赁收入，从而导致远郊农民的收入要远低于城郊农民。本书主要分析城郊农民的收入问题，但只有通过与远郊农民收入的对比，才能分析城郊农民收入增长的特殊性所在。而对远郊农民的界定，则有助于对问题的分析。本书在实证分析中，将远郊农民界定为城乡类型为乡村、身份为农业人口的群体。

3.1.4 非农就业

非农就业是本书的关键解释变量，对于非农就业的一般定义，主要指农户职业从农民转变为第二三产业从业者；就业领域从农业转换为非农产业；就业地域从农村转换为城市（城镇）。在相关文献中，也有学者运用劳动力转移、非农兼业、外出务工①等词汇表示非农就业，其内涵是一样的。对于统计数据中关于非农就业的定义，主要是指一年中超过6个月从事非农产业。

学界对非农就业的具体定义并没有统一标准。从已有研究来看，Feng等（2010）将非农就业定义为家庭成员中是否有人从事非农产业；朱喜等（2010）将非农就业定义为获得非农就业的机会大小；Gray和Bilsborrow（2014）将非农就业定义为农户家庭中从事非农产业的人员数量；Yang等（2016）将非农就业定义为农民从事非农工作的时间；Mathenge等（2015）将非农就业定义为通过非农行业获得的收入占农户家庭总收入的比例。综上来看，非农就业的定义标准并不统一，不同的学者为了不同的研究目的采用了不同的定义方法。本书考虑到CFPS2014的数据设置，采用Feng等（2010）的方法，将非农就业定义为是否有人从事非农产业。

3.1.5 土地征用

土地征用也是本书的关键解释变量。由于本书涉及非农就业及依靠租赁

① 本书中，并未将外出务工与非农就业看作含义相同，而是将外出务工看出非农就业的一个类别，即异地非农就业。而与此相关的，则还有本地非农就业。

收入维持生计两种劳动力配置方式，因此我们将土地征用进一步细分为承包地征用和宅基地征用。承包地征用是指政府为了社会公共利益需要，按照法律规定的批准权限和程序，并给农民集体和个人补偿后，将农民集体所有的承包地转变为国家所有。承包地征用是保证国家公共设施和公益事业建设所需土地的一项重要措施。与此相应的还有宅基地征用（即住房拆迁），是根据城镇规划进行开发建设的单位，经过规定的管理机关批准，拆除城郊农民的房屋，并按照公开市场价值对城郊农民进行补偿、安置的行为。在本书中，我们将前者称为承包地征用，后者称为宅基地征用。宅基地征用既包括对属于集体所有的宅基地进行征用，也包括对宅基地上的附着物进行拆除和补偿。

3.2 城郊农民收入增长的诱因及路径

3.2.1 城郊农民收入增长的诱因

1. 劳动力的转移与“摊大饼”式城镇化模式

新中国成立后到改革开放前的计划经济体制下，我国借鉴苏联模式实行了重工业优先发展的战略，通过农业剩余供给城市实现工业化的资本原始积累。这种资本密集型的发展战略显然与我国丰富的农业剩余劳动力不一致，城市无法解决农村劳动力的就业问题。1958 年，我国颁布《中华人民共和国户口登记条例》，标志着政府开始对人口自由流动实行严格限制和政府管制，明确将城乡居民区分为“农业户口”和“非农业户口”两种不同户籍。户籍制度使农村和城市被隔绝开来，充分保证了城市的低失业率和城市居民对住房、医疗、保险等的优先占有（林毅夫，1998）。

1978 年的改革开放，国家逐步转变了重工业优先发展的战略，资本密集、劳动密集、技术密集产业齐头并进，这种经济体制的改革使得城市需要大量劳动力。因此，政府将城镇化战略纳入优先战略，逐渐放松了人口自由流动的限制。但这种流动与国外举家迁移的单向流动不同，受制于户籍制度约束，我国的劳动力流动是双向的、候鸟式的。尽管这种政策有不完善的地方，但城镇化战略的提出，对促进城乡二元经济结构转型还是有好处的。

我国的城镇化从20世纪80年代开始，改革开放40多年间，城镇化经历了不同的发展方向。20世纪80年代到90年代初，城镇化主要还是农村人口就地城镇化，由于乡镇企业的蓬勃发展，政府推动了“离土不离乡”的政策，在乡镇内部实现农业人口向非农产业的流动。费孝通（1984）在这一背景下写出了《小城镇大问题》一文，他认为“如果我们的国家只有大城市、中等城市没有小城镇，农村里的政治中心、经济中心、文化中心就没有腿”，所以“要把小城镇建设成为农村的政治、经济和文化中心，小城镇建设是发展农村经济、解决人口出路的一个大问题”。费孝通进一步指出，小城镇的繁荣关系到农村经济的发展，如果小城镇衰落，其周边的农村小商品交易成本就会较高，农村发展副业的阻力就会越大，从而不利于农村走出小农经济形态，更不利于农村经济的发展；从另一方面来说，农村经济的不利发展，必然导致农村分工经济和市场经济不发达，农村商贸物流也不发达，小城镇也必然衰落。这就是小城镇与乡村发展的恶性循环。费孝通的这种小城镇理论本质上是一种城镇化内源性发展理论，通过减少政府行政干预，实现人与城镇的良性互动。在20世纪80年代政府采纳了小城镇优先发展的战略，实行了以乡镇企业为主的小城镇化发展模式，城市中的人地关系还不那么紧张。

20世纪90年代中后期，随着沿海外资企业、私营企业的发展，城市化开始了“离乡不背井”的发展模式。由于乡镇企业相较于沿海地区外资、私营企业竞争力较弱，乡镇企业发展遇到瓶颈，甚至趋于停滞，这导致其吸纳就业劳动力的能力受到限制。一部分劳动力回到土地，而大部分劳动力开始长途迁徙，到沿海地区打工。农村大规模的剩余劳动力供给使得劳动力市场上供大于求，这在较长时间内为工业和城市的发展积累了廉价劳动力资源。政府也意识到劳动力要素对经济发展的重要性，开始逐步清除劳动力进入城市中低端产业的各种障碍。图3-1报告了2008年以来我国农民工数量及增速。从图中可以看出，我国农民工总数呈历年增长态势，只是增速有所减缓。

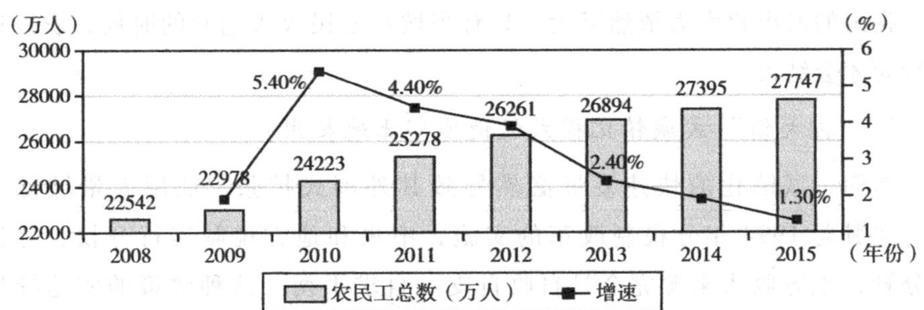

图 3－1　2008 年以来我国农民工总量及增速

资料来源：国家统计局。

农民工大量进入城市，为城市提供了基础建设和工业生产所需的劳动力，因而也直接促进了工业化和城市化的发展。同时城市发展也有人口作为载体。中国改革开放以后，城市化快速发展，就是伴随着大量劳动力进入到城市为条件的。图 3－2 报告了改革开放以后我国历年城镇化率，从图 3－2 中可以看出，到 2016 年底，我国城镇化率达到 57.35%，按照诺瑟姆（1979）关于城镇化历程描述的诺瑟姆曲线分析，我国城镇化正处于城镇化快速上升阶段，难怪美国获得诺贝尔经济学奖的斯蒂格利茨预言中国的城镇化和美国的科技发展是 21 纪全球两件大事。

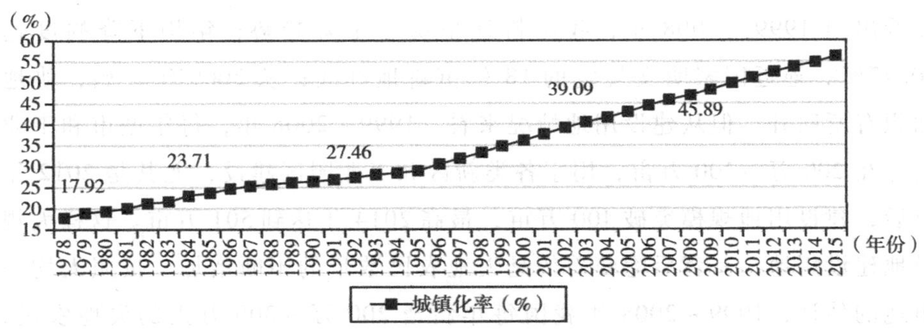

图 3－2　我国改革开放以后历年城镇化率

资料来源：国家统计局。

可以说，人口的流动和集聚促进了城市化率的快速增长。两千多年的传统小农经营、计划经济时期重工业优先发展战略以及农民无自由的迁徙权，种种因素都导致农民很难融入城市。20 世纪 80 年代经济政策的转变，使农民在长期的禁锢中被释放。按照世界平均城市化率和平均工业化率的标准来看，我国的城市化潜力依然巨大。只有当城乡居民收入趋同的时候，农民迁徙行为才会结束。

2. “摊大饼”式城镇化模式促使城郊土地征用

然而，城镇化的快速发展必然导致其外围式扩张，征用大量城郊土地。尤其是1994年分税制改革的实施，中央和地方税制实行分权、分税和分管，地方收入来源完全是自收自支、自求平衡。这种政策的实施导致地方财政收入在改革初期内与中央财政收入形成了巨大落差。地方政府不得不自谋出路，而土地收入被列入预算外收入，对他们形成了巨大诱惑。可以说，分税制的改革使得地方政府将城郊土地农业用途转变为非农用途的动机有增无减。地方政府出于政府绩效的考虑，过度征用城郊土地，建立了大量开发区、工业区和新区。其征用的土地往往是以较低的价格征收，以较高的价格在土地二级市场上出售给开发商，从而形成巨额级差收入，用于政府财政收支。这种形成政府财政收入来源的途径使政府平衡了分税制带来的负面影响，但另一方面却造成大量失地农民，导致城郊农民形成失地农民和未失地农民两个群体的分化，还导致失地农民的可能性失业和社会不稳定。

表3-1报告了我国耕地变化及农业用地转非农用地情况。从表中可以看出自1999~2008年，我国耕地呈历年下降趋势，年均下降幅度达10.47%，逼近国家明文规定的18亿亩耕地红线；从2009年开始，耕地面积有所回升。但从建设用地情况来看，1999~2008年，每年城市和工业用地在200万~300万亩，用于各类新区和工业园区建设，尤其是2012年以后，建设用地规模突破400万亩，最高2014年达到501万亩。这样大规模地建设用地，其背后隐藏着的是失地农民数量的不断增加。按照人均一亩地的估计，1999~2008年我国每年新增200万~300万人的失地农民，而2012年以后每年失地农民可能达到400万~500万人。由此可见，城市化的快速发展导致失地农民不断增多的趋势并未停止，而失地农民增加背后所隐藏着的是城郊农民生活方式、就业结构、收入结构的根本性转变。依靠传统种植业获取劳动收入的途径对于失地农民来说已经不再可能。

表3-1　　我国耕地变化及耕地转非农用地情况（亩）

年份	耕地	耕地净增减	建设用地
1986～2000	/	/	1650.0万
1986～2000年均	/	/	110.0万
1999	1938082424.4	/	3078876.7
2000	1923647002.9	-14435421.50	244.9万
2001	1914237132.7	-9409870.20	2454809.3
2002	1888943980.6	-25293152.10	2947494.0
2003	1850883149.9	-38060830.70	3436585.8
2004	1836663832.7	-14219317.20	4392053.9
2005	1831240000.8	-5423831.90	3181673.1
2006	1826638069.3	-4601931.50	3878093.2
2007	1826027982.8	-610086.50	2824289.4
2008	1825738377.1	-289605.70	2873522.9
2009	20.31亿	2.05亿	/
2010	20.29亿	-0.02亿	/
2011	20.29亿	/	/
2012	2027376566.10	-1202311.35	4853471.40
2013	2027450581.35	74015.25	4389726.15
2014	2025860080.65	-1590500.7	5011486.05

注：2009～2011年建设用地资料未公布。

资料来源：J. Huang，X. Deng，S. Rozelle（2004）；《中国国土资源年鉴》。

土地征收与1994年的分税制改革不无关系，中央集中了财政收入，但未有效地匹配转移支付制度，导致地方政府财政收支困难。不过令地方政府欣慰的是中央不再集中地方政府的土地出让金，从而土地出让金可以全部归地方财政，而土地出让金属于政府预算外收入，其收支明细不像预算内收入那样严格细分，使地方政府有强烈的动机去获取城郊农民的土地，以便获取土地利润。图3-3报告了我国2001～2014年国有土地出让情况[①]。从图中可以看出，无论是土地出让面积，还是土地出让金，都呈大幅增加的态势，在2001年，土地出让面积为9.04万公顷，出让价款为1295.89亿元，到

① 按照我国土地出让制度，只有国有土地才可以在二级市场上买卖。而土地一级市场只能通过地政府征地补偿的形式出售。要让农民土地能够在土地二级市场上自由买卖，必须通过政府将农民集体性质土地转变为国有建设用地，再行将国有土地出售给开发商。

2014 年，土地出让面积和出让价款分别为 27.73 万公顷、34377.37 亿元，年均上涨幅度分别为 9%、28.68%。据统计，部分地方政府的土地出让金已经占到地方财政收入的 35% ~50%（陶然、徐志刚，2005）。既然土地出让金作为地方财政的重要组成部分，理应用于城市基础设施和民生建设，但很多地方政府钻了预算外收入的空子，与开发商勾结，以较低的价格购进土地、以较高的价格在土地市场上出售，严重侵犯城郊农民的利益。按照陶然等学者的调查，土地出让金的分配大致是地方政府占 20% ~30%，开发商占 40% ~50%，村集体占 25% ~30%，土地使用者农民仅占到 5% ~10%。由此可见，政府和开发商占据了土地出让金的大部分（涂名，2004）。

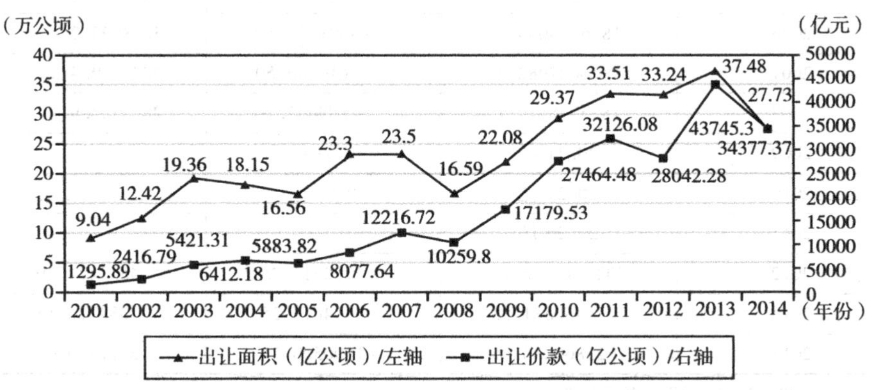

图 3-3 2001~2014 年我国国有土地出让情况

资料来源：《中国国土资源年鉴》。

关于土地出让金的分配问题，一直是学者所关心的问题。城郊农民的土地由于其位置靠近城市，一旦由农业用地变为工业用地，其价值必然升值数倍到数十倍。那么，这部分升值的价值到底归谁呢？美国学者亨利·乔治曾认为土地的升值是由于城市化和工业化引起的，与使用者或所有者的农民没有任何关系，土地升值价值理应归政府所有。孙中山也曾根据亨利·乔治的理论提出“平均地权”的口号，他认为土地必须禁止买卖，否则将出现“富者田连阡陌，穷者无立锥之地”的现象①。但按照经济学家周其仁（2013）的观

① 美国学者赵冈（1982）认为，中国两千多年的土地私有制，土地并不是越来越集中，而是越来越分散；秦晖（2007）也认为土地私有化必然导致农民失去土地的结论与革命前的中国不相符合。

点来看，尽管土地的位置决定了其升值的可能性，但农民拥有土地的产权（不管是使用权还是所有权），既然农民放弃了土地的产权，他应当获得比原有土地所带来收入更高的收入。农民本可以拥有土地去获得收入，但他放弃了使用权，就少了这部分收入，农民在失去了土地产权后面临新生活方式的转变，这种巨大的转型代价应该以土地出让金来补偿。而贺雪峰（2013）与周其仁的观点相反，他认为城市建设用地所获得的出让金主要来源于土地的地理位置和国家偏紧的土地供给政策，而城郊失地农民只能获取部分出让金，其获取的标准在于：失地农民的生存保障、失地农民不能成为土地食利阶层。因此，在决定土地出让金“涨价归公”和“涨价归农”的两个因素之中，政府要安排好土地供给政策，否则出现土地食利阶层，经济发展所产生的剩余将被食利阶层所吞噬。

回到现实，当前地方政府攫取了土地出让金的大部分，名曰用于财政收支。地方政府通常采用一次性补偿的方式解决土地征收问题，对于东部沿海地区或有非农就业经历的城郊农民来说，这不失为一种较好的解决方案。但对于长期以农业种植为主、受小农经济文化影响较深、受教育程度较低的城郊农民来说，一次性补偿方式往往有其欠妥之处，这部分城郊农民接受补偿金后得自谋职业，突然的就业转型会使他们在就业地位上明显弱于城市居民，最终造成失业又失地的困局，同时这种货币化的补偿制度不再解决城郊失地农民的社保、医疗、养老，也使失地农民失去安全感，不愿意被征地①。在我国计划经济时期，对失地农民的补偿方案主要是“谁征地、谁安置”的原则，要求开发商要妥善安置失地农民，由于开发商的唯利是图本性，导致这种方案也基本上是形同虚设，失地农民的处境相比于当下更为堪忧。

对于土地的货币补偿内容，2004 年颁布的《中华人民共和国土地管理法》第四十七条作了明文规定，征收耕地的补偿费用包括土地补偿费、安置补助费以及地上附着物和青苗的补偿费。征收耕地的土地补偿费，为该耕地被征收前三年平均年产值的 6 ~ 10 倍。征收耕地的安置补助费，按照需要安置的农业人口数计算。需要安置的农业人口数，按照被征收的耕地数量除以

① 沿海发达地区也在逐步考虑到失地农民的就业、医疗、教育、养老等社保，但进度较缓慢、社保覆盖范围较小。

征地前被征收单位平均每人占有耕地的数量计算。每一个需要安置的农业人口的安置补助费标准，为该耕地被征收前三年平均年产值的 4 ~6 倍。但是，每公顷被征收耕地的安置补助费，最高不得超过被征收前三年平均年产值的 15 倍。征收城市郊区的菜地，用地单位应当按照国家有关规定缴纳新菜地开发建设基金。此外，国务院根据社会、经济发展水平，在特殊情况下，可以提高征收耕地的土地补偿费和安置补助费的标准。尚不能使需要安置的农民保持原有生活水平的，经省、自治区、直辖市人民政府批准，可以增加安置补助费。但是，土地补偿费和安置补助费的总和不得超过土地被征收前三年平均年产值的 30 倍。此外，2004 年国土资源部印发了《关于完善征地补偿安置制度的指导意见》，对《土地管理法》作了补充性的规定，土地补偿费和安置补助费的统一年产值倍数，应按照保证被征地农民原有生活水平不降低的原则，在法律规定范围内确定；按法定的统一年产值倍数计算的征地补偿安置费用，不能使被征地农民保持原有生活水平，不足以支付因征地而导致无地农民社会保障费用的，经省级人民政府批准应当提高倍数；土地补偿费和安置补助费合计按 30 倍计算，尚不足以使被征地农民保持原有生活水平的，由当地人民政府统筹安排，从国有土地有偿使用收益中划出一定比例给予补贴。经依法批准占用基本农田的，征地补偿按当地人民政府公布的最高补偿标准执行。如果按照《土地管理法》土地补偿费和安置补偿费总和不超过被征地前三年平均产值 30 倍的规定，每亩年产农业收益 1000 元的土地，被征后不得超过 3 万元。而按照国土资源部的补充规定，城郊地区征地补偿往往可达 3 万 ~5 万元不等。即使如此人性的规定，城郊土地在被征收之后市场价值往往是补偿费的数十倍。在地方政府对土地市场的垄断之下，这种土地级差收益仍然使失地农民和政府处于不断博弈之中。

可以说，当前城镇化进程中城郊征地的矛盾主要在于征地补偿费与征地后的市场价值之间的巨大落差，许多城郊农民待地而沽，由此引出各种问题。周其仁（2013）认为，征地制度的症结在于现存体制仍然把政府强制征地视为农地转非农用途的唯一合法手段。征地制度的改革主要就是将“农地转用”权下放到市场，让市场在农地转用中起基础配置作用，而不是通过行政审批。因此，地方性的自发改革试点应该成为全国“农地转用”政策改革的根据。传统意义上只有政府国有土地才能在土地二级市场上进行土地融资，而地方试点改革主要是将城郊农民集体土地直接用于土地二级市场融资或交易，逃避了政府征地的途径，如广东南海模式将村民的土地入股，而后村集体直接将土地放入二级市场，出租地开发商，村民因此可以获得股利分红。这种模式不仅减少了交易成本，使土地交易更为有效，同时也破除了政府对土地一级市场的绝对垄断。然而，这种土地市场交易回避了政府，导致政府财政收支减少，所以推行起来是很困难的。

3. 土地征用促使城郊村土地增值

土地价格受到多种因素影响，如供求因素、土地位置以及土地上资本的连续投入（贺晓英，2015）。从供求规律来看，在城郊村土地供给一定的条件下，城镇化以及由此而产生的城市人口增多增加了对土地的需求，从而导致土地价格上涨，可以说，土地价格的升降可以调节城郊村农业与非农产业的供求。

对于多数学者来说，都认为土地增值就是土地价格的上升，也有部分学者基于马克思的政治经济学理论，认为土地增值是土地价值的上升，而土地价值则受多方面因素的影响，如地理位置、人口、经济、自然、制度、土地上的投入、土地利用的外部性等，因此土地增值是多种因素综合作用的结果。本书将影响土地增值的上述各种因素归纳为如下几方面：其一，技术因素，主要是指城郊农民在自己的农用地使用过程中，对土地持续不断地资本、劳动、技术投入，引起城郊土地的自然增值；其二，供求因素，这主要是由于城镇化的扩张造成的，城镇化扩张增加了对城市国有建设用地的需求，但国有建设用地是有限的，而城郊村土地则属于集体所有土地，相对国有建设用地数量要多，这就造成城镇化增加了对城郊集体土地的需求，通过将集体土地转化为国有土地，达到城市建设的目的，城市土地需求的不断增多，也会抬高城郊村土地的价格，从而引起土地增值；其三，土地类型的转换因素。由第二点可知我国的土地分为国有建设用地和农村集体用地，前者多集中于城市，数量较少，而后者主要分布在农村，数量较多，城镇化的扩张会增加对城郊集体土地的需求，而集体土地要达到建设目的，必须转变土地使用用途，在转换用途的过程中，土地也会产生增值。此外，住宅、商业用地、工业用地的转换也会引起土地的增值；其四，投资因素，主要是指政府对城市基础设施的投资，如道路、服务设施等，从而改善了土地的使用环境，或土地因道路等的修通而使其地理位置更为有利，从而增加了土地的价值。

对于城镇化导致的土地增值以及租金增值过程，本书借助 Capozza & Helsley（1989）的模型进行说明。

假设在时点 t 时城市的居民家庭数为 $N(t)$，城市居民为的效用函数 $U(X,L)$ 受两个因素影响，分别为物品消费 X、土地消费 L，每个家庭的土地消费是固定的，为 $\bar{L}$，假定效用函数具有一阶齐次性，则有：

$$U(X,\bar{L}) = \bar{L}U(X/\bar{L},1) = u(X/\bar{L}) \tag{3-1}$$

其中 $u(X/\bar{L})$ 是物品消费 X 和土地消费 $\bar{L}$ 比率的连续函数和增函数。

在每一个时点 t 土地租金 R 满足预算线约束：

$$y = X + R\bar{L} + Tz \tag{3-2}$$

式（3-2）中，y 表示家庭收入，z 表示每个家庭到城市中心的距离，T 表示每单位距离所耗费的通勤费用。

根据式（3-1）和式（3-2）构建拉格朗日函数，则有：

$$R(t,z) = (1/\bar{L})(y - Tz) - u^{-1}[v(t)] \tag{3-3}$$

式（3-3）分别对 t 和 z 求导，则有：

$$R_Z(t,z) = -T/\bar{L} \tag{3-4}$$

$$R_z(t,z) = -u^{-1\prime}[v(t)]v'(t) \tag{3-5}$$

这意味着随着离城市中心的距离越远，则其地租越低，同时表明，随着城镇化的扩张，越低的家庭效用函数通常伴随着越高的土地租金。

此外，如果土地所有者是理性的、土地市场是完全竞争市场，则土地的价格应该等于未来土地租金的贴现，则已经开发的城市土地在区位 z 的土地价值应为：

$$P^d(t,z) = \int_t^{\infty} R(\tau,z)e^{-r(\tau-t)}d\tau, t \in [t^*,\infty] \tag{3-6}$$

其中 r 为贴现率，t^* 代表城郊土地由农业用途转变为非农用途的时间。

如果在时间 t 时土地还没有被开发为城市建设用地，则在区位 z 时的土地价值应该为：

$$P^{a}(t,z) = \int_{t}^{t^{*}} Ae^{-r(\tau-t)}d\tau + \int_{t^{*}}^{\infty} R(\tau,z)e^{-r(\tau-t)}d\tau - Ce^{-r(t^{*}-t)}, t \in [0,t^{*}] \tag{3-7}$$

其中A代表农业租金，C代表农业用地转换为非农用地的单位转换成本。式（3-7）中第一项代表从转换时间之间农业租金的贴现价值，第二项代表转换之后城市租金的贴现价值，第三项代表转换成本的贴现价值，这个模型表明一旦土地由农业用地转换为非农用地，其价值不会贬值。

根据式（3-7），如果农业土地所有者在用途转换之时 t^{*} 最大化其贴现价值，则有：

$$P^{a}(t,z) = \int_{t^{*}}^{\infty} R(\tau,z)e^{-r(\tau-t)}d\tau + (A/r)[1 - e^{-r(t^{*}-t)}] - Ce^{-r(t^{*}-t)} \tag{3-8}$$

根据莱布尼茨法则，式（3-8）关于 t^{*} 的一阶条件是：

$$R(t^{*},z) = A + rC \tag{3-9}$$

式（3-9）表明城市土地租金等于土地的机会成本加上转换资本的机会成本，式（3-9）也隐含地表明在时间t城市区域边界的租金应该为：

$$R[t,\bar{z}(t)] = A + rC \tag{3-10}$$

模型中还没有分析的是效用的时间路径 $v(t)$ 变化，根据式（3-3）和式（3-10），可知：

$$v(t) = u[(y/\bar{L}) - (A + rC) - (T/\bar{L})\bar{z}(t)] \tag{3-11}$$

式（3-11）对时间t最大化求导，则有：

$$R(t,z) = (A + rC) + (T/\bar{L})[\bar{z}(t) - z], z \leqslant \bar{z}(t) \tag{3-12}$$

式（3-12）表明，租金包括农业租金A、土地由农业用途转换为非农用途的转换成本Rc、因土地位置或便利性造成的租金 $(T/\bar{L})[\bar{z}(t) - z]$，当距离大于 $\bar{z}(t)$ 时，土地租金则等于土地的农业生产力价值，

$$R(t,z) = A, z > \bar{z}(t) \tag{3-13}$$

为了求解城市土地的均衡价格，我们将式（3-12）代表式（3-6），则有：

$$P^d(t,z) = (1/r)[A + rC - (T/\bar{L})z] + (T/\bar{L})\int_t^\infty \bar{z}(\tau)e^{-r(\tau-t)}d\tau \tag{3-14}$$

进行变换有：

$$P^d(t,z) = A/r + C + (1/r)(T/\bar{L})[\bar{z}(t) - z] + (1/r)(T/\bar{L})\int_t^\infty \bar{z}'(\tau)e^{-r(\tau-t)}d\tau \tag{3-15}$$

根据式（3－12），也有：

$$P^d(t,z) = A/r + C + (1/r)(T/\bar{L})[\bar{z}(t) - z] + (1/r)(T/\bar{L})\int_t^\infty R_\tau(\tau,z)e^{-r(\tau-t)}d\tau \tag{3-16}$$

根据式（3－16），可知城市土地价格可以分为四个部分，分别是：农业租金、转换成本、土地位置的级差地租、土地租金增加的预期价值。如图 3－4 所示：

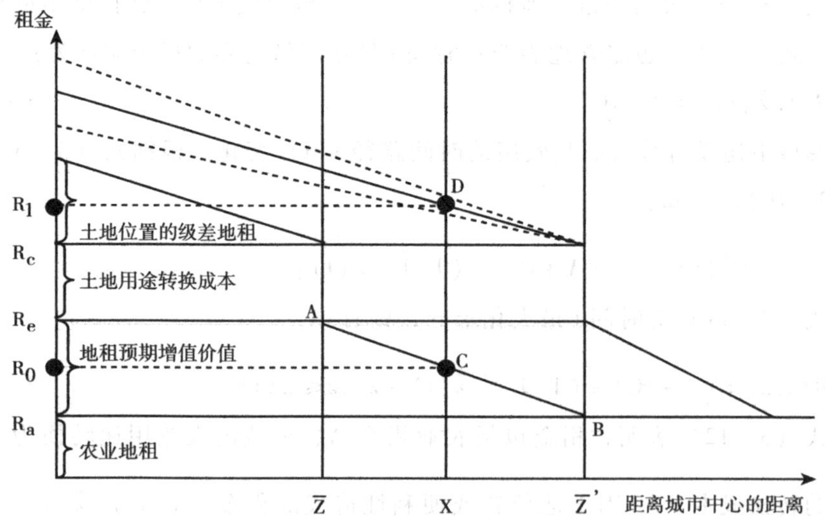

图 3－4　城镇化扩张过程中土地增值分析

资料来源：Capozza D R，Helsley R W. The fundamentals of land prices and urban growth [J]. Journal of Urban Economics，1989，26（3）：295－306.

由图 3－4 可以看出，土地价格包括四个部分，分别为：农业地租、地租预期增值价值、土地用途转换成本、土地位置的级差地租。在初始的城乡边界 $\bar{Z}$ 处，土格价格只包含农业地租和地租预期增值价值两部分，在边界外部，从 A 点到 B 点，地租预期增值价值会不断减少，到达 B 点时，地租预期增值价值减少为零，此时 B 点的土地价值只包含农业地租价值。随着城镇化的扩张，城乡边界由 $\bar{Z}$ 点变为 $\bar{Z}'$时，地价曲线则平行向外移动，此时将形成一条新的地价曲线。现考察距离城市边界有一定距离的 X 点的地价变化，在城市扩张之前，其与地价曲线相交于 C 点，此时仅包含农业地租与地租预期增值价值，在城市扩张之后，X 点已经变为城市的一部分，此时 X 与新的地价曲线相交于 D 点，此时的土地价值为 R_1，不仅包括农业地租、地租预期增值价值，还包括土地用途转换成本和土地位置的级差地租，远高于原有的土地价值 R_0，随着城市的继续扩张，X 点的地价会随着地价曲线的右上方扩张而越来越高。

对于农业土地的价格来说，将式（3－12）代入式（3－7），简单变换后可得：

$$P^{a}(t,z) = A/r + (1/r)\int_{t}^{\infty} R_{\tau}(\tau,z)e^{-r(\tau-t)}d\tau \tag{3-17}$$

可知农业土地价格仅包含农业地租和土地预期增值价值。

上述分析可以用两幅单的图进行描述，图 3－5 分析了城市边界内外部的租金结构，从图中可以发现，城市外部的租金是农业租金，城市边缘的租

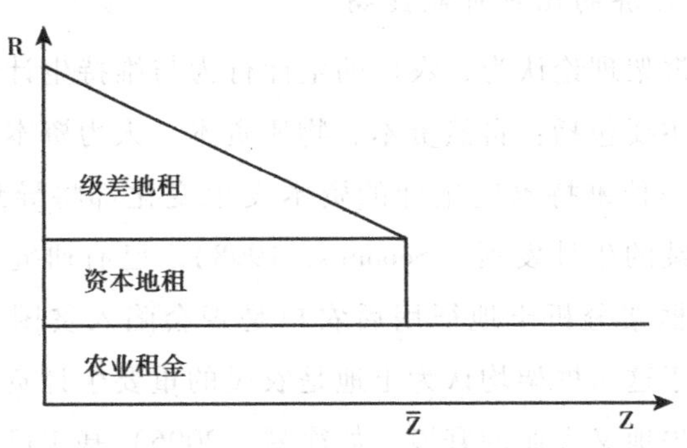

图 3－5　城市边界内外土地租金分析

资料来源：Capozza D R，Helsley R W. The fundamentals of land prices and urban growth［J］. Journal of Urban Economics，1989，26（3）：295－306.

金则变为土地转换的机会成本，城市内部则为单位距离的交通成本。图 3－6 分析了城市边界内外部的土地价值结构，在离城市具有一定距离的地方，其土地价值主要表现为农业价值 A/r，在城市边界，土地仍然为农业用途，其土地价值则为农业价值和土地预期增值价值，在城市边缘，土地价值表现为转换成本 C，在城市内部，土地价值表现为土地位置所导致的级差地租价值，离城市越近，级差地租价值越高。

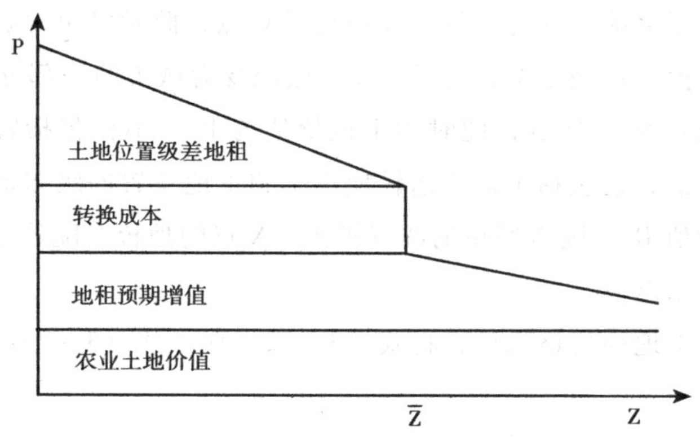

图 3－6　城市边界内外土地价值分析

资料来源：Capozza D R，Helsley R W. The fundamentals of land prices and urban growth［J］. Journal of Urban Economics，1989，26（3）：295－306.

4. 土地征用将改变城郊农民的生计方式，农业生产的比重下降，而非农就业和租赁经济的比重可能提高

可持续生计框架理论认为，农户的生计行为与维持生计的各种资本高度相关，这些资本主要包括：自然资本、物质资本、人力资本、社会资本、金融资本等。任何一种维持家庭生计的资本发生变化都将导致农户行为的调整，以适应可持续的生计发展（Scoones，1998）。已有研究中有不少研究都基于可持续生计框架分析土地征用后农户是否会陷入贫困、降低收入等问题。众多学者基于这一框架均认为土地是农民的重要生计资本，土地的丧失将导致农户面临失地又失业的窘境。如徐琴（2006）基于可持续生计框架分析得出土地征用后失地农民可能面临人力资本和社会资本同时贬值的状况。高进云等（2010）认为，土地征用后农户除居住条件得到改善外，家庭的经济状况、社会保障状况、心理状况、社区状况都将比征地前恶化。周义等

(2014) 认为，土地征用对农户福利具有多重效应，但福利的整体综合效应将下降。史清华等（2011）则认为，土地征用对东部和中西部将产生不同的生计影响，对于东部地区来说劳动力市场较完善，土地征用将促使农户非农就业，提高收入水平，而中西部地区劳动力市场不完善，土地征用将使农户面临“失地失业”的困境。

基于可持续生计框架，丁士军等（2016）利用一套基于生计资本度量农户生计能力的模型，并通过该模型评估征地前后农户生计资本的变化，结果表明土地征用后农户的自然资本将显著低于征地前水平，物质资本、金融资本则显著高于征地前水平，土地征用在降低每个农户土地等自然资本的同时，并不必然增加其金融资本和物质资本，仍然有部分农户的金融资本和物质资本下降，土地征用对农户社会资本影响不显著。此外，土地征用将使农户物质资本与其他资本的紧密性降低，而金融资本与其他资本的紧密性升高。由此看来，土地征用将使城郊被征地农户的各种资本进行重新配置，相应地，与生计资本紧密相关的农户生计行为也将发生重要变化。有研究表明 Ju 等（2016）生计资本的重新配置有可能导致农户劳动力禀赋发生优化配置，即劳动力资本更多地从农业部门转向非农部门。

从以上分析来看，土地征用将导致土地资本这种自然资本下降，由此引发一系农户生计资本的重新配置，并进而导致农户生计行为的改变。

土地所有权通常与农业生产（包括畜牧业生产和种植业产出）紧密联系，对于农业生产活动来说，土地是一种不可替代的要素，它们之间的关系是直接而显著的。当然，土地在农业生产活动中的价值是直接的，但土地在其他经济活动中还具有间接价值，比如，它可以作为金融生产活动中的信贷抵押品。一般情况下，那些无土地所有权甚至无土地使用权的农民只能够参与非农经济活动，往往无法享受到这种信贷抵押的权利。可以说，土地的多寡成为城郊农民参与非农经济活动的一个重要标志。土地越多的农民，其参与非农经济活动的频率将会越低，而土地越少的农民，其参与非农经济活动的频率将会越高。Yunez - Naude 和 Taylor（2001）通过墨西哥的研究发现，土地规模与农业生产活动（种植业和畜牧业）呈现显著的正相关关系，但同时也发现土地规模与非农就业活动呈现负相关关系。Winters 等（2002）也得出相似的结论。Corral 和 Reardon（2001）通过尼加拉瓜的调研发现土地规模与农业总收入呈现正向但边际递减的关系，同时也通过埃及的调研发现土地规模越大，意味着更低的非农活动参与率和更低的农场工资收入。Adams（2002）也发现土地规模与农业、畜牧业正向积极的关系，与非农收入负向的关系。此外，其他研究（Berdegué et al.，2001；Lanjouw & Shariff，2004）都发现土地规模与非农就业之间这种负向关系。可以说，土地征用会促使城郊农民更多地从事非农产业活动。

当然，土地征用后城郊农民是否非农就业，还取决于补偿金的多寡、农户的身体健康状况、教育水平等多种因素。这将在后面进一步阐明。

另外，土地征用使城郊村的土地性质发生了改变，从而也间接改变了土地价值。可以说“城郊村”的区位优势提高了城郊农民房屋的含金量。对于一些临街的城郊村，经济相对较发达，乡镇企业较多，因而也吸引了更多的外来务工人员，围绕工农业生产，服务业等配套产业也逐渐发展起来（翟洪峰，2009）。因此，土地征用导致城郊农户生计行为的变化，对于房屋地理位置优越、房屋质量较好、非农产业发展较快的城郊村，宅基地尚未征用的农户可能发展租赁经济，以维持生计的可持续性。

3.2.2 城郊农民收入增长的路径

从上述诱因分析来看，城郊农民收入增长路径主要与城镇化的“摊大饼”模式有关，而“摊大饼”模式进一步衍生出土地征用和非农就业两大因素。从而导致城郊农民的工资性收入和财产性收入等收入结构表现出与远效农民不同的特征和路径。基于此，本书将城郊农民收入增长的路径描绘见图 3-7。

如图 3-7 所示，城郊农民收入沿着三种路径增长：其一，是土地征用导致城郊土地增殖，城郊农民依赖租赁经济获得收入；其二，是政府通过对土地的征用直接对城郊农民进行征地补偿；其三，是土地征用导致城郊农民无地或少地，从而倒逼城郊农民从事非农生产活动。具体来说：

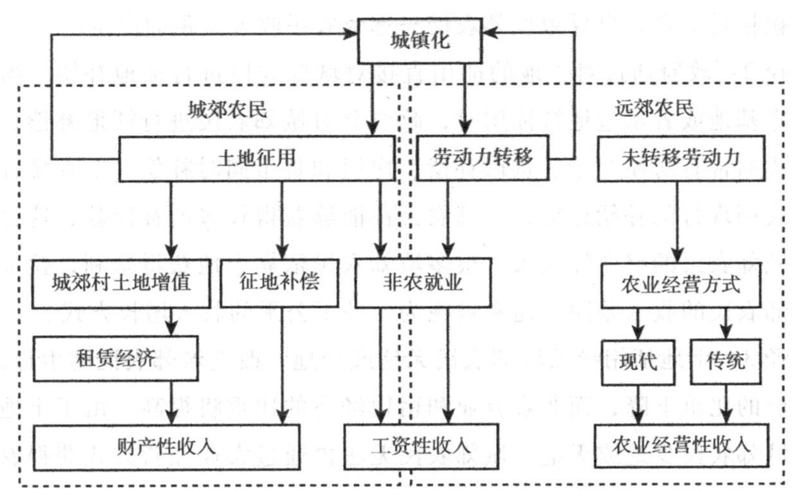

图 3－7　城郊农民与远郊农民收入增长路径

路径 1：土地征用导致城郊土地增殖，城郊农民依赖租赁经济获得收入。城镇化外围式扩张必然造成对土地的大量需求，从而导致政府对城郊农民的征地行为。土地征用使城郊村的土地由农业用地转换为国有建设用地，提高了其价值，城郊土地增值应运而生。土地增值使很多城郊农民依赖租赁经济生存，城郊租赁经济兴起的原因，大致可以归纳为如下几方面：一是城镇化对城郊村传统产业的冲击，城郊集体租赁经济的兴起反映了土地利用方式的转变，城郊村的土地、资本、劳动力等要素在市场经济作用下得以重新配置。同时，由于传统农业的比较经济利益较低，城镇化对城郊村传统农业冲击也较为厉害。离城较远一点的农民通常发展蔬菜、水果等城市需求量较大、附加值较高的园艺业，而离城较近的农民则依靠便利的地理位置发展租赁经济，市场经济对城郊村的渗透，使城郊土地效率利用达到最大化。二是城郊土地的稀缺性，导致城郊农民会将土地价值实现最大化收益。城郊土地的面积、土地的地理位置在相当长时间内是固定的，因而土地供给量是既定的，城郊村地处城市郊区，相对于远郊村来说地理位置较好，良好的地理位置和相对有限的土地供应必然造成土地的稀缺；城郊人口数量的增加，大量农村人口转移到城市，城市的土地并不能完全满足居住需求；土地的性质和用途不同，也会导致结构性土地供应紧张。

而租赁经济则可以直接增加城郊农民的财产性收入，但同时，很多城郊农民依赖租赁生存，也导致城郊农民与远郊农民收入差距的产生。

路径 2：政府通过对土地的征用直接对城郊农民进行征地补偿。当城郊农民的宅基地或者承包地被征用时，政府会对城郊农民进行征地补偿，征地补偿形式通常有房屋补偿、货币补偿、房屋和货币同时补偿，不管哪种补偿方式，按照现行的补偿标准，城郊农民都能够获得较多的补偿款，这也会直接增加城郊农民的财产性收入。很多城郊农民依靠土地获得暴利，拉大了他们与远郊农民的收入差距，通常被视为一种不公平的收入增长方式。

路径 3：土地征用导致城郊农民无地或少地，改变城郊农民的生计方式，农业生产的比重下降，而非农就业和租赁经济的比重将提高。由于土地征用会导致城郊农民少地或无地，城郊农民无法再通过农业经营方式获得农业经营收入，而必须通过从事城市二三产业非农就业活动获得工资性收入。

与此相反，远郊农民则遵循完全不同的收入增长模式。虽然远郊农民也会受到城镇化的影响，但这种影响是部分的、间接的。城镇化会促使远郊农民中的青壮年进入城市获得非农务工报酬，从而增加务工收入，但还有相当部分的农民只能通过农业生产经营方式获得经营收入，而不能依靠土地增值获取收入。城郊农民与远郊农民收入增长途径的不同，导致其收入结构不同，进而造成收入增长水平的差异。

从上述分析可见，城郊农民受到城镇化的影响更为深刻，而城镇化所带来的直接影响是城郊农民在土地征用和非农就业两大因素作用下，遵循与远郊农民迥异的收入增长模式。

3.3 分析框架

通过第 2 章相关理论的回顾和文献学术史的梳理，并对城郊农民收入增长诱因及路径进行分析之后，本节试图构建起一个完整的理论框架，将土地征用、非农就业和城郊农民收入三大主题联结起来，以期形成一个逻辑自洽的分析框架。本书假定城郊农民属于理性小农，城郊农户会在风险可控的前提下追求收益最大化。

本书主要基于农户可持续生计框架为逻辑起点，分析土地征用所带来的生计行为变化，以及由此产生的生计行为变化对城郊农民收入水平及结构的影响。具体来说，土地征用将导致农户土地的减少，从而导致生计资本的重新配置，与之相应的农户生计行为也将发生变化，主要表现为农业生产比重下降，非农就业和租赁经济比重上升。因此，我们的研究并不局限于土地征用对城郊农民收入的影响，而是从土地征用、非农就业双视角来分析其对收入的影响。

一方面，土地征用通过征地补偿金的多寡对城郊农民收入水平产生影响；另一方面，土地征用通过非农就业机会的变化影响城郊农民收入水平，非农就业机会受到供求关系的影响，同时还受到征地补偿水平的影响。这两方面的内容，我们将安排在第 5 章进行分析。

从第 5 章我们将得出一个重要结论：当承包地的征地补偿金较高时，很多城郊农户离开了就业市场。对于城郊农民来说，他们将很难再返回到农业生产活动中，这是因为农业的边际效益相对较低。当城郊农民同时离开农业生产和非农就业活动时，为了获取收入，他们将增加租赁经济的比重。因此，第 6 章将重点分析征地补偿、非农就业与租赁经济。

在分析完土地征用通过生计行为变化对城郊农民收入水平的影响之后，第 7 章将进一步分析土地征用、非农就业对城郊农民收入结构的影响，第 8 章进一步分析土地征用、非农就业对城郊农民收入极化的影响。

本书的理论分析框架如图 3 - 8 所示。

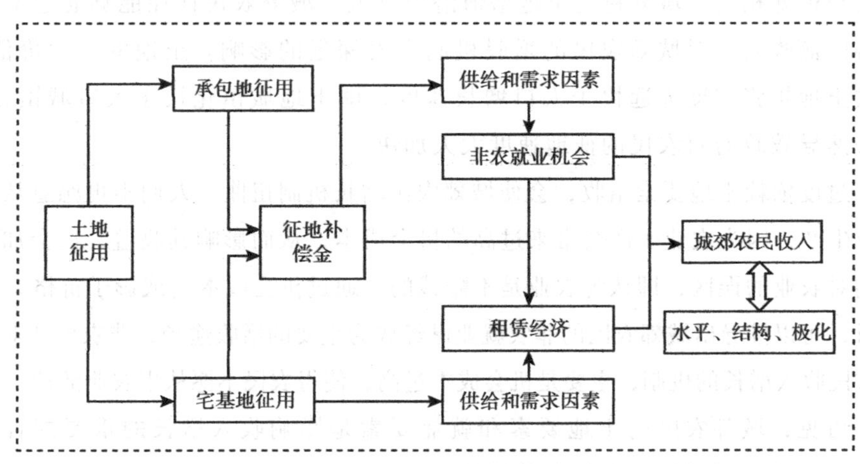

图 3 - 8　分析框架

3.4 本章小结

本章主要解决的问题是为后续章节的合理性进行分析，即后续章节为什么要如此安排？理论分析表明，城郊农民收入主要是围绕土地问题展开的，通过模型推导，可见其影响机制是较为明确的。因此，城郊农民的征地问题以及由其衍生而出的租赁经济问题、非农就业问题是一个绕不过去的主题，这两者共同影响着城郊农民当下的收入现状。此外，对于传统农业这样一个经济效益相对较差的产业，发展传统农业是难以实现收入持续增长的。因此，本章着重分析了城郊农民收入增长的诱因及途径。可见，就业问题和土地问题构成了本书城郊农民收入研究的主题。

我们的立论基础上，城郊农民在土地征用（包括承包地征用和宅基地征用）后，其生计行为将发生重要变化，农户将在风险可控的前提下实现收益最大化。因此土地征用导致农业生产收益的减少，城郊农民需要通过非农就业或租赁经济弥补农业收益的损失。对于土地征用后被征地农民和非征地农民生计行为的变化，我们将进一步通过理论进行阐述。后续章节便基于这一立论之上。

数理模型分析表明，城郊地区的土地不仅仅包含农业租金，其还包含土地的预期增值价值、土地的转换成本以及土地位置的级差收益。这些收益都表明与远郊相比，城郊村的土地增值潜力巨大，城郊农民往往能够通过土地获得巨额收入。对城郊农民的增收机制有着深远的影响。土地的巨大价值，导致土地扩张速度远远快于人口增长速度，即土地城镇化快于人口城镇化，这必然导致政府对农民的征地速度大大加快。

过度依赖土地要素增收，会使城郊农民增长机制扭曲，人们不再愿意从事农业生产，因为农业生产会带来过高的机会成本，从而影响其收益，这会加深人们对农业的误区，即认为农业是不赚钱的。通过机会成本（或影子价格）的分析，可以推导出城郊农民的非农就业已经成为重要的增收途径，非农就业对城郊农民收入增长的机制，主要是机会成本过高，使得农民不愿从事农业活动。

可见，城郊农民的土地要素和就业要素是影响收入增长的重要配置要素。这也决定了后续章节的安排目的。

| 第4章 |

土地征用、非农就业的特征事实与城郊农民收入变迁

城镇化进程中的土地征用、非农就业使城郊农民的收入水平及结构受到冲击，也使城郊农民的福利状况也发生了变化。土地征用和非农就业意味着城郊农户传统的经营结构发生剧烈变化，这种变化表现为城郊农民与远郊农民的收入差异，也表现为城郊农民内部失地农民与非失地农民的收入差异。本章接将分别考察城郊农民土地征用、非农就业以及收入变化的特征事实，以期为土地征用、非农就业影响城郊农民收入水平、结构及极化找到现实证据。

4.1 城郊农民土地征用的特征事实

4.1.1 关于承包地征用情况的现状分析

关于承包地征用和宅基地征用的分析，运用的数据是 CFPS2010 数据，该数据对城郊农民的承包地征用和宅基地征用（住房拆迁）进行了详细调查①，并对农村住房和城镇住房进行了分类统计，由于该数据集没有专门的城乡分类变量，因此本书将城郊农民筛选为“城镇住户、但身份为农业户

① CFPS2014 数据集也对征地拆迁进行调查，但没有土地征用时间等信息。

口”的样本。该数据集共搜集了4491份城郊农民宅基地征用（房屋拆迁）数据，其中有591份调查样本回答信息为“不知道”“未作答”等，可视为无效数据，最终经过剔除共有3900份有效样本。

正如第3章所分析的，城镇化和工业化的快速发展，导致城市对土地的需求越来越大，政府具有滥用和泛化土地征收权的动机，从而热衷于征用城郊农民的土地，这是由于城市土地征收具有规模经济优势，能够降低交易费用（刘向南等，2016）。因此，改革开放以来，尤其是21世纪以来，政府征收城郊农民土地的案例越来越多。如图4－1所示，政府征收城郊农民土地经历了由少到多的过程，在抽样调查中，改革开放以前，仅有1954年、1959年、1976年、1978年零星地发生过土地征用现象，这四个年份被征用土地的城郊农民总数也仅有5例。而改革开放以后，征用现象越来越频繁，尤其是2000年以后，土地征用案例骤然增加，在改革开放到2000年，土地征用最多的年份是1996年，被征用的城郊农民为17例，而2000年被征用的城郊农民达到40例。2000年后，随着房价和劳动力工资的攀升，土地征用现象也更加频繁。土地征用现象越来越密集，除了工业化和城镇化的快速发展以外，还与2003年国家土地供应政策的改变有着重要关系。2003年，国家在土地供应总量上对建设用地指标进行了严格限制，对非法买卖土地的现象进行了严厉打击，同时在土地供给上全面推行“招拍挂”制度，并使地方政府成为土地一级市场上的垄断供给方。这两方面的政策使得土地供应越来越缩紧，而政府却能运用行政手段轻松地获得土地，政府为了地方财政目标，通过“饥饿式土地供应”策略使土地收益达到最大化。一方面极力压低征地成本，另一方面极力抬高土地市场价格。这种政策逻辑导致的直接后果就是如图4－1所示的征地现象越来越频繁。从图中可以看到，2003~2010年这8年时间内，共发生征地案例423起，远超以前所有年份的总和。

从征地面积来看，城郊农民被征的土地大多是零碎的细块土地，被连片征收的大户土地较少，这也反映出我国实行家庭联产承包责任制导致农民耕种细碎化，在征地过程中也是征用小块土地，这使征地过程矛盾众多，成为社会稳定的隐患。如图4－2所示，城郊农民征地面积呈现左偏分布，即农户被征土地面积较小。在被征地农民的样本数据中，共640户农民经历过征

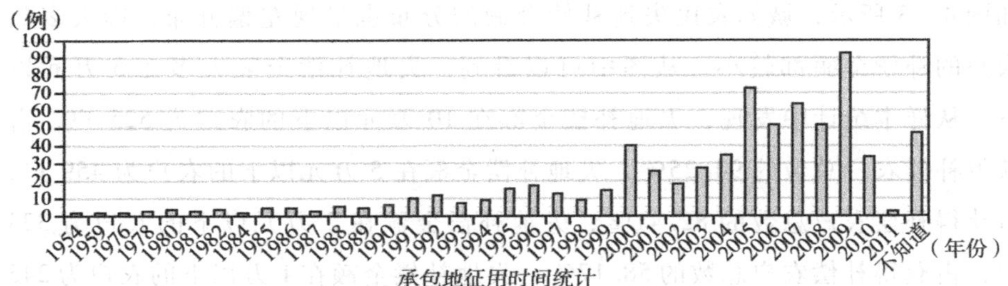

图 4 - 1　城郊农民承包地征用时间统计

资料来源：根据 CFPS2010 数据整理而得。

地过程，征地面积最小值为 0.1 亩，最大值为 1000 亩，平均值为 20.39 亩，但从图 4 - 3 的征地面积分布来看，绝大多数农户集中在 1 ~ 4 亩区间，经统计，征地面积在 10 亩以下的农户为 608 户，占被征地农户的 95%，征地面积在 5 亩以下的农户为 551 户，占被征地农户的 86.09%，征地面积在 2 亩以下的农户为 308 户，占被征地农户的 48.13%。可见，接近一半的被征地农户其征地面积都在 2 亩以下，近 90% 的被征地农户其征地面积都在 5 亩以下。这说明征地过程深受家庭联产承包责任制所导致的土地细碎化影响。

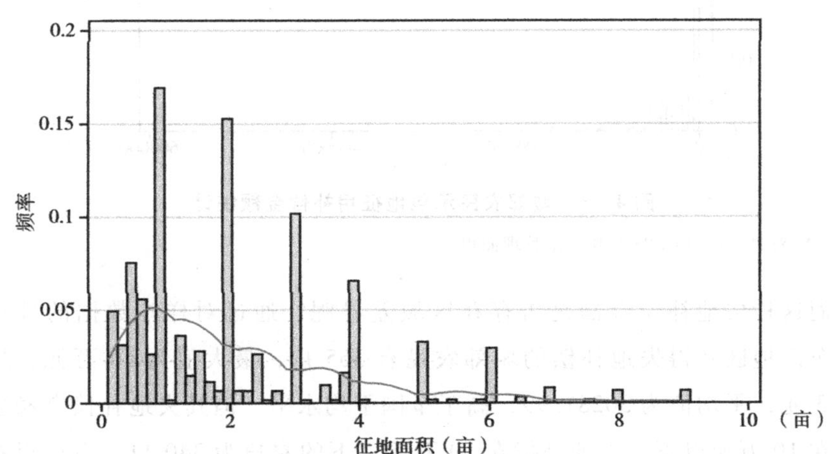

图 4 - 2　城郊农民承包地征用面积统计

资料来源：根据 CFPS2010 数据整理而得。

城郊细碎化的征地过程，会直接导致城郊失地农民获得的失地补偿金额相对较小。在样本数据中，共 557 户城郊农民获得了失地补偿金额，其中获得的补偿金额最大值为 56 万元，最小值为 2 元，平均金额为 26571.23 元。

如图 4 – 3 所示，城郊农民失地补偿金额的分布也呈现左偏分布，即大多数农户的补偿金额都较小，从图中可以看到，失地补偿金额大多在 5 万元以下。从样本统计中发现，失地补偿金额在 10 万元以下的农户为 525 户，占获得补偿农户总数的 94.25%，失地补偿金额在 5 万元以下的农户为 459 户，占获得补偿农户总数的 82.41%，失地补偿金额在 2 万元以下的农户为 324 户，占获得补偿农户总数的 58.17%，失地补偿金额在 1 万以下的农户为 245 户，占获得补偿农户总数的 43.99%。可见，高达 40% 的农户补偿金额在 1 万元以下，近 60% 的农户补偿金额在 2 万元以下，高达 80% 的农户补偿金额在 5 万元以下。这说明城郊农民获得的征地补偿并不能使他们一夜致富，而这种一次性的补偿方案反而使失地农民面临失地又失业的困窘境地。

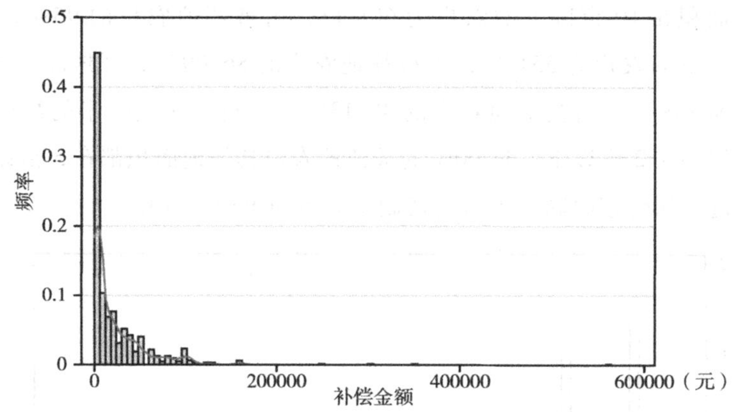

图 4 – 3　城郊农民承包地征用补偿金额统计

资料来源：根据 CFPS2010 数据整理而得。

而这种失地补偿金额是否存在区域差异呢？通过对样本数据的计算发现，东部地区获得失地补偿的城郊农民有 365 户，最大值为 56 万元，最小值为 3 元，平均值为 30281.99，高于全国平均水平。但其失地补偿金额也多集中在 10 万元以下，失地补偿在 10 万元以下的农户为 340 户，占获得补偿农户总数的 93.15%，失地补偿在 5 万元以下的农户为 285 户，占获得补偿农户总数的 78.08%，失地补偿在 2 万元以下的农户为 198 户，占补偿农户总数的 54.25%。这说明超过 50% 的农户补偿金额都在 2 万元以下。这也反映出东部地区仍然与全国趋势大体一致。中部地区获得失地补偿的城郊农民有 81 户，最大值为 30 万元，最小值为 4 元，平均值为 16039.02 元，低于全国平均水平。失地补偿在 10 万元以下的农户为 80 户，占补偿农户总数的 98.77%，失地补偿在 5 万元以下的农户为 78 户，占补偿农户总数的 96.3%，失地补偿在 2 万元以下的农户为 57 户，占补偿农户总数的 70.37%。相较于东部地区，中部地区获得补偿在 2 万元以下的农户比例更高，说明中部地区的失地补偿金额更低。西部地区获得失地补偿的城郊农民有 111 户，最大补偿额度为 16 万元，最小额度为 2 元，平均值为 22054.85 元，低于全国平均水平和东部地区平均水平，但高于中部地区平均水平。其中失地补偿在 10 万元以下的农户为 105 户，占补偿农户总数的 94.59%，失地补偿在 5 万元以下的农户为 96 户，占补偿农户总数的 86.49%，失地补偿在 2 万元以下的农户为 69 户，占补偿农户总数的 62.16%，这一比例高于全国和东部地区，但小于中部地区。因此，无论是东部、中部还是西部地区，超过 50% 的城郊失地农民其失地补偿金额都在 2 万元以下，这也反映出城郊农民失地补偿额度并不高。

值得注意的是，虽然大多数城郊失地农民补偿额度不高，但仍然有部分失地农民获得了高额补偿。从样本数据统计来看，全国失地补偿高于 10 万元的城郊失地农民达到 32 户，占获得失地补偿农户总数的 5.75%，东部地区失地补偿高于 10 万元的城郊失地农民为 25 户，占获得东部地区失地补偿农户总数的 6.85%，占全国 10 万元以上失地补偿户数的 78.13%。中部地区失地补偿高于 10 万元的城郊失地农民为 1 户，占中部地区获得失地补偿农户总数的 1.23%，占全国 10 万元以上失地补偿户数的 3.13%。西部地区失地补偿高于 10 万元的城郊失地农民为 6 户，占西部地区获得失地补偿农户总数的 5.41%，占全国 10 万元以上失地补偿户数的 18.75%。可见，征地补偿高于 10 万元的失地农户中，东部地区获得高额补偿的城郊农民比例占绝对优势，这也可以解释东部地区部分城郊农民盼望着土地被征的现象了（史清华、晋洪涛、卓建伟，2011）。

4.1.2　关于宅基地征用（房屋拆迁）情况的分析

在 6083 份有效样本中，其中发生过宅基地征用（房屋拆迁）经历的样本共 811 户，占有效样本的 13.33%，未发生过宅基地征用的样本共 5272 户，占有效样本的 86.67%。从宅基地征用的时间统计来看，如图 4－4 所示，改革开放之前，宅基地征用的城郊农户数较少，共计 2 户，分别发生在

1966 和 1975 两个年份。而改革开放以后，城郊农民房屋拆迁户数经历了一个不断上升、后有所下降的趋势，从 1980 ~2002 年，房屋拆迁户不断增多，到 2002 年达到峰值，当年共有 66 户的房屋经历了拆迁，此后，拆迁案例维持在高位运行，2003 ~2005 三个年份被拆迁户分别为 59、57、61 户，2006 年以后历年拆迁户数有所减少，但与 2002 年之前相比，房屋拆迁案例仍然较高，2002 ~2013 年共计 528 户房屋被拆迁，占发生过房屋拆迁经历的样本的 65.1%。与承包地征用情况一样，房屋拆迁户的不断增多，与城镇化和工业化的快速发展有关，同时也与国家土地供应紧缩有关。

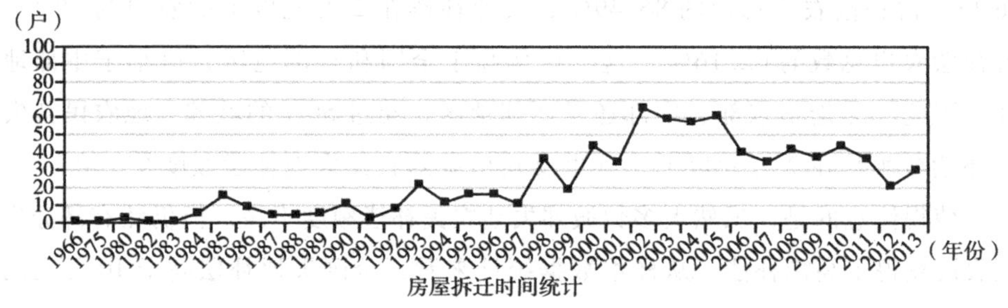

图 4-4　城郊农民宅基地征用（房屋拆迁）情况统计

资料来源：根据 CFPS20103 数据整理而得。

从房屋拆迁面积来看，房屋拆迁面积大多都较小，这反映出拆迁对象主要是普通的住户，而大型企业或机构较少，这也使拆迁过程是一项较繁重的工作，同时也是政府与普通农户拆迁与反拆迁的博弈过程。如图 4-5 所示，城郊农民房屋拆迁面积呈左偏分布，即大多数被拆迁房屋的面积集中在面积较小的一端。在被拆迁面积回答一项中，共 804 户农户进行了有效回答，在 804 中，房屋拆迁面积最大为 999 平方米，最小值为 1 平方米，平均值为 123.90 平方米，标准差为 113.81 平方米。从这些统计数据来看，被征地房屋面积大多较小。图 4-5 直观地列出了房屋拆迁面积的分布，大多数拆迁房屋的面积在 0 ~600 平方米区间，经过数据统计，我们发现，房屋拆迁面积在 600 平方米以下的拆迁户共计 799 户，占被拆迁户的 99.38%，房屋拆迁面积在 400 平方米以下的拆迁户共计 779 户，占被拆迁户的 96.89%，房屋拆迁面积在 200 平方米以下的拆迁户共计 630 户，占被拆迁户的 78.36%，房屋拆迁面积在 100 平方米以下的拆迁户共计 428 户，占被拆迁户的 52.23%。房屋拆迁面积也可以看出我国土地的细碎化较为严重，细碎化的土地导致细碎化的宅基地，细碎化的宅基地进一步导致城郊农民住房面积的狭小。

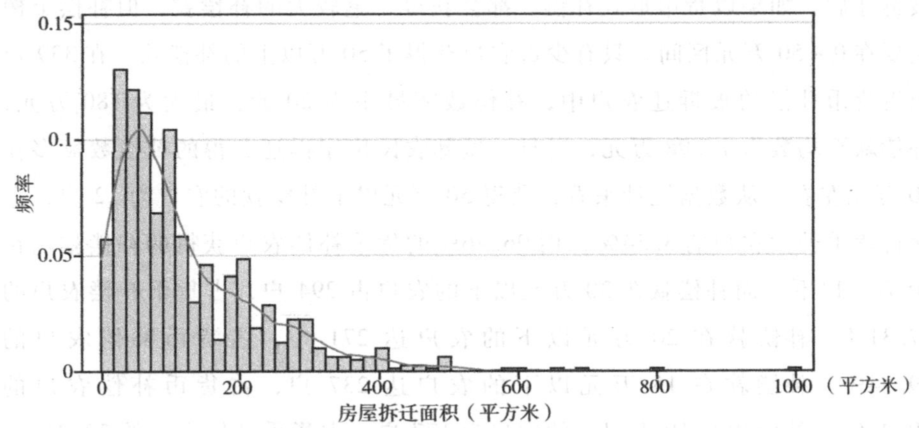

图 4－5　城郊农民房屋拆迁面积统计

资料来源：根据 CFPS2010 数据整理而得。

从补偿方式来看，如表 4－1 所示，补偿方式主要以房屋补偿为主，在 811 户拆迁农户中，共有 405 户通过房屋实现了拆迁补偿，占总拆迁户的 49.94%；其次为货币补偿，共计 200 户，占总拆迁户的 24.66%；再次为货币和房屋合并补偿，共 159 户，占总拆迁户的 19.61%。此外，还有部分拆迁户没有得到补偿，或通过其他方式进行了补偿，没有补偿的农户有 32 户，占比 3.95%，其他方式补偿的农户有 15 户，占比 1.85%。可见，房屋拆迁补偿主要通过房屋补偿、货币补偿方式为主，房屋补偿主要是将被拆迁户的房屋拆迁、政府修建新的安置房进行补偿，而货币补偿则给拆迁户一次性补偿款实现。

表 4－1　房屋拆迁补偿情况统计

补偿方式	房屋补偿户数	占比情况
没有补偿	32	3.95%
货币补偿	200	24.66%
房屋补偿	405	49.94%
货币和房屋补偿	159	19.61%
其他方式补偿	15	1.85%
合计	811	100%

资料来源：根据 CFPS2010 数据整理而得。

从补偿金额的全国情况来看，以货币补偿方式或以货币和房屋同时补偿方式，被拆迁农户会获得一次性的补偿款。如图4－6所示，城郊农民房屋被拆迁后，如果以货币形式补偿，都会获得一笔较大的补偿款，但补偿金额主要在0～50万元区间，只有少数农户获得了50万以上的补偿款。在339户获得货币补偿的被拆迁农户中，补偿数额最小为20元，最大为180万元，补偿款平均数为13.98万元，可见，城郊农民房屋拆迁获得的补偿数额多在10万元左右。从数据统计来看，获得50万元以上补偿款的农户为12户，占获得货币补偿农户的3.54%，而96.46%的货币补偿农户获得的补偿款均在50万元以下。而补偿款在30万元以下的农户占294户，占货币补偿农户的87.31%。补偿款在20万元以下的农户达271户，占货币补偿农户的79.94%。补偿款在15万元以下的农户达237户，占货币补偿农户的69.91%。补偿款在10万以下的农户为177户，占货币补偿农户的52.21%。由此可见，超过半数的补偿农户其补偿款均在10万元以下。

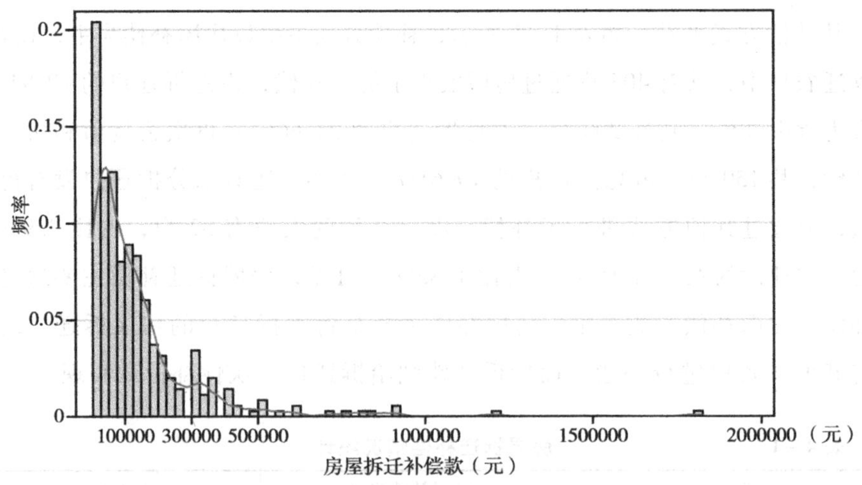

图4－6 城郊农民房屋拆迁补偿款统计

资料来源：根据CFPS2010数据整理而得。

从补偿金额的区域差异来看，在全国获得房屋拆迁货币补偿款的339户城郊农民中，东部地区共135户，补偿款最低额为20元，最高额度为120万元，平均补偿款16.77万元，标准差为17.37万元；中部地区共48户，补偿款最低额度为3000元，最高额度为30万元，平均补偿款为9.14万元，标准差为

7.74 万元；西部地区共 156 户，补偿款最低额度为 240 元，最高额度为 180 万元，平均补偿款为 13.05 万元，标准差为 20.79 万元。从三者的平均补偿款来看，东部地区最高、西部地区次之、中部地区最低，东部地区补偿款高于全国平均水平，而中部和西部地区则低于全国平均水平。从三者补偿款的标准差来看，西部地区最高、其次为东部地区、中部地区最低，这反映出在各区域内部，西部地区的补偿差异较大、其次为东部地区、中部地区内部差异最小，统计数据也印证了这一结论，补偿款在 30 万元以上的城郊农户，东部地区共 21 户、西部地区共 15 户，分别占东部地区补偿总户数的 15.56%、西部地区补偿总户数的 9.62%，占全国 30 万元以上补偿总户数的 58.33%、41.67%，而中部地区无补偿款在 30 万元以上的房屋拆迁户；补偿款在 20 万元以上的城郊农户，东部地区共 33 户、中部地区共 5 户、西部地区共 27 户，分别占东部地区补偿总户数的 24.44%、中部地区补偿总户数的 10.42%、西部地区补偿总户数的 17.31%，占全国 20 万元以上补偿总户数的 50.77%、7.69%、41.54%；补偿款在 10 万元以上的城郊农户，东部地区共 76 户、中部地区共 20 户、西部地区共 51 户，分别占东部地区补偿总户数的 56.30%、中部地区补偿总户数的 41.67%、西部地区补偿总户数的 32.69%，占全国 20 万元以上补偿总户数的 51.7%、13.61%、34.69%。由此可见，东部地区超过半数的房屋拆迁户其补偿款均在 10 万元以上，而中部地区和西部地区超过半数的房屋拆迁户其补偿款均在 10 万元以下，尤其是西部地区，高达 65% 的拆迁户补偿款在 10 万元以下，这说明东部地区补偿款差异较大的原因是高额补偿所导致，而西部地区内部补偿差异较大的原因则是由于低额补偿所致。上述分析同时表明，东部地区补偿金额普遍较高，与承包地征用情况较为相似。

4.1.3　征地前后的收入变化

通过对上述城郊农民承包地征用和房屋拆迁情况的分析，可以发现被征地农民多数都获得了房屋补贴或货币补贴，这意味着被征地农民的财产性收入有所增加。而另一方面，被征地农民永久性地失去承包地或房屋，其生计也会发生重要变化，而生计的变化会直接反映到收入水平和收入结构的变化中。

总体上来说，城郊农民被征地后，他们将不再从事农业经营活动或从事农业经营活动的比重大幅下降（对于部分征地农民来说），他们将更多地参与到非农就业活动中来。这反映在收入结构上，就是以工资性收入和非农经营收入为生计渠道的城郊农民比重将会大幅上升，而以获取农业经营收入、农业补贴收入为生计渠道的城郊农民比重将会大幅下降。如表 4－2 所示，被征地后，失地农民本地就业比重由征地前的44.21%大幅上升到征地后的77.85%，而本地就业所获得的收入由征地前的40.12%小幅上升到征地后的43.93%；异地就业在征地前后，无论是从业比重还是收入构成，其变化都不是很大；从事农业经营的农户则发生了较大变化，从业比例由征地前的85.67%下降到征地后的6.42%，收入构成由征地前的19.36%下降到征地后的0.66%；从事非农就业的城郊农户比例由征地前的16.55%上升到征地后的30.62%，从来非农就业所获收入比例则由征地前的15.69%小幅上升到征地后的17.74%；获得农业补贴的城郊农户比重由征地前的66.37%下降到征地后的15.63%，收入比重则由征地前的2.65%小幅下降到征地后的0.62%；获得养老金的城郊农户比重由征地前的34.15%上升到征地后的53.41%，收入比重则由征地前的0.63%上升到征地后的1.69%；获得金融资产的城郊农户比例由征地前的13.52%小幅上升到征地后的15.36%，收入比重由征地前的0.99%上升到征地后的2.44%；从事租赁的城郊农户比例由征地前的22.18%上升到征地后的30.55%，获得租赁收入的比重由征地前的6.04%上升到征地后的16.57%。可见，被征地后的城郊农民其生计变化与该项生计活动的收入比重变化并不同步，具体来说，以农业经营、农业补贴为生计渠道的城郊农民比重大幅下降，而其收入比重下降的幅度却相对较小。同样，以本地就业、非农经营、养老金为生计渠道的城郊农民比重大幅上升，但其收入比重上升幅度却不及生计比重的变化。

表 4－2　　征地前后城郊农民收入结构的变化

	类型	(1) 征地前农民比重 (%)	(2) 征地前收入构成 (%)	(3) 征地后农民比重 (%)	(4) 征地后收入构成 (%)	(3)－(1)	(4)－(2)
工资性收入	本地就业	44.21	40.12	77.85	43.93	33.64	3.81
	异地就业	19.83	14.52	20.64	16.35	0.81	1.83
经营性收入	农业经营	85.67	19.36	6.42	0.66	－79.25	－18.7
	非农经营	16.55	15.69	30.62	17.74	14.07	2.05

续表

	类型	(1) 征地前农民比重 (%)	(2) 征地前收入构成 (%)	(3) 征地后农民比重 (%)	(4) 征地后收入构成 (%)	(3) - (1)	(4) - (2)
转移性收入	农业补贴	66.37	2.65	15.63	0.62	-50.74	-2.03
	养老金	34.15	0.63	53.41	1.69	19.26	1.06
财产性收入	金融资产	13.52	0.99	15.36	2.44	1.84	1.45
	租赁	22.18	6.04	30.55	16.57	8.37	10.53

资料来源：根据 CFPS2010 数据整理而得。

4.1.4　城郊征地农民与未征地农民的收入变化

征地拆迁还会导致城郊农民中被征地农民与未征地农民收入的变化，表 4 - 3 显示了征地农民与未征地农民的收入比重变化，从表 4 - 3 中可以看出，从工资性收入角度来说，两者差异不是太大，征地农民在从业比重和收入比重上略高于未征地农民，以获得工资性收入的未征地农民比重为 82.32%，而征地农民比重为 87.68%，后者比前者高 5.36 个百分点，收入构成上，未征地农民的工资性收入占总收入的 51.35%，而征地农民的工资性收入占总收入的 52.81%，后者比前者高 1.46 个百分点；从财产性收入来说，从业比重上征地农民远高于未征地农民，而收入比重上征地农民只是略高于未征地农民，以获得财产性收入的未征地农民比重为 12.77%，而征地农民比重为 22.06，后者比前者高 9.29 个百分点，收入构成上，未征地农民的财产性收入占总收入的 9.87%，而征地农民的工资性收入占总收入的 11.36%，后者比前者高 1.49 个百分点；从转移性收入来说，征地农民在从业比重和收入比重上都略低于未征地农民，以获得转移性收入的未征地农民比重为 56.47%，而征地农民为 55.16%，后者比前者低 1.31 个百分点，收入构成上，未征地农民的转移性收入占总收入的 14.9%，而征地农民的转移性收入占总收入的 11.4%，后者比前者低 3.5 个百分点；从经营性收入来说，征地农民在从业比重和收入比重上都高于未征地农民，以获得经营性收入的未征地农民比重为 31.08%，而征地农民为 38.68%，后者比前者高 7.6

个百分点，收入构成上，未征地农民的经营性收入占总收入的 23.88%，而征地农民的转移性收入占总收入的 24.43%，后者比前者高 0.55 个百分点。但经营性收入中农业经营收入和非农经营收入，无论是从业比重还是收入比重，征地农民与未征地农民都有所差异，征地农民的农业经营性在从业比重和收入比重都远低于未征地农民，而其非农经营性收入在从业比重和收入比重上都高于未征地农民。

表 4-3　　征地农民与未征地农民的收入比重变化

类型	(1) 未征地农民比重 (%)	(2) 未征地农民收入构成 (%)	(3) 征地农民比重 (%)	(4) 征地农民收入构成 (%)	(3) - (1)	(4) - (2)
工资性收入	82.32	51.35	87.68	52.81	5.36	1.46
财产性收入	12.77	9.87	22.06	11.36	9.29	1.49
转移性收入	56.47	14.90	55.16	11.40	-1.31	-3.50
经营性收入	31.08	23.88	38.68	24.43	7.60	0.55
农业经营收入	29.80	15.63	1.86	2.36	-27.94	-13.27
非农经营收入	31.85	8.25	38.4	22.07	6.55	13.82

资料来源：根据 CFPS2010 数据整理而得。

为进一步探索征地农户与未征地农户在收入结构上是否具有显著性差异，表 4-4 报告了征地农民与未征地农民的收入差异显著性检验，从表中可以看出，工资性收入上，未征地农户的平均收入为 26580.77 元，征地农户为 30914.88 元，前者低于后者 4334.11 元，但两者并不具有显著性差异；财产性收入上，未征地农户的平均收入为 1406.11 元，征地农户的平均收入为 25999.34 元，前者显著低于后者 24593.2 元；经营性收入上，未征地农户的平均收入为 8685.81 元，征地农户的平均收入为 6196.48 元，后者低于前者 2489.33 元。转移性收入上，未征地农户的平均收入为 724.36 元，征地农户的平均收入为 295.48 元，前者比后者高 428.89 元。从总收入来看，未征地农户的总收入为 37397.05 元，征地农户为 63406.18 元，前者比后者低 26009.1 元，具有显著性差异。可见，从统计数据来说，与未征地农民相比，征地农民的收入明显较高。

表 4 – 4　　　征地农民与未征地农民的收入差异显著性检验

	未征地农户平均收入	征地农户平均收入	两者差异	T 检验	P 值
工资性收入	26580.77	30914.88	–4334.11	–1.387	0.166
财产性收入	1406.11	25999.34	–24593.20	–12.493	0.000***
经营性收入	8685.81	6196.48	2489.33	1.120	0.231
转移性收入	724.36	295.48	428.89	1.021	0.307
总收入	37397.05	63406.18	–26009.1	6.111	0.000***

资料来源：根据 CFPS2010 数据整理而得。

4.2　城郊农民非农就业的特征事实

随着城乡二元户籍体制对人口流动的放松，大量的农村人口进入到城市从事非农产业。如图 4 – 7 所示，我国城乡居民中农业劳动力从业比例不断下降，而非农业劳动力从业比例不断上升，劳动力从事农业的比例从 1978 年的 70.53% 下降到 2015 年的 28.3%，相应地从事非农业的比例从 1978 年的 29.48% 上升到 2015 年的 71.7%。蔚为壮观的民工潮也刺激了城镇化的发展，同时，城镇化外围扩张也推动了城郊土地征用，进而促使城郊农民生计方式的重新配置。

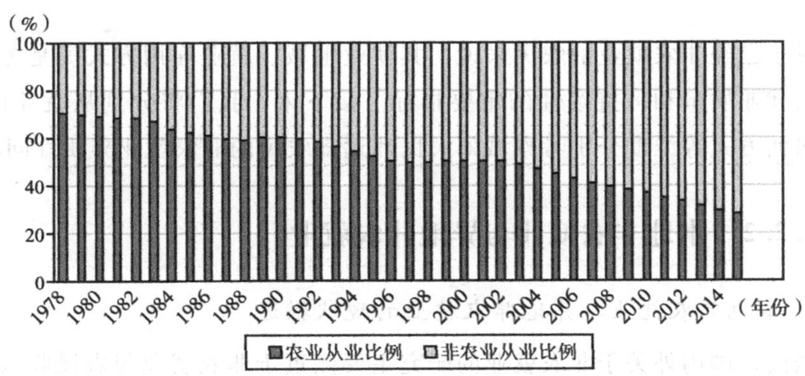

图 4 – 7　1978 ~ 2015 年我国城乡劳动力从业比例演变

资料来源：国家统计局。

4.2.1 城郊农民非农就业的现状分析

本节运用到的数据为 CFPS2014，为便于分析，我们还将远郊农民的非农就业情况作了对比分析，通过两组农民的非农就业差异，寻找到城郊农民非农就业的特征事实。表 4－5 报告了城郊农民与远郊农民非农就业情况，结果显示，经过筛选后的 910 户①城郊农民样本中，农业就业样本为 436 份，非农就业样本为 474 份，分别占城郊农民总样本的 47.91%、52.09%，表明城郊农民的非农就业率为 52.09%，当然这只是样本抽样得出的结果，实际调研中城郊农民非农就业率可能更高；同理，经过筛选后的 11306 份远郊农民样本中，农业就业样本为 7888 份，非农就业样本为 3418 份，分别占城郊农民总样本的 69.77%、30.23%，表明远郊农民的非农就业率为 30.23%，远低于城郊农民非农就业率。这说明远郊农民中仍然有大量劳动力从事农业生产，而城郊农民中多数劳动力已经转向非农生产活动。

表 4－5　城郊农民与远郊农民非农就业情况比较

就业类型	城郊农民		远郊农民	
	样本	比率（%）	样本	比率（%）
农业就业	436	47.91	7888	69.77
非农就业	474	52.09	3418	30.23
合计	910	100.00	11306	100.00

资料来源：根据 CFPS2014 整理。

对于已经非农就业的农民来说，其就业地域、就业雇用方式等是考察农户非农就业质量和可持续性的重要指标。接下来，我们将分别从就业地域、就业雇佣方式等维度分别考察城郊农民和远郊农民的非农就业异质性问题。

4.2.2 本地非农就业与异地非农就业

1. 本地非农就业与异地非农就业的现状描述

当前，国内外关于非农就业的研究主要侧重于非农就业与农民收入、农

① 本章主要以家庭户数为单位，后文分析中以农户个体进行分析，以使样本量更大。结果并无显著差异。

业发展关系层面，但经济区位与非农就业的关系问题其实也至关重要（Fafchamps et al.，2003；Deichmann et al.，2009）。我国自改革开放以来，伴随着城市非农产业的快速发展，城乡居民非农就业和非农收入都得到快速提高。但在非农就业率快速升高的过程中，其实也伴随着本地非农就业与异地非农就业（外出务工）两个过程。第一过程自 20 世纪 80 年代到 90 年代初乡镇企业快速发展，吸纳了一大批农村劳动力就地非农就业；第二个过程自 20 世纪 90 年代初期至今，东部沿海地外资企业、合资企业、民营企业的蓬勃发展，农村剩余劳动力向外转移，主要通过外出务工的形式实现异地非农就业。图 4－8 报告了 2008～2016 年我国农民工结构情况，从图中可以看出，外出农民工数量远高于本地农民工数量，两者增速均呈下降趋势，不过本地农民工增速从 2015 年开始回暖，这可能反映出本地非农就业正逐渐成为农民工就业地域的主要形态。

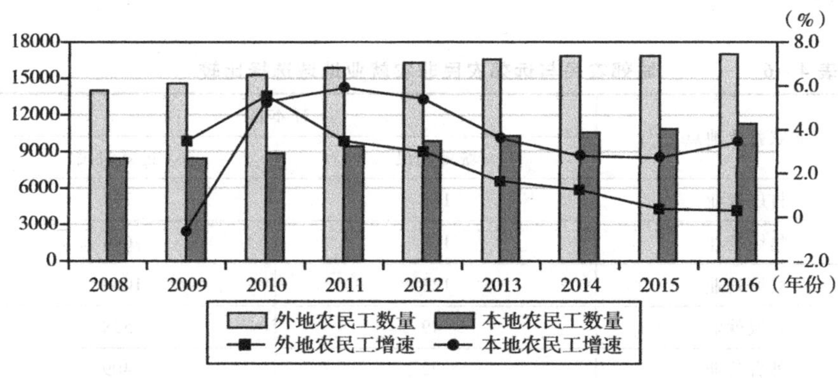

图 4－8　2008～2016 年我国农民工结构统计

资料来源：2008～2016 年农民工监测报告。

当然，从横断面来看，也存在着不同群体优先选择本地非农就业还是异地非农就业的问题。赵耀辉（1997）研究发现受教育程度越高的农民，越倾向于本地非农就业，而不是外出务工。而盛来运（2008）则得出了相反的结论，选择外出务工（异地非农就业）的农民通常学历更高。越来越多的文献认为本地非农就业与异地非农就业存在着本质的差异，与本地非农就业的农民相比，异地非农就业的农民具有非农收入水平更高而内部收入差距更小的特点（罗仁福等，2011；杜鑫，2008）。还有学者基于两种非农就业方式所面临的成本和约束可能导致不同农民群体采用不同的非农就业途径（毛学峰和刘靖，2016）。基于上述文献，我们通过考查城郊农民与远郊农民不同的非农就业方式，试图寻找到城郊农民非农就业的特征。

CFPS2014 数据集将非农就业的区域进行了详细划分，依次划分为村庄就业、集镇就业、县城就业、省域就业、外省就业、境外就业 6 种类型。如表 4－6 所示，对于城郊农民来说，168 个样本选择村庄（或社区）就业、108 个样本选择在集镇就业、128 个样本选择在县城就业、49 个样本选择在省内其他区县就业、22 个样本选择在外省就业。从样本分布情况来看，绝大多数城郊农户选择在县域就近非农就业。同样，对远郊农民来说，767 个样本选择村庄（或社区）就业、644 个样本选择在集镇就业、1068 个样本选择在县城就业、409 个样本选择在省内其他区县就业、2 个样本选择在境外就业，从样本分布来看，县域就地非农就业的远郊农民也多于县域外非农就业的农户。

表 4－6　城郊农民与远郊农民非农就业地域选择比较

非农就业地点	样本量	
	城郊农民	远郊农民
村庄就业	167	767
集镇就业	108	644
县城就业	128	1068
省域就业	49	528
外省就业	22	409
境外就业	0	2
合计	474	3418

资料来源：根据 CFPS2014 整理。

考虑到中国的现实情况，农村非农产业不发达，农民非农就业地域通常是在城市，我们根据表 4－6 的数据，将县城就业定义为本地非农就业、将省域就业和外省就业定义为异地非农就业，以便使非农就业数据与国家宏观非农就业数据更趋稳合，从而得到如图 4－9 所示的结果。从结果来看，64.32% 的城郊农民选择本地非农就业，而仅有 53.27% 的远郊农民选择本地非农就业，由此可以看出，城郊农民更倾向于本地非农就业，其选择本地非农就业的概率也远高于远郊农民。

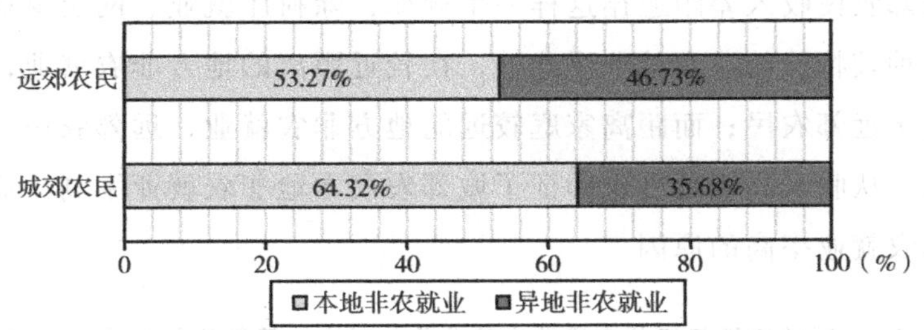

图 4－9　城郊农民与远郊农民两种非农就业率比较

资料来源：根据 CFPS2014 整理。

图 4－10 进一步报告了异地非农就业流向区域，从图中可以看出，异地非农就业的城郊农户中，80.95%的人群流向了东部地区，而仅有 19.05%的人群流向了中西部地区；异地非农就业的远郊农户中，65.73%的人群流向了东部地区，34.27%的人群流向了中西部地区。由此可以看出，无论是城郊农民还是远郊农民，农户外出务工（异地非农就业）依然以东部沿海地区为主。

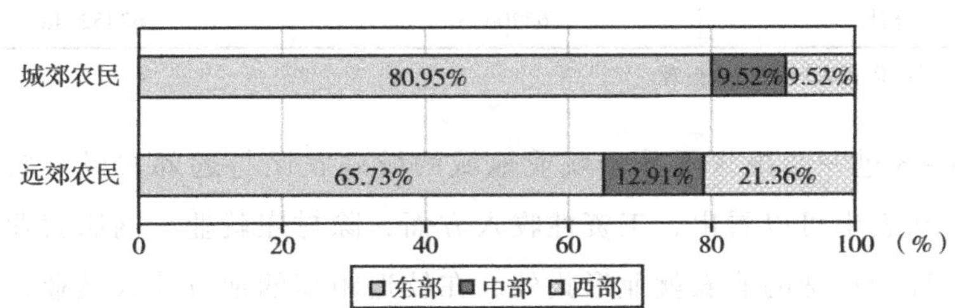

图 4－10　异地非农就业主要流向区域

资料来源：根据 CFPS2014 整理。

2. 本地非农就业与异地非农就业的收入差距

从上述分析来看，自劳动力转移的第二个阶段（即以外出务工为主）开始，异地非农就业比率迅速增长，而本地非农就业率也在增长、但增长幅度不及异地非农就业。这主要得益于远郊农民外出务工率的提升。如表 4－7 所示，在外省就业这一栏，远郊农民收入为 61174.66 元，远高于城郊农民的 47922.22 元。但在本地非农就业收入对比方面，城郊农民县域非农就业收入为 68438.27 元，高于远郊农民的 63476.2 元；城郊农民省域非农就业收入为 78064.23 元，高于远郊农民的 68485.45 元。从表 4 – 7 可以看出，城郊农民与远郊农民收入差距遵循这样一个规律，除村庄就业、网店就业和境外就业这三种较特殊的非农就业形式外，在较近距离的地方非农就业，城郊农民收入高于远郊农民；而距离家庭较远的地方非农就业，远郊农民收入高于城郊农民。从收入高低角度也印证了城郊农民本地非农就业率高、而远郊农民异地非农就业率高的原因。

表 4 – 7　城郊农民与远郊农民非农就业收入对比：基于就业地域　（单位：元）

	城郊农民	远郊农民
村庄就业	52613.17	60212.77
集镇就业	72228.21	59039.91
县城就业	68438.27	63476.2
省域就业	78064.23	68485.45
外省就业	47922.22	61174.66
网店就业	102000.00	
境外就业		142175
合计	65200.3	62452.48

资料来源：根据 CFPS2014 整理。

表 4 – 8 进一步报告了基于就业地域的城郊农民与远郊农民非农收入结构对比。从表中可以看出，工资性收入方面，除村庄就业、网店就业和境外就业这三种较特殊的非农就业形式外，在较近距离的地方非农就业，城郊农民工资性收入高于远郊农民；而距离家庭较远的地方非农就业，远郊农民工资性收入高于城郊农民。这表明工资性收入是农民非农就业的主要形式，工资性收入的差异规律决定了两个群体非农就业行为及其总收入的规律；财产性收入方面，除境外就业外，无论非农就业距离远近，城郊农民所获得的财产性收入均高于远郊农民；经营性收入方面，两个群体经营性收入差异并无明显的规律可循，农户选择村庄就业、县城就业时，城郊农民经营性收入低于远郊农民，而选择集镇就业、省域就业、外省就业时，城郊农民经营性收入高于远郊农民；转移性收入方面，两个群体转移性收入差异也无明显规律可循，农户选择村庄就业、县城就业时，城郊农民转移性收入低于远郊农民，而选择集镇就业、省域就业、外省就业时，城郊农民转移性收入高于远郊农民。

表 4-8　城郊农民与远郊农民非农就业收入结构对比：基于就业地域　（单位：元）

	工资性收入		财产性收入		经营性收入		转移性收入	
	城郊农民	远郊农民	城郊农民	远郊农民	城郊农民	远郊农民	城郊农民	远郊农民
村庄就业	29374.9	40478.16	16256	6877.456	14769.28	15008.6	499.58	955.9
集镇就业	43970.65	43760.86	29835.82	7898.955	10935.33	10493.9	1173.59	1085.12
县城就业	48868.98	45736.49	20207.22	12494.8	9051.491	12080.32	618.11	981.18
省域就业	54150.00	56545.01	13174.38	7045.852	11448.18	8178.746	4775.86	1018.36
外省就业	43444.44	51123.79	5984	5089.029	3677.778	7293.531		514.76
网店就业			29984		75000			
境外就业		64900		42		75500		800
合计	42182.34	46509.8	20866.96	8664.483	11680.98	11300.14	1173.85	944.92

资料来源：根据 CFPS2014 整理。

综上所述，本节可以得出如下结论：在选择本地非农就业还是异地非农就业（外出务工）时，城郊农民本地非农就业率比远郊农民更高，其所获得的工资性收入、财产性收入和总收也比远郊农民高；而远郊农民异地非农就业率比城郊农民高，其所获得的工资性收入和总收入比城郊农民高。这种收入分化说明，城郊农民更倾向于本地非农就业、远郊农民更倾向于异地非农就业。

4.2.3　自我雇用与他人雇用非农就业

1. 自我雇用与他人雇用非农就业的现状描述

随着经济的发展，第二、三产业对劳动力的需求增加，引致农业部门与非农产业劳动力资源重新配置。大量劳动力进入到城市工业部门，通过受雇形式获得工资性收入。但大量的劳动力注入城市，导致农民非农就业情况并不乐观，受户籍制度壁垒及农民自身素质、社会资本的限制，农民很难进入到城市正规劳动力市场（王美艳，2005），而大量聚集于城市次级劳动力市场，这种市场所提供的岗位收入回报低、工作环境恶劣、工作稳定性弱、晋升机制不健全（乔明睿等，2009）。

由于进入正规劳动力市场的就业机会较小，加之二、三产业结构进一步优化，农民自我雇用的趋势越来越明显，非农就业人群中从事制造业的受雇者比例下降，从事批发、零售贸易、餐饮服务业等第三产业的自雇者比例不断提升。尤其是2008年次贷危机之后，出口导向的制造业受到冲击，农民自雇的比例进一步提高。可见，自我雇用与他人雇用正成为农民非农就业两种重要的雇用形式。

表4－9　　外出非农就业农户雇用方式统计

类型	城郊农民	远郊农民
无法工作	3	1
自我雇佣	137	793
他人雇佣	334	2624
合计	474	3418

资料来源：根据CFPS2014整理。

表4－9对比了城郊农民与远郊农民非农就业雇用方式的情况统计，从表中可以看出，城郊农民样本中，自我雇用人数为137人，他人雇用人数为334人，受雇与自雇比率分别为70.91%、29.09%（见图4－10）；远郊农民样本中，自我雇用人数为793人，他人雇用人数为2624人，受雇与自雇比率分别为76.79%、23.21%（见图4－11）。这与Gagnon等（2009）根据2005年1%人口普查统计结果得出的中国农民非农就业自我雇用比例（包括雇主和自我经营者）为24%的结论相近。而城郊农民自我雇用率则略高于这一比例。

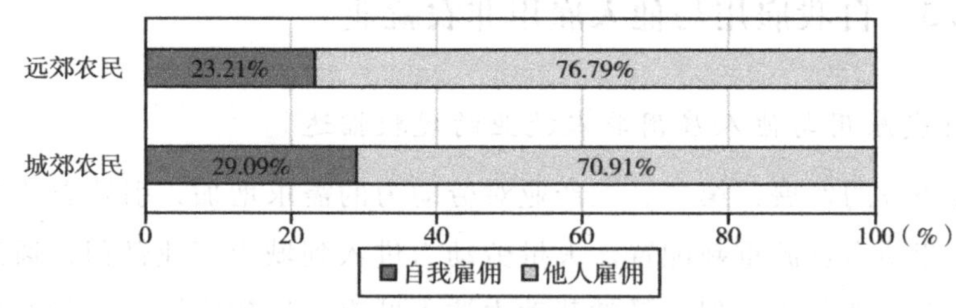

图4－11　城郊农民与远郊农民非农就业雇用率统计

资料来源：根据CFPS2014整理。

从统计情况来看，无论是城郊农民还是远郊农民，其非农就业他人雇用率均高于自我雇用率，表明他人雇用依然是农民非农就业重要的雇佣方式。但从两个样本群体的比较来看，远郊农民自我雇用率低于城郊农民自我雇用率，表明城郊农民更倾向于自我雇用方式参与非农就业。导致这种差异的一种可能性解释是，农民非农就业自我雇用与农户外出自主创业有显著的差异，这是农民在城市劳动力市场上就业机会受限后的次优选择（曹永福等，2013）。从这种解释来看，城郊农民与远郊农民均可能在劳动力市场上就业机会受到限制，而远郊农民外出非农就业大多为青壮劳动力，其就业选择并非盲目的，而城郊农民则很多是在土地征用后倒逼其非农就业。劳动力就业市场会对劳动力资源进行优化配置，在受教育程度普遍不高的背景下，市场会择优选择具有体力优势的劳动者。表 4－10 对城郊与远郊农民他人雇用行业进行了统计，从统计结果来看，64.97% 的城郊农民样本选择到私营企业或个体工商户就业，其次为个人或家庭就业（占比 10.78%），其余行业的就业比例多低于 10% 以下；同理，67.99% 的远郊农民样本选择到私营企业或个体工商户就业，其次为个人或家庭就业（占比 9.76%），其余行业就业比例均低于 9% 以下。表明城郊农民与远郊农民多选择私营或个体工商企业等次级劳动力就业部门，而很难进入行政事业单位、国有企业等正规劳动力就业市场。

表 4－10　　城郊农民与远郊农民他人雇用行业统计

	城郊农民		远郊农民	
	样本量	比例	样本量	比例
不知道			2	0.08%
政府部门/党政机关/人民团体	13	3.89%	79	3.01%
事业单位	11	3.29%	105	4.00%
国有企业	22	6.59%	194	7.39%
私营企业/个体工商户	217	64.97%	1784	67.99%
外商/港澳台商企业	13	3.89%	81	3.09%
其他类型企业	1	0.30%	12	0.46%
个人/家庭	36	10.78%	256	9.76%
民办非企业组织/协会/行会/基金会/村委会	11	3.29%	41	1.56%
无法判断	8	2.40%	41	1.56%
其他	2	0.60%	29	1.11%
合计	334	100.00%	2624	100.00%

资料来源：根据 CFPS2014 整理。

由于城郊农民和远郊农民受雇非农就业主要流向次级劳动力市场，所以其签订劳动合同的比率也比较低。从图 4－12 可以看出，城郊农民签订合同率为 31.74%，远郊农民签订合同率为 27.69%，两者签订合同率均较低，表明农民外出务工很难得到法律保护，非农就业环境堪忧。

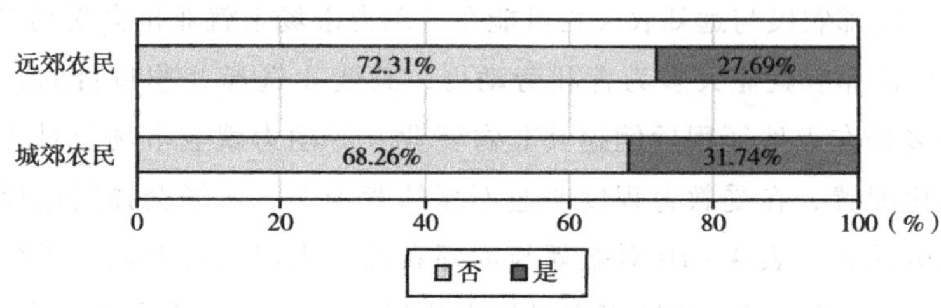

图 4 – 12　城郊农民与远郊农民他人雇用签订合同率统计

资料来源：根据 CFPS2014 整理。

由于相对恶劣的就业环境，农民受雇非农就业的幸福感也不高，从图 4 – 13 可以看出，城郊农民受雇非农工作的满意度（包括比较满意和非常满意）为 46.2%，远郊农民受雇非农工作的满意度为 42.72%，均低于 50%，表明超过 50% 的农民对受雇非农工作并不十分满意。

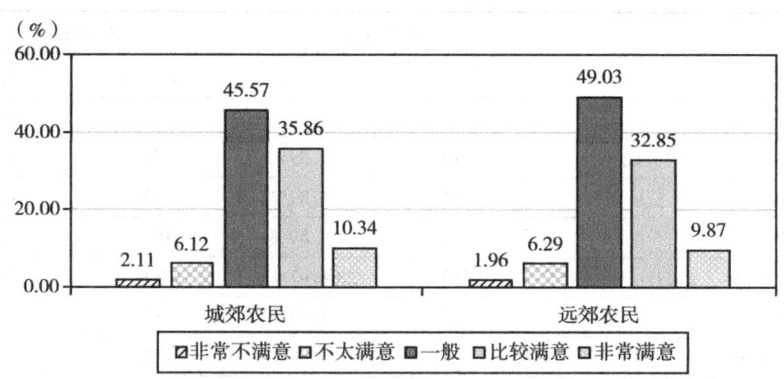

图 4 – 13　城郊农民和远郊农民受雇非农工作满意度统计

资料来源：根据 CFPS2014 整理。

2. 自我雇用与他人雇用非农就业的收入差距

城郊农民与远郊农民非农就业雇用方式的选择，我们相信会影响到其收入。从上述分析来看，农户自我雇佣是劳动力就业市场限制后的次优选择结果（当然不排除一部分主动选择自我雇用的人群）。那么自我雇用的收入会比他人雇用收入高吗？黄乾（2009）得出的结论是，非农就业稳定（他人雇用）的农民其工资性收入高于不稳定（自我雇用）的农民，且非农就业不稳定的农民其内部收入差距也高于稳定的农民。Dewen 等（2010）也发现，工资收入者（他人雇用）比自我经营者（自我雇用）的教育回报率高出 2 个百分点，矫正样本自选择偏差后，他人雇用者工资收入的教育回报率在 5.3% ~6.8%，可以表明他人雇用更具吸引力。

图 4 -14 报告了城郊农民与远郊农民不同雇用方式所获得的非农就业收入对比，从图中可以发现，无论是城郊农民还是远郊农民，自我雇用所获得的非农就业收入都远低于他人雇用所获得的非农就业收入。

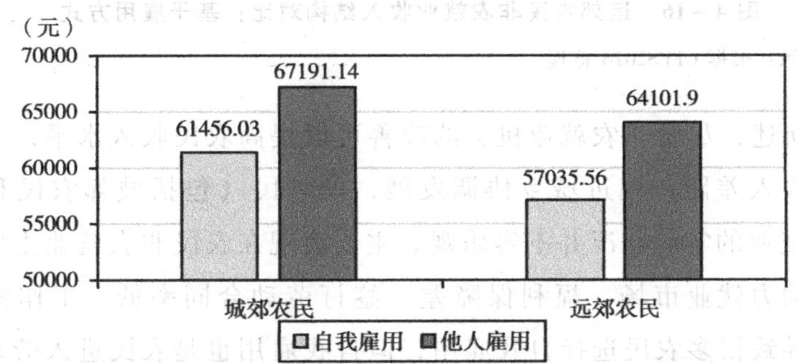

图 4 -14　城郊农民与远郊农民非农就业收入对比：基于雇用方式

资料来源：根据 CFPS2014 整理。

图 4 -15 报告了城郊农民不同雇用方式所获得的非农就业收入结构对比，从图中可以发现，除经营性收入外，城郊农民自我雇佣所获得工资性收入、财产性收入都低于他人雇用所获得的相应收入。针对远郊农民样本也得出了相似的结论（见图 4 -16）。可见，自我雇用对农户提高经营性收入有显著效应，但对提高工资性收入、财产性收入和总收入的效应并不明显。

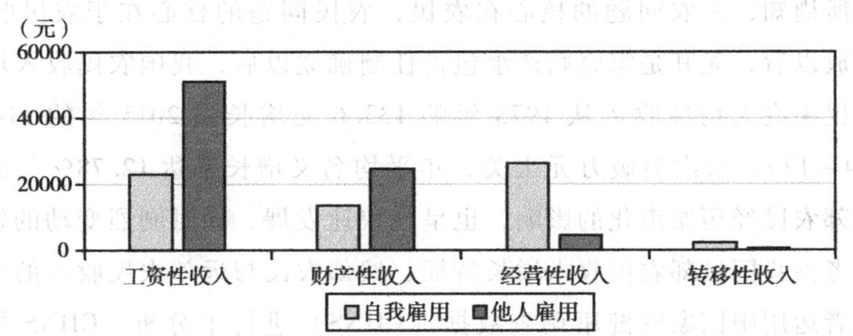

图 4 -15　城郊农民非农就业收入结构对比：基于雇用方式

资料来源：根据 CFPS2014 整理。

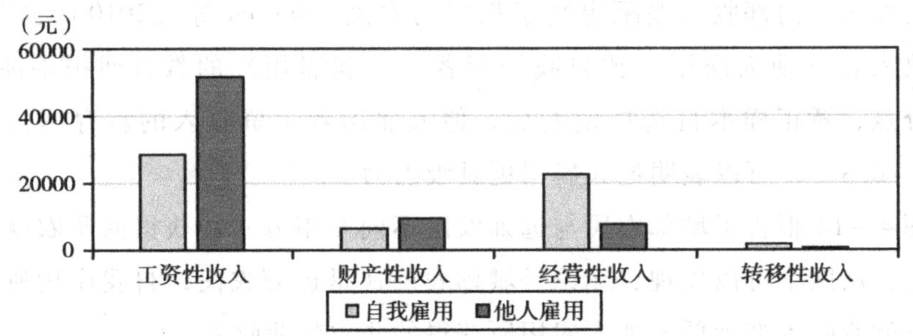

图 4－16　远郊农民非农就业收入结构对比：基于雇用方式

资料来源：根据 CFPS2014 整理。

综上所述，尽管非农就业机会的改善可以提高农民收入水平，也有利于缩小城乡收入差距，促进城乡协调发展，但农民（包括城郊农民和远郊农民）非农就业的实际状况并不容乐观。主要表现在农民非农就业主要流向城市次级劳动力就业市场，福利保障差、签订劳动合同率低、工作满意度不高。由此导致很多农民选择自我雇用，但自我雇用也是农民进入劳动力市场受限后的次优选择，对提高工资性收入和总收入的效应并不明显。此外，由于城郊农民与远郊农民的异质性差异，城郊农民本地非农就业的比率高于远郊农民，由此可能导致收入水平、结构的分化，从而造成收入差距。

4.3　城郊农民收入变迁

众所周知，三农问题的核心在农民，农民问题的核心在于农民收入①。改革开放以后，尤其是家庭联产承包责任制确立以后，我国农民收入增长迅速，农民家庭人均纯收入从 1978 年的 133.6 元增长到 2015 年的 11422 元（见图 4－17），首次突破万元大关，年平均名义增长率达 12.78%。而在城郊，城郊农民经历城市化的影响，也呈现快速发展、同时剧烈变动的发展特征。为考察我国城郊农民收入增长特征、城郊农民与远郊农民收入的变化趋势，笔者运用中国家庭健康调查数据（CHNS）进行了分析。CHNS 是一份

① 本书所指的农民收入指农民家庭人均纯收入，如无特别说明，下文称谓相同。

跨年度数据，年份包括 1993 年、1997 年、2000 年、2004 年、2006 年、2009 年、2011 年。数据的处理过程大致是这样的，通过变量 A8B1 和 STRATUM 变量分享出城郊农民与远郊农民，同时选取 A8B1 = 2、STRATUM = 2 分离出城郊农民，同时选取 A8B1 = 2、STRATUM = 4 分离出远郊农民。[①] 最终分离出城郊农民样本数据共 2264 份、远郊农民样本共 12609 份。样本中包括的变量信息主要有农户个体特征（如是否户主、婚姻状况、是否少数民族、从业类型、性别、年龄等）、收入特征（农户家庭年均收入、工资性收入、经营性收入、农业经营收入、财产性收入、转移性收入）、就业特征（非农就业情况）等。由于样本量巨大，单个农户的收入特征看不出城郊农民的变化趋势，本书按照年份将样本进行了平均处理，以期获得有效分析。

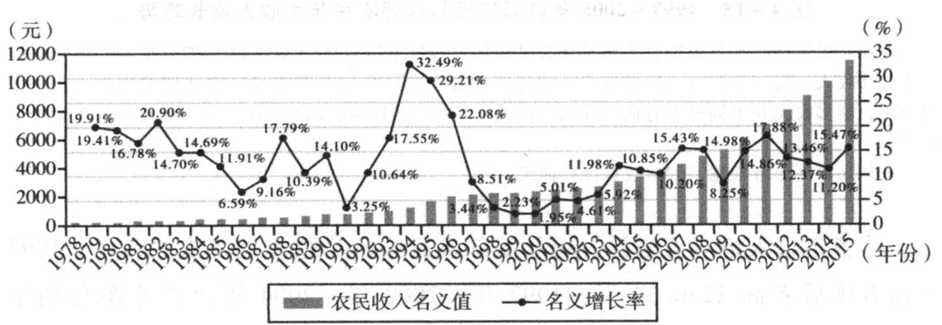

图 4 - 17　1978 ~ 2015 年我国农民收入名义值与名义增长率

资料来源：国家统计局网站。

4.3.1　收入水平的变迁

图 4 - 18 报告了 1993 ~ 2011 年城郊农民与远郊农民年均收入的增长变化情况。从绝对水平看，城郊农民收入从 1993 年的 6709.52 元增长到 2011 年的 37161.85 元，累计增长 463%，年均名义增长率达 9.98%[②]；远郊农民收入从 1993 年的 4459.18 元增长到 2011 年的 34424.24 元，累计增长 672%，

① A8B1 代表户籍类型，取值为 1 代表城市户口，取值为 2 代表农村户口，STRATUM 表示城乡变量，取值为 1 代表城市，取值为 2 代表城郊，取值为 3 代表集镇，取值为 4 代表乡村。

② 年均增长率公式采用 $\sqrt[n]{B/A}-1$，公式中 B 为最后值，A 为最初值，n 为增长级数。

年均名义增长率达 12.02%，比城郊农民收入增长率高 2.04 个百分点。这表明，城郊农民收入与远郊农民收入都呈现快速增长趋势，但远郊农民的年均名义增长率更高。

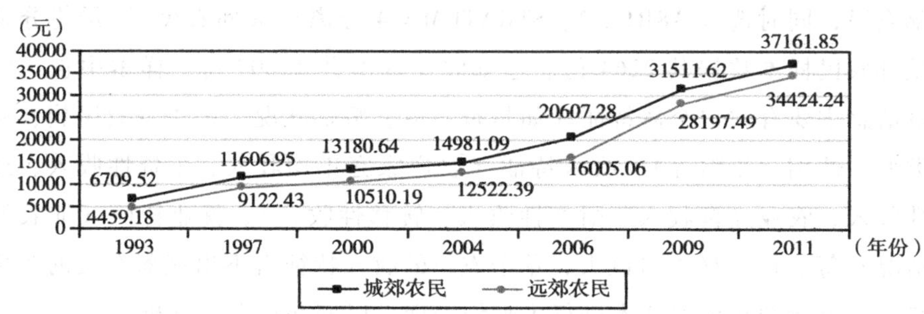

图 4－18　1999～2005 年城郊农民与远郊农民年均收入增长趋势

注：农民年均收入是根据各年份城郊农民和远郊农民家庭收入（名义值）加总平均而来，而下文工资性收入、财产性收入、经营性收入和转移性收入也是根据两类农民家庭相应类别收入加总平均而来，很多农民并不同时占有四项收入，因此总收入与四项收入合计值并不一定相等，在此予以说明。

资料来源：作者根据 CHNS 数据计算而来。

从各年收入绝对值来看，历年城郊农民收入均高于远郊农民收入，1993 年前者比后者高 2250.34 元，1997 年、2000 年、2004 年两者差距分别是 2484.52 元、2670.45 元、2458.7 元，2006 年两者差距达到 4602.22 元，2009 年差距达 3314.13 元，2006～2009 年差距突破 3000 元，而这段时间正是国内房价高速增长阶段，房价的快速上涨推动了地方政府向城郊农民征用土地，城郊农民获得失地补偿，因此，反映在图中的情况就是城郊农民与远郊农民收入差距拉大。而 2009 年后，政府开始对房地产市场调控，也对地方政府的征地行为进行了规范，从而两者收入差距缩小，2011 年两者差距 2737.61 元，这个数值在样本调查年份仍然较高。可见城郊农民与远郊农民收入差距仍然是农民内部收入差距的重要来源。

为了对样本年份城郊农民与远郊农民的增长情况及背后政策逻辑有较好的分析，图 4－19 展示了 1999～2011 年两类农民收入增长率情况。从增长率变化趋势来看，两者大致呈相同的变化趋势，只是变动幅度有所不同，因此可以将城郊农民收入与远郊农民收入增长划分为 5 个阶段，第一个阶段 1993～1997 年、第二阶段 1997～2000 年、第三阶段 2000～2006 年、第四阶

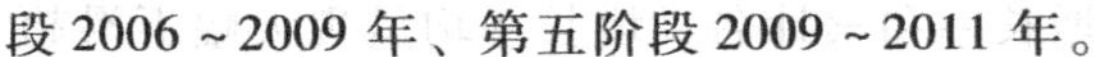
段 2006～2009 年、第五阶段 2009～2011 年。

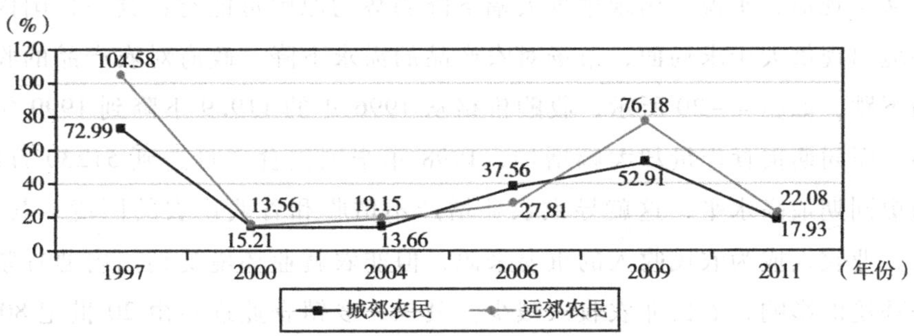

图 4－19　城郊农民与远郊农民收入增长率变化情况

资料来源：作者根据 CHNS 数据计算而来。

第一阶段 1993～1997 年：城郊农民收入由 1993 年的 6710 元增长到 1997 年的 11607 元，年均名义增长率为 14.69%，累计名义增长率达 72.99%；远郊农民收入由 1993 年的 4459 元增长到 1997 年的 9122 元，年均名义增长率为 19.6%，累计名义增长率达 104.58%。这一阶段城郊农民与远郊农民收入均呈现大幅增长态势。从宏观形式来看，其一，这一阶段正好是邓小平"南方谈话"之后、同时也是党的十四大召开之时，这两个重要事件的内容主要是确立社会主义市场经济体制，农村家庭联产承包责任制从法律形式上得以确立，使农民土地产权得到固化，从而农民更有积极性投入农业生产，获得农业收入。其二，1994 年政府提高了农产品收购价格，国民经济的快速发展增加了市场对农产品的需求，从而推高了农产品收购价格，政府也主动顺势而为，据统计，1993～1995 年，农产品收购价格由最初的 103.4 快速上升到 139.9。农产品价格的上涨使农民收入不断增加。其三，乡镇企业快速发展，助推农民进入乡镇非农企业，非农收入成为农民收入的重要来源。从城郊农民与远郊农民收入增长幅度来看，前者不及后者，但也出现大幅上涨。

第二阶段 1997～2000 年：城郊农民收入由 1997 年的 11607 元增长到 2000 年的 13181 元，年均名义增长率为 4.33%，累计名义增长率为 13.56%；远郊农民收入由 1997 年的 9122 元增长到 2000 年的 10510 元，年均名义增长率为 4.83%，累计名义增长率为 15.21%。可见，无论是城郊农民还是远郊农民，其收入的年均增长率和累计名义增长率均呈现大幅下滑趋势。从宏观形式来说，出现这种大幅下降趋势的原因可能有：其一，国内经济环境出现供大于求局面，市场对农产品的需求下降，政府对农产品的收购价格下跌，如图 4 - 20 所示，收购价格从 1996 年的 119. 9 下降到 1999 年的 87. 8。而同期粮食产量却大幅增加，1998 年全国粮食产量达到 51230 万吨，为历史同期最高水平，这就导致农业增产不增收和谷贱伤农的困境。其二，非农就业收入成为农民收入的重要来源，但非农就业环境受到国内通货紧缩经济环境的影响，农民非农收入减少。其三，乡镇企业逐步由 20 世纪 80 年代的繁荣发展步入萧条局面，乡镇企业为农民收入增长的贡献度下降。

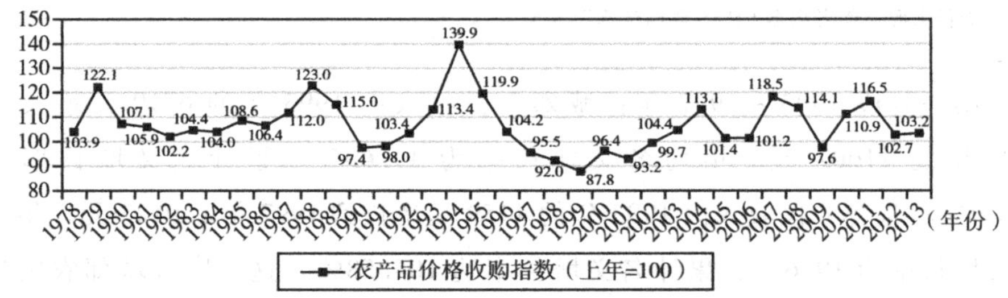

图 4 - 20　1978 ~ 2013 年我国农产品价格收购指数

资料来源：国家统计局。

第三阶段 2000 ~ 2006 年：城郊农民收入由 2000 年的 13181 元增长到 2006 年的 20607 元，年均名义增长率为 7. 73%，累计名义增长率为 56. 35%；远郊农民收入由 2000 年的 10510 元增长到 2006 年的 16005 元，年均名义增长率为 7. 26%，累计名义增长率为 52. 28%。总体来说，这段时期无论是年均名义增长率还是累计名义增长率，城郊农民收入都快于远郊农民。而正是从这段时期开始，房地产投资开始兴起，城郊农民的土地迅速升值，很多城郊农民在征地拆迁过程中获得补偿性收入，而远郊农民却无此项收入来源。不过这段时期，城郊农民与远郊农民均较前一个时期获得了收入的大幅度增长。从宏观形势上说，出现收入增长速度增加的原因可能有：其一，国内经济开始了投资拉动模式，投资和进出口成为经济增长的主要驱动模式，如图 4 - 21 所示，2000 ~ 2006 年人均国内生产总值名义增长率分别为 7. 6%、7. 6%、8. 4%、9. 4%、9. 5%、10. 7%、12. 1%，这种经济增长繁荣局面刺激了对农产品的需求，农民通过农业也获得了较多的收入。其二，

2002 年政府开始在部分省份实行农村税费改革试点，这在很大程度上减轻了农民负担，农民种粮再无后顾之忧，刺激了农民种粮的积极性，增加了收入。其三，非农就业比例持续增加，非农收入成为农民收入的主要来源，很多农民工到沿海地区打工，获得了劳务收入。

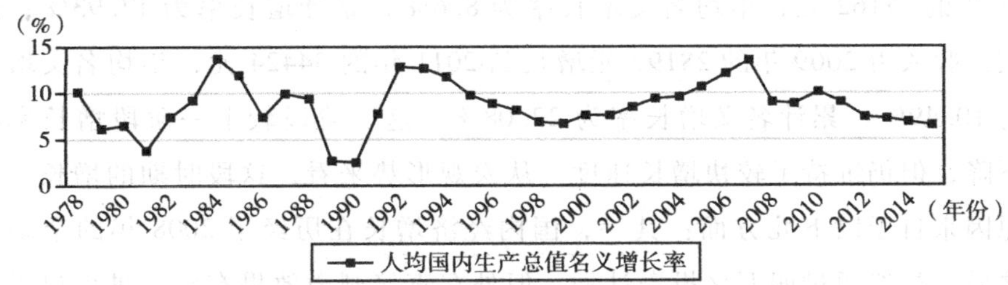

图 4-21　1978～2015 年人均国内生产总值名义增长率（%）

资料来源：国家统计局。

第四阶段 2006～2009 年：城郊农民收入由 2006 年的 20607 元增加到 2009 年的 31512 元，年均名义增长率为 15.21%，累计名义增长率为 52.91%；远郊农民收入由 2006 年的 16005 增加到 2009 年的 28197 元，年均名义增长率为 20.78%，累计名义增长率为 76.18%。这一阶段城郊农民收入名义增长率不及远郊农民，平均名义增长率低 5.57 个百分点，累计名义增长率低 23.27 个百分点，造成这种增长差异的可能原因，主要是国家对城郊土地的征用作了进一步规范，虽然房地产市场和城市化快速扩张，但征地拆迁过程中城郊农民的补偿金被压得越来越低，从而降低了其增速。但城郊农民收入整体上仍然高于远郊农民，且两者均出现较快速度增长。从宏观形势来说，这段时期的增长，原因主要有以下几方面：其一，2006 年农业税的取消。十届人大常委会第十九次会议通过了取消《农业税条例》的决定，使中国 2600 多年的农业税正式从农村舞台上退出，这极大地解放了农村生产力，减轻了农民赋税负担，缓解了基层政府和农民的矛盾，改变了农村生产力和生产关系格局，提高了农民积极性，促使农民从事农业生产，获取农业收入。其二，中央政府对“三农”问题的重视，从 2004 年后，中央将每年发布的一号文件都定位为“三农”问题，形成了系统的惠农、富农和强农政策，使农民获得了实实在在的物质利益。其三，虽然经历 2008 年的金融海啸，但政府强有力的宏观政策，通过四万亿投资计划保证了经济的稳定增长，也保证了市场对农产品的需求，使得农民收入无大幅下降。其四，粮食产量经历“十二连增”格局，从 2004 ~ 2015 年，历年粮食产量稳中有升，提高了农民收入。

第五阶段 2009 ~ 2011 年：城郊农民收入由 2009 年的 31512 元增长到 2011 年的 37162 元，年均名义增长率为 8.6%，累计增长率为 17.93%；远郊农民收入由 2009 年的 28197 元增长到 2011 年的 34424 元，年均名义增长率为 10.49%，累计名义增长率为 22.08%。这一阶段较上一阶段增长率有所下降，但仍维持了较快增长速度。从宏观形势来看，这段时期的增长，主要原因来自于以下几方面：其一，国内经济增长在历经了 2008 年的金融危机之后，虽然通过四万亿投资计划，但外在直接刺激效果有限、进出口需求也有所下滑。这直接导致市场对农产品的需求下降。其二，政府逐步引导农民开始适度规模经营，家庭农场、专业合作社等新型农业经营主体呈现多元化，这促使农民对利润的重视程度越来越高，因此农业商品化程度也越来越高，农民获得收入增长。其三，中央一号文件坚持惠农强农富农政策，实行“多予少取放活”的方针，坚持调整农业产业结构，增加农业基础设施的投入，这些持续稳健的惠农政策保证了农民收入的持续增长。从两者增长率的比较来看，城郊农民收入仍然低于远郊农民收入增长速度，年均名义增长率前者比后者低 1.89 个百分点，累计名义增长率前者比后者低 4.15 个百分点。导致这种差异的原因与前阶段类似，城郊农民受到城镇化和房地产市场的影响，很大一部分土地已经被征用，农民无地可种，中央的强农惠农政策无实施对象，这直接导致城郊农民的农业经营收入不及远郊农民，而财产性收入占较大比例的城郊农民，在面临征地拆迁博弈时也处于弱势地位，导致其与远郊农民的财产性收入差异不及经营性收入差异那么大。从而整体上城郊农民收入增长速度低于远郊农民。

从上述五个阶段城郊农民与远郊农民收入增长速度的比较来看，无论是城郊农民还是远郊农民，其收入增长都受到国家宏观经济形势和中央“三农”政策的深刻影响。当农产品供不应求时，农民进行农业产品生产的积极性就较高，从而获得农业收入，从事非农产业的农民也能够生产更多的工业产品，获得工资性收入；而当农产品供大于求时，农民的经营收入和工资性收入都将下滑。同时，国家“三农”政策也对农民的收入增长有着关键影响，少予多取放活的三农政策提高了农民积极性，促进了农业结构的调整，促进农村进行深刻变革，调整经济基础与上层建筑的关系，以适应新的经济增长环境。而从城郊农民与远郊农民收入的横向对比来看，历年城郊农民收入均高于远郊农民，但在增长速度上，除 2000～2006 年期城郊农民收入增长速度快于远郊农民，其余阶段城郊农民收入增长速度均低于远郊农民。

4.3.2　收入结构的变迁

改革开放以来，城镇化和工业化的发展，城乡之间、地区之间、产业之间劳动力的流动越来越频繁，农民传统的单一经营农业方式已经逐步被多元化的经营方式所取代，这除了表现为农民收入水平的变化外，还表现为收入结构的变化。而城郊农民更是深刻地受到城镇化和征地行为的影响，收入结构变化将更为明显。因此探究城郊农民和远郊农民各项收入来源，将对研究城郊农民和远郊农民收入增长可持续性有着重要意义。本部分将重点分析城郊农民和远郊农民的收入结构变化。

1. 城郊农民与远郊农民家庭收入结构的总体描述

城郊农民和远郊农民的收入增长除了表现为收入水平的大幅增加外，还表现为收入来源的多元化，传统上以经营收入为主体的收入结构正被以工资性收入为主体的结构所替换。如图 4－22 所示，城郊农民家庭经营性收入由 1993 年的 3852 元增加到 2011 年的 12606 元，其中农业经营收入由 1993 年

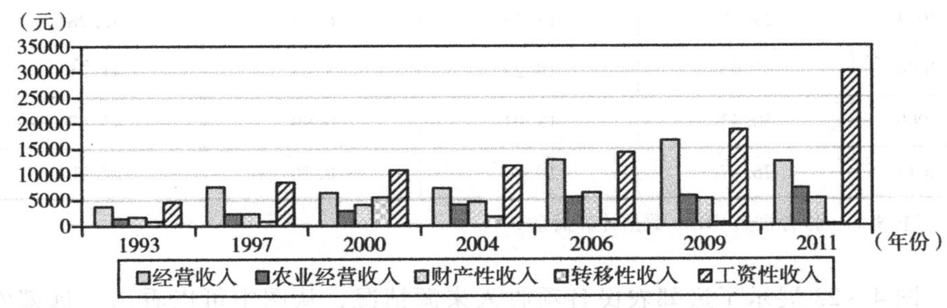

图 4－22　1993～2011 年城郊农民收入结构变化情况

资料来源：作者根据 CHNS 数据计算而来。

的 1356 元增长到 2011 年的 7429 元，城郊农民家庭的财产性收入由 1993 年的 1795 元增长到 2011 年的 5258 元，转移性收入由 1993 年的 770 元下降到 2011 年的 369 元，工资性收入由 1993 年的 4521 元增长到 2011 年的 30127 元。因此，从各项收入来源的绝对值来看，除转移性收入下降外，其余三项收入来源均呈上升态势。

而从各项收入的占比来看，如表 4 – 11 所示，工资性收入在 1993 年就是城郊农民家庭收入的主要来源，1993 ~2009 年工资性收入占比始终维持在 45%左右水平，到 2011 年达到 62. 30%，成为城郊农民收入的绝对来源。此外，经营性收入是除工资性收入外的第二大收入来源，但其收入占比呈波动性下降趋势，1993 年其占比为 35. 22%，此后在波动中有升有降，到 2011 年其占比降到 26. 07%。财产性收入是城郊农民收入的第三大来源，其历年占有比维持在 10% ~20%，总体态势上其占比呈波动性下降趋势，如 1993 年财产性收入占比达 16. 41%，而到 2011 年其占比只有 10. 87%。转移性收入除在 2000 年占比达到 20. 71%，其余年份其占比均在 10% 以下，并呈现历年下降趋势，到 2011 年转移性收入占比仅占 0. 76%。

表 4 – 11　　1993 ~2011 年城郊农民各项收入来源占比情况统计

年份	经营性收入占比（%）	财产性收入占比（%）	转移性收入占比（%）	工资性收入占比（%）
1993	35. 22	16. 41	7. 04	41. 33
1997	40. 03	11. 96	3. 78	44. 22
2000	23. 89	15. 35	20. 71	40. 05
2004	29. 10	17. 79	6. 83	46. 28
2006	37. 05	18. 27	3. 43	41. 25
2009	40. 43	13. 01	0. 99	45. 57
2011	26. 07	10. 87	0. 76	62. 30

资料来源：作者根据 CHNS 数据计算而来。

图 4 – 23 展示了远郊农民各项收入来源情况，从图中可以看出，远郊农民家庭经营性收入从 1993 年的 3580 元增长到 2011 年的 29101 元，其中农业经营收入从 1993 年的 1221 元增长到 2011 年的 7395 元，其家庭财产性收入

从 1993 年的 895 元增长到 2011 年的 5199 元，转移性收入从 1993 年的 373 元增长到 2011 年的 481 元，工资性收入从 1993 年的 3346 元增长到 2011 年的 21128 元。从绝对数值来看，远郊农民各项收入来源均呈现增长态势，尤其以经营性收入增长幅度最大，到 2011 年其经营性收入已经成为一般型农业家庭的主要收入来源，其次是工资性收入，也呈现较大幅度增长，财产性收入和转移性收入增长较为缓慢。

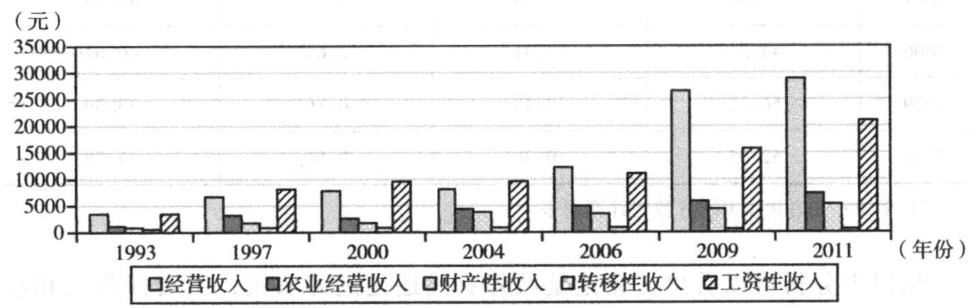

图 4－23　1993～2011 年远郊农民收入结构变化情况

资料来源：作者根据 CHNS 数据计算而来。

从远郊农民各项收入来源占比统计看，如表 4－12 所示，经营性收入和工资性收入是其收入的主要来源，1993 年经营性收入占比达 43.69%，居第一位，其次为工资性收入，占比达 40.83%。从 1997 年到 2004 年，工资性收入超过经营性收入占比，工资性收入成为远郊农民的主要收入来源，而这段时间正是我国农民工流出数量最多的时期，大批农民工到沿海地区从事中低端制造业和服务业。从 2009 年开始，经营性收入再次超过工资性收入占比，成为远郊农民收入的主要来源，这两年的经营性收入占比均超过 50%，可见，经营性收入是远郊农民的主要收入来源。而正是这段时期，我国农村发生了深刻变化，家庭农场、专业合作社等新型农业经营主体得到蓬勃发展，适度规模经营提高了农民种粮积极性，从而使农民积极从事农村各项生产活动，提高了经营性收入占比，也巩固了农业作为国民经济基础的地位。从财产性收入和转移性收入占比来看，这两项收入来源均不构成远郊收入的主要来源，财产性收入占比大致维持在 8%～18% 的比例，转移性收入占比大多年份都低于 5%。

表 4－12　1993～2011 年远郊农民各项收入来源占比情况统计

年份	经营性收入占比（%）	财产性收入占比（%）	转移性收入占比（%）	工资性收入占比（%）
1993	43.69	10.92	4.56	40.83
1997	38.79	9.79	5.07	46.34
2000	39.66	8.37	3.79	48.18
2004	36.08	17.33	3.05	43.54
2006	44.37	12.31	2.65	40.67
2009	56.32	9.43	0.86	33.39
2011	52.05	9.30	0.86	37.79

资料来源：作者根据 CHNS 数据计算而来。

从以上分析可以看出，无论是城郊农民还是远郊农民，工资性收入和经营性收入都是他们收入的主要来源，两者合计所占比例超过 80%，因此工资性收入和经营性收入的提高对于农民增收的重要性。不过有所不同的是，城郊农民收入工资性收入所占比例更大，而远郊农民经营性收入所占比例更大，尤其是农业经营收入的增长对于远郊农民增收，仍然有着不可或缺的基础性作用。

2. 经营性收入比较

为进一步对城郊农民与远郊农民收入结构的差异有一个直观了解，本书将分别从经营性收入、财产性收入、工资性收入和转移性收入等几个方面进行比较分析，而经营性收入比较将进一步细分到农业经营中的种植业、园艺业等方面。

图 4－24 展示了城郊农民与远郊农民经营性收入的对比，从图中可以看出，1993～2011 年，城郊农民与远郊农民经营性收入均不断增加，前者经营性收入从 1993 年的 3852 元增加到 2011 年的 12606 元，累计名义增幅达到 127%，年均名义增长率为 6.81%；后者经营性收入从 1993 年的 3580 元增长到 2011 年的 29101 元，累计名义增长幅度达到 613%，年均名义增长率为 12.35%。从历年两者的横向比较来看，如表 4－13 所示，1993 年、1997 年、2006 年，城郊农民家庭平均经营性收入高于远郊农民家庭，分别高

271.63元、830.27元、517.99元，其余时间城郊农民家庭经营性收入均低于远郊农民家庭，尤其是2009年以后，两者差距越来越大，差值突破1万元。从均值差异的显著性水平来看，2004年、2011年，远郊农民家庭的平均经营性收入显著高于城郊农民家庭，分别在10%、5%水平上显著。可见，经营性收入在两种类型的农民中差异是较显著的。

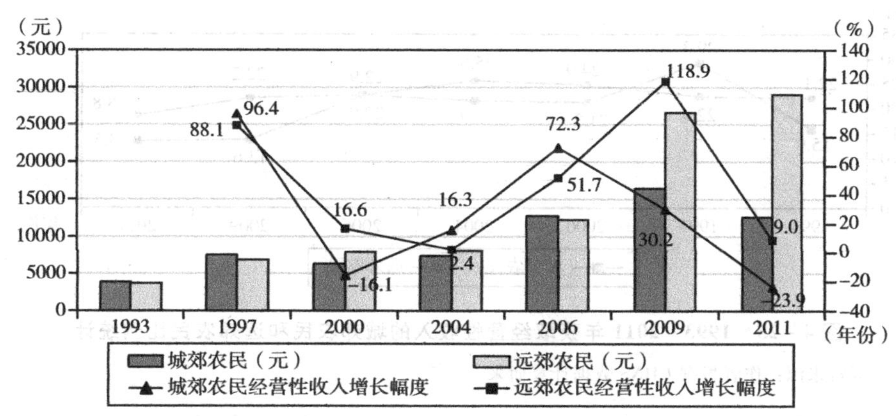

图4－24　城郊农民与远郊农民经营性收入的比较

资料来源：作者根据CHNS数据计算而来。

表4－13　1993～2011年城郊农民家庭与远郊农民家庭平均经营性收入比较

年份	城郊农民家庭平均经营性收入（元）	远郊农民家庭平均经营性收入（元）	两者差异（元）	均值差异的显著性检验
1993	3851.80	3580.17	271.63	0.480（0.316）
1997	7565.59	6735.32	830.27	1.199（0.115）
2000	6349.45	7852.80	－1503.36	－1.410*（0.080）
2004	7382.32	8042.97	－660	－0.653（0.257）
2006	12719.89	12201.89	517.99	0.188（0.426）
2009	16556.46	26707.94	－10151.49	－1.210（0.113）
2011	12605.97	29100.68	－16494.71	－1.995**（0.023）

注：表中第五列括号外为t值，括号内为p值，*、**、***代表10%、5%、1%水平上显著。
资料来源：作者根据CHNS数据计算而来。

从以获取经营性收入的农户比例来看，如图 4 - 25 所示，除 1997 年城郊农民高于一般农业型地区农民外，其余年份城郊农户的比例均低于远郊农户比例。以获取经营性收入的城郊农民比例整体上呈下降趋势，到 2011 年其比例降低至 13.5%，而同期远郊农民的比例为 18.8%，高于城郊农民 5.3 个百分点。

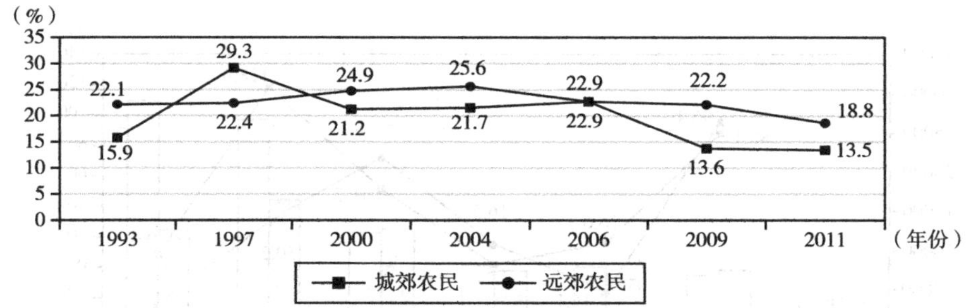

图 4 - 25　1993 ~ 2011 年获取经营性收入的城郊农民和远郊农民比例统计

资料来源：作者根据 CHNS 数据计算而来。

经营性收入中很重要的来源就是农业经营性收入，图 4 - 26 对比了城郊农民与远郊农民的农业经营性收入情况。从图中可以看出，城郊农民与远郊农民的农业经营性收入均呈上升趋势，城郊农民家庭的农业经营性收入从 1993 年的 1356 元增加到 2011 年的 7249 元，累计增幅达 335%，年均名义增长率为 9.76%，远郊农民家庭的农业经营性收入从 1993 年的 1221 元增加到 2011 年的 7395 元，累计增幅达 405%，年均名义增长率为 10.52%。从增长速度来看，远郊农民的农业经营性收入明显高于城郊农民家庭。而从历年两者的横向比较来看（见表 4 - 14），1993 年、2000 年、2006 年、2009 年这四个年份城郊农民家庭的农业经营性收入高于远郊农民家庭，两者差值分别为 134.65 元、252.92 元、464.10 元、211.63 元，但仅在 1993 年这种差异具有显著意义。而在 1997 年、2004 年、2011 年等年份，远郊农民家庭的农业经营性收入高于城郊农民家庭，两者差值分别为 1018.14 元、506.69 元、145.69 元，且在 1997 年和 2004 年两个年份呈现显著差异。从以上分析来看，远郊农民家庭的农业经营性收入增长速度明显快于城郊农民家庭，但两者的收入差异交替变换。

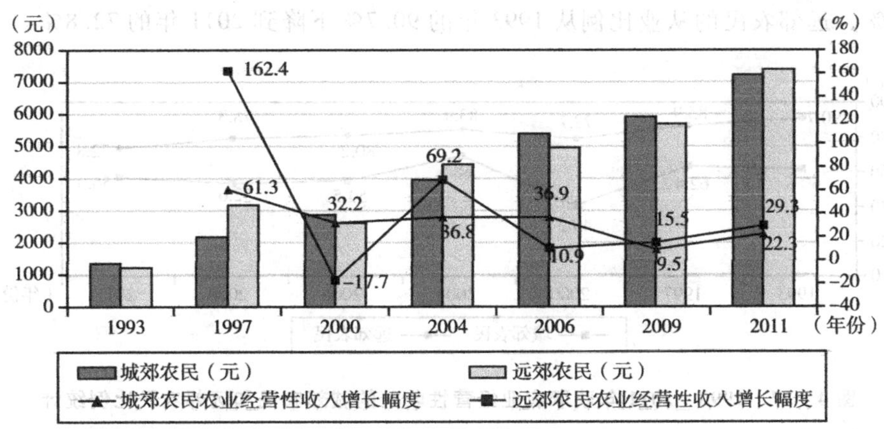

图 4－26　城郊农民与远郊农民农业经营性收入的比较

资料来源：作者根据 CHNS 数据计算而来。

表 4－14　1993～2011 年城郊农民家庭与远郊农民家庭平均农业经营性收入比较

年份	城郊农民家庭农业经营性收入（元）	远郊农民家庭农业经营性收入（元）	两者差异（元）	均值差异的显著性检验
1993	1355.93	1221.28	134.65	1.330* （0.092）
1997	2186.74	3204.88	－1018.14	－4.648*** （0.000）
2000	2891.11	2638.20	252.92	1.146（0.126）
2004	3956.22	4462.91	－506.69	－1.500*（0.067）
2006	5415.24	4951.14	464.10	0.351（0.363）
2009	5928.80	5717.17	211.63	0.321（0.374）
2011	7249.11	7394.80	－145.69	－0.172（0.432）

注：表中第五列括号外为 t 值，括号内为 p 值，*、**、*** 代表 10%、5%、1% 水平上显著。
资料来源：作者根据 CHNS 数据计算而来。

从从业人数来看，以获取农业经营收入为主的城郊农民家庭和远郊农民家庭有着较大差异。如图 4－27 所示，历年以获取农业经营性收入为主的城郊农民家庭比例均小于远郊农民家庭，1993 年前者比例为 60.6%，后者达到 90.7%，到 2011 年前者比例为 56%，后者比例为 72.8%。从两者的从业比例走向来看，无论是城郊农民还是远郊农民，以获取农业经营性收入的比例均在不断下降，城郊农民从业比例从 1993 年的 60.6% 下降到 2011 年的

56%，远郊农民的从业比例从1993年的90.7%下降到2011年的72.8%。

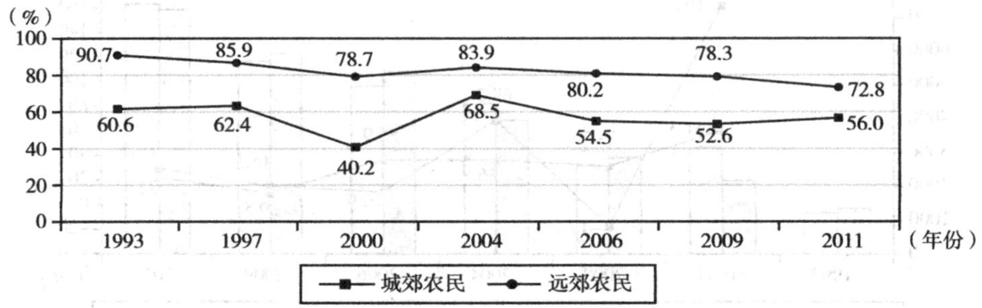

图4－27 1993～2011年获取农业经营性收入的城郊农民和远郊农民比例统计

资料来源：作者根据CHNS数据计算而来。

园艺业也是农业经营活动中的重要一类，园艺业是为城市提供水果、蔬菜、花卉、生态观光等服务的商品性农业，它的兴起与发展与城市化的快速发展有关。园艺业的生产往往是资本密集型的专业化过程，农民往往只生产一种园艺产品，其生产的目的在于为城市提供专用性商品。因此，园艺业往往分布在城郊地区。但随着城乡交通运输和保鲜技术的发展，园艺产业也在不断向远郊农村扩散。图4－28列举了城郊农民家庭与远郊农民家庭的园艺业经营收入对比情况，从图中可以发现，城郊农民与远郊农民家庭的园艺为经营收入均呈增长态势，城郊农民家庭的园艺业经营收入从1993年的2151元增加到2011年的13343元，累计名义增长幅达420%，年均名义增长率为10.67%；远郊农民家庭的园艺业经营收入从1993年的1076元增加到2011年的12133元，累计名义增长幅度达到927%，年均名义增长率为14.4%。可见，城郊农民和远郊农民的园艺业经营收入均获得了快速发展，从增长速度来看，城郊农民园艺业收入要低于远郊农民家庭。但从历年两者的横向对比来看，如表4－15所示，城郊农民家庭的园艺收入均高于远郊农民家庭，1993年两者差值为1075.06元，在1%水平上高度显著，1997年两者差值为2663.62元，在1%水平上高度显著，2000年两者差值为1584.07元，在1%水平上高度显著，2004年两者差值为2284.27元，在1%水平上高度显著，2006年两者差值为2565.93元，在1%水平上高度显著，2009年两者差值为3889.21元，在1%水平上高度显著，2011年两者差值为1209.62元，在10%水平上显著。

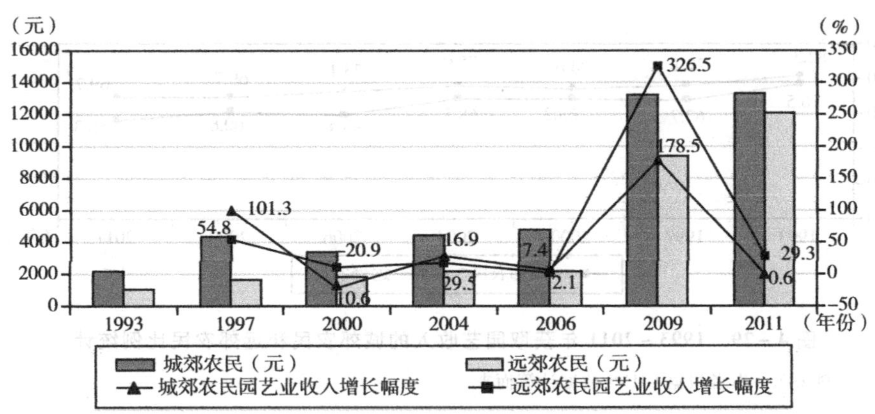

图 4－28　城郊农民与远郊农民家庭的园艺业经营性收入比较

资料来源：作者根据 CHNS 数据计算而来。

表 4－15　1993～2011 年城郊农民家庭与远郊农民家庭平均园艺业经营性收入比较

年份	城郊农民家庭农业经营性收入（元）	远郊农民家庭农业经营性收入（元）	两者差异（元）	均值差异的显著性检验
1993	2151.54	1076.48	1075.06	8.918*** (0.000)
1997	4329.98	1666.37	2663.62	13.024*** (0.000)
2000	3426.88	1842.80	1584.07	9.077*** (0.000)
2004	4437.77	2153.50	2284.27	7.859*** (0.000)
2006	4765.15	2199.22	2565.93	7.464*** (0.000)
2009	13269.94	9380.72	3889.21	5.661*** (0.000)
2011	13343.14	12133.52	1209.62	1.406* (0.079)

注：表中第五列括号外为 t 值，括号内为 p 值，*、**、*** 代表 10%、5%、1% 水平上显著。
资料来源：作者根据 CHNS 数据计算而来。

从从业人数来看，以获取园艺业收入为主的城郊农民家庭和远郊农民家庭有着较大差异（见图 4－29），远郊农民家庭从事园艺业的人口比例明显多于城郊农民，2011 年前者从业比例为 69.7%，后者从业比例为 56.3%，前者比后者高 13.4 个百分点。从时间趋势来看，以获取园艺业经营性收入的城郊农民和远郊农民的比例均不断下降，城郊农民从 1993 年的 76.5% 下降到 2011 年的 56.3%，下降比例达 20.2 个百分点，远郊农民从 1993 年的 82.3% 下降到 2011 年的 69.7%，下降比例达 12.6 个百分点。

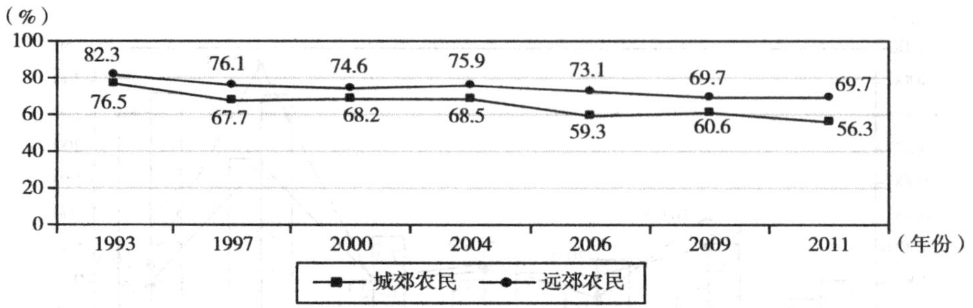

图 4-29　1993~2011 年获取园艺收入的城郊农民和远郊农民比例统计

资料来源：作者根据 CHNS 数据计算而来。

从以上分析可以看出，城郊农民和远郊农民家庭的经营性收入有着明显差异，城郊农民家庭的经营性收入显著低于远郊农民家庭，但从农业类型来看，城郊农民家庭的园艺业经营性收入显著高于远郊农民，而城郊农民的农业（种植业）经营性收入则低于远郊农民农业经营性收入。

3. 财产性收入比较

财产性收入主要是指银行存款、证券等动产和土地、宅基地及其附着物等不动产的货币表现形式（宁光杰，2012）。据国家统计局的调查显示，当人均国内生产总值超过 2000 美元之后，财产性收入将会成为收入增长的主要来源。对城郊农民和远郊农民的收入结构分析，发现财产性收入在城郊农民和远郊农民的收入占比还比较低。不过从图 4-30 可以发现，城郊农民和远郊农民家庭的财产性收入均取得了较快的增长，城郊农民家庭的财产性收入从 1993 年的 1795 元增长到 2011 年的 5258 元，累计名义增幅达到 92.85%，年均名义增长率为 6.15%；远郊农民家庭的财产性收入从 1993 年的 895 元增长到 2011 年的 5199 元，累计名义增幅达到 381%，年均名义增长率为 10.27%。可见，远郊农民家庭的财产性收入增长速度要快于城郊农民家庭。

从横向比较来看，如表 4-16 所示，历年城郊农民家庭平均财产性收入均高于远郊农民，1993 年前者平均财产性收入为 1795.44 元，后者为 894.89 元，两者差值为 900.55 元，且平均差异在 1% 水平上高度显著；1997 年两者差距缩小到 560.60 元，但仍然在 1% 水平上高度显著，说明这种差异仍然具有统计意义；2000 年两者差距扩大到 2422.99 元，在 1% 水平上高度显著；2004 年两者差距又缩小至 648.82 元，无统计学差异；2006 年两者差距

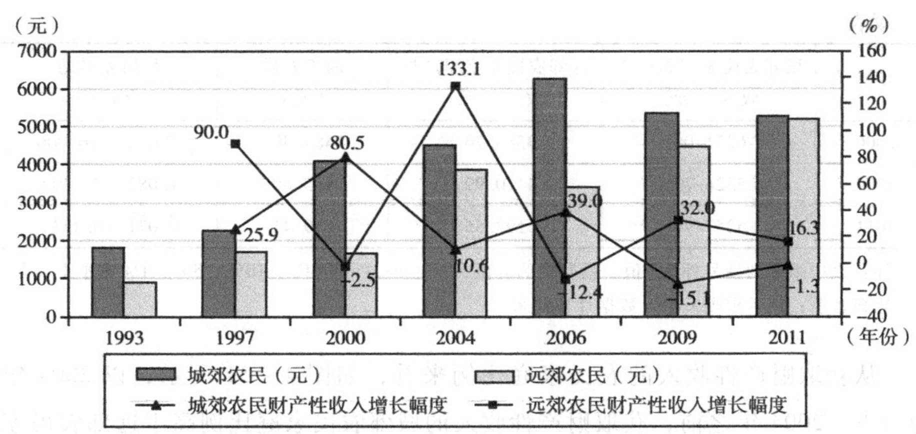

图 4－30　城郊农民与远郊农民家庭财产性收入比较

资料来源：作者根据 CHNS 数据计算而来。

又扩大至 2884.3 元，在 1% 水平上高度显著，此后，两者差距逐渐缩小，2009 年差距为 855.8 元，2011 年差距为 59.41 元，两者差距无统计学差别。从上述结果可以看出，城郊农民家庭财产性收入比远郊家庭财产性收入高，在样本的早期这种差异具有显著性，城郊农民由于靠近城市，其金融、理财意识较远郊农民更为浓厚，且在长期的征地拆迁博弈过程中认识到土地作为财产的重要性。而随着时间的演化，城郊农民家庭财产性收入虽然高于一般型农业家庭，但两者差异已无统计学意义，这除了受到资本下乡等政策的影响之外，农民也逐渐意识到土地是农民命根子，因而学会了用土地生财。当然，这种变化也与政府的政策重视分不开，为了增加农民收入，政府通过各种途径增加农民的财产性收入，提高农民在土地增殖收益中的分配额度。

表 4－16　　1993～2011 年城郊农民家庭与远郊农民家庭平均财产性收入比较

年份	城郊农民家庭财产性收入（元）	远郊农民家庭财产性收入（元）	两者差异（元）	均值差异的显著性检验
1993	1795.44	894.89	900.55	6.185*** （0.000）
1997	2260.97	1700.37	560.60	2.815*** （0.003）
2000	4080.76	1657.77	2422.99	6.987*** （0.000）
2004	4512.79	3863.97	648.82	1.276（0.101）

续表

年份	城郊农民家庭财产性收入（元）	远郊农民家庭财产性收入（元）	两者差异（元）	均值差异的显著性检验
2006	6271.06	3386.76	2884.30	4.246*** (0.000)
2009	5326.79	4470.99	855.80	1.082 (0.140)
2011	5257.96	5198.55	59.41	0.071 (0.472)

注：表中第五列括号外为t值，括号内为p值，*、**、***代表10%、5%、1%水平上显著。
资料来源：作者根据CHNS数据计算而来。

从获取财产性收入的农民家庭比例来看，如图4－31所示，以2004年为时点，2004年之前，获取财产性收入的城郊农民家庭比例高于远郊农民家庭，1993年前者比例为45.4%、后者比例为34.6%，前者比后者高10.8个百分点，1997年前者比例为49.5%、后者比例为40.4%，前者比后者高9.1个百分点，2000年前者比例为53.9%，后者比例为46%，前者比后者高7.9个百分点，到2004年两者差距进一步缩小，前者比后者仅高0.6个百分点。2004年后，获取财产性收入的城郊农民家庭比例低于远郊农民家庭，2006年前者比例为45.8%、后者比例为51.3%，前者比后者低5.5个百分点，2009年前者比例为53%、后者比例为55.3%，前者比后者低2.3个百分点，2011年前者比例为44.3%、后者比例为57.2%，前者比后者低12.9个百分点。从上述变化来看，以获取财产性收入为主要途径的城郊农民家庭比例越来越低，而一般型农业家庭比例却越来越高。不过从比例的数值来看，农民中有一半左右的人都以获取财产性工作为收入来源，可见，财产性收入是很多农民主要从事的收入渠道。

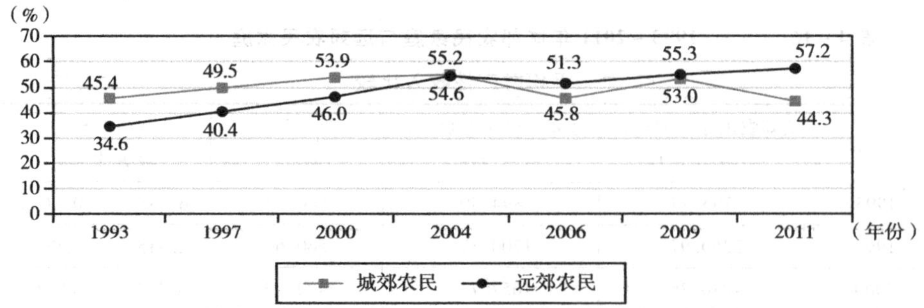

图4－31　1993～2011年以获取财产性收入为主的城郊农民和远郊农民比例统计

资料来源：作者根据CHNS数据计算而来。

4. 工资性收入

从前文分析可见，无论是城郊农民还是远郊农民，工资性收入都是其重要的收入来源。工资性收入越来越成为农民收入的重要组成部分，主要是受到改革开放以后农村乡镇企业发展和沿海外资民营企业发展的影响，大量农民进入城市非农产业就业，直接增加了农民的工资性收入。余吉祥和沈坤荣（2010）认为，非农就业是工资性收入变化的重要原因，非农就业机会越多、非农报酬越高的地区，工资性收入就会越高。可以说，工资性收入的获取主要是以城市非农就业形式实现的，工资性收入的多寡反映出农民非农化程度。

图4－32报告了城郊农民与远郊农民家庭工资性收入情况，从图中可以看出，城郊农民与远郊农民家庭的工资性收入均取得了大幅增长，历年均呈上升趋势。城郊农民家庭年均收入从1993年的4521元增加到2011年的30127元，累计名义增长幅度达到466%，年均名义增长率为11.11%；远郊农民家庭年均收入从1993年的3346元增加到2011年的21128元，累计名义增长幅度达到431%，年均名义增长率为10.78%。无论是从收入的绝对水平还是收入增长速度来看，城郊农民家庭的工资性收入都高于远郊农民家庭。从各年的累计增幅趋势来看，两者增幅大致呈“U”形趋势，即在样本调查期间的前期和后期，城郊农民与远郊农民家庭的工资性收入增长幅度均

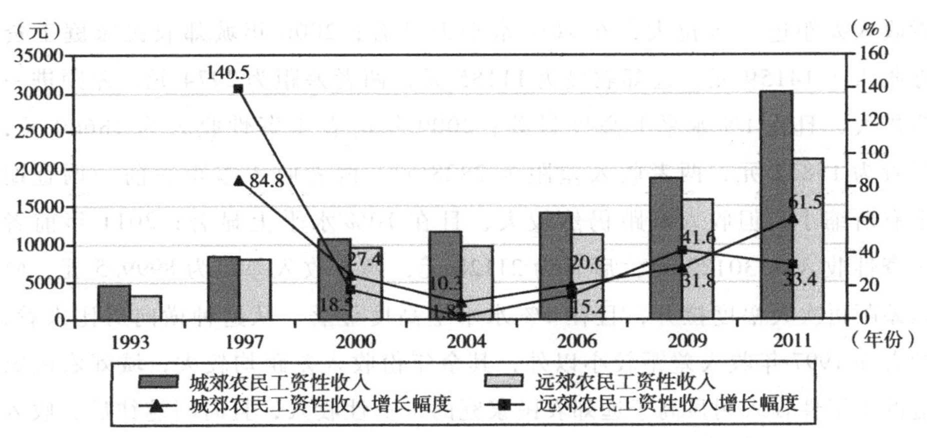

图4－32　城郊农民与远郊农民家庭工资性收入比较

资料来源：作者根据CHNS数据计算而来。

较大，而在样本调查的中期，城郊农民与远郊农民家庭的工资性收入增长幅度均较小，具体来看，1993～1997年，城郊农民家庭的工资性收入达到84.8%，远郊农民家庭的工资性收入更高，为140.5%；1997～2000年，前者增幅为27.4%，后者增幅为18.5%；2000～2004年，前者为10.3%，后者为1.8%；2004～2006年，前者为20.6%，后者为15.2%；2006～2009年，前者为31.8%，后者为41.6%；2009～2011年，前者为61.5%，后者为33.4%。从这种增幅的波动性来看，城郊农民家庭的工资性收入相较于远郊农民家庭更稳定。

从横向比较来看，如表4－17所示，在样本期内，历年城郊农民家庭的工资性收入均高于远郊农民家庭的工资性收入，1993年，城郊农民家庭的平均工资性收入为4521元，远郊农民家庭的平均工资性收入为3346元，两者差距为1175元，在1%水平上高度显著，这说明城郊农民家庭的工资性收入显著高于远郊农民家庭的工资性收入；1997年城郊农民家庭的平均工资性收入为8357元，远郊农民为8047元，两者差距为309元，差距有所缩小，且这种差距不再显著，说明城郊农民家庭与远郊农民的工资性收入在当年无显著差异；2000年城郊农民家庭的平均工资性收入为10647元，远郊农民家庭为9539元，两者差距为1108元，两者工资性收入差距再次拉大，但在统计意义上无显著差别；2004年城郊农民家庭的平均工资性收入为11741元，远郊农民为9706元，两者差距为2035元，两者收入差距进一步拉大，在10%水平上显著；2006年城郊农民家庭工资性收入为14159元，远郊农民为11185元，两者差距为2974元，差距进一步扩大，且在1%水平上高度显著；2009年前者工资性收入为18660元，后者为15832元，两者收入差距为2828元，两者收入差距在前一调查期上有所缩小，但收入差距仍然较大，且在10%水平上显著；2011年前者工资性收入为30127元，后者为21128元，两者收入差距为8999.5元，收入差距再次大幅度拉开，且在1%水平上高度显著。从这种横向对比来看，两者除1997年收入差距较小以外，其余年份收入差距均较大，城郊农民家庭的工资性收入明显高于远郊农民家庭的工资性收入，且时间越往后，收入差距的幅度越大。

表 4 - 17　　1993 ~ 2011 年城郊农民家庭与远郊农民家庭平均工资性收入比较

年份	城郊农民家庭工资性收入（元）	远郊农民家庭工资性收入（元）	两者差异（元）	均值差异的显著性检验
1993	4520.87	3345.65	1175.22	3.649*** （0.000）
1997	8356.55	8047.28	309.26	0.413 （0.340）
2000	10646.74	9538.93	1107.81	1.246 （0.107）
2004	11740.87	9706.04	2034.83	1.577* （0.058）
2006	14158.78	11184.52	2974.26	2.388*** （0.009）
2009	18659.83	15831.80	2828.03	1.557* （0.060）
2011	30127.04	21127.50	8999.54	3.981*** （0.000）

注：表中第五列括号外为 t 值，括号内为 p 值，*、**、*** 代表 10%、5%、1% 水平上显著。
资料来源：作者根据 CHNS 数据计算而来。

从获取工资性收入的农民家庭比例来看，如图 4 - 33 所示，城郊农民家庭的比例明显高于远郊农民家庭的比例，1993 年，以获取工资性收入为主的城郊农民家庭比例为 49.8%，而远郊农民家庭的比例为 31.9%，前者比后者高 17.9 个百分点；1997 年前者比例为 35.2%，后者比例为 29.6%，前者比后者高 5.6 个百分点；2000 年前者比例为 40.2%，后者比例为 37.7%，前者比后者高 2.5 个百分点；2004 年前者比例为 32.2%，后者比例为 21.8%，前者比后者高 10.4 个百分点；2006 年前者比例为 54.2%，后者比例为 44.8%，前者比后者高 9.4 个百分点；2009 年前者比例为 68.9%，后者比例为 47.8%，前者比后者高 21.1 个百分点；2011 年前者比例为

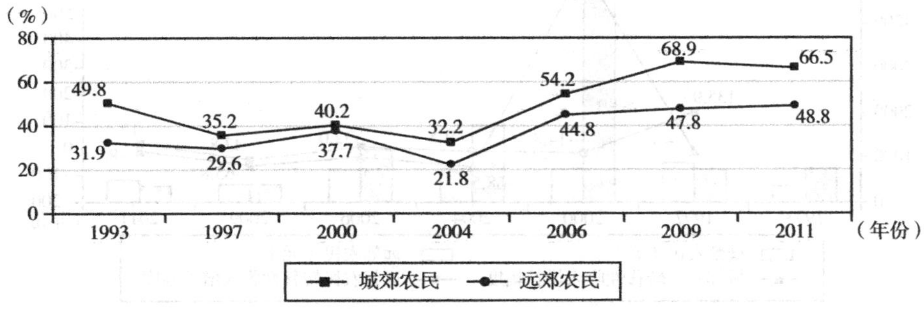

图 4 - 33　1993 ~ 2011 年以获取工资性收入为主的城郊农民和远郊农民比例统计

资料来源：作者根据 CHNS 数据计算而来。

65.5%，后者比例为48.8%，前者比后者高19.7个百分点。可见，以获取工资性收入为主的城郊农民家庭比例明显高于远郊农民家庭，同时也反映出城郊农民家庭的非农就业比例明显高于远郊农民家庭。

5. 转移性收入

转移性收入也是农民收入的重要组成部分，它指的是政府在收入再分配过程中对农民的收入让渡，政府通过财政、金融等途径将税收还返给农民。农民家庭转移性收入主要包括各种财政补贴、政府救济金、保险赔偿、救灾款等。从前文分析中可知，转移性收入属于农民收入的重要来源，但其在农民收入构成中比例还较低，且这种收入不具备稳定性和持久性。

图4－34列举了1993～2011年城郊农民家庭和一般农业型地区农民家庭的转移性收入增长状况。从图中可以看出，城郊农民家庭和远郊农民家庭的转移性收入呈先上升后下降的变化趋势，城郊农民家庭的转移性收入从1993的770元增长到2000年的5505元，然后又逐步下降，到2011年其转移性收入为369元，累计名义增长率为－52.13%，年均名义增长率为－4.01%；远郊农民家庭的转移性收入从1993年的373元增加到1997年的880元，然后在波动过程中呈现下降趋势，到2011年其转移性收入为480元，累计名义增长率为28.75%，年均名义增长率为1.41%。可见，在样本调查期内，城郊农民家庭的转移性收入呈现总体波动性下降趋势，而远郊农民家庭的转移性收入呈现波动性缓慢上升趋势，但两者的变化都具有随机性。

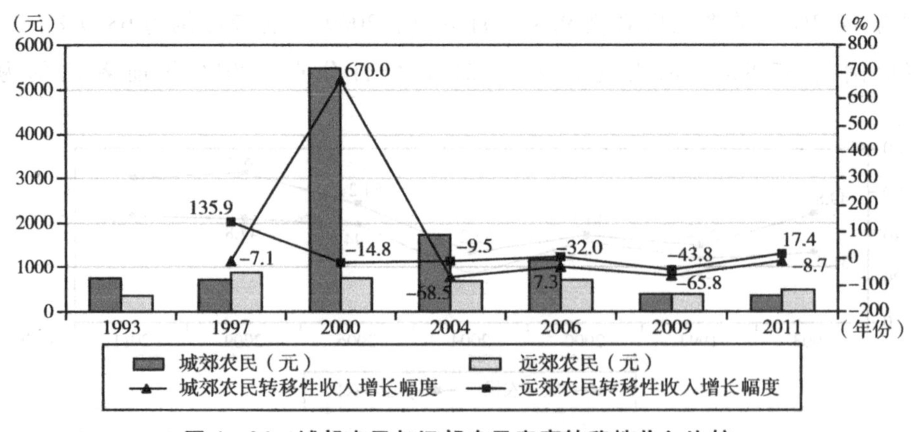

图4－34 城郊农民与远郊农民家庭转移性收入比较

资料来源：作者根据CHNS数据计算而来。

从横向比较来看，如表 4 – 18 所示，城郊农民家庭与远郊农民家庭的平均转移性收入交替变化，1993 年城郊农民家庭平均转移性收入为 770 元，远郊农民家庭平均转移性收入为 373 元，两者差异为 396 元，且在 1% 水平上高度显著；而 1997 年城郊农民家庭平均转移性收入又低于远郊农民家庭，前者为 715 元，后者为 881 元，前者比后者低 166 元；2000 年城郊农民家庭平均转移性收入又大幅高于远郊农民家庭，前者平均转移性收入达到 5505 元，后者为 750 元，前者比后者高 4755 元，在 5% 水平上高度显著；2004 年两者差距有所缩小，但城郊农民家庭转移性收入仍然高于远郊农民家庭，前者平均转移性收入为 1733 元，后者为 679 元，两者差异为 1053 元，在 1% 水平上高度显著；2006 年两者差异进一步缩小，前者平均转移性收入为 1179 元，后者为 729 元，两者差异为 449.52 元，在 10% 水平上显著；2009 年城郊农民家庭平均转移性收入开始低于远郊农民家庭平均转移性收入，前者为 404 元，后者为 410 元，前者比后者低 5.9 元，但无显著性差异；2011 年前者平均转移性收入为 369 元，后者为 481 元，前者比后者低 112 元，也无显著性差异。从两者横向比较来看，在样本调查期的多数年份，城郊农民家庭的平均转移性收入要明显高于远郊农民家庭平均转移性收入，但从 2009 年后，城郊农民家庭的平均转移性收入开始低于远郊农民家庭，虽然无显著性差异，但反映出城郊农民家庭转移性收入下降幅度明显大于远郊农民家庭，这可能与城郊农民非农化有关。

表 4 ~ 18　　1993 ~ 2011 年城郊农民家庭与远郊农民家庭平均转移性收入比较

年份	城郊农民家庭转移性收入（元）	远郊农民家庭转移性收入（元）	两者差异（元）	均值差异的显著性检验
1993	769.81	373.42	396.39	5.438*** (0.000)
1997	714.95	880.92	-165.97	-0.633 (0.264)
2000	5505.38	750.48	4754.89	2.292** (0.011)
2004	1732.72	679.36	1053.36	2.535*** (0.006)
2006	1178.73	729.21	449.52	1.597* (0.056)
2009	403.64	409.54	-5.90	-0.061 (0.476)
2011	368.53	480.76	-112.23	-0.988 (0.162)

注：表中第五列括号外为 t 值，括号内为 p 值，*、**、*** 代表 10%、5%、1% 水平上显著。
资料来源：作者根据 CHNS 数据计算而来。

从获取转移性收入的农户比例来看，城郊农民比例明显高于远郊农民，但随着时间的推移，两者比例差距越来越小。如图 4－35 所示，1993 年，获得转移性收入的城郊农民家庭比例达到 35.9%，而同期远郊农民家庭比例仅为 13.7%，前者比后者高 22.12 个百分点；1997 年两者比例差距有所缩小，获得转移性收入的城郊农民家庭比例为 15.3%，远郊农民家庭比例为 7.7%，前者比后者高 7.65 个百分点；2000 年两者比例差距进一步缩小，前者比例为 15.6%，后者比例为 10.6%，前者比后者高 5.03 个百分点；2004 年前者比例为 14.3%，后者比例为 7.9%，前者比后者高 3.96 个百分点；2006 年前者比例为 13.8%，后者比例为 9.8%，前者比后者高 2.21 个百分点；2009 年前者比例为 12.9%，后者比例为 10.7%，前者比后者高 0.41 个百分点；2011 年前者比例为 12.0%，后者比例为 11.6%，前者比后者高 0.4 个百分点。可见，随着时间的推移，获得转移性收入的城郊农民比例越来越小，而远郊农民比例基本稳定，这就导致获得转移性收入的城郊农民比例与远郊农民比例差距越来越小。

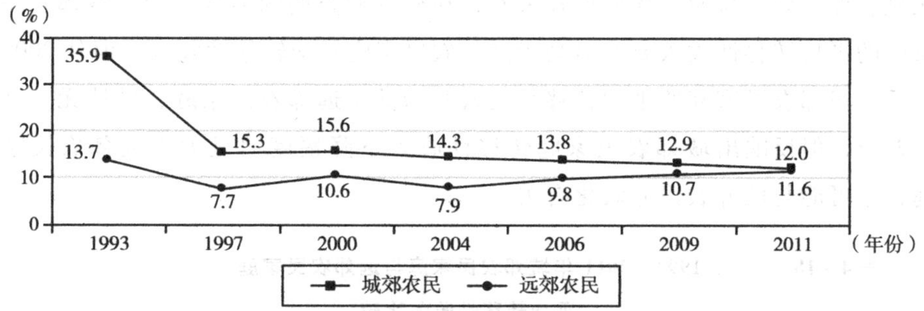

图 4－35　1993～2011 年以获取转移性收入为主的城郊农民和远郊农民比例统计

资料来源：作者根据 CHNS 数据计算而来。

4.4　本章小结

本章主要分析了城郊农民与远郊农民收入变动趋势、城郊农民与远郊农民收入差异，以及城郊农民内部征地农民与未征地农民的收入差异、征地农民征地前后的收入差异等，剖析了土地征用及非农就业在城郊农民收入增长中的重要作用，进而为从土地征用和非农就业视角研究其对城郊农民收入影响提供了现实依据。

(1) 城郊农民收入的演化。改革开放以来，无论是城郊农民还是远郊农民，我国农村居民的收入均呈现快速增长，两者呈现类似的变化趋势。但两者之间却存在较大的收入差距，从收入水平上看，城郊农民收入显著高于远郊农民；从收入结构上看，城郊农民收入构成中工资性收入和财产性收入占据重要位置，远郊农民收入构成中工资性收入和农业经营性收入占据重要位置；从城郊农民收入构成来看，工资性收入主要依靠非农就业实现，而财产性收入则依靠其土地征用以及由此导致的土地增值来实现。正是土地征用和非农就业这两大因素造成了城郊农民与远郊农民收入结构及收入增长路径有所不同。

(2) 承包地征用的变化。城镇化和工业化的快速发展，导致城市对土地的需求越来越大，政府征收城郊农民土地的案例越来越多。从征地面积来看，城郊农民被征的土地大多是零碎的细块土地，被连片征收的大户土地较少，这也反映出我国实行家庭联产承包责任制导致农民耕种细碎化，在征地过程中也是征用小块土地，这使征地过程矛盾众多，成为社会稳定的隐患。而城郊细碎化的征地过程，会直接导致城郊失地农民获得的失地补偿金额相对较小。同时，这种土地征用存在着区域差异，相较于中西部地区，东部地区获得高额补偿的城郊农民比例更大，东部地区的城郊农民更期盼土地被征用。

(3) 宅基地征用的变化。从宅基地征用（房屋拆迁）面积来看，房屋拆迁面积大多都较小，这反映出拆迁对象主要是普通的住户，而大型企业或机构较少，这也使得拆迁过程是一项较繁重的工作，同时也是政府与普通农户拆迁与反拆迁的博弈过程。房屋拆迁面积也可以看出我国土地的细碎化较为严重，细碎化的土地导致细碎化的宅基地，细碎化的宅基地进一步导致城郊农民住房面积的狭小。从补偿方式来看，房屋拆迁补偿主要通过房屋补偿、货币补偿方式为主，房屋补偿主要是将被拆迁户的房屋拆迁、政府修建新的安置房进行补偿，而货币补偿则给拆迁户一次性补偿款实现。从补偿金额的区域差异来看，东部地区最高、西部地区次之、中部地区最低，东部地区补偿款高于全国平均水平，而中部和西部地区则低于全国平均水平。

(4) 征地后的生计变化。城郊农民被征地后，他们将不再从事农业经营活动或从事农业经营活动的比重大幅下降（对于部分征地农民来说），他们将更多地参与到非农就业活动中来。这反映在收入结构上，就是以工资性收入和非农经营收入为生计渠道的城郊农民比重将会大幅上升，而以获取农业经营收入、农业补贴收入为生计渠道的城郊农民比重将会大幅下降。

(5) 征地农民与未征地农民的比较。征地拆迁还会导致城郊农民中被征地农民与未征地农民收入的变化，从工资性收入角度来说，两者差异不是太大，征地农民在从业比重和收入比重上略高于未征地农民；从财产性收入来说，从业比重上征地农民远高于未征地农民，而收入比重上征地农民只是略高于未征地农民；从转移性收入来说，征地农民在从业比重和收入比重上都略低于未征地农民；从经营性收入来说，征地农民在从业比重和收入比重上都高于未征地农民。但经营性收入中农业经营收入和非农经营收入，无论是从业比重还是收入比重，征地农民与未征地农民都有所差异，征地农民的农业经营性在从业比重和收入比重都远低于未征地农民，而其非农经营性收入在从业比重和收入比重上都高于未征地农民。

(6) 在选择本地非农就业还是异地非农就业（外出务工）时，城郊农民本地非农就业率比远郊农民更高，其所获得的工资性收入、财产性收入和总收也比远郊农民高；而远郊农民异地非农就业率比城郊农民高，其所获得的工资性收入和总收入比城郊农民高。这种收入分化说明，城郊农民更倾向于本地非农就业、远郊农民更倾向于异地非农就业。

(7) 尽管非农就业机会的改善可以提高农民收入水平，也有利于缩小城乡收入差距，促进城乡协调发展，但农民（包括城郊农民和远郊农民）非农就业的实际状况并不容乐观。主要表现在农民非农就业主要流向城市次级劳动力就业市场，福利保障差、签订劳动合同率低、工作满意度不高。由此导致很多农民选择自我雇用，但自我雇用也是农民进入劳动力市场受限后的次优选择，对提高工资性收入和总收入的效应并不明显。此外，由于城郊农民与远郊农民的异质性差异，城郊农民本地非农就业的比率高于远郊农民，由此可能导致收入水平、结构的分化，从而造成收入差距。

| 第5章 |

土地征用、非农就业与城郊农民收入水平

5.1 引言

改革开放以来，我国城镇化战略加速推进，从20世纪80年代的传统城镇化到现在的新型城镇化，我国的城镇化战略为扩大内需、促进经济发展、实现现代化作出了重要贡献。但在城镇化推进过程中，城镇规模的扩大会导致城郊农民耕地的流失，农民失去农业耕作的基础，导致农业收入的下降。地方政府热衷于推进“摊大饼式”（周其仁，2013）的土地城镇化模式，用大量占用农民土地、而不给予充分补偿的办法推进城市化，造成数量高达几千万人的“失地农民”，使中国出现“城市像欧洲，农村像非洲”的奇特景观。城郊农民在城镇化推进过程中失去土地所带来的潜在财产性收入保障，面临市民化过程和城市再就业的问题。因此，从收入水平角度来看，城郊农民收入都发生了显著的变化。

与此同时，东中西部地区的地区差异也在不断拉大，其经济发展模式也各不相同。城郊农民收入也必然因地区差距的不同而表现各异。许多学者认为土地是一种潜在性财产性收入保障，是农民收入的重要来源，也是农民获得相应权利的基础，具有财产保障的功能（史清华等，2011；刘灿和韩文龙，2012）。而现行征地制度下不同地区的征地补偿标准不一。中西部地区农民收入来源单一，一旦失去土地，将导致城郊农民收入下降。而在经济发达的东部沿海地区，城郊农民获取收入的途径多样，不再像中西部地区城郊

农民那样“靠地吃饭”，征地并不一定导致其收入的下降（金晶和许恒周，2010）。在东部地区经济发达地区，还存在着“等待征地”现象，他们并不担心失去土地而影响收入增长，而是希望土地被政府征收，以期获得较高的征地收入。对于理性小农来说，土地征用与否背后肯定隐藏着农民对土地征用所获得收益与成本的精确算计。

由此可见，城镇化扩张过程中，土地征用对城郊农民不同收入群体的收入水平产生了显著影响，这不仅体现在各种收入的非均衡增长使得农民收入增长的源泉发生了“质”的变化，而且还表现在农民收入问题日益复杂化，因为它不再是一个单纯的农业问题，也不仅仅是农民自身的问题，更是一个与农村制度创新、区域经济发展、非农就业、农民市民化等关联性日益密切的问题。因此，研究土地征用及非农就业对城郊农民收入影响及其异质性差异是很有意义的，不仅有助于认识城郊农民收入的来源，更有利于揭示城郊农民收入增长的深层次原因。

5.2 理论分析

土地征用与城郊农民收入的关系，本质上是土地这一要素的配置对城郊农民收入的影响问题。关于土地与农民收入的关系，在古典经济学的分析中，土地作为一种重要的生产资料，是农业生产经营的基础，对农民收入增长起保障作用，因此两者的关系是正向的，即土地越多，城郊农民收入增长就越多，而土地征用则会导致土地的减少，从而导致城郊农民经营性收入减少。

很多研究表明，土地征用对城郊农民收入水平呈负向效应，秦立建等（2012）通过健康作中间变量，认为城市化过程中征地会导致失地农民健康水平显著低于有地农民的健康水平，而健康会降低农民获取收入的能力。Borooah（2006）认为，有地农民的收入要比无地农民高出60%。马新文（2009）认为，我国现阶段的征地补偿标准低、补偿方式单一，农民失地后无新的收入来源，农民的收入水平会下降。林乐芬和金媛（2012）通过对江苏1703户农户的调查数据分析得出，地方政府在执行征地补偿政策时，无论在内容上还是时间上都会出现偏离和滞后，这种偏离或滞后程度越大，失地农民对征地补偿的满意度会降低，从而征地补偿的收入效应也会降低。

不过随着研究的深入，学者们对土地是否导致收入下降的研究也越来越多，Stijns（2005）认为，土地禀赋会导致农民收入下降，其主要原因在于丰富的土地禀赋会将农村经济导入初级加工和农业出口方向，而不是将农业资源导入附加值较高的产业，从而导致农村经济始终维持在较低增长的水平上，自然也不利于提高农民收入。从这个意义上说，土地征用减少了对土地禀赋的依赖，城郊农民可以经营附加值高的制造业，是有利于收入增长的。史清华等（2011）对上海2281户农户的调查发现，征地能够提高发达地区农民收入，主要基于农户就业渠道广泛、财产性收入来源多样以及社会保障健全等因素。两者之间这种正向效应说明城郊失地农民问题的产生并不是由于补偿收入低，而是因为征地补偿过程不透明所致。

从前述分析中可以看出，不同的学者关于土地征用对城郊农民收入的效应得出了不同的结论，东部地区的农民期待土地被征用，而中西部的农民则排斥土地征用。土地征用对城郊农民究竟产生何种影响，其关键在于征地补偿标准的高低（林乐芬、金媛，2012），同时，还在于土地征用后城郊农民是否有非农就业的能力和机会。我国的征地政策的目标也在于保障失地农民的权益，使他们不因土地征用而降低了收入水平。下面将从理论角度重点分析征地补偿水平和非农就业机会在这种影响效应中扮演的重要作用。

5.2.1 征地补偿水平

征地补偿的多寡是衡量土地征用的收入增长效应的一个重要尺度（柴国俊、陈艳，2017）。而城郊农民征地补偿的多寡则取决于农地的价值。马克思认为，地租是农业资本家对农民剩余价值的无偿占有，资本家在投资土地时，会因为土地肥力和地理位置的差异而产生级差地租Ⅰ，同时还会因为投资所带来的生产效率差异而产生级差地租Ⅱ。而土地价值则是若干年地租的折现之和，同时周边已经被征用农地的交易将成为未征用农地的潜在交易价值，这些都将成为征地补偿多寡的重要指标。

征地补偿水平除了受到同一区域内土地价值和已征地农地的交易价格外，不同区域之间也存在着征地补偿水平的差异，主要表现在农地利用效率的差异，可以通过单位土地面积上的人均纯收入来反映。东部地区人多地寡，经济发展较为成熟，近代资本主要工商业发展所形成的区位优势导致土地级差收入差异显著（朱介鸣等，2014），改革开放以后随着城镇化和工业化的发展，劳动力大量涌向东部沿海地区。在市场化的条件下，如同劳动力资源被配置到东部地区一样，作为不动产的农地资源也被配置到使用效率高的领域，以获得最优的回报。可见，农地的利用效率直接决定了农地的价值，中西部地区农地价值较低正是由于土地的利用效率较低、经营方式粗放。总之，单位土地面积的人均收入决定了农地利用效率的差异，利用效率的差异导致土地价值的差异，土地价值的高低直接影响土地被征用时的补偿标准（刘卫东等，2006）。

此外，还有学者基于制度经济学的产权理论分析得出征地补偿标准的高低是征地农户收入增加与否的要害所在。对这一问题的分析也存在两种不同的观点：一部分人认为土地征用过程中农户获得的补偿偏低主要原因在于农民土地转让权的缺失（Hui et al.，2013），农民在土地交易过程中丧失了讨价还价的权利，从而导致土地资源配置过程中市场机制的缺失。由此可见，该派观点的一个理论假设是：赋予农户土地转让权，市场机制便可以发挥其资源配置作用。农户在市场环境下会使自己土地自由转让的价格接近于政府出让土地的价格；另一部分人则认为将土地产权界定给村集体或政府更有效率（汪险生、郭忠兴，2017）。其理论逻辑主要是：当交易费用为零时，无论将土地转让权界定给农户还是村集体，资源配置的效率是一样的，因此此时的产权界定无关紧要，但从收入分配角度来看，将产权界定给农户时，农户将获得更多的土地财富。当交易费用大于零时，尽管私有化程度越高，租值耗散程度越低（Cheung，1974），但有可能面临更高的交易费用，因此土地转让权的归属应该权衡两种产权状态下的交易费用与租值大小。从交易费用层面来看，城郊土地人均占有量少、细碎化严重、位置固定等特点导致土地的资产专用性较高，如果私人具有土地转让权，企业在与农户进行土地交易时可能面临讨价还价的困境，同时一旦谈判失败将导致土地交易失败，影响土地的整体开发，而且也会导致农户无法获得土地交易收入。可见，土地征用与流转采用集体产权的形式将有助于降低交易费用。从租值耗散层面来看，竞争有利于土地资源的有效配置，能够增加土地租值，而我国的区域竞争主要是县域竞争，在中国式分权背景下，县政府所致土地财产权，有利于政府实行土地规划，降低交易费用，扩大不同用地类型间的正外部性。

5.2.2　非农就业机会

土地征用对城郊农民收入的影响，还在于城郊农民是否在土地征用后获得了非农就业机会。如果征地以前家庭中没有人外出非农就业，或者出去打工的人不多，则这户家庭有潜在的非农就业劳动力，那么征地以后农户被迫参与非农就业，其收入是有可能增加的，但如果该家庭原来能外出非农就业的人都已经参与非农就业了，家里只剩下一些老人，有病的人，则征地以后城郊农户则无法增加非农就业收入。因此，土地征用对被征地农民收入的影响，除了征地补偿的标准，起关键作用的还有城郊农民的非农就业机会。非农就业机会主要包含需求和供给两方面，从需求层面来说，主要是城市为农户提供了非农就业的机会；从供给层面来说，城郊农户家庭还有剩余的劳动力。具体分析如下：

1. 非农就业的供给层面分析

土地征用后，城郊农民非农就业机会的供应主要反映在劳动者具有劳动选择的能力，即城郊农民的人力资本存量及劳动迁移能力。主要体现在：（1）家庭劳动力的年龄。当家庭还有较多的青壮劳动力时，土地征用以后他有机会选择非农就业以增加收入。因此土地征用对其生计的影响是正向的；随着家庭老年人数的增多，如果他能够获得较多的征地补偿，被征地以后其收入可能增加，但如果他没有获得较多的征地补偿，同时由于年龄的增长，他们无法参与到非农活动中，征地带给他们的影响将是收入的减少。尤其是当劳动力的年龄超过一定岁数后，他们对土地的依恋情节将愈发明显，土地征用后将很难适应新的生活方式，如果地方政府执行的征地补偿标准滞后于中央政府的最新征地补偿标准，较低的征地补偿标准和不完善的社会保障政策可能导致老年人对征地的满意度降低，并严重威胁老年农户的生计。(2) 受教育程度。被征地农户的受教育程度越高，其非农就业决策能力、职业适应能力和信息搜寻能力也越强（刘魏，2016），其脱离“农门”的概率就越大，对土地的依赖程度也更低。因此征地后受教育程度较高的农户更有可能参与非农就业。(3) 征地前尚未非农就业的劳动力人数。一般而言，征地之前已经参与非农就业的农户人数越多，征地后并不能通过非农就业获得收入增加；相反，征地之前尚未非农就业的劳动力人数越多，征地后他们被迫参与非农就业，从而增加非农就业收入。(4) 迁移能力①。迁移能力主要是城郊农民具备足够的迁移资本及必要的成本支付能力。托达罗模型得出的结论是，越贫困的农户其迁移动机越强，因而剩余劳动力能够更多地被转移出来。但诸多实证结果却得出相反的结论，即劳动力转移最多的并不是贫困农户（Du，2000）。对这种现象的一个合理解释是贫困农户缺乏迁移能力。因此城郊农民的迁移能力对其被征地后非农就业选择具有至关重要的作用。

2. 非农就业的需求层面分析

土地征用后城市是否能够吸纳本地非农就业，这是一个需求层面的问题。要对城市非农就业需求进行分析，首先要了解和把握我国政府的非农就业政策，这是一个追本溯源的过程。因此，本部分将重点分析我国政府的非农就业政策演变所引致的劳动力需求问题。

(1) 传统城乡分割政策导致非农就业需求小。新中国成立后我国实行了重工业优先发展的战略，对农村劳动力的吸纳几乎为零。资本主义工商业被改造成国有工商业，在计划经济指导下国有工业形成了一种自我封闭循环的模式，基本阻断了农村劳动力的转移。更为严重的是，为了维持城市的低水平均衡发展，国家出台了户籍制度、城市人口福利保障制度、粮油供应制度等一系列制度，严格限制农村人口进入城市。在 20 世纪改革开放以前，由于工业化和城镇化水平的停滞以及限制人口流动的户籍制度，导致农村劳动力无法进入城市从事非农就业，同时也导致城市二、三产业对劳动力的需求

① 这种迁移能力并不仅仅指城郊农民从一地迁徙到另一地的能力，还指城郊农民从农业转向非农就业的能力。

较小。这段时期由于非农就业机会严重缺乏，农民只能滞留在农业和土地上。

(2) 改革开放后城乡融合政策导致非农就业需求量增大。改革开放以后，我国的经济体制发生重大变化，逐步从计划经济体制转向市场经济体制。市场经济体制的确立，使城市就业机会增多，非农就业需求量增大。但在体制转变的过程中，不同的地区还存在着差异，从而使体制变革的轨迹在劳动力的跨区域迁移中打下了烙印，从而也形成了不同区域间城市非农就业需求的差异。

(3) 除了上述分析的体制因素所到导致的非农就业需求差异外，征地后本区域的非农就业拉力也是影响劳动力能否有效非农就业的因素之一。发展经济学所涉及的拉力，主要是指非农业部门的高工资率吸引了农业劳动力的进入，刘易斯的二元经济理论就得出城市非农业部门的工资率比农业生计部门收入高 30%。托达罗进一步引进“预期收入”的概念，他认为决定劳动力迁移的主要因素不是非农业部门与农业部门的实际收入差距，而是两部门的预期收入差距。不管是实际收入差距还是预期收入差距，只要从事农业经营的收入低于非农就业的收入，就会存在城市对农村劳动力的拉力。但拉力只是理论模型中的概念，现实中城市对农业劳动力的拉力究竟有多大，则完全取决于城市非农就业需求的大小，如本地的城镇化率、本地的非农产业发展等。

根据上述分析，我们可以构建一个土地征用后被征地农民非农就业机会的框架，如图 5－1 所示。

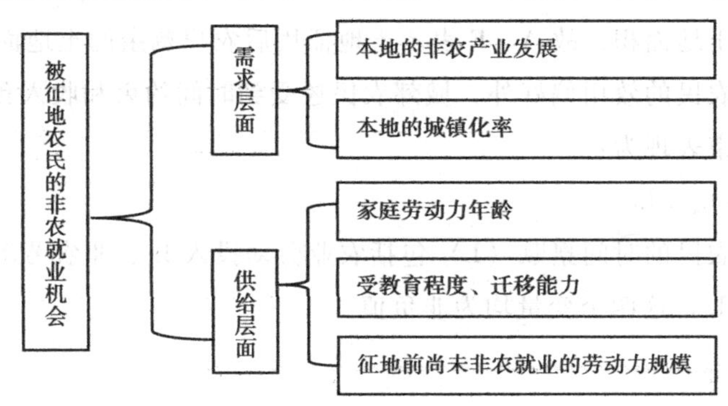

图 5－1　土地征用后被征地农民非农就业机会的框架图

5.3 土地征用、非农就业与城郊农民收入的模型推导

我们借鉴 Benjamin（1992）和 Ju 等（2016）的研究，我们引用了一个考虑土地征用（包括承包地[①]征用和宅基地征用）的农户家庭经济行为模型。对于城郊农民来说，假定农户家庭不仅具有消费和闲暇的偏好，还具有通过承包地维持生计从而获取财富的偏好，综合上述三种效用目标，城郊农户的多目标效用函数可以通过柯布—道格拉斯效用函数构建为如下形式：

$$U(G,L_l,W) = U(G,L_l,W) = \alpha \log G + (1-\alpha)\log L_l + \bar{P}_a(A-E) \quad (5-1)$$

式（5－1）中，G、L_l、W 分别表示农户对农产品、闲暇、土地财富的效用追求。除了农产品和闲暇的效用追求外，财富也是一种维持家庭生计的重要效用，财富可以通过储蓄、遗产继承、家庭资产增值等方式获取。对于农民来说，农地是一种具有生产资料和社会保障功能的人格化资产，也是农民重要的财富效用（Scott，1976；罗必良，2016）。尤其对城郊农民来说，由于城市的扩张导致对城郊土地的需求增加，城郊土地具有较大的增值潜力，城郊农民的家庭财富在很大程度上取决于其所拥有的土地。因此，此效用函数中还包括土地所带来的财富效用。其中，$\bar{P}_a$（$\bar{P}_a>0$）表示每单位农地的增值价值，显然土地增值价值不同于市场上的土地交易价格，也不同于通过土地生产的农产品价值。A 表示农户征地之前的土地面积，E 表示农户被征用的土地面积，故 A－E 表示土地征用后农户剩余的土地面积。

除城郊农民的效用偏好外，城郊农民还受到时间约束和收入预算约束：

时间约束表现为：

$$L = L_a + L_w + L_l \quad (5-2)$$

即城郊农民的时间禀赋（L）包括农业劳动投入 L_a、非农劳动力投放 L_w 和闲暇投入 L_l，这四个变量均为非负值。

---

① 本书将土地进行了严格分类，农村土地大致可以分为宅基地和承包地。承包地就是通常意义上所称的农地。

收入预算约束表现为：

$$pc \leqslant Q_a P_a + wL_w + (\bar{y}_e E)r \tag{5-3}$$

式（5-3）中，pc 表家庭预算收入，包括农业经营收入、非农收入、承包地征用补偿金收入；更进一步地，农业收入由农产品的价格（P_a）及产量（Q_a）决定，如果赋值农产品价格为1，则农业收入仅由农产品的产量决定。非农收入由非农工资率（w）和非农劳动力投入（L_w）决定。承包地征用补偿金收入（$\bar{y}_e E$）是单位土地的补偿金（$\bar{y}_e$）与被征用土地面积（E）的乘积，r（$0<r<1$）表示将土地补偿金进行投资所获得的年投资折现率。参数 p、c、w、$\bar{y}_e$、E 均大于0。

进一步假定，农业产量（Q_a）由为柯布—道格拉斯生产函数：

$$Q_a = L_a^e (A-E)^{1-e} \tag{5-4}$$

式（5-4）中，A 表示农户家庭承包地征用之前的农地面积，显然 $A>0$；$A-E$ 表示农户家庭土地征用之后余留的承包地面积，如果 $A=E$，即农户家庭农地完全被征用，此时 $Q_a=0$；e 表示农业生产要素的弹性系数，满足 $0<e<1$。

将上述时间预算、收入预算约束进行综合，城郊农民所面临的生产约束可以进一步改写为：

$$pC + wL_l \leqslant [L_a^e(A-E)^{1-e} - wL_a] + wL + (\bar{y}_a E)r = M \tag{5-5}$$

式（5-5）的含义是：对农产品、征地补偿和闲暇的消费支出小于等于总收入 M，总收入 M 主要包括农业经营的利润、时间禀赋的价值和承包地征用的补偿金收入。根据凯恩斯的经济学观点，假定 M 全部用于消费，且边际消费倾向为 α，则总收入、商品消费和闲暇消费的关系可以表述为：

$$pC = y = \alpha M \tag{5-6}$$

$$L_l = \frac{1-\alpha}{w} M \tag{5-7}$$

式（5-6）和式（5-7）中，假定家庭不存在储蓄行为，则家庭收入与家庭消费支出相等，即 $y=pc$。

将预算约束方程式（5-3）和生产函数方程式（5-4）代入直接效用函数式（5-1），可以得到一个描述农户家庭时间分配决策的间接效用函数：

$$V(L_a, L_w, L_l, W) = V(L_a, L_w, L_l) + W \tag{5-8}$$

由于间接效用函数式（5－8）是关于时间分配决策的函数，因此只有在时间约束方程式（5－2）的条件下才能进行效用最大化分析。农户家庭的最优化决策问题可以作如下描述：

$$\begin{cases} \text{Max}V = V(L_a, L_w, L_l) + W \\ L = L_a + L_w + L_l \end{cases} \tag{5-9}$$

在式（5－9）目标函数和约束条件下，求解带有约束方程的最优化问题，可以构建拉格朗日函数：

$$Z = V(L_a, L_w, L_l, W) + \lambda(L - L_a - L_w - L_l) \tag{5-10}$$

求解式（5－10）的方程，可以得到农户家庭的最优时间分配函数：

$$\begin{cases} L_a^* = (A - E)(e/w)^{e/(1-e)} \\ L_l^* = \dfrac{1-\alpha}{w}[(A-E)(1-e)(e/w)^{e/(1-e)} + wL + (\bar{y}_e E)r] \\ L_w^* = L - L_a^* - L_l^* \end{cases} \tag{5-11}$$

将式（5－11）代入式（5－7），得到使农业利润、时间禀赋价值和土地补偿收入最大化的家庭总收入最优函数 M^*：

$$M^* = (A - E)(1 - e)(e/w)^{e/(1-e)} + wL + (\bar{y}_e E)r \tag{5-12}$$

进而可以得到家庭收入最大化方程：

$$y^* = \alpha[wL + (A - E)(1 - e)(e/w)^{e/(1-e)} + (\bar{y}_e E)r] \tag{5-13}$$

通过式（5－11）对承包地征用面积 E 求偏导，可以得到承包地征用对农庭时间决策的影响效应：

$$\begin{cases} \dfrac{\partial L_a^*}{\partial E} = -(e/w)^{1/(1-e)} \\ \dfrac{\partial L_w^*}{\partial E} = (e/w)^{1/(1-e)} + \dfrac{1-\alpha}{w}[(1-e)(e/w)^{1/(1-e)} - \bar{y}_e r] \end{cases} \tag{5-14}$$

在式（5－14）中，由于参数 e 介于 0 和 1 之间，$w > 0$，可以得到$\dfrac{\partial L_a^*}{\partial E} < 0$。该式的经济学含义是：在农业生产技术短期不变的前提下，承包地面积的减少将带来农业劳动力需求的下降，即承包地征用会降低农业劳动力投入。

当$\dfrac{\partial L_w^*}{\partial E} > 0$，我们有 $\bar{y}_e < \dfrac{1}{r}\left[(1-e)(e/w)^{e/(1-e)} + \dfrac{w}{1-\alpha}(e/w)^{e/(1-e)}\right]$。其经济含义是：当政府补偿价格低于补偿价格临界值时，承包地征用将增加

农户家庭非农劳动力的投入，而农户所要求的补偿价格主要与承包地征用后农业投入减少后新增加的闲暇时间所带来的收入损失相关；反之，当补偿价格高于临界值时，承包地征用将减少非农劳动力的投入，增加闲暇或农业劳动的投入。

此外，通过式（5－14）对 $\bar{y}_e$ 求偏导，我们可以得到补偿价格对农户非农就业的影响。

$$\frac{\partial L_w^*}{\partial \bar{y}_e} = -\frac{1-\alpha}{w}Er \tag{5-15}$$

很显然，$\frac{\partial L_w^*}{\partial \bar{y}_e}<0$，式（5－15）的经济含义是：承包地征用补偿价格会负向影响农户家庭非农劳动力投入。给定其他参数保持不变，承包地征用面积越大，补偿价格对农户家庭非农就业的负向影响效应越强。当承包地完全被征用时，补偿价格越低，农户越倾向于非农就业。

通过式（5－13）对承包地征用面积 E 求偏导，可以求得承包地征用对城郊农民收入的影响效应：

$$\frac{\partial y^*}{\partial E} = \alpha[\bar{y}_e r-(1-e)(e/w)^{e/(1-e)}] \tag{5-16}$$

式（5－16）所隐含的经济含义是：承包地征用对城郊农民收入的影响主要受到两部分影响，其一是农地补偿金的投资回报（$\bar{y}_e r$）；其二是承包地征用所带来的农业利润损失［$(1-e)(e/w)^{e/(1-e)}$］。如果征地补偿金的投资回报大于征地后的农业利润损失，则$\frac{\partial y^*}{\partial E}>0$，即承包地征用会带来城郊农民收入的增加，反之则会减少城郊农民收入。一方面，征地补偿投资回报直接取决于补偿价格 $\bar{y}_e$，根据我国的土地管理法规定，征地补偿收入是最近三年被征用土地农作物价值的 10～30 倍，显然补偿价格越高，承包地征用对收入增加的效应越大。与此同时，征地补偿的投资回报还取决于投资收益贴现率 r，投资收益贴现率则取决于征地补偿后农户的投资决策，一般认为，我国的农户大多属于于风险规避群体，风险规避群体往往选择风险较小的投资产品（Knight et al.，2003），如存款或购买国库券等。因此，对于大多数城郊农民来说，其投资收益率都不会受到风险投资的影响，可以视为一个常数。从而有：

当 $\bar{y}_e > (1/r)(1-e)(e/w)^{e/(1-e)}$，则有 $\frac{\partial y^*}{\partial E} > 0$。 (5－17)

式（5－17）的经济含义是：当承包地征用的补偿价格大于临界值时，承包地征用对城郊农民收入的影响为正。该临界值为 1/r 与承包地征用后农户减少的农业利润之乘积。

此外，我们通过式 5－13 对 $\bar{y}_e$ 求偏导，可以得到承包地征用补偿金对城郊农民收入的影响效应：

$$\frac{\partial y^*}{\partial \bar{y}_e} = \alpha Er \quad (5-18)$$

式（5－21）的经济学含义是：承包地征用补偿金对城郊农民收入增加具有正向效应。这是由于承包地征用补偿金是城郊农民收入的重要组成部分，农户获得的补偿金越多，城郊农民的收入自然也就越高。

基于上述理论分析和理论模型，我们提出如下假设：

H1：当补偿价格较低时，土地征用并不能带来城郊农民家庭收入的增加；当补偿价格较高时，土地征用会显著增加城郊农民家庭收入。

H2：土地征用后，城郊农民收入还受到非农就业机会的影响，非农就业机会主要包括供给和需求两个层面。

H3：土地征用对非农就业的影响与征地补偿金额有关，补偿金较高时，城郊农民将减少非农就业，补偿金较低时，城郊农民将增加非农就业。

5.4 征地农民非农就业机会影响因素的实证分析

本章的数据主要来自于 2010 年、2012 年和 2014 年中国家庭追踪调查（China Family Panel Studies，CFPS），该数据由北京大学中国社会科学调查中心（ISSS）组织实施，采用面访和电访两种调查形式。主要收集个体、家庭、社区三个层次的数据，该数据重点关注中国居民的经济与非经济福利，以及包括经济活动、教育成果、家庭关系与家庭动态、人口迁移、健康等在内的诸多研究主题，是一项全国性、大规模、多学科的社会跟踪调查项目。CFPS 样本覆盖 25 个省/市/自治区，目标样本规模为 16000 户，调查对象包含样本家户中的全部家庭成员。CFPS 在 2008 年、2009 年两年在北京、上海、广东三地分别开展了初访与追访的测试调查，并于 2010 年正式开展访问。经 2010 年基线调查界定出来的所有基线家庭成员及其今后的血缘/领养子女将作为 CFPS 的基因成员，成为永久追踪对象。

为了研究的需要，本书对数据进行了处理，数据处理过程如下：首先，筛选城郊农民样本，筛选变量来自于 urban14 和 qa301，urban14 为城乡变量，该变量是二分变量，取值 1 代表城镇，取值 0 代表农村；qa301 为户籍变量，该变量为分类变量，取值 1 代表农业户口，取值 3 代表非农业户口，取值 5 代表没有户口，取值 79 代表非中国国籍。根据这两个变量的定义，本章选取 urban14 = 1 且 qa301 = 1 的样本，本书将其定义为城郊农民样本。其次，运用 Stata13.1 将个体数据、家庭数据、村庄层面数据进行合并处理。再次，筛选出 2010 年被征地的城郊农民样本，并合并 2014 年的非农就业情况、受教育情况、家庭老龄化情况、家庭贫困情况等。这样筛选的目的在于分析城郊农民土地征用后的非农就业情况，探究其背后的需求因素和供给因素。最后，删除各变量中赋值为“无法判断、缺失、不适用、拒绝回答、不知道”的数据。经过筛选，共获得 3900 个城郊农户样本，其中被征地（承包地）农户样本共 474 个。以下分析将围绕 3900 个样本展开。其中东部地区 1904 份、中部地区 1034 份、西部地区 962 份，数据来自河北（324 份）、山西（94 份）、辽宁（293 份）、吉林（57 份）、黑龙江（125 份）、上海（320 份）、江苏（111 份）、浙江（68 份）、安徽（195 份）、福建（79 份）、山东（378 份）、河南（521 份）、湖南（42 份）、广东（331 份）、广西（116 份）、重庆（48 份）、四川（387 份）、云南（164 份）、陕西（58 份）、甘肃（189 份）共 20 个省区市，样本具有较强的代表性。表 5 - 1 报告了所有变量的定义及统计学信息。

5.4.1　样本描述

从数据来看，474 个被征地样本中，有 61.5% 的城郊农户实现了非农就业，并呈现出村庄之间的差异，在 67 个村庄中有 17 个村庄实现了完全非农就业（100% 的非农就业率）；另有 2 个村完全没有非农就业；其余村庄的非农就业率介于25% ~88%。

土地征用后城郊农民是否必然非农就业，这需要从供给和需求两个层面进行观察。从供给层面来说，需要把握城郊农户家庭结构问题，如家庭的老年人口比重、家庭成员健康状况、家庭贫富状况等；从需求层面来说，需要把握当地的就业需求状况等。

首先，从供给层面来看，我们需要了解年龄结构与非农就业的关系问题。为了解答这个问题，我们将城郊农户样本按照年龄10等分，从16~102岁。图5-2描述了这10等分年龄组相对应的非农就业情况。

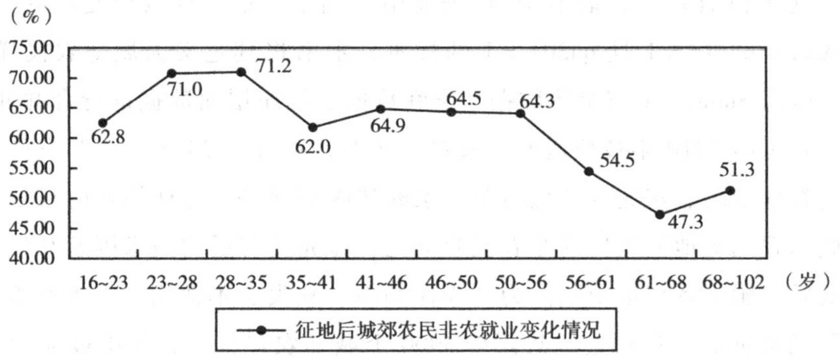

图5-2 土地征用后城郊农户非农就业变化情况

从征地后城郊农民非农就业分布曲线中，可以发现随着年龄的增加，失地农民非农就业率呈递减态势。在23~35岁的年龄组中，高达71%的失地农户参与非农就业，而随着年龄的增加，外出非农就业的比例逐渐减少，在最后两个年龄组内，只有约50%的非农就业率。但从中也可以发现一个现象，即土地征用后，被征地农民的非农就业率普遍较高，即使年龄较大的组别，其非农就业率也在50%左右，明显高于非征地农民的非农就业参与率，杨进（2015）的研究发现，在65岁以上的老年人中，未失地的远郊农民只有约10%的劳动投入到外出非农就业。

其次，从需求层面来看，我们需要了解当地非农产业发展与非农就业率之间的关系。由于非农产业发展很难刻画，因此我们用城郊村的非农产值来度量，并衡量两者之间的关系。我们按照村庄求出各村的非农就业率，并画出各村非农产值与非农就业率之间的关系图（见图5-3）。从图5-3可以看出，非农产业较发达的村庄，往往拥有更多的非农就业需求，因而其非农就业率也更高。如果将各村的人均非农产值从小到大依次划分为 10 个组，并分别描述这 10 个组的非农就业率，可以发现在人均非农产值小于 4000 元的村庄中，非农就业率仅为 52.7%，而人均非农产值大于 13000 元的村庄中，非农就业率高达 92.3%。这充分说明本地非农产业的发展可以提供非农就业机会。

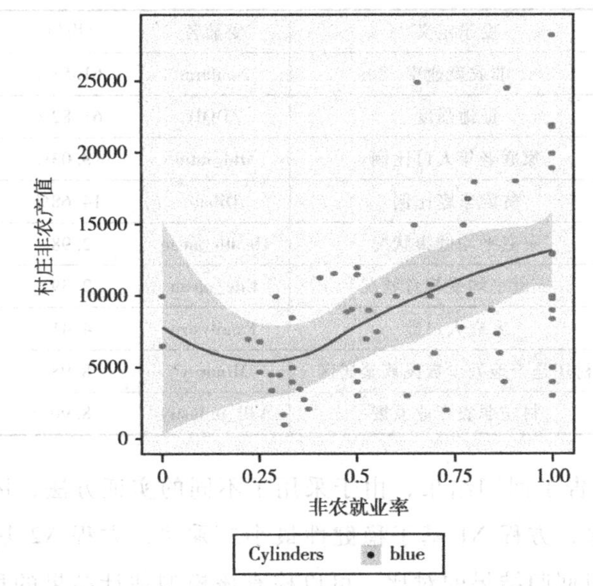

图 5－3　不同村庄非农产业发展与农户非农就业之间的关系

5.4.2　实证结果估计

上述初步考察了非农就业机会供给层面和需求层面的因素对征地后城郊农民非农就业的影响。下面我们进一步用回归模型估计供给和需求因素对征地后城郊农户非农就业的影响，回归方程如下：

$$Nonfarm = \alpha + \beta_1 ZDQD + \gamma_i X_i + \delta_j V_j + \lambda_k P_k + \varepsilon \tag{5-19}$$

式（5－19）中，因变量 Off－farm 表示被征地农户非农就业率，同时为了结果稳健，我们还将因变量定义为征地后家庭中是否有人参与非农就业；自变量 ZDQD 表示征地强度，即农地被征地面积占城郊农户家庭所有农地面积的比值。X_i 表示影响非农就业的供给层面因素，本书主要控制了家庭老年人口比重、家庭贫困情况、家庭成员平均健康状况、家庭平均受教育状况、家庭人口数等；V_j 表示影响非农就业的需求层面因素，考虑到数据的可获得性，本书主要控制了本村庄人均非农产值、本村庄是否少数民族聚居区两个因素；P_k 表示省际层面的虚拟变量。表 5-1 是各变量的描述性统计。

表 5-1　征地后城郊农民非农就业供给与需求层面变量的统计描述

供求层面	变量定义	变量名	均值	标准差
非农就业率	非农就业率	Nonfarm	61.58%	0.366
征地强度	征地强度	ZDQD	61.82%	0.508
供给层面	家庭老年人口比例	Old_ratio	8.03%	0.272
	贫困家庭比例	Dibao	14.68%	0.354
	家庭平均健康状况	Health_mean	2.98	0.747
	家庭平均受教育状况	Edu_mean	2.39	0.840
	家庭人口数	Familysize	4.41	2.012
需求层面	村庄是否地处少数民族聚居区	Minority	8.98%	0.286
	村庄非农产业发展	Vill_industry	8.90	0.722

表 5-2 报告了回归结果，由于采用了不同的实证方法，因此我们报告了两组回归结果，方程 N1 基于稳健性最小二乘法，方程 N2 基于 logit 模型回归，通过两组回归结果的对比，可以检查该模型估计结果的稳健性。从回归结果来看，土地征用后，征地强度正向显著影响城郊农民的非农就业，即被征用土地面积占农户家庭土地总面积的比例越高，城郊农民用于农业耕作的土地就越少，这会导致农户倾向于非农就业。从非农就业机会的供给层面来看，家庭老年人口比例（old_ratio）显著正负影响城郊农户的非农就业；贫困家庭比例（Dibao）显著负向影响城郊农民的非农就业；家庭成员平均健康水平（Health_mean）显著负向影响城郊农户的非农就业，即家庭成员越健康，外出非农就业的比例越高；家庭成员平均教育水平（Edu_mean）显著正向影响城郊农户的非农就业，即受教育程度越高，外出非农就业比例越高；家庭人口数（Familysize）显著正向影响城郊农民的非农就业。从非农就业的需求层面来看，本村庄是否属于少数民族聚居区对城郊农户外出非农就业影响不显著；本村庄的非农产业发展会显著正向影响城郊农户外出非农就业，本地的非农产业越发达，将提供更多的非农就业需求和机会，从而

会促使征地后农户非农就业率的提高。

表 5-2　　　　土地征用后城郊农民非农就业选择的实证结果

变量	N1	N2	
	稳健性 OLS	Logit 模型	
	(1)	(2)	(3)
ZDQD	0.103*** (4.861)	1.910*** (9.463)	6.754
old_ratio	-0.098** (-2.444)	0.929*** (3.558)	2.532
Dibao	-0.113*** (-3.540)	-1.465*** (-5.533)	0.231
Health_mean	-0.037** (-2.501)	0.085 (0.870)	1.089
Edu_mean	0.098*** (7.415)	0.218** (2.326)	1.244
Familysize	0.0189*** (3.163)	0.157*** (3.591)	0.855
Minority	0.041 (0.952)	-0.642 (-1.641)	0.526
Vill_industry	0.115*** (7.144)	0.667*** (5.514)	1.948
常数项	-0.570*** (-3.939)	-8.353*** (-7.344)	0.0002
样本量	474	474	
调整 R-square	0.222	0.189	
F/LR 统计量	45.976*** (0.000)	259.78*** (0.000)	

注：表格中第（3）表示 logit 模型的 OR 值。括号内为 Z 值，*、**、*** 分别表示变量在 10%、5%、1% 水平上显著。

从表 5-2 的回归结果可以看出，土地征用后，城郊农民是否外出非农就业，主要与以下几方面有关：一是征地强度，征地强度越大，农户将倾向于非农就业；二是供给因素，家庭中老年人比例越高、家庭成员健康状况较差、家庭越贫困，即使土地被征用，农户由于丧失非农就业的劳动力，他们也很难参与到非农就业中；三是需求因素，本地非农产业越发达，将会吸引更多的劳动力参与到非农活动中。从上述分析来看，本章的假设 2 得到验证。即：土地征用后，城郊农民收入还受到非农就业机会的影响，非农就业机会主要包括供给和需求两个层面。

从理论分析中，我们还可以发现，土地征用对城郊农民非农就业的影响主要与征地补偿有关，征地补偿的多寡关系到失地后城郊农户是否有足够的资金参与到非农活动中。因此，我们进一步根据征地强度，将被征地农民样本划分为两个子样本，土地完全被征用的农户（征地强度等于 1）和土地部分被征用的农户（征地强度小于 1）。根据这两个子样本，表 5 - 3 报告了两组回归结果，方程 Z1 为土地部分被征用时补偿金对非农就业参与的影响，方程 Z2 为土地完全被征用时补偿金对非农就业参与的影响。从回归结果来看，当土地部分被征用时，征地补偿金显著正向影响城郊农户的非农就业，即补偿金越高，城郊农户更倾向于非农就业；当土地完全被征用时，征地补偿金显著负向影响城郊农户的非农就业，即补偿金越低，城郊农户更倾向于非农就业，而补偿金较高时，城郊农户的非农就业比率将更低，更多的时间将会用于闲暇。出现这种差异的原因主要在于：当土地征用强度小于 1 时，即土地部分被征用时，城郊农民还可以利用土地进行农业生产活动，在农业经营活动的保障下，补偿金可以作为城郊农户生产生活的重要补充，同时可以利用补偿金从事非农经营活动。而当土地征用强度等于 1 时，即土地完全被征用时，城郊农民主要以补偿金为生计方式，补偿金越高，他们没有从事非农就业的动力，而补偿金较低时，为了生计他们必然参与非农经营活动。因此，本章的假设 3 也得到验证，即：土地征用对非农就业的影响与征地补偿金额有关，土地完全被征用时，补偿金较高时，城郊农民将减少非农就业，补偿金较低时，城郊农民将增加非农就业。

表 5 - 3　　不同征地强度下征地补偿金对城郊农民非农就业影响的实证结果

变量	Z1	Z2
征地补偿金	15.394*** (3.132)	-15.527** (-2.477)
家庭老年人比例	-0.148*** (-2.651)	-0.008 (-0.137)

续表

变量	Z1	Z2
贫困家庭比例	−0.141*** (−2.851)	−0.164*** (−3.549)
家庭成员平均健康状况	−0.017 (−0.825)	−0.037* (−1.741)
家庭成员平均受教育状况	0.059*** (2.874)	0.122*** (6.278)
家庭人口数	0.041*** (5.195)	−0.006 (−0.636)
村庄是否少数民族聚居区	0.056 (1.046)	−0.209*** (−2.747)
村庄非农产业发展	0.132*** (5.469)	0.083*** (3.092)
常数项	−117.953*** (−3.156)	117.882** (2.473)
样本量	455	453
调整 R − sq	0.214	0.223
F 统计量	16.420	17.257

注：括号内为 Z 值，*、**、*** 分别表示变量在 10%、5%、1% 的水平上显著。

5.5　征地补偿、非农就业机会及其交互效应对城郊农民收入影响——基于 LIE 模型

5.5.1　征地补偿、非农就业之间交互效应的经验观察

由前述理论模型可知，土地征用后，城郊农民是否非农就业与征地补偿数值有关，因此土地征用、非农就业对城郊农民收入的影响，并不是各变量独立影响的结果，两者之间必然存在着交互作用。基于这样的分析，我们考虑一个如下的交互作用模型：

$$Income = \mu + \eta Compensation + \alpha Nonfarm + \beta (Compensation \cdot Nonfarm) + Z\gamma + \varepsilon \tag{5-20}$$

式（5－20）中，Income 为城郊农民收入，Nonfarm 是处理变量非农就业，Compensation 是中介变量，Compensation · Nonfarm 是交互项，Z 是一组控制变量，μ 和 ε 代表常数项和随机误差项。如果 Nonfarm 与 Compensation 是乘法交互，那么意味着式（5－20）满足线性交互效应（Linear interaction effects，LIE）假设，非农就业 Nonfarm 对收入 Income 的边际效应可以表示为：

$$ME_D = \frac{\partial Income}{\partial Nonfarm} = \alpha + \beta Compensation \tag{5-21}$$

式（5－21）表明，土地征用后，非农就业对城郊农民收入的边际效应与征地补偿有关，并且是征地补偿的线性函数。线性交互效应假设（LIE）意味着非农就业对城郊农民收入的边际效应只会随着征地补偿发生线性变化，所以当征地补偿每增加一个单位，其边际效应将变化 β 个单位，并且这种效应在征地补偿取值范围内都是固定的。这是一个很强的假设，因为很少有理论和实证能够证实这种效应不存在异质性，相反，这种边际效应可能是非线性或者非单调的。

式（5－21）的线性交互效应假设还意味着：当征地补偿取不同值时，其各自引致的非农就业边际收入效应之差应该是一个线性函数。如 Compensation $= C_1$ 与 Compensation $= C_2$ 之间的边际效应差异可以表示为：

$$\begin{aligned} Eff(C_1, C_2) &= Income(Compensation = C_1 \mid Nonfarm, Z) \\ &\quad - Income(Compensation = C_2 \mid Nonfarm, Z) \\ &= (\mu + \alpha C_1 + \eta Nonfarm + \beta C_1 \mid Nonfarm) \\ &\quad - (\mu + \alpha C_2 + \eta Nonfarm + \beta C_2 \mid Nonfarm) \\ &= \alpha (C_1 - C_2) + \beta (C_1 - C_2) Nonfarm \end{aligned} \tag{5-22}$$

式（5－22）表明，我们通常设定线性交互模型不一定正确，线性交互必须满足线性交互效应假设，如果数据中存在非线性、非单调性或偏态分布，则无法适用线性交互模型。此外，这个模型的另一个重要假定是，数据必须是平衡的，由于非农就业对收入的条件效应是两个线性函数的差异，因此征地补偿金在两个线性函数点必须有相应的取值。

基于上述分析，我们首先要分析的是在不同函数取值点时，非农就业对城郊农民收入的条件效应是否均为线性关系。借助 Hainmueller 等（2016）的 R 语言 interflex 包，我们首先画出在不同征地补偿标准时非农就业对城郊农民收入的回归拟合线，然后再画出相应的局部多项式回归拟合线（LOESS lines），得到非农就业与征地补偿的交互效应诊断图，如图 5－4 所示。

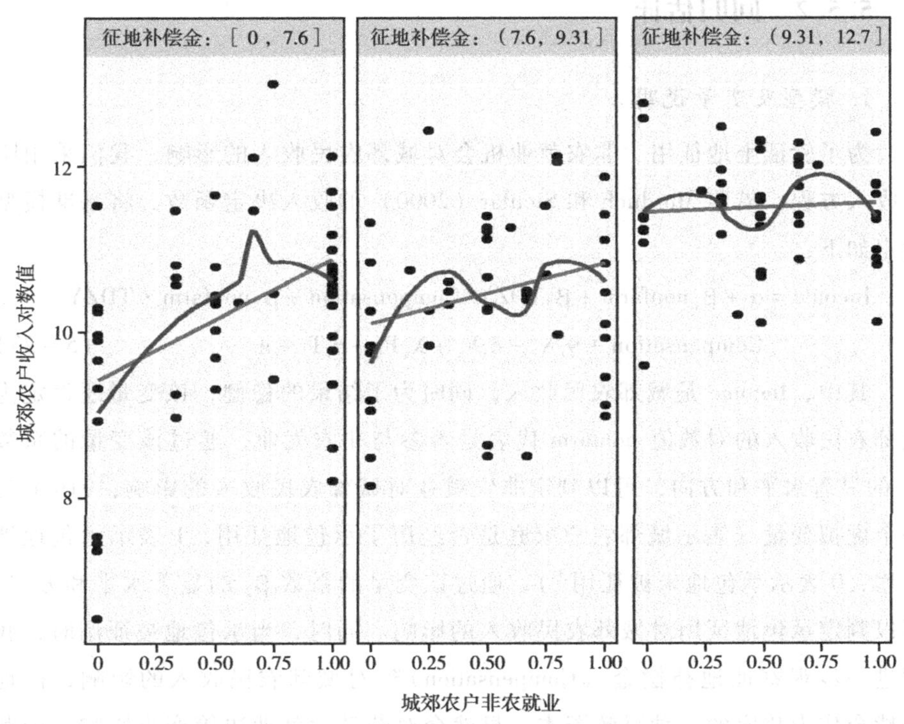

图 5－4　非农就业与征地补偿的交互效应诊断

在图 5－4 中，在不同的征地补偿标准中，回归拟合线与局部多项式回归拟合线并不同时呈线性关系，表明非农就业与征地补偿标准之间的交互效应并不完全呈线性效应。但即使局部多项式回归拟合线不是线性的，其总体趋势却与回归拟合线相似。从图中，我们大致可以推断：在征地补偿金[①]处于（0，7.6）区间时，非农就业对城郊农民收入的正向效应最大，当征地补偿金处于（7.6，9.31）区间时，其边际效应较上一区间减小，当征地补偿

① 本章中征地补偿金和城郊农民收入均取了对数。

金处于（9.31，12.7）区间时，非农就业的收入边际效应最低。可见非农就业对城郊农民收入的增长效应随着征地补偿金的提高而不断减小。

在接下来的实证分析中，我们将纳入控制变量，并主要运用线性交互效应模型（LIE 模型）进行分析。

5.5.2 回归估计

1. 模型及变量说明

为了验证土地征用、非农就业机会对城郊农民收入的影响，我们采用明瑟收入方程，借鉴 Morduch 和 Sicular（2000）的收入决定函数，将基准模型设定如下：

$$Income = \alpha + \beta_1 nonfarm + \beta_2 TDZY/Compensation + \beta_3 nonfarm \cdot TDZY/Compensation + \gamma_i X_i + \delta_j V_j + \lambda_k P_k + \tau_l T_l + \varepsilon \quad (5-23)$$

其中，Income 是城郊农民收入，同时为了结果的稳健，该变量还设定为城郊农民收入的对数值 nonfarm 代表是否参与非农就业，通过该变量的系数 β_1 的显著水平和方向，可以判定非农就业对城郊农民收入的影响；TDZY 是一个虚拟变量（表示城郊农户家庭是否经历了承包地征用，1 表示承包地被征用，0 表示承包地未被征用[①]），通过该变量的系数 β_2 的显著水平和方向，可以判定承包地征用对城郊农民收入的影响。同时，当承包地被征用时，我们进一步观察征地补偿金（Compensation）[②] 对城郊农民收入的影响，征地补偿金作为政府的一种财政资本，显然会对劳动力就业决策产生影响，因此在模型中，我们引入了征地补偿金与城郊农户非农就业决策的交互项，以观察征地补偿金在非农就业的收入增长效应中的作用；X_i 和 V_j 分别表示城郊农户家庭层面、村庄层面的各个控制变量，通过对家庭层面和村庄层面变量的控制，可以使结果更稳健；P_k 为省际层面的控制变量，以消除省际差异对城郊农民收入的影响；T_l 为时间虚拟变量，以观察不同时期的承包地征用对

① 城郊农民的土地包括承包地和宅基地两种类型，本章所指的土地征用仅指承包地被征用，宅基地征用（住房拆迁）将在下一章进行分析。

② 在我国，征地补偿金主要包括三部分：农用地补偿金、劳动力安置补偿金、土地上的青苗补偿金。

非农就业的影响；ε 为随机误差项。

本章的主要变量说明如下：

（1）城郊农民收入。本书的被解释变量为城郊农民收入，我们将城郊农民收入定义为 2014 年（数据调查年份）农户家庭人均纯收入，同时，为了分析的稳健性，我们将农户家庭人均纯收入取对数，取对数的好处是，可以将数据中的极端值剔除；可以消除异方差；可以使非线性的变量关系转化为线性关系，更方便做参数估计；同时，研究的自变量数量级不一致时，取对数可消除这种数量级相差很大的情况；取对数后，变量之间的关系具有弹性关系，更便于结果的分析。综上所述，本书的被解释变量设置为城郊农民家庭人均纯收入对数值（Income）。

（2）非农就业。非农就业是本书的关键解释变量，对于非农就业的定义，学界并没有统一的标准。从已有研究来看，Feng 等（2010）将非农就业定义为家庭成员中是否有人从事非农产业；朱喜等（2010）将非农就业定义为获得非农就业的机会大小；Gray 和 Bilsborrow（2014）将非农就业定义为农户家庭中从事非农产业的人员数量；Yang 等（2016）将非农就业定义为农民从事非农工作的时间；Mathenge 等（2015）将非农就业定义为通过非农行业获得的收入占农户家庭总收入的比例。综上来看，非农就业的定义标准并不统一，不同的学者为了不同的研究目的采用了不同的定义方法。本书考虑到 CFPS2014 的数据设置，采用 Feng 等（2010）的方法，将非农就业（Nonfarm）定义为城郊农民家庭中是否有人从事非农产业，如果有人从事非农产业，则赋值为 1，否则赋值为 0。

（3）土地征用。土地征用也是本书的关键解释变量。由于农民生产生活的土地主要分为承包地和宅基地两类，本章仅考虑承包地征用这一类。承包地征用是指政府为了社会公共利益需要，按照法律规定的批准权限和程序，并给农民集体和个人补偿后，将农民集体所有的土地（包括承包地和宅基地）转变为国家所有。土地征用是保证国家公共设施和公益事业建设所需土地的一项重要措施。宅基地征用是根据城镇规划进行开发建设的单位，经过规定的管理机关批准，拆除城郊农民的房屋，并按照公开市场价值对城郊农民进行补偿、安置的行为。城郊农民经历了承包地征用则视为经历了土地征用，否则则定义为未经历土地征用。定义为“你家是否经历过土地征用?”，回答“是”则赋值为1，回答“否”则赋值为0。进一步地，如果城郊农民经历了土地征用，我们进一步考察征地补偿金对城郊农民收入的影响。

(4) 控制变量。根据第2章城郊农民收入增长的影响因素的文献检索，并考虑到CFPS2014的数据设置，本书农户个体层面的变量，包括户主婚姻状况（Marriage）；家庭层面的变量，包括家庭成员平均年龄（Age_mean）、家庭成员平均年龄平方（Agesq_mean）、家庭成员平均受教育年限（Edu_mean）、家庭成员平均健康状况（Health_mean）、家庭成员中女性所占比例（Female_ratio）、家庭社会地位（Social_status）、宗教重要性（Religion）、亲戚联络频率（Realtive_contact）、邻里关系（Neighbor）、家庭规模（Familysize）、是否欠银行贷款（Debt）、银行存款总额（Cunkuan）、是否拥有农用机械（Machinery）、是否享有低保或惠农政策（Policy）；村庄层面变量，村庄经济发展水平（Vill_income）、村庄便利性（Vill_conv）、是否少数民族聚集区（Vill_minzu）、村庄地形（Vill_dx）。此外，对于城郊村来说，土地租金水平对于农户收入也是一个重要变量（Varnken & Swinnen，2006），但CFPS2014数据设置中关于土地租金水平的样本很有限，故无法引入，从第3章理论框架分析中，对土地增值过程的分析，可知距离城市的远近与租金水平呈负向关系，距离城市越远的村庄，租金水平逐渐降低，而越近的村庄，租金水平则越高。

各变量的描述性统计分析见表5-4。

2. 描述性统计分析

如表5-4所示，从全样本来看，城郊农民家庭人均纯收入为44307.05元，大幅高于2014年农村居民人均纯收入9892元（国家统计局数据），表明城郊农民普遍较富裕；城郊农民的非农就业率为52.09%，超过50%的城郊农民参与非农就业，表明样本的非农就业率整体较高；从土地征用维度上看，土地征用率达11.8%，表明土地的被征用率较高；从家庭层面特征来看，有效样本中，户主未婚率为8.9%，家庭成员平均年龄为46.57岁，平均受教育年限为2.35年，介于小学到初中学历之间，反映出城郊农受教育程度普遍较低，家庭成员健康状况为2.97，介于健康到比较健康之间，反映出城郊农民健康状况普遍较良好，家庭中女性占比50.47%，女性占比略多于男性，家庭的社会地位为3.102，反映出大部分城郊农民家庭社会地位处于社会中层，接近于橄榄型格局，对宗教重要性的看法为 2.67，反映出大部分家庭不太看重宗教信仰，与亲戚的交往得分为 1.69，反映出城郊农户与亲戚的交往较为频繁，与邻居的关系为 1.89，反映出城郊农民家庭与邻居普遍较为和睦，家庭的规模介于 3～4 人，欠银行贷款的比例为 4.8%，反映出大部分农户不喜欢到银行贷款，农用机械的拥有率为 22.3%，享有低保或惠农政策的比例为 60.3%；从村庄层面来看，村庄到县城的平均时间为 1.76 小时，反映出城郊村地理位置的便捷，样本村中，属于少数民族聚居区的占 4.64%，地形为平原或渔村的占 62%。

表 5-4　　变量的定义及描述性统计①

变量	变量定义	平均值	标准差
Income	城郊农民家庭人均纯收入（元）	44307.050	44918.070
Lnincome	城郊农民家庭人均纯收入的对数	10.154	1.236
Nonfarm	1 = 非农就业；0 = 没有非农就业	0.521	0.500
TDZY	1 = 土地征用；0 = 土地没有征用	0.118	0.322
Marriage	1 = 在婚、同居、离婚、丧偶；0 = 未婚	0.901	0.299
Age_mean	家庭成员年龄加总平均	46.569	11.795
Agesq_mean	家庭成员年龄加总平均，并取平方	2307.668	1177.334
Edu_mean	家庭成员受教育年限加总平均	2.345	0.866
Health_mean	家庭成员健康状况加总平均	2.975	0.907
Female_ratio	家庭中女性人数/总人数 ×100	50.465	21.909
Social_status	家庭成员对社会地位的自我评价，并加总平均	3.102	0.780
Religion	家庭对宗教重要性的评价	2.667	0.528
Relative_contact	1 = 经常交往（每月 1 次）；2 = 偶尔交往（每半年 1～3 次）；3 = 不常交往（1 年 1～2 次）；4 = 没有交往	1.685	0.911
Neighbor	1 = 很和睦；2 = 比较和睦；3 = 关系一般；4 = 关系有些紧张；5 = 关系很紧张	1.816	0.838

① 对于表中家庭层面需要加总平均的变量，是由家庭中个体层面的变量加总平均而来的。在个体层面数据中，年龄为数值，最小值为 21 岁，最大值为 81 岁；受教育程度取值在 1～8 区间，1 代表文盲半文盲，依次为小学、初中、高中、大专、大学、硕士，8 代表博士；健康状况取值在 1～5 区间，1 代表非常健康、2 代表很健康、3 代表比较健康、4 代表一般、5 代表不健康；家庭社会地位，取值在 1～5 之间，数值越高，代表社会地位越高；宗教重要性，取值在 1～3 之间，1 代表很重要、2 代表比较重要、3 代表不重要。

续表

变量	变量定义	平均值	标准差
Familysize	家庭规模（同灶吃饭）	3.713	1.758
Debt	1 = 欠银行贷款；0 = 不欠银行贷款	0.048	0.215
Cunkuan	银行存款额度对数值	4.355	5.148
Machinery	1 = 有农用机械；0 = 没有农用机械	0.223	0.417
Policy	1 = 享有低保或惠农政策；0 = 不享受低保或惠农政策	0.603	0.489
Vill_income	村庄人均纯收入对数值	8.800	0.748
Vill_conv	村庄到本县县城时间	1.755	2.532
Vill_minzu	1 = 少数民族聚居区；0 = 非少数民族聚居区	4.635	1.152
Vill_dx	1 = 平原或渔村；0 = 丘陵、高山、高原、草原	0.620	0.486

为进一步分析不同变量与城郊农民收入的内在关联，有必要进行初步的分组分析，如表 5 - 5 所示，从非农就业来看，非农就业群组比没有非农就业群组的收入高，且两者差异较为显著；从土地征用来看，土地征用的城郊农民比土地未被征用的城郊农民收入更高，差异显著。可见，从描述推断来看，土地征用、非农就业会整体上提升城郊农民的收入水平。

表 5 - 5　　城郊农民收入：各变量分组分析

变量	收入对数值	t 检验	p 值
非农就业（Nonfarm = 1）	10.504	9.310	0.000***
非农就业（Nonfarm = 0）	9.774		
土地征用（TDZY = 1）	10.695	4.877	0.000***
土地征用（TDZY = 0）	10.082		
已婚（Marriage = 1）	10.141	0.973	0.331
未婚（Marriage = 0）	10.274		
家庭成员平均年龄大（大于等于均值）	9.870	6.098	0.000***
家庭成员平均年龄小（小于均值）	10.366		
老年家庭（平均受教育年限大于等于均值）	10.372	5.062	0.000***
青壮年家庭（平均受教育年限小于均值）	9.962		
家庭成员健康程度较高（小于均值）	10.369	4.661	0.000***
家庭成员健康程度较差（大于等于均值）	9.988		

续表

变量	收入对数值	t检验	p值
女性较多的家庭（女性所占比例大于等于均值）	10.047	1.567	0.117
女性较少的家庭（女性所占比例小于均值）	10.192		
社会地位较高的家庭（社会地位评分大于等于均值）	10.266	2.270	0.024**
社会地位较低的家庭（社会地位评分小于均值）	10.077		
宗教重要性较高（评分小于等于均值）	10.355	3.685	0.000***
宗教重要性较低（评分大于均值）	10.042		
亲戚交往联络频率高（1=经常交往；2=偶尔交往）	10.258	5.157	0.000***
亲戚交往联络频率低（3=不常交往；4=没有交往）	9.736		
邻里关系较好（1=很和睦；2=比较和睦）	10.211	2.328	0.020**
邻里关系较差（3=一般；4=比较紧张；5=很紧张）	9.995		
家庭规模较大（家庭人数大于等于均值）	10.481	8.109	0.000***
家庭规模较小（家庭人数小于均值）	9.839		
欠银行贷款（Debt=1）	10.174	0.108	0.914
不欠银行贷款（Debt=0）	10.153		
有银行存款（银行存款数大于0）	10.393	5.084	0.000***
无银行存款（银行存款数等于0）	9.977		
拥有农用机械（Machinery=1）	10.178	0.319	0.750
没有农用机械（Machinery=0）	10.147		
享有低保或惠农政策（Policy=1）	10.137	0.527	0.598
没有享有低保或惠农政策（Policy=0）	10.181		
村庄经济发展水平较高（大于等于均值）	10.199	1.210	0.227
村庄经济发展水平较低（小于均值）	10.100		
村庄距离县城较近（小于等于均值）	10.189	2.131	0.033**
村庄距离县城较远（大于均值）	9.934		
村庄地处少数民族聚居区	10.217	0.485	0.628
村庄地处非少数民族聚居区	10.148		
村庄地形（平原）	10.224	2.182	0.029**
村庄地形（山区）	10.040		

注：*、**、***分别代表变量在10%、5%、1%的置信水平上显著。

从家庭层面特征来看，未婚群组的收入高于已婚群组，但差异不显著；

将家庭平均受教育年限大于等于均值的群组设为老年家庭，小于均值的设为青壮年家庭，结果显示，老年家庭收入显著低于青壮年家庭；将家庭成员平均健康程度大于等于均值的群组设为健康家庭，小于均值的设为不太健康家庭，结果显示，健康状况良好的家庭收入显著高于健康状况较差的家庭；将女性所占比例大于等于均值的家庭设置为女性为主的家庭，小于均值的家庭设置为男性为主的家庭，结果显示，女性为主的家庭收入略少于男性为主的家庭，但差异不具有统计显著性，表明性别差异不会导致较大的收入差异；将社会地位评分大于等于均值定义为社会地位较高的家庭，小于均值定义为社会地位较低的家庭，结果显示，社会地位较高的家庭收入显著高于社会地位较低的家庭；将宗教重要性评分小于等于均值定义为信教家庭，大于均值定义为不信教家庭，结果显示，信教家庭收入显著高于不信教家庭；将与亲戚交往的频率为经常交往和偶尔交往定义为与亲戚交往频繁的家庭，将与亲戚交往的频率为不常交往和没有交往定义为与亲戚交往稀少的家庭，结果显示，交往频繁的家庭收入显著高于交往稀少的家庭；将邻里关系为和睦和比较和睦定义为邻里和睦家庭，将邻里关系为一般、比较紧张、很紧张定义为邻里关系差的家庭，结果显示，邻里和睦的家庭收入显著高于邻里不和睦的家庭；家庭规模较大的家庭收入显著高于家庭规模小的家庭；是否欠银行贷款对收入的影响并不显著，但银行存款较多的家庭收入明显高于银行存款较少的家庭；此外，拥有农用机械与没有农用机械、享有低保或惠农政策与不享有低保或惠农政策的收入差异并不明显。

从村庄层面来看，村庄经济发展水平较高的村庄，其农户收入水平高于村庄经济发展水平较低的农户，但差异不显著；距离县城较近的城郊村，其农户收入水平显著高于距县城较远的城郊村，村庄与县城的距离反映出租金水平，距县城越近，租金越高，自然收入也越高；少数民族聚集的村庄与汉族聚集的村庄，其农民收入差异并不明显；地处平原的村庄与地处山区的村庄相比，其农民的收入水平则更高。

3. 回归结果分析

描述性统计分析对于不同群组之间的差异可以有较好的分析，但其并不能揭示各变量与城郊农民收入之间的因果联系，尤其是土地征用后城郊农民的非农就业受到征地补偿金的影响，即两者存在交互作用。为此，本部分将运用稳健性的最小二乘法进行回归分析，以揭示土地征用、非农就业及其交互效应对城郊农民收入的影响。回归模型采用式（5－23）阐述的模型，同时，对于关键解释变量非农就业采用了两种度量方式，表 5－6 中的模型（1）、模型（2）采用"家庭中是否有人参与非农经营活动"度量，赋值 1 表示有人参与，赋值 0 表示无人参与，模型（3）、模型（4）采用"家庭中参与非农经营活动的比例"度量。此外，对于土地征用，我们除了对比分析已经被征地的农户和未被征地的农户之间的差异外，我们还将关注已经土地征用后的农户，其获得的征地补偿金对城郊农民收入的影响。四个模型的回归结果如表 5－6 所示。

表 5－6　土地征用、非农就业与城郊农民收入的基准回归模型

	(1)	(2)	(3)	(4)
Nonfarm	0.206*** (0.039)	0.471* (0.273)	0.787*** (0.055)	1.451*** (0.382)
TDZY	0.406*** (0.055)		0.397*** (0.054)	
Nonfarm × TDZY	-0.422*** (0.117)		-0.100*** (0.035)	
Compensation（TDZY＝1 时）		0.157*** (0.018)		0.196*** (0.031)
Nonfarm × Compensation		-0.100*** (0.035)		-0.127*** (0.044)
Land	-0.013*** (0.005)	-0.013** (0.006)	-0.009* (0.005)	-0.006 (0.006)
Marriage	0.151*** (0.058)	0.047 (0.153)	0.138** (0.057)	0.055 (0.157)
Age_mean	0.052*** (0.011)	0.109*** (0.036)	0.053*** (0.012)	0.190*** (0.043)
Agesq	-0.001*** (0.000)	-0.001*** (0.000)	-0.001*** (0.000)	-0.002*** (0.000)
Edu_mean	0.237*** (0.023)	0.262*** (0.075)	0.152*** (0.023)	0.130* (0.074)

续表

	(1)	(2)	(3)	(4)
Health_mean	-0.091*** (0.023)	-0.128** (0.063)	-0.080*** (0.022)	-0.130** (0.060)
Female_ratio	-0.523*** (0.123)	-0.340 (0.336)	-0.443*** (0.120)	-0.384 (0.329)
Social_status	0.106*** (0.026)	-0.256*** (0.076)	0.118*** (0.025)	-0.237*** (0.075)
Religion	-0.199*** (0.033)	-0.647*** (0.119)	-0.157*** (0.032)	-0.465*** (0.115)
Relative_contact	-0.061*** (0.021)	-0.067 (0.064)	-0.062*** (0.020)	-0.062 (0.062)
Neighbor	-0.007 (0.020)	0.016 (0.052)	-0.015 (0.020)	-0.029 (0.055)
Familysize	0.144*** (0.010)	-0.029 (0.025)	0.116*** (0.010)	-0.049* (0.025)
Debt	0.218*** (0.078)	1.093*** (0.197)	0.231*** (0.079)	0.935*** (0.239)
Cunkuan	0.036*** (0.003)	0.019** (0.008)	0.031*** (0.003)	0.016* (0.008)
Machinery	0.053 (0.040)	0.029 (0.100)	0.112*** (0.038)	0.091 (0.098)
Policy	0.077** (0.038)	0.390*** (0.099)	0.128*** (0.036)	0.467*** (0.102)
Vill_income	0.281*** (0.024)	0.086 (0.071)	0.206*** (0.024)	0.007 (0.072)
Vill_conv	-0.003** (0.001)	-0.002 (0.008)	-0.002* (0.001)	-0.010 (0.008)
Vill_minzu	0.052*** (0.014)	0.109*** (0.029)	0.046*** (0.014)	0.103*** (0.029)
Vill_dixing	0.002 (0.002)	-0.005* (0.002)	0.001 (0.002)	-0.004* (0.002)

续表

	(1)	(2)	(3)	(4)
常数项	5.767 *** (0.361)	8.226 *** (1.123)	6.052 *** (0.362)	6.348 *** (1.266)
征地时间虚拟变量		已控制		已控制
省际虚拟变量	已控制	已控制	已控制	已控制
样本量	3900	474	3002	357
调整 R - sq	0.251	0.387	0.273	0.397
F 统计量	51.952	13.095	55.124	14.003

注：模型（1）、模型（2）的 Nonfarm 变量定义为“家庭中是否有人从事非农经营活动”，模型（3）、模型（4）的 Nonfarm 变量定义为“家庭中从事非农经营活动的比例”。*、**、*** 分别代表变量在 10%、5%、1% 的置信水平上显著，括号内为稳健性标准误。

回归结果显示，非农就业（Nonfarm）的系数为正，但交互项（Nonfarm × TDZY）的系数为负且显著，其经济含义是：非农就业对城郊农民收入的边际效应受到征地的影响。由于征地行为本质上关系上失地农民获得的征地补偿及后续就业问题，为此，我们进一步观察土地征用后征地补偿的多寡对非农就业的影响。我们发现，土地征用后，城郊农民的非农就业的边际效应进一步受到征地补偿金的影响，即非农就业对城郊农民收入的边际效应随着征地补偿金的增大而逐渐减小，征地补偿金每上涨一个单位，非农就业对城郊农民收入的增长效应将下降 0.1 个单位。我们运用 R 语言的 interflex 包进一步刻画出这种效应的关系图，如图 5 - 5 所示，随着征地补偿金的上升，非农就业对城郊农民收入的边际效应在不断下降。且当征地补偿金的对数值上升到 11 左右时，非农就业将对农户收入产生负向效应。这也反映出当前城郊村的一个现状，即城郊农民获得的征地补偿金越多，失地农民越不愿意参与非农就业。进一步验证了本章的假设 3。

对于本章的另一关键变量土地征用及征地补偿金，土地征用也显著正向影响了城郊农民收入水平，经历过土地征用的城郊农民家庭比未经历过土地征用的城郊农民家庭收入平均高 40%。可见，土地征用对城郊农民收入的综合效应为正。这一结论与马新文（2009）、金晶和许恒周（2010）等的结果相悖，但与史清华等（2011）的结果一致，他们采用上海城郊的调研数据进行描述性分析得到了征地导致收入上升这一结论，而本书则采用全国大范围

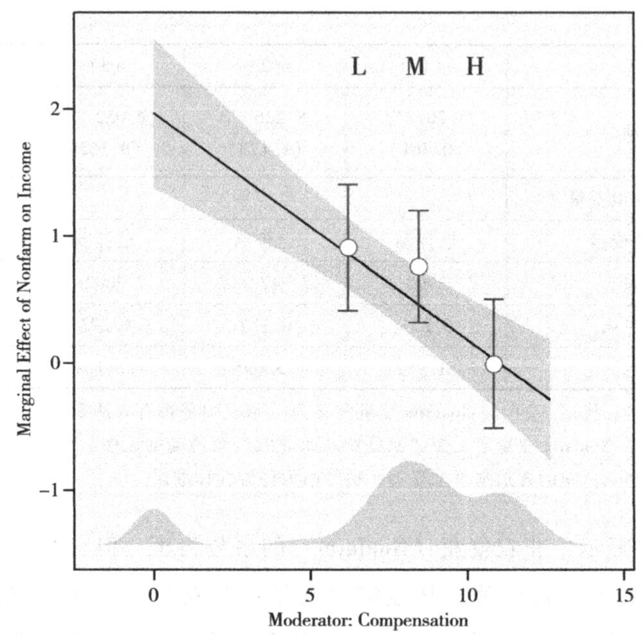

图 5－5 征地补偿金与非农就业的收入边际效应

调查样本，通过数理和实证分析，验证了土地征用对收入的正向效应。当然这是整体上的研究结论，土地征用后能否增加农户收入，关键还在于征地补偿收入和征地时间，为此我们进一步纳入了征地时间虚拟变量和征地补偿收入（Compensation）变量，研究发现，征地补偿时间虚拟变量全部为负且显著，征地时间显著影响了城郊农民收入水平；征地补偿收入对农户收入具有正向效应，即征地补偿收入越多，农户收入水平越高，征地补偿收入每增加1个百分点，农户收入将增加0.16个百分点（以家庭非农就业率衡量非农就业时，这一数值为0.19），可见，征地补偿收入关系到农民能否真正提高收入。图5－6统计了不同征地补偿收入区间的失地农户家庭数量分布。从图中可以看出，75.6%的被征地农户获得的补偿收入在20000元以下，因此，虽然土地征用的农户收入显著高于未征地农户，但土地征用的关键在于征地补偿收入，显然大多数的被征地农户获得的补偿收入并不高，也并不能持续增加农户收入。通过上述分析，验证了本章的假设1，即当补偿价格较低时，土地征用并不能带来城郊农民家庭收入的增加；当补偿价格较高时，土地征用会显著增加城郊农民家庭收入。

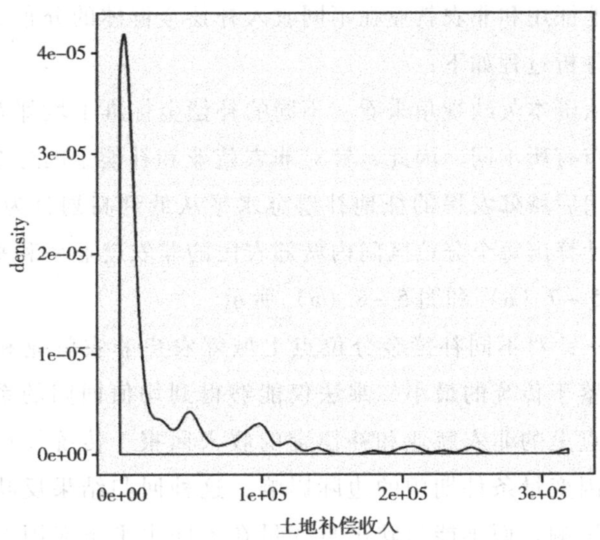

图 5－6　土地补偿收入的核密度曲线

5.5.3　异质性分析

上述基准回归模型只是对模型整体上做了一个分析，但城郊农民内部的个体差异、城郊农民所处的地区差异等异质性特征都会导致城郊农民收入的差异。为此，本部分将从性别、区域、收入分布、社会地位等视角分析不同群组之间的收入差异。

1. 补偿金分布差异

前述分析中，我们发现征地补偿金的多寡既是影响城郊农民非农就业选择的重要因素，也是土地征用后城郊农民收入能否增加的关键。为此，我们试图分析不同补偿金水平下土地征用、非农就业对城郊农民收入的影响。

Lin（2002）基于社会资本的视角，认为资本对收入差距的影响主要表现在两个方面：一是资本欠缺（Capital deficit）；二是回报欠缺（Return deficit）。资本欠缺主要是指投资或非农就业机会的不同导致非农就业的高度选择性，从而使不同补偿金的城郊农户群体拥有不同的资本；回报欠缺主要是指由于农户群体内成员的行动策略、努力程度或制度性反应的不同，导致投资或就业机会对不同群体产生的不同回报。因此，基于资本欠缺和回报欠缺视角，考察土地征用和非农就业在不同收入补偿金群体的分布及其回报是有必要的。具体分析过程如下：

一方面，从资本欠缺视角来看，不同的补偿金标准下城郊农民的非农就业和补偿金分布有所不同。因此，针对非农就业和补偿金的分布问题，我们试图将土地征用后城郊农民的征地补偿金水平从低到高划分为 10 个分位区间，然后分别计算出每个分位区间内城郊农民的非农就业率和平均补偿金水平。结果如图 5 - 7（a）和图 5 - 8（a）所示。

另一方面，针对不同补偿金分位点上城郊农户非农就业和补偿金水平的分布问题，鉴于传统的最小二乘法仅能够得到均值回归的系数，并不能刻画不同分位点上的非农就业和补偿金的收入回报。传统线性回归都主要分析自变量对因变量条件期望的边际影响，这种回归结果反映出自变量对因变量的平均影响，而不能反映出自变量在不同水平下对因变量的影响程度。但为了精确分析自变量 x 对因变量 y 的影响，我们需要分析自变量 x 对条件分布 $y|x$ 的影响，条件均值分布 $E(y|x)$ 只是条件分布 $y|x$ 处于中位数时自变量 x 对因变量 y 的影响。如果条件分布不是正态分布，均值分布将很难精确反映自变量与因变量之间的关系。另外，基于条件均值分布所形成的残差平方和（$\sum e_i^2$），是基于残差值而来的，当数据中出现极端数值时，残差平方和将受到很大影响，导致回归结果出现偏误。而分位数回归则能够较好地分析不同分位点条件下解释变量对被解释变量的影响，当然传统的分位数回归也是基于特定条件下解释变量对被解释变量的影响，即所谓的“条件分位数偏效应”（Conditional Quantile Partial Effects）。考虑如下线性模型：

$$y_i = f(x_i, \beta) + \varepsilon_i \qquad (i = 1, 2, \cdots, n) \tag{5-24}$$

式（5 - 24）中，$f(\cdot)$ 为 β 的线性函数，β 为参数向量，误差项 ε_i 满足 $E(y_i|x_i) = 0$。传统线性最小二乘法满足：

$$\min \varepsilon_i^2 = [y_i - f(x_i, \beta)]^2 \tag{5-25}$$

而当 y_i 不服从于条件均值分布 $E(y_i|x_i)$ 时，则给定 x_i，y_i 将在不同的分位数条件下呈现不同的分布，将 y_i 在第 q 个条件分位数函数表示为 $Q_q(y_i|x_i)$，并满足：

$$Q_q(y_i|x_i) = x_i'\beta_q \tag{5-26}$$

条件分位数函数主要通过极大似然迭代法进行估计，其结果满足：

$$\beta_{qi}=\frac{\partial Q_q(y_i \mid x_i)}{\partial x_i} \tag{5-27}$$

式（5-27）是一个非线性方程，满足这个方程的估计量称为“条件分位数估计量”。其反映的是基于特定条件（如年龄、教育背景等都已控制）下解释变量对被解释变量的边际效应。但式（5-27）无法解释由全体人群“非农就业”变化和征地补偿金变化而导致的城郊农民收入特征的变化趋势（Nowotarski，2015）。为了解决这一问题，Firpo 等.（2009）提出了无条件分位数回归（Unconditional Quantile Regression，UQR）来替换条件分位数回归，从而使结果更具稳健性。其具体的推导过程如下：

首先，基于任意一个分位点 q，求出其累积分布函数。

$$Q_q(y)=\int RIF(Q_q,y_i,F_y)\,dF_y(y_i) \tag{5-28}$$

$$RIF(Q_q,y_i,F_y)=Q_q+\frac{q-1(y_i \leqslant Q_q)}{f_y(Q_q)} \tag{5-29}$$

其中，$RIF(Q_q,y_i,F_y)$ 是 q 分位点上 F_y 的再中心化影响函数（Recentered Influence Function，RIF），Q_q 是 y 的无条件分位数，并满足 $F_y(Q_q)=q$，$F_y(\bullet)$ 是概率密度函数。

利用条件期望迭代法则，可以将式（5-28）进一步改写为：

$$Q_q(y)=\int E[RIF(Q_q,y_i,F_y) \mid x=x_i]\,dF_x(x_i) \tag{5-30}$$

为了分析 F_x 的边际变化对 $Q_q(y)$ 的影响，Firpo et al.（2009）假定解释变量 x 的每一个观测值进行无穷小平移转换（Location Shift），则式（5-31）可以转换为：

$$Q_q(y')=\int E[RIF(Q_q,y_i,F_y) \mid x=x_i]\,dF_x(x_i-\Delta x) \tag{5-31}$$

将式（5-30）与式（5-31）左右两边同时相减，并除以 Δx，然后再令 $\Delta x \to 0$，可以得到在 q 分位点时解释变量对被解释变量的边际效应，即无条件分位数偏效应：

$$\beta(q)=\int \frac{\partial E[RIF(Q_q,y_i,F_y) \mid x]}{\partial x}dF_x \tag{5-32}$$

Firpo et al.（2009）给出了式（5-32）的一致估计量求解方法：

第一步，根据样本顺序求出 Q_q 的一致估计量 $\hat{Q}_q$，并构建虚拟变量 v，并使 v 满足：$v=\begin{cases}1, \text{if } y_i \geqslant \hat{Q}_q \\ 0, \text{if } y_i \leqslant \hat{Q}_q\end{cases}$，然后以 v 为被解释变量，x 为解释变量进行 probit 或 logit 回归，求得 $v(y_i \mid x)=\Gamma(x'\beta)$ 中 β 的一致估计量，其中，$\Gamma(\bullet)$ 表示正态分布函数或 logistic 分布函数。

第二步，计算 $\frac{\partial E[RIF(Q_q, y_i, F_y) \mid x]}{\partial x} \mid x = x_i$ 的一致估计量 $\frac{\partial E[\hat{RIF}(\hat{Q}_q, y_i, F_y) \mid x]}{\partial x} \mid x = x_i$。

第一步和第二步所计算出的估计量是两种方法的同一结果，因此有：

$$\frac{\partial E[\hat{RIF}(\hat{Q}_q, y_i, F_y) \mid x]}{\partial x} \Big|_{x=x_i} = \frac{\Gamma'(x'\hat{\beta})\hat{\beta}}{\hat{f}_y(\hat{Q}_q)} \tag{5-33}$$

第三步，对式（5－33）两边同时求累积平均。

$$\frac{1}{n}\sum_{i=1}^{n} \frac{\partial E[\hat{RIF}(\hat{Q}_q, y_i, F_y) \mid x]}{\partial x} \Big|_{x=x_i} = \frac{1}{n}\sum_{i=1}^{n} \frac{\Gamma'(x'\hat{\beta})\hat{\beta}}{\hat{f}_y(\hat{Q}_q)} \tag{5-34}$$

通过式（5－34）可以得到无条件分位数回归系数的一致估计量。

针对非农就业和征地补偿金的回报率问题，本书借鉴周晔馨（2012）的做法，以农户家庭收入的对数值为被解释变量，以非农就业、征地补偿和两者交互效应及相关控制变量为解释变量，通过在 0.01～0.99 分位点进行 99 次无条件分位数回归，得到不同补偿金分位点上非农就业和征地补偿金对城郊农户收入的回报率，并以 99 个分位点为横坐标、回归系数值（回报率）为纵坐标，画出两者的二次拟合曲线，从而得到如图 5－7（b）和图 5－8（b）所示的结果。与此同时，我们还画出了 99 次无条件分位数回归的 p 值显著性散点图，得到如图 5－7（c）和图 5－8（c）所示的结果。

下面对结果进行分析。

图 5－7（a）显示，非农就业与征地补偿金之间呈现出明显的负相关关系，即征地补偿金较多的农户其非农就业率更低；图 5－7（b）和图 5－7（c）的结果表明，非农就业的回归系数随着补偿金分位点的增加呈现出逐渐下降的趋势，且估计系数在较高的分位点不显著，而在较低的分位点比较显著，

表明获得补偿金较少的农户更具有非农就业的动机，再次印证了前述章节所得出的结论，从而证明了前述结论的稳健性。

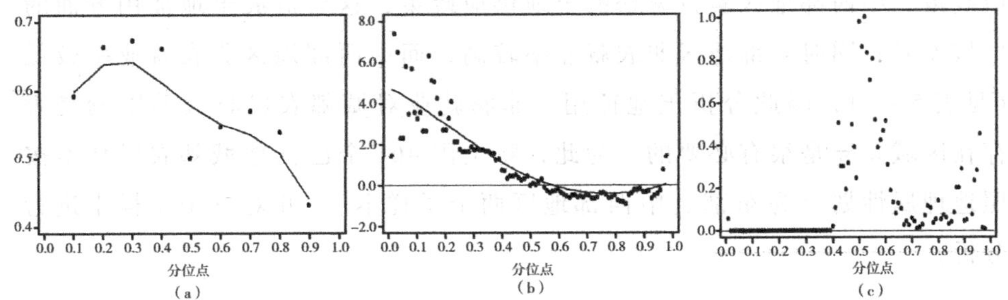

图 5－7　不同补偿金分位点上非农就业的分布及其收入回报差异

图 5－8（a）显示，土地征用与征地补偿金之间呈现出明显的正相关关系，即征地补偿金较多的农户其土地征用率更高；图 5－8（b）和图 5－8（c）的结果表明，征地补偿金的回归系数随着分位点的增加呈现出逐渐上升的趋势，且估计系数在较低分位点不显著，而在较高分位点比较显著，表明土地征用对城郊农民收入的影响主要与补偿金有关，补偿金越多的农户，其获得的收入也更高。综上所述，低收入农户其征地补偿金的拥有量和回报率均显著低于高收入农户。再次印证了本书的主要结论，即土地征用对城郊农民收入的影响主要与征地补偿金相关，补偿金越多，土地征用才会对城郊农民收入产生正向效应。

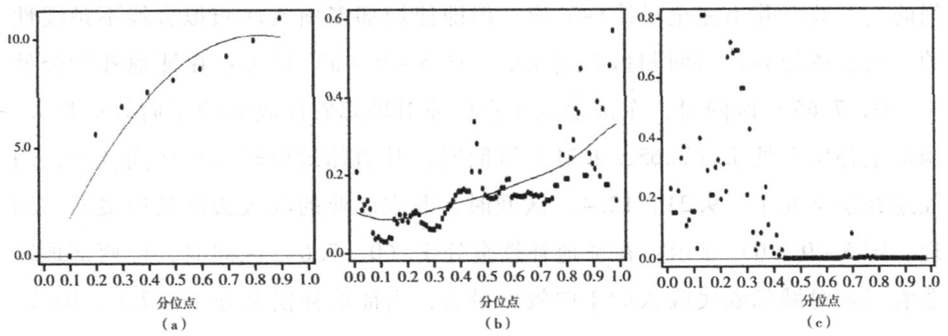

图 5－8　不同补偿金分位点上征地补偿的分布及其收入回报差异

2. 区域差异

由于我国东中西部经济社会特征差异巨大，农民收入的区域发展不平衡，显然城郊农民收入水平的区域差异也较巨大。考虑到我国东中西部土地供应不平衡、非农就业存在明显区域差异，东部地区实行偏紧的土地供应政策、中西部地区实行偏松的土地供应政策，这会造成土地征用方面的区域差异；同时东部地区非农就业率较高，而中西部地区非农就业率较低（见表5－7），因此分析土地征用、非农就业对城郊农民收入的影响是否存在区域差异是很有必要的。为此，将全国461个已征地城郊农民样本按照地理属性划分为东部、中西部地区两个子样本①，并对三个子样本进行分析。

表5－7　土地征用后城郊农民非农就业的区域差异

区域	样本量	非农就业率（%）	征地补偿金（元）
东部地区	202	58.91	19825.3
中西部地区	259	51.38	34785.56
全国	461	54.68	28230.3

首先对土地征用后东中西部地区城郊农民非农就业与征地补偿的交互效应进行分析，运用R语言的interflex包画出非农就业与征地补偿的交互效应图，如图5－9所示。在图5－9中，回归拟合线用蓝色线条表示，局部多项式回归拟合线用红色线条表示。在不同的征地补偿标准中，回归拟合线与局部多项式回归拟合线并不同时呈线性关系，表明非农就业与征地补偿标准之间的交互效应并不完全呈线性效应。但即使局部多项式回归拟合线不是线性的，其总体趋势却与回归拟合线相似。图5－9（a）显示：在征地补偿金处于（0，7.65）区间时，东部地区非农就业对城郊农民收入的正向效应最大，当征地补偿金处于（7.65，9.21）区间时，其边际效应较上一区间减小，当征地补偿金处于（9.21，12.4）区间时，非农就业的收入边际效应最低。同理，图5－9（b）显示：在征地补偿金处于（0，7.6）区间时，中西部地区非农就业对城郊农民收入的正向效应最大，当征地补偿金处于（7.6，10.2）

① 按照国家统计局的区域划分标准，东部地区包括辽宁、河北、北京、天津、山东、江苏、上海、浙江、福建、广东和海南共11个省市；中西部地区包括黑龙江、吉林、内蒙古、山西、河南、湖北、湖南、安徽、江西、广西、重庆、四川、贵州、云南、陕西、甘肃、宁夏、青海、西藏、新疆共20个省区市。

区间时，其边际效应较上一区间减小，当征地补偿金处于（10.2，12.7）区间时，非农就业的收入边际效应最低。可见非农就业对城郊农民收入的增长效应随着征地补偿金的提高而不断减小，这一结论在东部地区和中西部地区具有稳健性和一致性。

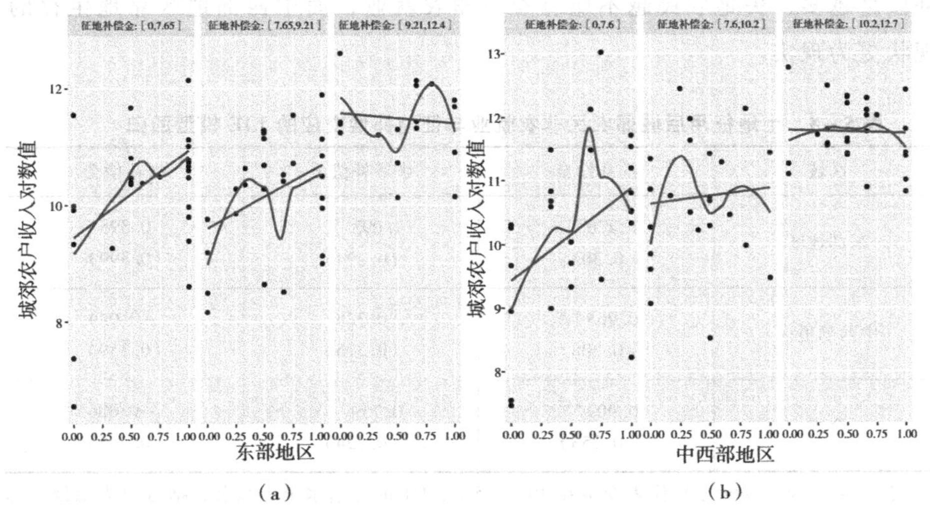

图 5-9　不同区域间城郊农民非农就业与征地补偿的交互效应

我们进一步运用 LIE 模型对土地征用后城郊农民非农就业与征地补偿的交互效应进行回归（见表 5-8）。从回归结果来看，无论是东部地区还是中西部地区，土地征用后，城郊农民非农就业均与征地补偿金有关，随着征地补偿金的增加，非农就业对城郊农户收入的边际效应变得越来越不显著。这表明无论是东部地区还是中西部地区，补偿金较低的群体其非农就业率更高。从回归系数来看，东部地区非农就业的收入边际效应更高，对于低补偿金群体来说，东部地区的城郊农户非农就业每增加 1 个百分点，其收入将增加 1.28 个百分点，而中西部地区的农户仅增加 0.96 个百分点；对于中等补偿金群体来说，东部地区的农户非农就业每增加一个百分点，其收入将增加 1.09 个百分点，而中西部地区非农就业的收入边际效应不显著；对于高补偿金群体为说，东部地区非农就业每增加一个百分点，其收入将增加 0.4 个百分点，中西部地区则减少 0.04 个百分点，且不具有统计显著性。我们运用 R 语言的 interflex 包进一步刻画出这种效应的关系图，如图 5-10

所示，无论是东部地区还是中西部地区，随着征地补偿金的上升，非农就业对城郊农民收入的边际效应在不断下降。且中西部地区的拟合线更为陡峭，当征地补偿金的对数值上升到 11 左右时，非农就业将对农户收入产生负向效应。这也反映出当前城郊村的一个现状，即城郊农民获得的征地补偿金越多，失地农民越不愿意参与非农就业，而中西部地区靠地生存的现状更为现实。

表 5－8　土地征用后城郊农民非农就业与征地补偿交应的 LIE 模型回归

区域	低补偿金	中等补偿金	高补偿金
东部地区	1.276*** (0.303)	1.093*** (0.294)	0.398 (0.399)
中西部地区	0.963*** (0.308)	0.328 (0.375)	－0.044 (0.349)
全国	0.909*** (0.253)	0.759*** (0.224)	－0.006 (0.258)

注：*、**、*** 分别代表变量在 10%、5%、1% 的置信水平上显著，括号内为稳健性标准误。

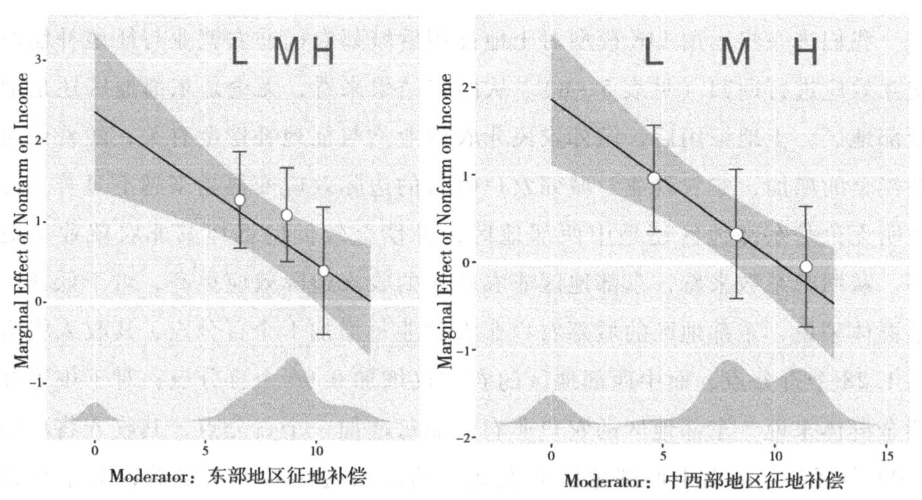

图 5－10　不同区域之间征地补偿金与非农就业的收入边际效应

造成非农就业对城郊农民收入影响效应的区域差异主要原因在于：一方

面，东部地区城郊农民的非农就业率较高，为 58.91%，而中西部地区仅为 51.38%（参见表 5－7），前述已经证明，劳动力的外出非农就业可以显著增加城郊农民收入，但有研究表明，劳动力外出所造成的劳动力流失效应，对务农收入的提升是不利的，尤其是跨区域流动对农业生产的负面效应远大于区域内流动（王子成，2015）。由于 CFPS 数据没有省际间和省际内的劳动力流动数据，因此我们猜测西部地区劳动力跨区域流动可能会大于中部地区，因此中部地区城郊农民还会获得更高的农业收入。另一方面，与补偿金有关，前述研究已经表明土地征用后城郊农户非农就业与征地补偿收入有关，征地补偿越高，城郊农户的非农就业动机越低，因而非农就业率也更低。表 5－7 表明，东部地区的征地补偿金平均为 19825.3 元，中西部地区则高达 34785.56 元，中西部地区远远高于东部地区。这与我们的直观认识有些偏差，史清华等（2011）也认为东部地区补偿金普遍更高，但本书通过数据得出中西部地区平均补偿金收入更高。这可能在于：土地征用与国家的土地供应政策相关，当国家对土地供应限制时，地方政府便倾向于减少土地征用，而当国家对土地供应政策放松时，地方政府便会增加土地征用。根据陆铭等（2015）的研究，2003 年以后，国家开始实施倾向于中西部地区的土地供应政策，而相应地减少东部地区的土地供应。从图 5－11 中西部地区土地供应占比情况也印证了这一结论，从 2001～2010 年，我国中西部地区土地供应占比呈不断上升的态势，土地供应量的增大，必然驱使政府不断地向城郊农民征用土地，以维持土地供需平衡，从而使城郊农民获得的补偿金也相对更高。

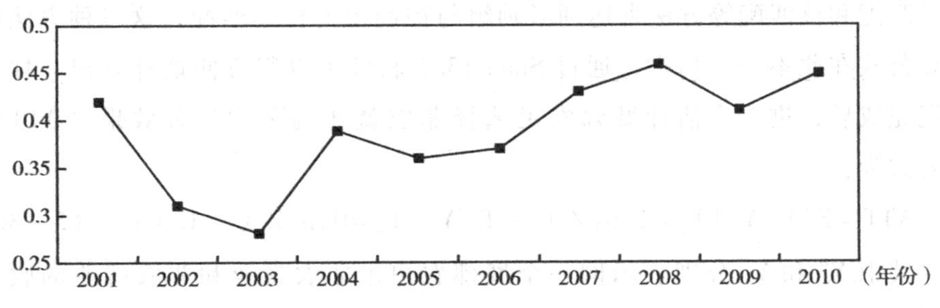

图 5－11　中西部地区土地供应占比（%）

资料来源：作者根据历年《中国国土资源年鉴》计算而来。

5.6 扩展：非农就业会增加城郊农民收入吗？

5.6.1 方法介绍

本节将运用倾向得分匹配方法，主要解决非农就业对城郊农民收入的效应问题，通常非农就业的农民拥有更高的教育水平、更健康的身体和更小的年龄，城郊农民非农就业对收入的影响效果，可能来自受教育程度、性别、年龄等异质性特征造成的间接效应，而非非农就业的直接效应，因此有必要控制样本的自选择偏误。文章采用 Rosenbaum 和 Rubin（1983）提出的倾向得分匹配模型（PSM），其基本思想是找到与激励组相似的控制组样本，从而降低样本自选择偏误。这种选择方法即是倾向得分（propensity score），倾向得分既可以使激励组寻找一对一的控制组样本，也可以寻找一对多的控制组样本。倾向得分定义是在样本 X 给定的条件下，城郊农民选择非农就业的条件概率，即：

$$p(Z_i) = Pr\{L_i = 1 \mid Z_i\} = E\{L_i \mid Z_i\} \tag{5-35}$$

其中，L_i 表示城郊农民选择非农就业与否，取值 0 表示未参与非农就业，取值 1 表示参与非农就业。Z_i 表示影响就业行为的个体特征。倾向得分 $p(Z_i)$ 可以用 logit 或者 probit 模型进行估计，在已知农户的倾向得分 $p(Z_i)$ 后，通常无法寻找到得分完全一样的样本，已有文献主要通过最近邻匹配、半径匹配和核匹配等方法来达到激励组与控制组的样本匹配，这三种方法的计算公式在此不一一列举，通过 Stata 13.1 软件可以很方便地计算出。样本匹配完成后，进一步估计城郊农民选择非农就业的平均处理效果（ATT），其公式为：

$$ATT = E\{E\{Y_i^1 \mid L_i = 1, p(Z_i)\} - E\{Y_i^0 \mid L_i = 0, p(Z_i)\} \mid L_i = 1\} \tag{5-36}$$

其中 Y_i^0 和 Y_i^1 分别表示同一个城郊农户未非农就业和非农就业的收入水平。

表 5-9 列举的描述性统计结果，从结果可知，非农就业的城郊农民收入明显高于未非农就业的城郊农民，但进一步分析其个体特征发现，非农就

业的城郊农民通常年龄更小、受教育程度更高、身体更健康，这种特征隐藏着非农就业对城郊农民收入影响的内生性问题。我们无法区分非农就业对城郊农民收入的影响是来自非农就业的直接效应，还是来自非农就业的城郊农民所具有的更能提高收入能力的个体特征效应。因此，前述分析为我们进一步进行 PSM 分析提供了基础。

表 5－9　　　　基于非农就业分类的变量均值对比

变量	农业就业	非农就业
Age_mean	50.50	42.96
Edu_mean	2.056	2.611
Health_mean	3.117	2.844
Female_ratio	50.83	50.13
Social_status	3.159	3.049
Religion	2.642	2.691
Relative_contact	1.789	1.589
Neighbor	1.897	1.743
Familysize	3.560	3.854
Debt	0.044	0.053
Cunkuan	3.766	4.897
Machinery	0.282	0.169
Policy	0.683	0.530

PSM 分析的第一步是获得倾向得分（PS 值），倾向得分主要通过 probit 或 logit 等概率回归模型进行估计而获取。为了达到匹配效果最佳，概率模型的选择很重要，Lian 等（2011）认为，倾向得分估计的概率模型设定主要通过调整 R^2（pseudo－R^2）和 AUC 值进行判定。在概率模型中，被解释变量是 0－1 离散型变量，而通过概率模型估计获得的倾向得分（PS 值）则是连续变量，因此传统的判定方法失效（Hosmer et al.，2013），而 AUC 值①则能

① 医学中常用的受试者工作特征曲线（Receiver Operating Characteristic，ROC）以下的面积被定义为 AUC 值。

较好地反映模型设定效果。表 5－10 列举了 logit 和 probit 两种概率回归模型的比较，从回归结果来看，logit 和 probit 的调整 R^2 均为 0.182，logit 模型的 AUC 值高于 probit 模型的 AUC 值，Stürmer（2006）等认为获取倾向得分值的概率模型，其 AUC 值大于 0.8 时，匹配模型的效果会较好。而本书中 logit 模型的 AUC 值为 0.773，接近于 0.8，高于 probit 模型的 AUC 值。因此，本书选择 logit 模型作为获取倾向得分的回归模型。

表 5－10　获得 PS 值的概率模型比较

	logit	probit
变量	已控制	已控制
pseudo－R^2	0.182	0.182
AUC	0.773	0.758
N	910	910

注：1. 被解释变量为 0～1 变量 nonfarm，0 代表农业就业，1 代表非农就业；2. AUC 代表 ROC 曲线以下的面积。

5.6.2　匹配效果分析

经过 logit 模型计算得到倾向匹配得分（PS 值后），选择合适的匹配方法，可以计算处理组（非农就业）与对照组（农业就业）的平均处理效应（ATT），匹配方法主要有最近邻匹配、半径匹配和核匹配，本书以最近邻匹配方法为主，半径匹配和核匹配作为稳健性检验。以最近邻匹配方式进行匹配后，可以通过核密度函数图和 ROC 曲线图检验匹配效果，本书显示了匹配后的 ROC 曲线图，如图 5－12 所示。从图中可以看出，ROC 曲线远离对角线，这反映出 AUC 值较大，AUC 值越大，表明匹配效果越好。因此，ROC 曲线直观地表明倾向得分匹配效果良好。

倾向得分匹配还必须满足平行假设，即城郊农民非农就业群体与未非农就业群体在倾向得分匹配后，其各个维度特征无显著差异。表 5－11 列举了倾向得分匹配后的平衡性检验，标准偏差低于 20% 通常被认为是良好的匹配结果（Rosenbaum & Rubin，1983），从表中可以看出，家庭层面和村庄层面

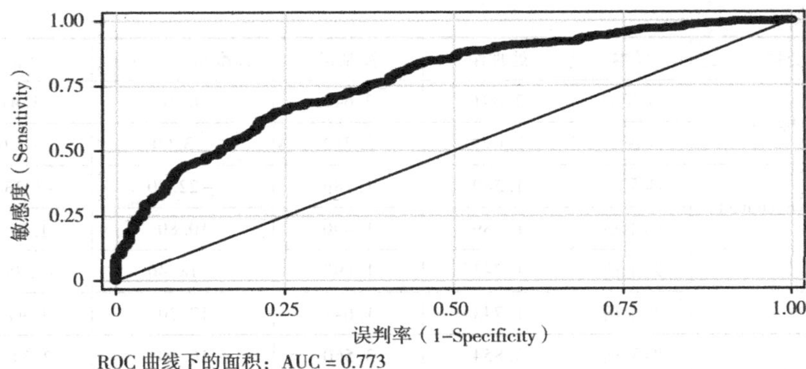

图 5－12　倾向得分匹配后的 ROC 曲线图

的控制变量的标准偏差都低于 20%，而在匹配前，这些变量的标准偏误都较高，与此同时，从 t 值的显著性来看，匹配后处理组与控制组的差异大多不再显著。因此，经过倾向得分匹配后，对照组与处理组各个维度特征差异不显著，匹配效果较好，PSM 模型的采用是很有必要的。

表 5－11　　倾向得分匹配后的平衡性检验

变量	样本	处理组	控制组	标准偏差（%）	t 值
TDZY	匹配前	0.127	0.126	0.10	0.02
	匹配后	0.127	0.143	-5.10	-0.76
Marriage	匹配前	0.846	0.961	-39.70	-5.91***
	匹配后	0.846	0.871	-8.50	-1.09
Age_mean	匹配前	42.958	50.495	-67.10	-10.16***
	匹配后	42.958	44.102	-10.20	-1.79
Agesq_mean	匹配前	1948.2	2698.5	-66.80	-10.13***
	匹配后	1948.2	2035.4	-7.80	-1.44
Edu_mean	匹配前	2.611	2.056	67.70	10.18***
	匹配后	2.611	2.594	2.10	0.33
Health_mean	匹配前	2.844	3.117	-30.40	-4.59***
	匹配后	2.844	2.751	10.30	1.66*
Female_ratio	匹配前	50.132	50.827	-3.20	-0.48
	匹配后	50.132	51.593	-6.70	-1.01
Social_status	匹配前	3.049	3.159	-14.00	-2.12**
	匹配后	3.049	3.162	-14.40	-2.28**

续表

变量	样本	处理组	控制组	标准偏差（%）	t 值
Religion	匹配前	2.691	2.642	9.30	1.41
	匹配后	2.691	2.712	-3.90	-0.66
Relative_contact	匹配前	1.589	1.789	-22.00	-3.33***
	匹配后	1.589	1.490	10.80	1.87*
Neighbor	匹配前	1.743	1.897	-18.40	-2.78***
	匹配后	1.743	1.641	12.20	1.94*
Familysize	匹配前	3.854	3.560	16.80	2.54**
	匹配后	3.854	3.978	-7.10	-1.09
Debt	匹配前	0.053	0.044	4.30	0.64
	匹配后	0.053	0.082	-13.50	-1.77*
Cunkuan	匹配前	4.897	3.766	22.10	3.33***
	匹配后	4.897	5.253	-7.00	-1.04
Machinery	匹配前	0.169	0.282	-27.30	-4.14***
	匹配后	0.169	0.179	-2.40	-0.40
Policy	匹配前	0.530	0.683	-31.90	-4.80***
	匹配后	0.530	0.520	2.00	0.30
Vill_income	匹配前	8.901	8.690	28.40	4.29***
	匹配后	8.901	8.889	1.60	0.24
Vill_conv	匹配前	2.945	5.213	-20.90	-3.16***
	匹配后	2.945	3.439	-4.50	-0.78
Vill_minzu	匹配前	4.730	4.532	17.10	2.60**
	匹配后	4.730	4.724	0.50	0.09
Vill_dx	匹配前	0.671	0.564	22.10	3.33***
	匹配后	0.671	0.717	-9.60	-1.55

注：1. *、**、*** 分别表示在10%、5%、1%的水平上显著。

2. 匹配前是指处理组与控制组（非农就业与农业就业）没有经过倾向得分匹配所得到的估计结果，匹配后是指处理组与控制组经过倾向得分匹配后得到的估计结果。

3. 处理组与控制组是指城郊农民是否非农就业所划分的组别，匹配前，处理组指非农就业的城郊农民样本，控制组指未非农就业的城郊农民样本；匹配后，处理组指非农就业的城郊农民样本，控制组指未非农就业、但其特征与非农就业群体特征类似的城郊农民样本。

表5-12进一步列举了匹配模型的总体检验。运用非农就业与匹配变量的回归，在匹配前，如表5-12所示，调整 R^2 为0.182，这在概率模型中算

比较良好的拟合效果，似然比检验显著，即匹配变量均为0的假设被拒绝，模型整体上显著。这种统计结果表明，在匹配前，控制组与对照组存在明显差异，城郊农民中非农就业群体与未非农就业群体的变量特征存在显著差异；匹配后，调整 R^2 为0.024，拟合效果较差，似然比检验显著水平下降，模型在1%的置信水平上被拒绝，匹配后的标准偏差也小于20%。这表明，匹配后，控制组与对照组的差异不明显，通过倾向得分匹配，找到了与城郊农民非农就业群体特征相似的未非农就业群体样本，模型整体匹配效果较好。

表5-12　　倾向得分匹配模型的检验

样本	Pseudo - R^2	似然比检验		标准偏差（%）		B	R
		χ^2 值	p 值	均值	中位数		
匹配前	0.182	229.85	0.000	26.5	22.1	107.3*	1.07
匹配后	0.024	31.79	0.046	7	7	36.8*	1.29

注：*、**、***分别表示在10%、5%、1%的水平上显著。

5.6.3　结果分析

通过以上匹配模型效果的分析，本书的倾向得分匹配模型效果良好。进一步地，通过最近邻匹配、半径匹配和核匹配方法，可以估计控制组与处理组的平均处理效应（ATT）。表5-13列举了基于三种匹配方式获得的ATT值。从表5-13可知，基于最近邻匹配方式，匹配前，处理组与控制组的收入对数值分别为10.27和4.589，前者比后者高123.8%，两者的差值（ATT）为5.681，且在1%的水平上高度显著；匹配后，处理组与控制组的收入对数值分别为10.27和6.459，前者比后者高59%，ATT差值为3.811，在1%的置信水平上显著。这表明，经过匹配后，城郊农民的个体特征差异已经被消除，处理组与控制组的差异完全来自非农就业行为影响。匹配后两组的收入对数值依然显著，说明非农就业确实能够促进城郊农民收入水平的提高。

通过半径匹配和核匹配两种匹配方式的分析，可以对结果的稳健性进行验证。基于半径匹配方法，匹配前处理组与控制组的收入对数值分别为

10.504、9.774，前者比后者高7.4%，在1%的水平上显著，匹配后两组收入对数值分别为10.504、9.961，前者比后者高5.5%，在1%的水平上显著，半径匹配方法表明非农就业能够显著提高城郊农民收入水平；同理，基于核匹配方法（r=0.01），匹配前处理组与控制组的收入对数值分别为10.504、9.774，在1%的水平上显著，匹配后两组收入对数值分别为10.376、9.945，在1%的水平上显著，核匹配方法也表明非农就业显著提高了城郊农民收入水平。两种匹配方法均验证了结果的稳健性。

表5-13　　三种匹配方式的ATT比较

匹配方式	样本	处理组	控制组	ATT	标准误	t值
最近邻匹配	匹配前	10.504	9.774	0.730	0.078	9.31***
	匹配后	10.504	9.961	0.543	0.137	3.96***
半径匹配	匹配前	10.504	9.774	0.730	0.078	9.31***
	匹配后	10.376	9.945	0.431	0.135	3.19***
核匹配	匹配前	10.504	9.774	0.730	0.078	9.31***
	匹配后	10.496	9.968	0.527	0.116	4.56***

注：*、**、***分别表示在10%、5%、1%水平上显著。

综上可知，通过倾向得分匹配方法试图解决城郊农民非农就业的样本自选择问题，结果显示，基于最近邻匹配方法，匹配前非农就业的城郊农民比未非农就业的城郊农民收入对数值高0.730，在1%的水平上显著，匹配后两组收入对数值分别为10.504、9.961，前者比后者高0.543，在1%的水平上显著，表明非农就业能够显著提高城郊农民收入水平。

5.7　本章小结

本章的主要目的在于分析土地征用后征地补偿、非农就业的交互效应及其对城郊农民收入的影响，并对理论分析所提出的3个研究假设进行检验。运用中国家庭追踪调查数据（CFPS2010、CFPS2012、CFPS2014）的城郊农户样本数据，并利用广义最小二乘法、logit回归、线性交互效应模型（LIE）、再中心化影响函数回归模型（RIF）和中介效应模型等实证分析技术进行实证检验。本章的主要结论可以归纳为如下几个方面：

（1）土地征用后，城郊农民是否参与非农就业，受到征地强度和非农就业机会的影响，非农就业机会主要包括供给和需求两个层面。具体来说主要表现为：一是征地强度，征地强度越大，农户将倾向于非农就业；二是供给因素，家庭中老年人比例越高、家庭成员健康状况较差、家庭越贫困，即使土地被征用，农户由于丧失非农就业的劳动力，他们也很难参与到非农就业中；三是需求因素，本地非农产业越发达，将会吸引更多的劳动力参与到非农活动中。

（2）土地征用后，城郊农民的非农就业对收入的边际效应与征地补偿金有关，非农就业的收入边际效应随着征地补偿金的上升而不断降低。即当补偿价格较低时，城郊农民非农就业率更高，其收入增长效应也更明显，而当补偿价格较高时，城郊农民非农就业率更低，其收入增长效应变得不显著。

（3）土地征用对城郊农民收入的影响关键在于征地补偿金的多寡。土地征用对城郊农民收入呈现出正向显著效应，即征地补偿金越多，城郊农民收入增加越明显。因此，虽然土地征用的农户收入显著高于未征地农户，但土地征用的关键在于征地补偿收入，显然大多数的被征地农户获得的补偿收入并不高，也并不能持续增加农户收入。当补偿价格较低时，土地征用并不能带来城郊农民家庭收入的增加；当补偿价格较高时，土地征用会显著增加城郊农民家庭收入。

| 第 6 章 |

征地补偿、非农就业与租赁经济——征地补偿过高时城郊农民离开非农市场的原因剖析

6.1 引　　言

从第 5 章，我们得出了一个重要结论，即征地补偿与非农就业呈现负相关性，当承包地的征地补偿金较高时，城郊农民的非农就业率更低。Ju 等（2016）通过调研也发现征地补偿过高时，很多城郊农户离开了非农就业市场。对于城郊农民来说，在既定的时间禀赋条件下，他们可以在非农就业、农业生产和闲暇三种活动中配置。通常来说，承包地征用后他们将很难再返回到农业生产活动中，这是因为农业的边际效益相对非农就业更低。由此，闲暇则成了非农就业和农业生产之外的唯一选择，高补偿金往往意味着这部分城郊农户离城较近、农地转换为建设用地的价值更高，他们可以利用闲暇、凭借较高的房屋价值发展租赁经济。可见，征地补偿过高时城郊农民离开非农就业市场，一个很重要的原因就在于这部分群体可以发展租赁经济。

从使用的 CFPS 城郊农民样本中发现，发生了承包地征用的农户并不一定同步地发生宅基地征用，如表 6－1 所示，发生了承包地征用的农户数为 474 人，但其中 429 人并未发生宅基地征用，占比高达 90.5%，同时还有 3374 份样本既未发生承包地征用也未发生宅基地征用。由此可见，经历了承包地征用的农户并不一定会同步发生宅基地征用，相反，绝大多数承包地征

用农户并未发生宅基征用。这表明承包地征用农户中宅基地征用比例较小，为城郊农民发展租赁经济创造了条件。

表6-1　　　　承包地征用与宅基地征用的交叉统计

承包地征用	宅基地征用		
	否	是	Total
否	3374	52	3426
是	429	45	474
Total	3803	97	3900

资料来源：作者根据CFPS数据整理。

20世纪90年代中后期，大量农民工涌入沿海发达地区，而这些候鸟式的农民工往往不会在工作地购买房屋，他们主要采用租房的形式。大量外来务工人员流入城市，造成房屋需求量的急剧上升，而这也促使城郊农民兴起了房屋租赁经济。对于大部分外来务工人员来说，他们通常工作在城市、而居住在城郊村，城郊村的租房价格相对城市来说较小。房屋租赁经济的发展，一方面满足了外来务工人员对相对廉价房屋的需求、经商人员对集体土地的需求，另一方面也满足了城郊农民对财产性收入增长的需求。城郊村有大量失地农民和未失地农民，而很多失地农民在土地被征用后并没有进入到城市就业，因此房屋出租能够缓解他们的就业需求，能够从“非正规就业”方式中获得收入，同时也缓解本来务工人员和外来务工人员对就业需求的竞争。

不可否认的是，租赁经济的发展是当前社会经济形势在城郊村的集中体现。我国城市发展主要经历了三个阶段：一是城乡相互隔离、城市农村各自发展的阶段；二是城乡逐渐融合、但城乡之间仍然有较大差距的阶段；三是城乡逐渐融合的城乡一体化阶段。随着城市经济的高度发展，经济逐渐向外围拓展，“郊区化”和“乡村化”成为经济发展的趋势之一。随着大量农村人口进入到城市，城市的产业、空间、人口等要素不断向城郊发展，这些流动的要素给城郊村带来了活力，拉动了城郊产业的发展，促进了城乡一体化。而城郊的发展，也促进了城郊住房的发展，越来越多的农民开始发展租赁经济。可以说，城郊租赁经济的发展，是市场经济向外围渗透的一种内生性反应。城郊村租赁经济的发展，对于探索城乡二元经济结构、实现城乡一体化，都具有重要意义。

6.2 理论分析

城郊村除了有承包地征用外，还有宅基地征用。与承包地的农业生产功能不同，一旦承包地被部分或完全征用，土地的减少将影响到农户的农业生产和就业方式，而宅基地的主要功能是居住，宅基地征用除了包括宅基地被征用，还包括宅基地上的住房也将被拆迁。随着城镇化的不断推进，对于城郊农民来说，宅基地与他们的联系更为紧密，土地的升值可以让他们可以从事房屋租赁。当然房屋租赁也要具体分析，对于已经被宅基地征用的农户来说，他们无法通过房屋租赁获得收入，但他们作为集体经济成员，可以享有集体留用地收入；对于宅基地尚未被征用的农户来说，他们能否获得房屋租赁收入，也取决于房屋租赁市场的供求关系，从需求角度来看，城市经济的发展情况如何，城市经济越发展，人口、技术等要素才会不断流向城市，从而产生房屋租赁需求，从供给角度来看，城郊农民可供出租的房屋质量如何，这关系到租金的高低。因此，本节将从理论角度深入分析城郊房屋租金上涨的原因，并具体分析房屋租赁市场的供求关系。

6.2.1 城郊租赁经济兴起的原因分析

城郊租赁经济的兴起，原因是多方面的，既有来自城镇化扩张中市场经济对传统农业经营方式冲击的影响，也有来自城乡一体化过程中城郊农民主动适应城市经济的要求。可以说，城郊租赁经济形成的原因是多方面的，本部分将进行深入分析。

1. 城镇化对城郊村传统产业的冲击

城郊租赁经济的兴起，一个重要原因在于城镇化对城郊村传统产业的冲击，主要包括对传统工业和对传统农村农业的冲击。

从农村工业的角度看，我国农村工业经历了三个阶段：一是新中国成立后到改革开放之前这段时期，农村非农产业发展缓慢，农村工业以副业的形式存在，主要由村集体或公社自办经营，效率低下；二是改革开放后乡镇企业的发展，国家鼓励农村工业发展，很多村利用集体土地自办工业、自主经营，为农村的经济发展注入了活力；三是20世纪90年代市场经济对农村产业造成严重冲击，供需矛盾造成大量乡镇企业破产，农村工业的发展也逐渐由自主经营转变为招商引资模式。而乡镇企业时期村集体的大量工业用地则被闲置，随着城市化的扩张，这些被闲置的土地和厂房被村集体以出售、转让、出租、联营、农村土地使用权入股等形式流转给本村村民或外村村民使用。如部分地区村集体通过招商引资的形式，在不改变土地性质的前提下，由村集体统一规划，将土地和厂房出租给企业或个人使用，这样既能保证村集体自主推进工业化，也避免了国家通过征地形式转变土地的农用性质（刘守英，2008），从而使村集体租赁经济得到蓬勃发展。因此，从农村工业的发展来看，城郊集体租赁经济的兴起反映了土地利用方式的转变，城郊村的土地、资本、劳动力等要素在市场经济作用下得以重新配置。

从传统农业角度来看，城镇化和工业化的发展，对城郊村农业的冲击是较为深刻的，由于种植业是一种比较经济效益相对较差的产业，很多农民面朝黄土背朝天地辛苦劳作，一年所获得的收入却只有几千元，在土地上种植水稻、玉米、小麦等粮食作物是很难实现农业效益增收目标的。因此，对于城郊村民来说，离城较远一点的农民通常发展蔬菜、水果等城市需求量较大、附加值较高的园艺业，而离城较近的农民则依靠便利的地理位置发展租赁经济。可见，市场经济对城郊村的渗透，使城郊土地效率利用达到最大化。

由上述分析可以发现，城郊村农业和工业经营方式的转变，是充分发挥市场的基础配置作用的体现。通过对土地这种不动产的充分利用以达到农民利润最大化目标，导致城郊村集体租赁经济和私人租赁经济的出现，这是不以人的意志不转移的，城郊租赁经济的发展有其历史必然性。

城郊村或城中村虽然是城镇化进程下的产物，但他们还具有“农村”属性，即城郊农民的土地属于集体所有的农业用地，农户可以无偿获取宅基地。另外，由城乡二元管理体制，城郊村或城中村游离于城市管理之外，城郊农民的住房可以规避城市住房管理规定。这些因素导致城郊农民住房建设成本极低，而部分城郊村由于靠近城市，其土地性质已经脱离于农业用地的范畴。可见，摊大饼式的城镇化模式使城郊农民可以无偿获取的宅基地修建住房，甚至部分农地都用于修建住房，这也导致城郊村出现大批未经政府许可、脱离政府监管和城市规划的非正规住房（Tang W S, Chung, 2002）。这些非正规住房大多被用于发展租赁经济，非正规住房的兴起是农村劳动力大量转移和城市住房政策排斥农村劳动力的集中反映，也是失地农民或未失地农民依靠土地维持生计的反映，同时也是城郊农民对土地征用低补偿标准与城市建设用地高收益之间巨大落差的反映。承包地征用前，城郊农民的权利集主要包括通过农业生产食物的权利和非食物生产的非农就业权利，承包地征用后，其权利集收窄，宅基地成为失地农民的主要生产资料。

可见，城郊村租赁经济的兴起，既有制度因素，也有社会和市场因素。而最根本的则在于城乡二元管理体制的割裂导致城市非正规住房无序发展。城郊村客观上已经属于城镇化波及的地区，但其管理体制还沿用农村管理体制，从而使城郊村的管理处于真空状态，政府、村集体、城郊农民、外来人口等利益相关方共同推动了城郊村非正规住房市场的供给，具体表现为：外来人口流入城市造成大量住房需求，但政府的城市住房政策限制了外来人口对商品房的需求，而城郊村的非正规住房则为外来流动人口提供了较为廉价的住房需求。还有研究认为城郊村土地产权界定较模糊，导致大量非正规住房的开发，并引发对土地租金仓促和无序的竞争，土地开发成为发展租赁经济的先决条件。

城镇化的快速发展，还会直接带来房价租金比的升高[①]。王文莉、赵奉军（2011）的研究发现，城市化进程中房价租金比与城市化速度呈相关关系，即在其他条件不变的前提下，城市化速度越快房价租金比将越高。国家统计局公布的《35 个大中城市房屋价格指数》显示，以 1998 年为基期，绘制全国房屋销售价格指数和租赁价格指数，以观察房价租金比的变化情况，观察发现，2003 年之前全国 35 个大中城市的房价租金比走势基本一致，自 2004 年开始房价租金比不断攀高，房价远远超过租金。高波等（2008）将这种现象称之为房价租金的“剪刀差”。房价租金比的不断攀升

---

① 所谓房价租金比是指一宗房地产的销售价格与其月租金价格之比。

使进城务工的劳动力选择购买的动机不断下降[①]、而选择租房的动机则不断上升。可见，城镇化所带来的房价租金比攀升将会刺激城郊村的租赁经济发展。

2. 城郊土地的稀缺性

古典经济学认为，地租产生的原因在于土地的稀缺性。土地稀缺性主要表现在三个方面：

一是土地的面积、土地的地理位置在相当长时间内是固定的，因而土地供给量是既定的，城郊村地处城市郊区，相对于远郊村来说地理位置较好，良好的地理位置和相对有限的土地必然造成土地的稀缺。

二是人口数量的增加，导致人均土地面积不断减少，尤其对于城市来说，在我国，城市垄断了社会的绝大多数资源，导致人口、商业、消费等资源都聚集在土地较为稀缺的城市中，而城市汇聚的要素越多，城市向周边城郊村的扩张速度就会越快，因而城郊村的土地也快速升值，大量农村人口转移到城市，城市的土地并不能完全满足居住需求。

三是土地的性质和用途不同，导致土地不能满足人类的各种需求。在我国土地法明确规定城市土地归国家所有，而城郊和农村的土地如无明确限定则属于农村集体所有，只有国有土地和农民宅基地才能修建房屋。但现实中城郊接合部处于城市和乡村的过渡地带，城郊的土地既有国有土地，也有村集体性质的土地，政府对国有土地控制力较强，而对集体土地的控制则较弱，这两种不同性质的土地类型导致土地整合难度较大，从而也强化了土地的稀缺性（罗静、曾菊新，2004）。从城郊土地的用途来说，城郊村土地用途呈现多元化特征，它既是调节城市生态的关键地带，也是阻止城市扩张的屏障，更是城市菜篮子工程和城市新区建设的主要区域。这种多元化的土地用途使城郊村土地不断上涨。此外，城郊土地价格的不断上涨以及全国房地产市场火热的局面，使得城郊农民对土地价格的心理预期不断增强，他们依靠自己的土地待价而沽，并出现“惜售”的心理，作为土地供给方的城郊农

① 高波（2013）的研究发现居民具有购房居住的消费偏好，这种偏好将会刺激住房市场的发展，进而促使房价租金比升高。一旦房价租金比升高，将会将一大部分低收入的转移劳动力排除在住房市场之外，而更多地选择租房。

民对土地的价格预期不断上升，而作为承租者或购房者的需求者也对土地的保留价格不断上升，供需双方对土地价格的心理预期不断上升，从而增强了土地的稀缺性。

上述三个方面导致土地是一种极为稀缺的资源，而对于掌握相当数量土地和房屋的城郊村农民来说，这给他们发展城郊租赁经济提供了机会。

3. 非农就业的不稳定性

城镇化的发展使农村劳动力人口得以进城非农就业，但由于农民工的受教育水平相对较低，大部分的外出劳动力都选择非正规部门就业，如建筑业、制造业、服务业等低技能行业就业，这种非农就业方式显然是不稳定的，留村的土地则为他们预留了退路（陈奕山等，2017）。虽然进城务工就业已经成为一种趋势，部分农户可能因外出非农就业而流转了土地，但非农就业的不稳定性会使转移劳动力预期到非农就业的不可持续性，加之国家政策大力发展现代农业，会使农户意识到未来土地的升值潜力，他们不会彻底流转土地。农村继续持有土地以及非农就业的不稳定性，以及国家尚未给予进城务工的农民同等的住房、医疗、社会保障等权利，大多数农户不会选择购房，而会选择租赁城中村的房屋。可以说，非农就业的不稳定性促进了屋租市场的兴起。

6.2.2 城郊租赁经济的供求分析

毫无疑问，主宰城郊租赁经济运转的强大力量理所当然的是市场的供求关系，是亚当·斯密那只“看不见的手”。在城镇化的推动下，远郊农村的劳动力或跨区域的外来劳动力的进入为屋租市场提供了需求，城郊农民则通过非正规住房的修建以及房屋的精心装饰为屋租市场提供了供给，两者在真金白银的聚合力推动下实现了供求均衡。除此之外，城郊村还有一个村集体，由于城郊村的土地征用以及政府规定的村集体留用地，使城郊村的村集体发挥了远郊村集体所不能发挥的功能，因此城郊村的租赁经济，是村社—农户共同作用的市场，其运行法则是在与村集体的聚合之下发挥作用的。

从需求层面来说，城郊村的屋租市场是在改革开放后的城镇化潮流中兴起的，一方面城镇化的兴起使农村劳动力大量进入到城市从事非农产业，这些流动人口来到城市的首要栖息之地便是租金相对低廉的城郊村；另一方面，城郊村是一个相对概念，其地域范围也较广，城郊村能否产生租赁需求关键在于其地理位置，地理位置较好、附近有公路、学校、医院的城郊村无疑占据天时地利。例如徐雨璇等（2014）的研究发现，由于高校提供的消费选择较为单一，学校的社会服务和住房资源很难满足学生日益多远化的消费需求，部分学生搬出校园租住在高校周边的社区，导致高校周边的社区学生化。而这一进程多发生在城郊村或城中村，并带动城郊农民的非正规住房数量增长，很多城郊农民成为依靠租金实现收入增长的食利阶层（何深静等，2011）。何深静对广州下渡村的研究发现，学生租客多集中在学校周边的下渡新区，且其中某几条巷的学生租客聚焦程度高达60%。蓝宇蕴（2003）的研究发现地理位置较好且能够提供廉价出租房的城郊村更容易受到外来人口的青睐。此外，城郊村的范围较广，距离城市远近也成为租赁需求的重要指标，在离城较近的城郊村，由于非农就业机会更多，人口的净流入使人口膨胀，进而导致房屋租金昂贵，而距离城市较远的城郊村，由于人口较少导致土地的边际价值下降，租金水平较低廉。

从供给层面来说，为了适应市场竞争，推动屋租市场有序发展，并使房屋顺利地出租出去。从硬件设施来说，房屋的质量是影响租金价格的关键因素，房屋装修精美、安全设施齐备的房屋往往能够快速地出租出去，而房屋质量较差、安全性较差的房屋将很难迎得租客的青睐。如蓝宇蕴（2003）的研究发现，城郊村的房屋出租存在多方面的竞争，硬件设施上要尽量提高房屋的档次，将房屋打理美观、实用、符合外来人口的需求。从软件层面来说，将屋租市场与村社共同体紧密联系在一起、形成规模化的出租屋场域，可以使承租双方信息对称，提高出租概率，同时屋租市场的各种信息流也会在熟人的社会网络里迅速传播，并成为房屋出租者改善房屋质量、完善服务、留住租客和保证安全的关键渠道，可以说城郊农民在一致的经济利益下逐渐形成了一个城郊租赁阶层。对于城郊农民群体内部来说，虽然经历城镇化的洗礼，但他们还维持者传统乡村的“差序格局”。按照费孝通的看法，村庄是一个熟人社会，熟人社会是以血缘和地缘为基础，村民们通过人情、面子、信任、规则等关系准则使得彼此逐渐熟悉和亲密（费孝通，1998）。李婷（2016）进一步扩展了熟人社会的内涵，她认为熟人社会是一个具有公共性或强制性的、具有价值吸引力的、信息对称的社会。以笔者的调研经历发现，城郊村虽然经历过城镇化扩张的影响，大量外来人口涌入，但城郊村的村民却是世世代代生活于此，他们具有传统村落熟人社会的所有基本特征。城郊村的村民往往是彼此认识、熟悉甚至亲密的，“通过脚步声就能知道对方是谁”这是对乡土社会的深刻描绘，可见村民对彼此的信息是有充分认知的。这种信息对称主要基于两个因素，其一是城郊村的村民关系虽然有亲疏、远近之分，但村民的关系却具有重叠性。信息传递往往是从最亲密的人开始，而村民所具有的亲密关系彼此是不同的，这就会造成关系的交叉重叠，从而使得信息能够在村民中广泛而有效地传播开来。当然，信息能够有效快速传播到整个村，还有一个必要条件，即村庄社会是开放的，开放性使得信息能够在城郊村这个平面交流空间中被全面展示。显然，城郊农民的租赁经济在这种熟人社会网络中得以快速发展。

基于上述理论分析，我们构建了一个房屋租金模型。

借鉴 Miceli 和 Sirmans（2013）的模型，发展了一个房屋出租决策模型。假定城郊村有 N 个房屋出租户，每户均提供一个单位的房屋租赁。如果在一个给定的时间段内出租人成功将其房屋出租，则他将获得租金 R（该租金由市场供求所决定），反之，如果出租人的房屋依然空置，则他将无法获得租金。房屋一旦被出租出去，房屋将会损耗或折旧，为了保证房屋质量，出租人必须决定是否支出成本为 m 的费用维修房屋。

假定每个时间段结束时，不考虑出租人是否维修房屋，由于工作变动等外部原因导致原租户不再租赁的概率为 a；考虑出租人维修房屋因素，如果出租人不进行房屋修缮，则原租户不再租赁的概率为 b。因此，如果出租人进行房屋修缮，其房屋空置率为 a，反之不进行房屋修缮，其房屋空置率为 a + b。

出租人进行房屋修缮主要基于两方面的因素：一是防止失去租户以及由此产生的租金损失；二是面临法律管制，1995 年颁布的《城市房屋租赁管理办法》明确规定出租人有进行房屋修缮的义务。因此，那些不进行房屋修缮的出租人除了面临失去房客的风险，还面临着预期经济罚款（L）的风险。

在任何一个租赁时间段内，出租人都面临着是否进行房屋修缮以提高房屋质量的抉择。我们定义 Π_m 为出租人进行房屋修缮时所获得预期利润的现值，Π_0 为出租人不进行房屋修缮时所获得预期利润的现值，同时定义 Π_v 为房屋空置时出租人获得利润的现值。基于上述分析，我们可以得到：

$$\Pi_m = R - m + \frac{1}{1+r}[a\Pi_v + (1-a)\Pi_m] \tag{6-1}$$

$$\Pi_0 = R - L + \frac{1}{1+r}[(a+b)\Pi_v + (1-a-b)\Pi_0] \tag{6-2}$$

式（6-2）中，r 代表利率。显然，出租人进行房屋修缮投资并有利可图的条件是：$\Pi_m \geqslant \Pi_0$。根据这个条件，可以得到：

$$R \geqslant \frac{(a+b+r)}{b}m - \frac{a+r}{b}L + \frac{r}{1+r}\Pi_v \tag{6-3}$$

下面我们推导房屋空置时出租人获利的模型，假定出租人在下一时间段内寻找到租户的概率为 z，同时假定出租人必须对房屋修缮进行投资，以便有更大的概率吸引租户，否则出租人出租的概率为 0。因此出租人房屋空置时的利润现值可以表示为：

$$\Pi_v = -m + \frac{1}{1+r}[z\Pi_m + (1-z)\Pi_v] \tag{6-4}$$

将（6-4）式代入（6-1）式有：

$$\Pi_m = \frac{(1+r)(r+z)}{r(a+r+z)}R - \frac{1+r}{r}m \tag{6-5}$$

$$\Pi_v = \frac{(1+r)z}{r(a+r+z)}R - \frac{1+r}{r}m \tag{6-6}$$

将（6-6）式代入（6-3）式，有：

$$R \geqslant \frac{(a+b+r)}{b}(m-L) \equiv \tilde{R} \tag{6-7}$$

式（6-7）中，$\tilde{R}$ 表示出租人进行房屋修缮投资时的最低租金。当 $\tilde{R} > 0$ 时，有 $m > L$。如果 $m < L$ 时，只要租金为正均可以保证出租人进行房屋修养投资所产生的成本，且出租人将其房屋质量保持在法律规定的可居住状态条件下是非常有效的。事实上，这种情况很难发生，因为诉讼费和搭便车问题会阻碍租户寻求法律援助，从而削弱了法律强制出租人进行房屋修缮的效力。因此，我们假定 $m > L$。必须强调的是，在这种模式下，租金可以作为一种替代的执行机制，因为出租人如果不能进行房屋修缮投资，就有可能失去其承租人，这会造成房屋空置期间租金收入的损失。从式（6-7）可知房屋租金主要影响因素有：维修成本 m、承租人因外生冲击而不再租房的概率 a、下一时间段内寻找到租户的概率 z、出租人不进行房屋修缮时承租人不再租房的概率 b、法律惩罚费用 L。

市场均衡：

上述我们考虑了出租户进行房屋修缮投资的两种动机：一是获得更高的租金（R）；二是房屋空置时能够保证下一阶段出租概率（z）更高。但是上述分析中，我们将这两个变量都视为外生给定的。现在我们将其内生化，我们假定城郊村的房屋出租户数为 N，同时我们假定对房屋进行修缮的需求量为 Q(R)［其一阶条件满足 $Q'(R)<0$］，在一个对房屋质量要求极高的房租市场中显然有 $Q(R)=N$，此时将获得均衡的市场租金 R^*。

然而 R^* 并不一定满足式（6－7），因为房租市场中并非所有出租人都有房屋修缮的动机，在其他条件不变的情况下，屋租市场上出租户的数量肯定多于房屋修缮的出租户数量，因此会导致因房屋质量不同而出现的空置现象。我们定义房屋空置率 v 为：

$$v=\frac{N-Q}{N} \tag{6-8}$$

从式（6－8）中可知，只有当房屋空置率 $v=0$ 时，才会达到租金水平 R^*。

接下来我们将参数 z 与 N、Q 进行关联，以分析出租户房屋空置后在下一阶段被出租出去的概率。很明显，由于外生原因而导致承租户离开房屋的数量为 aQ，而这些在上一阶段空置的房屋必须在下一阶段被出租出去，其数量为 $z(N-Q)$。这两者是相等的，因此有：

$$z=\frac{aQ}{N-Q} \tag{6-9}$$

将（6－9）式代入（6－7）式，有：

$$R\geqslant\frac{m-L}{b}\left(a+\frac{aQ}{N-Q}+r\right)$$

根据（6－8）式进一步简化后，有：

$$R\geqslant\frac{m-L}{b}\left(\frac{a}{v}+r\right)\equiv\tilde{R} \tag{6-10}$$

出租户必须收取最低租金 $\tilde{R}$，才能够保证其进行房屋投资是有利可图的。式（6-10）表明，房屋租金与空置率成反比，当空置率为0时，出租户的租金将趋近于无穷大。其含义在于，当出租户很容易地将空置房出租出去时，此时将供不应求，出租户也没有强烈的动机进行房屋修缮投资。

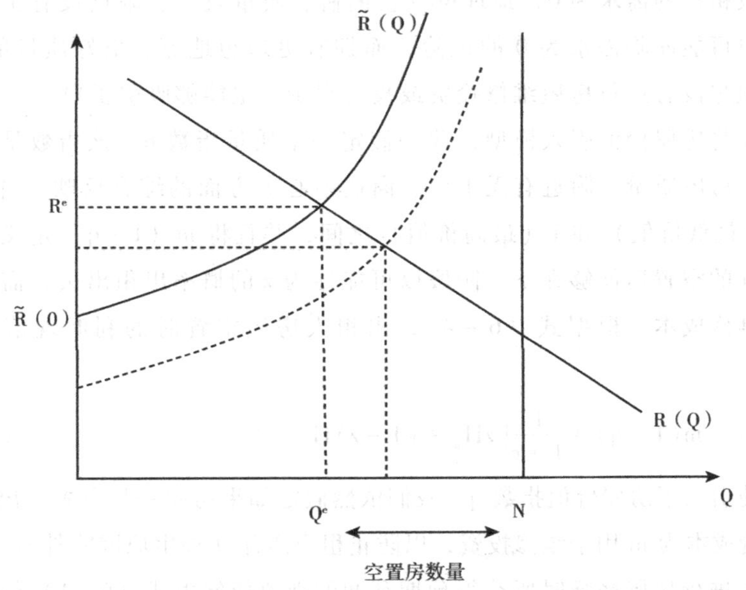

图 6-1　租金供求分析

图 6-1 描绘了房屋租金 R 是维修房屋数量 Q 的函数，两者之间呈正相关性。屋租市场达到均衡时的点为（Q^e，R^e），只有在这一点出租户才有动机进行房屋租赁，从出租户的视角来看，增加租金会短期内提高租金收入，但却在下一阶段面临空置率提高的风险，这将使房屋变得不具有吸引力。另外，如果租金低于均衡状态时的租金水平，出租户就会停止房屋修缮投资，这也会使承租户流失，降低出租户利润。

基于上述分析，我们得到如下命题：房屋质量是影响租金水平的一个重要因素。

考虑房屋价值的租金模型

上述分析主要把城郊农民屋租市场看作均质化的，即所有房屋除了维修差异外都是相同的。但现实情况是，房屋会因为其地理位置、外部需求等方面的差异而表现出房屋价值的差异。因此，本节将引入考虑房屋价值的租金模型。

上述的租金模型假定房屋空置率较高的出租户不得不进行房屋维修投资，以便在下一阶段吸引租户。换句话说，我们假定承租户对所有房屋的需求均是大于0的。然而，这个假定并不一定符合现实情况，房屋价值的差异可能导致租户的需求为0，地理位置较偏僻、质量较差、附近没有工厂企业的出租户可能面临需求为0的风险，而拥有更理想地点、更好质量的房屋，即使出租户没有进行房屋维修投资或投资很少，也能够吸引租户。

为了将房屋价值引入模型，我们假定一个质量指数q，该指数是房屋地理位置、房屋质量、附近有无工厂、商业中心等方面的综合反映，并假定q介于0（最低价值）和1（最高价值）之间，并且将m（1-q）定义为房屋价值为q的空置房能够在下一阶段以可能性为z的概率出租出去、需要花费的房屋维修成本。根据式（6-4），出租人房屋空置时的利润现值可以改写成：

$$\Pi_v = -m(1-q) + \frac{1}{1+r}[z\Pi_m + (1-z)\Pi_v] \qquad (6-11)$$

即使引入了房屋价值指数q，我们依然假定如果房屋一旦空置，出租户也必须花费成本为m用于维修投资，以防止租户离开（外生原因除外）。这意味着出租人进行房屋修缮时所获得预期利润的现值依然由式（6-1）给出，因此，出租户进行房屋维修投资所需要的最低租金为：

$$R \geqslant qm + \frac{m-L}{b}\left(\frac{a}{v} + r\right) \equiv \tilde{R} \qquad (6-12)$$

值得注意的是，式（6-10）所得的租金模型是式（6-12）中 $q=0$ 时的特例。通过式（6-12）对q求偏导，有 $\partial\tilde{R}/\partial q > 0$，其含义是住房价值将会正向影响最低租金，因此图6-1的最低租金曲线将会向上平移，并导致租金均衡点和房屋空置率的上升。

基于上述供求分析，我们可以得到一个命题：

房屋地理位置、周围是否有产业等因素会影响城郊农民的租金水平。

6.3 城郊农民租赁经济的现状

对于城郊农民租赁经济的现状，我们将采用的研究方法主要是案例分析，人类学家怀特指出，“要理解惊人的事件，就必须从日常的生活模式进行认识”，对于城郊地区农民的租赁行为，在局外人看来算是一种剥削生产关系，是应受到指责的，他们不通过自己的劳动、而仅仅是处于有利的地理位置就可以获得高额的租赁收入，本质上是一种不公平、不合理的经济行为。但要了解城郊农民租赁行为的发生机制，仅仅通过局外人或政府的认知模式去发现其规律显然是不够的，我们应当走进城郊农民这个群体，从他们日常的生活模式中发现租赁经济背后的行为逻辑。

对于个案研究，费孝通先生做出了精确的阐述，他指出“以全盘社会结构的格式作为研究对象，这对象并不能是概然性的，必须是具体的社区，因为，联系着各个社会制度是人们的生活，人们的生活有空间的坐落，这就是社区”（费孝通，1985），因此每一个村庄或社区“都有其特定的称谓，是一个被社会所公认的特定单元”。城郊村虽然是城市化扩张所产生的特定区域，但其并非改变费孝通个案研究的适当性。因此，我们认为个案研究对于城郊农民的分析是恰当的，这主要是由于：首先，对城郊单个村庄或社区的分析，可以获得较为直观的经验事实，而经验观察则有利于理论的挖掘；其次，城郊农民的租赁经济的个案分析，既包括了城郊租赁经济的一般性规律，同时也可以发现单位村庄租赁经济的偶然性光环。这正是偶然性与必然的辩证统一规律，任何事物（包括租赁经济）都是在偶然性中穿插着必然性，同时必然性中也贯穿着偶然性。对城郊农民的个案分析，正好可以获得城郊农民租赁经济的偶然性事件，通过偶然性的把握获得必然性规律；最后，城郊农民的租赁行为是发生在具体的城郊农民个体上，其运行规律也是从具体的物理现象中发生的，因此个案的研究与研究对象的规定性并不矛盾。

遵循以上个案研究的逻辑，本章以鄂西 M 村庄为例，在具体的村庄场域中分析租赁经济的现状和城郊农民关于租赁经济的心理状态。本书的案例数据是笔者利用 2014 年、2015 年两年的暑假进行调查所获得的，通过深入案例村进行实地调查、访谈获得第一手资料。

当然，案例分析有其局限性，虽然经过上述对案例分析适用性的充分论证，但任何一个案例分析所得出的结论都面临着被证伪的风险。从方法上来说，案例分析侧重于对案例村的深入解剖，通过对案例村搜集的数据进行充分的质性分析，往往能够充分揭示出案例村租赁经济运行的内在规律。但这种运行规律只是在特定经济社会结构中所得出的结论，而中国之大，东中西部有着完全不同的经济社会场域。因此，个案所得出的结论是无法对不同地区、不同场域的现象和事实进行推演的，因而对案例村租赁经济的分析也无法得出具有普遍意义的结论。为此，为了避免个案分析的缺陷，我们还利用大样本的 CFPS 数据进行量化分析，通过比较研究，可以发现两个案例所得到的结论是否具有相同的运行机制。总之，本章试图运用案例分析、质性分析、比较分析、博弈分析等多种研究方法，试图得到城郊农民租赁经济的普遍运行规律。

6.3.1 农户私有租金

根据《物权法》规定，农民的承包地和宅基地归村集体所有，农民仅有承包地和宅基地的使用权，但宅基地上所建造的房屋等附着物则是农民的私有财产。根据法律上通用的“房随地走”“地随房走”等原则，房屋的买卖或拆迁必然涉及宅基地的转让。因此在征地的现实操作中，往往是实行货币与房屋同时补偿的方式，表 4 - 1 显示 19.61% 的农户在房屋拆迁过程中获得了货币与房屋补偿。货币补偿主要涉及房舍的赔偿金问题，而房屋补偿则涉及宅基地使用权的转让问题，政府给被拆迁农户一套或数套安置房公寓。

而对于城郊未征地的农户来说，他们也能够将自己的房屋出租出来，获得房屋租金，而他们的房屋租金则随地理位置、房舍质量的不同而有所不同。以我们调研的 M 村为例，M 村是一个典型的城郊村，总共有 200 多户，村庄中出现了明显的阶层分化，100 多户居住在临街的道路两旁，他们通过出租房屋能够获得租金收入，平均 100 平方米的房屋租金通常是 300 ~ 500 元每月。据 M 村的村干部描述，“本村大多以私房为主，有房屋的农民 90% 都将自己的部分或全部房屋出租给个人、商家，而临街的农户则获得巨额租金，通常那些将房屋出租给个人的租金每年在数千元到 1 万元间，而出租给商户的租金则可达 3 万 ~4 万元”。

随着逆城镇化和全域旅游的兴起，M 村的租赁经济还与乡村民宿旅游相结合。城郊村离城较近、有着清新的空气、清洁的水源，吸引了一大批城市的居民，而这些城市市民的到来，给城郊村发展租赁经济提供了支撑。乡村全域旅游发展的一个普遍规律就是从旅游到度假、再到休闲的不断提升过程，而在这个提升过程中，旅游方式也从单纯的“游”“行”转变到“吃、住、行、游、购”，其中“住”是具有关键性的要素，只有“住”下来才有其他旅游活动的开展（张强，2009）。而这种旅游发展方式的转变给城郊农民租赁经济的发展提供了绝佳机会。民宿旅游与城郊租赁经济的结合，使传统的扶贫片区转变为旅游景区，传统的农特产品转变为旅游商品，为城郊村农民持续增收提供了可靠的途径。

按照《土地法》的规定，城市的土地通常归国家所有，而城郊和农村的土地归集体所有。政府征收农民的土地，通常只能征收农民的承包地，而征收农民宅基地的程序相对较为复杂。因此，在城郊村往往还有大量民房住宅镶嵌在城市周边。而大量的城郊村民房为城郊租赁经济的发展提供了条件。

正是由于城郊农民为了追求最大化的租金利益，会驱使他们利用宅基地建数栋房屋，更为甚者他们利用承包地建造房屋，每栋房屋按规定只能修两到三层，而他们会把房屋修到七至八层。这严重与政府规划不相符合，势必造成城郊农民与当地政府的矛盾。城郊租赁经济发展所导致的政府与农民博弈问题，是一个值得研究的问题。

在我们的调查中发现，M 村的村民宅基地面积多在 120 平方米左右，不到两分地。但城郊村农民却充分利用好这两分地，最大化了土地的价值。他们通常将楼房修到 5 ~ 8 层，使房屋面积增加到 600 ~ 1000 平方米，而且很多民房的二层以上都会挑出一部分空间，将公共空间给挤占了一部分。巨大的房屋面积使他们有足够的空间将房屋出租出去，他们通常将每层房屋整体出租出去，而门面则视地理位置其租金价格有所不同。当然，房屋也可以作为单身公寓或合租公寓，但单身、合租和整体出租的价格却有所不同，通常将楼层整体出租给一家，其价格在每年 6000 元，而四人合租房屋租金则为 8000 元，每人平分 2000 元，6 人合租房屋租金则为 9600 元，每个平分 1600 元。这种合租方式既提高了房东的租金，也使每个承租人的租金减少，是一种效率充分配置的方式，但这种逻辑并不会持续下去，因为合租的人数越多，则房屋的折旧速度可能会更快，承租人的舒适感也会下降，这是不利于城郊农村租赁经济长期发展的。

这种租赁逻辑与张五常的佃农理论是相似的，经济学家普遍认为土地租赁收入的固定租金往往比分成制更能使土地产出利润最大化，在缴纳了固定租金后，土地产出的所有利润都归承租户所有，能够刺激承租户投入更多的劳动和资本，因而也更具吸引力。然而，张五常通过对台湾租佃关系的实地调研和理论推演发现，在市场自由竞争和人多地少的劳动力供给无限条件下，收入分成制也可以形成产出最大化的合约安排。因此在实践操作中，地主会有两种租赁方式：一是租给一个农户，获得较高的分成率，土地的规模经济会使农户能够承受高分成率所带来的资金压力；二是租给两个农户，将地块划分为两块分别租给两个佃农，虽然分成率有所下降，但规模减小后农户对土地的单位投入会增加，从而增加产出，地主也会获得更多的租金。显然从地主获取租金最大化的角度来看，将土地租给更多的农户有助于地主获得更多的租金，但这种土地分块出租行为不会一直持续下去，虽然分给更多的人有助于分成率的提高，但每个佃农所获的土地越小、其投入越大，利润却不会持续增加。也就是说，土地分块出租行为与租金的关系并未直线上升，而是呈倒“U”形关系，在某个拐点到来之前，分块越多，地主获得的租金会越多，而在拐点之后，分块越多，地主获得的租金会慢慢减少。

城郊村租赁经济发展中农民与政府的博弈也遵循张五常佃农理论，城郊村的土地价格和收益率会按照市场竞争原则形成均衡价格，但受制于政府管制和制度约束，城郊村的房屋租金价格却很可能低于均衡价格，造成城郊农民租赁收益率低下，但低于均衡价格的租赁行为能够得以持续，主要在于增加政府成本用以补偿租赁群体。在城郊租赁经济发展中，政府管制的突出表现就是政府为了城市规划和民宅安全角度，规定城郊村的房屋通常在4层以下，否则会对农民进行罚款。而现实情况是，M村的村民通常将房屋修到5~8层，房屋面积增加所获得的租金收益率远远高于罚款成本。可见，城郊村民为了补偿实际租金价格与均衡价格的价格差，会通过增加房屋楼层数、二楼以上挑出一部分空间来实现。但这种行为不会持续进行下去，政府强制性规定普通民房楼层数只能在8层以下，这是政府对违规建筑能够容忍的底线，否则将会面临严厉的处罚。

关于地方政府与城郊农民关于楼房层数及面积的博弈，我们根据地方政府与城郊农户的策略与收益构建博弈模型，并根据博弈模型构建复制者动态模型（Replicator Dynamics Model），以探究博弈双方的演化过程。设城郊农户的策略空间为 S_1｛修建，不修建｝，地方政府的策略空间为 S_2｛支持，不支持｝，并假定地方政府与城郊农民都是理性人，即以收益最大化为目标。根据上述限定，我们进一步作如下假设：

假设一：城郊农民不修建楼层则获得的收益为 R_1，成本为 C_1；修建楼层，所获得的收益为 R_2，成本为 C_2，若获得政府支持，则还会获得政府额外补偿收益 R_3。城郊农民修建楼层的概率为 $p_1(0<p_1<1)$，则城郊农民不修建楼层的概率为 $1-p_1$。

假设二：地方政府的正常收益为 R_4，地方政府支持城郊农民修建楼层所付的成本为 C_3，同时城郊农民通过修建楼层所获得更多房租收入能够给地方政府带来的收益为 R_5。显然，地方政府不支持城郊农民修建楼层时，$R_3=0$，$R_5=0$，假定地方政府支持城郊农民修建楼层的概率为 $p_2(0<p_2<1)$，则地方政府不支持城郊农民修建楼层的概率为 $1-p_2$。

假设三：城郊农民不修建楼层需要付出的成本为 C_4。

根据上述假设，可以构建城郊农民与地方政府关于增加楼层的博弈矩阵，如表6-2所示。

表6-2　　地方政府与城郊农民的博弈矩阵

城郊农民 \ 地方政府	支持（p_2）	不支持（$1-p_2$）
修建（p_1）	$(R_2-C_2+C_3,\ R_5-C_3)$	$(R_2-C_2,\ R_5)$
不修建（$1-p_1$）	$(R_1-C_4,\ R_4-C_3+C_4)$	$(R_1-C_4,\ R_4+C_4)$

根据表6-2，可知城郊农民修建楼层的期望收益应该为：

$$E_1=p_1(R_2-C_2+C_3)+(1-p_1)(R_2-C_2) \tag{6-13}$$

城郊农民不修建楼层的期望收益应该为：

$$E_2=p_1(R_1-C_4)+(1-p_1)(R_1-C_4)=R_1-C_4 \tag{6-14}$$

因此，城郊农民的平均期望收益为：

$$\bar{E}=p_1E_1+(1-p_1)E_2 \tag{6-15}$$

复制者动态方程是根据博弈各方特定策略S构建的动态微分方程，在此处复制者动态微分方程应该为 $dp_1/dt=p_1(E_1-\bar{E})$，将城郊农户不同策略下的期望收益以及平均期望收益代入此微分方程，可得：

$$dp_1/dt = p_1(1-p_1)(C_3p_1+R_2-C_2) \tag{6-16}$$

令式（6-16）等于0，即 $dp_1/dt=0$，可以得到此微分方程的均衡解为：

$p_1=0$ 或 $p_1=1$ 或 $p_1=(C_2-R_2)/C_3$，由于在假设中设定 $0<p_1<1$，故有 $C_3+R_2>C_2$、$R_2<C_2$。

同理可知，地方政府支持农民修建楼层的期望收益应为：

$$E_1 = p_2(R_5-C_3)+(1-p_2)(R_4-C_3+C_4) \tag{6-17}$$

相应地，地方政府不支持农民修建楼层的期望收益应为：

$$E_1 = p_2(R_5)+(1-p_2)(R_4+C_4) \tag{6-18}$$

地方政府获得的平均收益为：

$$\bar{E} = p_2E_1+(1-p_2)E_2$$

复制者动态方程是根据博弈各方特定策略 S 构建的动态微分方程，在此处复制者动态微分方程应该为 $dp_2/dt=p_2(E_1-\bar{E})$，将城郊农户不同策略下的期望收益以及平均期望收益代入此微分方程，可得：

$$dp_2/dt = p_2(1-p_2)(-C_3) \tag{6-19}$$

令式（6-19）等于0，即 $dp_2/dt=0$，可以得到此微分方程的均衡解为：$p_2=0$ 或 $p_2=1$。

根据常微分方程稳定性理论，当 $dp_1/dt<0$、$dp_2/dt<0$ 时，根据复制者动态方程求出的均衡解才是稳定的，因此博弈演化的策略点在相位图上应该是相位图与 x 轴相交时斜率小于0的点，只有符合这个条件的点才具有演化策略稳定性。

根据上述得到的均衡解，可以进一步得到城郊农民与地方政府关于增加房屋楼层数的演化博弈稳定性，如表6-3所示。

表6-3　地方政府与城郊农民演化博弈稳定解分析

均衡解	均衡条件	dp_1/dt、dp_2/dt 的符号	策略稳定状态
p_1	$C_3+R_2>C_2$	小于0	演化稳定策略 ESS
p_1	$R_2<C_2$	小于0	演化稳定策略 ESS
p_2	—	小于0	演化稳定策略 ESS

从表6-2可以看出，只有当地方政府支持城郊农民增建楼层所获得的

收益大于原有收益和支持成本之和时，地方政府才会采取积极策略，即支持城郊农民增建楼层。反之，地方政府则会反对增建楼层。这主要是由于地方政府在分税制改革之后，也成为一个典型的经济主体。因此，其必须在经济发展与城市规划两者之间寻找平衡，其作为一个经济主体来说，地方政府支持增建楼层的行为完全是为了获得收益的最大化，其作为公益性机构来说，还必须兼顾到城市的规划和农户利益。如果完全以利益最大化为目标，采取积极的支持城郊农民增建楼层措施，虽然能够获得较丰富的收益，但可能造成城市规划的混乱、助长城郊农民食利的动机，从而造成“政府失灵”；如果完全考虑到城市规划，则可能造成城郊农民获得较少租赁收入，导致大量农民无业、无社会的状态，对政府公信力和社会稳定造成威胁。从城郊农民角度来说，只有当增建楼层所获得的收益大于其成本时，其才会采取积极的策略，达到博弈的稳定均衡。当然，从租赁经济角度来讲，增建楼层所获得的租赁收入远远高于修建楼层所付的成本、政府惩罚的成本。

由此可见，政府与城郊农民关于租赁经济发展存在一种相对稳定的博弈均衡，其均衡结果就是政府容忍农民适当增加楼层和公共空间以获得更多租赁收入，城郊村农民则通过租赁面积的扩大获得租赁收入，成为典型的食利阶层。

6.3.2 城郊村集体租金

除了私有的房屋租金外，城郊农民作为村集体的一员，他们还可以分享村集体的租金。城郊作为城市发展的前沿地带，无论是城郊农民自身，还是其所在的村集体，都享有到城郊土地所带来的红利。此外，城郊村在城镇化扩张中土地被征用时，村集体依法享有留用地。例如，浙江省明文规定“农村集体土地依法被征收为国有土地的，设区的市、县（市、区）人民政府除依照法律、法规规定的标准给予补偿外，还应当按照被征收土地面积的一定比例，为被征地村安排集体经济发展留用地，或者以留用地指标折算为集体经济发展资金等形式予以补偿”，杭州市规定的留用地面积大体是被征用土地的10%。根据政府规定，留用地可以用于工业建设或发展服务业，通过项目招标的模式进行，留用地项目建成后，村级集体经济组织持有部分可用于租赁获取长期收益，严禁通过“以租代售”形式变相转让留用地项目。可见，通过留用地的经营收益，可以作为村级财政收入或村民福利发放的载体，留用地已经成为被征地农民重新就业的重要途径，也是村级收益的重要来源。

我们调研到M村的村干部，他这样描述到：

政府为了建立工业园区，在2008年向我们村征收了8000亩土地，除了给我们每亩3万元的补偿外，还给我们村返还105亩土地作为留用地。我们将这些土地主要用于工商业用途，如建造住宅、房地产开发，还将其中一片土地租用给天然气公司，每年可以获得10万元的租金。这些钱对于提高村民福利、充实村级收入起到了不小的作用。

无论是建立在自己房产或宅基地上的租金，还是建立在村集体资产上的租金制度，都大大改变了城郊村民的社会地位和经济状况，他们依靠这种比较优势，逐渐沦为食利阶层，成为典型的收租群体。这种收租阶层的形成，既与城郊优越的地理位置有关，还与强调身份认同的户籍制度有莫大的关系。

具体来说，城郊集体租赁经济具有如下特征：

1. 城郊集体租赁经济的排他性。

正如前文所说，城郊农民享有到来自村集体租赁经济的红利。而城郊村集体成员的界定，则是一个值得关注的问题。作为村集体的一员，他们往往有一致的集体行动逻辑，这种身份的认同使他们在面对租赁问题时采取一致的看法和行动，以便维护集体租赁经济的发展。但那些因为各种原因迁出城郊村的“前村民”，则往往不再被视为村集体的一员，也不能再分享集体租赁经济的红利，而“前村民”们则不认同这种分享模式，他们强烈要求分享集体租赁经济资源，这势必造成城郊村内部的分配利益冲突。目前关于已经迁出城郊村的村民是否能够分享集体租赁经济红利问题，各地方政府还没有统一的意见，广州市政府对这一问题的解决是，允许“前村民”分享城郊村集体租赁经济红利，但分配比重较低，这样既可以平息村集体成员的不满，也可以化解“前村民”的诉求（蓝宇蕴，2005）。

根据M村调研的分析，在城郊村不再被视为本村集体成员的情况主要有以下几种：一是因征地拆迁而获得补偿的被征地农民；二是因外嫁、求学、经商而迁出本村的农村；三是户口已经由农业户口转变为非农业户口的本村居民。

首先，因城市化扩张导致城郊农民失去耕地和房屋的被征地农民，他们在村集体成员眼中已经不再被视为本村成员，因而也不再能够享受到村集体经济红利。这类失去耕地和房屋的村民，其补偿方式通常有三种：一是就业安置补偿，无论是政府机关还是企事业单位，通行方法都是“谁征地，谁安置”的方式，只要征用城郊农民的土地，都要帮助失地农民就业，并将他们的身份转变为市民。杭州市规定征用一亩地，必须安排2个劳动力就业①。这种补偿方式在现实中往往不具操作性，逐渐被货币和房屋补偿所替换；二是货币补偿，政府一次性地给失地农民货币补偿，并将失地农民身份改变为城市居民；三是房屋补偿，政府给失地农民补偿一套或数套安置房，并将失地农民转变为城市居民。当然耕地较多的失地农民，会得到政府给予的货币和房屋同时补偿款。可见，上述三种补偿方式都会将失地农民的身份转变为城市居民，很多农民得到了政府安排的就业，也获得了房屋和货币补偿，但其身份却没有得到转变，有些地方政府受限于财政压力，不愿意将他们转变为城市居民，因为多一个城市身份的农民，政府就必须考虑到他们的社保问题，而这会加大政府财力。因此，地方政府都不愿意将他们的农民身份改变，只顾着征收土地。而在村集体成员看来，他们获得了高额的就业、货币或房屋补偿，理所当然地不再被视为本村成员，也不应该再享有本村集体红利。政府不管失地农民的身份，村集体成员认为他们已经是市民，这种困境造成的后果就是失地农民强烈要求分享村集体租金红利、而村民坚决反对他们再享有分红，这就形成被征地农民与村集体的矛盾。

其次，因外嫁、求学、经商而迁出本村的村民，他们在村民眼中，也不再被视为本村集体成员。外嫁到其他村或城市的妇女，她们有的将户口迁出，而有的则没有迁移户口。不管她们是否迁出户口，在本村人看来，她们已经不属于本村的成员；求学的学子，他们中的很多也考虑到城郊土地值钱、村集体福

① 就业安置方式在全国各地的标准不一，如广州政府规定每征地一亩，则至少安置1.5个劳动力就业（蓝宇蕴，2005）。

利高，在入学时往往并未迁移户口，以便在土地征用、村集体资产分红时可以得到一份补偿；经商外出的村民，也因为事业成功而不再被村民视为村集体成员，相对外嫁和求学的村民来说，经商外出的村民通常还能够被村民接纳为本村成员。总之，不管是外嫁、求学还是经商的村民，他们在面临村集体租金分红或资产出售分红时，都会跑回来要求分享资产，一个重要的原因就是，他们认为他们曾经给村集体经济发展做出过贡献，理应分得资产。

最后，是那些已经将户口迁出本村的村民。这类村民通常属于上层精英，他们中的多数是政府官员、企业家或有影响力的社会人士，这类人在村民眼中不再属于本村的村民，他们也很少会回到村里，要求分享集体资产。但由于这类人是较有影响力的群体，他们与村落还是有千丝万缕的联系，村干部们希望借助他们的身份发展本村经济，而他们则有着质朴的“落叶归根”思想，也希望为村里贡献一份力量。

从上述分析可知，城郊村集体租赁经济具有很强的排他性，城郊村民关于集体租赁经济的利益冲突，并不在于劳动过程中掌握生产工具或财富的多寡，而在于村民身份的认定，村民为了分得更多的集体租赁经济红利，就要尽可能地排除那些身份具有争议或完全不具有村民身份的“前村民”。从这个意义上说，集体租赁经济是建立在户籍身份基础之上的，村民通过集体租金形成食利阶层，并通过身份的认定确保租赁经济的利益。

2. 城郊农民关于租赁经济的集体行动逻辑

由于城郊村土地价值暴涨，村民在对待集体租赁经济时往往具有一致的行动逻辑，共同的身份认同和共同的集体意识使他们对集体租赁经济的看法基本一致，一致的看法和一致的行动使城郊农民逐渐形成一个租赁阶层，这个阶层以最大化租金为前提，任何阻碍租赁经济发展的行为都是他们所不能容忍的。因此，他们对村干部管理租赁资产有着明确的监督机制，如果村干部的决策错误或侵吞村级财产，将会引发村民的反对，并要求村领导更正错误并进行补偿。在城郊接合部，因土地问题而导致的村干部腐败屡见不鲜，这些腐败行为主要包括侵吞村级财产、官商勾结、投资错误导致集体资产流失，这些腐败行为会导致村民申诉、抗争。因此，村干部与村民的矛盾往往聚集在村级租赁资产上。

可见，村民对于集体资产的保护已经形成集体行动，如果村干部贪污腐败，轻则导致村民抗议，重则导致村民要求平分村里集体租赁资产。但村里集体资产瓜分会严重影响村集体经济的发展，地方政府会动用行政权力阻止村民瓜分资产的行为，他们一般主导将集体资产形成股份公司，以维持集体经济的发展。

那么形成这种集体行动的原因何在？当然，城郊农民在一致的经济利益下逐渐形成城郊租赁阶层，这是一个重要的原因。但城郊农民是如何形成一个租赁阶层的？其背后的微观机制是什么？为此，我们试图从费孝通的研究思想中寻找到答案。按照费孝通的看法，村庄是一个熟人社会，熟人社会是以血缘和地缘为基础，村民们通过人情、面子、信任、规则等关系准则使得彼此逐渐熟悉和亲密（费孝通，1998）。李婷（2016）进一步扩展了熟人社会的内涵，她认为熟人社会是一个具有公共性或强制性的、具有价值吸引力的、信息对称的社会。以笔者的调研经历发现，城郊村虽然经历过城镇化扩张的影响，大量外来人口涌入，但城郊村的村民却是世世代代生活于此，他们具有传统村落熟人社会的所有基本特征。

首先，从熟人社会的信息对称特点来看，城郊村的村民往往是彼此认识、熟悉甚至亲密的，“通过脚步声就能知道对方是谁”这是对乡土社会的深刻描绘，可见村民对彼此的信息是有充分认知的。这种信息对称主要基于两个因素，其一是城郊村的村民关系虽然有亲疏、远近之分，但村民的关系却具有重叠性。信息传递往往是从最亲密的人开始，而村民所具有的亲密关系彼此是不同的，这就会造成关系的交叉重叠，从而使得信息能够在村民中广泛而有效地传播开来。当然，信息能够有效快速传播到整个村，还有一个必要条件，即村庄社会是开放的，开放性使得信息能够在城郊村这个平面交流空间中被全面展示。而与此相对的城市社区，市民生活在立体空间中，一扇门就可以把居住很近的两家人隔离开来。

其次，从熟人社会的公共性来看，公共性是指村民们共同形成的规范、共识以及与此相关的仪式，城郊村村民彼此熟悉、信任，信息的沟通是一个必要条件。但更为重要的则是公共性，公共性作为村里的一种强制力量，其能够对村庄里不符合规范的个人或集体行为进行压制，从而使村庄形成良好风气。如果没有公共性维持村庄秩序，则可能导致村民个体性的全面释放。一是村民冲突增多、村干部腐败事件频发，村庄成了个体私利的竞技场；二是村民退出村庄公共生活，与村庄社会隔绝，从而导致村民个体与村集体的联系断裂。当然，无论是村民冲突的增多，还是村民个体与集体的隔绝，其结果就是城郊村的社会再生产很难维持，集体租赁经济也被在村民逐利过程中消亡。不过从现实情况来看，城郊村基本没有出现公共性的失范，公共性作为村民行为规范的强制性力量，其能够将村民团结起来，在租赁经济发展中成为监督村干部的重要力量。在我们调研的 M 村，村民们大都遵守村里的基本规范准则，除极个别村民没有参与人情往来以外，其余村民都会遵守村里多年形成的契约，因为不参与村里的人情、事务，会让自己在村里抬不起头、做不了人。而遵守公共性的村民，也会对村干部形成强有力的监督，防止他们腐败、以权谋私，如果村干部出现腐败等行为，他也会因为违反公共性而受到孤立。

最后，从熟人社会的价值吸引来看，价值吸引是指村庄对于村民来说是具有吸引力的，村民希望从村庄获得利益，也希望自己能够得到村内其他村民的肯定性评价，个体能够从这种肯定性评价中寻找到价值。这也可以发现大多数村民其生活是具有内向性的，即村民个体的价值是面向村庄的，村庄外面的事物对于其价值实现来说无足轻重。如果村庄没有这种价值吸引，那个体就不会注重其他村民的评价和看法，村庄的舆论也无法发挥作用，当然，依靠村集体对个体进行压制也是无济于事的。对于城郊村来说，城郊农民逐渐形成一种维护集体租赁经济的舆论，个体的利益系于村集体利益之中，如果个体忽略这种价值吸引，则可能形成原子化的个体，同时还会影响其租赁经济的多寡。在 M 村，村民大多注重村内的评价，会经营村内的人际关系，他们希望得到村集体其他成员的肯定，而彼此的肯定则会形成一致的行动逻辑，对于那些不在乎村内价值吸引、不面向村庄内部生活的，则会受到村庄的排斥，造成个体利益的损失。

由此可见，城郊农民关于集体租赁经济的一致行动，是由于传统熟人社会公共性、价值吸引和信息对称的特征所致。村庄对于城郊农民来说是具有价值的，因而他们的生活是面向村庄内部的，村庄逐渐形成一种强制性的行为规范，而村庄的公共性特征和价值吸引特征则保证了村民信息的对称，换言之，城郊农民信息对称之所以能够维持，是由于熟人社会价值吸引和公共性两种力量在起作用。可见，集体租赁经济作为城郊经济的一种典型形态，并非偶然性的，其发生和发展都有着必然性规律。

6.4　城郊未征地农民租赁经济影响因素的实证分析①

6.4.1　变量与数据

本节将对前述理论分析所得出的假设进行验证，即城郊未征地农民的租赁决策将受到哪些因素的影响。这种影响因素主要包括需求层面和供给层面，考虑到分析的完善以及数据的可获得性。供给层面的租赁因素主要包括：房屋当前市价、除现住房外是否还有其他房产、空房率、本村居民同质性、本村建筑格局、本村房屋拥挤程度，这些因素主要反映城郊农户的房屋质量和房屋格局；需求层面的租赁因素主要包括：所在城郊村距离县城距离、本地非农产业发展、流动人口、本村是否有企业，这些因素主要反映城郊农民所在村是否存在租赁需求。通过供给与需求两个层面因素的分析，可以较好地探究城郊农民租赁决策。

本节的数据主要来自2010年、2012年和2014年中国家庭追踪调查（China Family Panel Studies，CFPS），第5章已经对该数据集作了充分介绍，此处不再赘述。本节将重点介绍数据处理过程，数据处理过程如下：首先，筛选城郊农民样本：（1）筛选城郊村样本。根据变量urban14（城乡分类）和cz7（社区类型）② 进行筛选，根据urban14 = 1获得城镇样本，同时根据cz7 = 3和cz7 = 4获得城郊村样本；（2）筛选农户样本，根据qa301选取户籍为农业户口的样本。根据条件（1）和条件（2），可以得到城郊农民样本。其次，运用stata14.1将个体数据、家庭数据、村庄层面数据进行合并处理。再次，筛选出2010年宅基地未征用（住房拆迁）的城郊农民样本，这样筛选的目的在于分析城郊农民土地征用后的租赁决策情况，探究其背后的需求因素和供给因素。最后，删除各变量中赋值为“无法判断、缺失、不适用、拒

① 本章主要分析城郊村宅基地未被征用农民的租赁经济收入。对于有多套房屋的城郊农民来说，既然宅基地被征用，他仍然有可能还有租赁经济。为了分析的便利，本书不涉及这些主体。

② Urban14的取值包括1 = 城镇；0 = 乡村。Cz7的取值包括1 = 城市；2 = 城镇；3 = 农村/城郊村；4 = 郊区。

绝回答、不知道”的数据。经过筛选，共获得 67 个村 3651 个宅基地被征用的城郊农民样本，其中住房出租的城郊农民样本为 329 份。这 3651 个样本覆盖全国 21 个省市区，其中：河北省（270 份）、山西省（43 份）、辽宁省（242 份）、吉林省（66 份）、黑龙江省（65 份）、上海市（369 份）、江苏省（149 份）、浙江省（49 份）、安徽省（133 份）、福建省（38 份）、江西省（52 份）、山东省（368 份）、河南省（579 份）、湖南省（48 份）、广东省（346 份）、广西壮族自治区（153 份）、四川省（292 份）、贵州省（61 份）、云南省（73 份）、陕西省（66 份）、甘肃省（189 份），样本具有较强的代表性。表 6－4 报告了所有变量的定义及统计学信息。

表 6－4　未宅基地征用城郊农民租赁决策因素描述性统计分析

供求层面	变量名	变量定义	均值	标准差
因变量	Ifrent	是否房屋出租，1 = 是；0 = 否	0.09	0.286
	Lnrent	房屋租金对数（元）	8.789	1.229
供给因素	Lnhousing	房屋市价对数（元）	2.892	1.116
	Ifhouse	除现住房外是否还有其他房产，1 = 是；0 = 否	0.157	0.364
	Vacancy	空房率（0% ~100%）	7.22	10.841
	Homogeneity	村内居民同质性①（1 = 混杂；…；7 = 很相似）	4.984	1.262
	Pattern	村内建筑格局（1 = 很乱；…；7 = 很整洁）	4.806	1.276
	Crowded	村内住房拥挤程度（1 = 拥挤；…；7 = 宽松）	4.653	1.515
需求因素	Distance	所在城郊村距离县城距离（里）	41.460	33.337
	Industry	村内非农产业产值对数（元）	4.673	3.307
	Lnflow	村内流动人口对数（人）	4.21	2.865
	Ifenterprise	村内是否有企业（1 = 有；0 = 无）	0.057	0.232

6.4.2 模型与分析

对于宅基地未被征用的农户，其租赁决策模型构建，我们采用二元 logit

① “同质性”指城郊村成员的社会经济状态差别不大。

回归模型估计，以分析城郊租赁经济供给特征和需求特征变量对城郊农户租赁决策的影响，回归方程如下：

$$p(X_i) = Prob(T = 1 \mid X_i) = \frac{\exp(\beta_i x_i)}{1 + \exp(\beta_i x_i)} \tag{6-20}$$

式（6-20）中，因变量 T 为未宅基地征用农户“是否出租房屋（Ifrent）”（1 = 是；0 = 否）；自变量见表 6-3，包括需求与供给层面的特征变量。当因变量 Ifrent =1 时，即已经出租房屋的群体，我们进一步观察需求与供给层面特征对租金收入（Lnrent）的影响，构建如下回归模型：

$$Lnrent = \alpha + \beta_i x_i + \varepsilon \tag{6-21}$$

根据式（6-20）和式（6-21）的回归模型，我们分别进行二元 logit 回归估计和稳健性 OLS 回归估计，得到未征地农户房屋租赁决策及租金收入的回归估计结果，结果见表 6-5。

表 6-5 未宅基地征用城郊农户租赁决策及租金收入的回归结果

变量	因变量：Ifrent	因变量：Lnrent
	logit	OLS
Lnhousing	0.732 *** (0.064)	0.401 *** (0.117)
Ifhouse	1.679 *** (0.144)	0.323 *** (0.118)
Vacancy	-0.008 (0.006)	-0.008 (0.006)
Homogeneity	-0.022 (0.081)	-0.222 *** (0.059)
Pattern	-0.159 * (0.089)	0.107 (0.103)
Crowded	0.154 ** (0.067)	0.134 ** (0.062)
Distance	-0.004 * (0.002)	0.000 (0.002)
Industry	0.118 *** (0.022)	0.031 (0.033)

续表

变量	因变量：Ifrent	因变量：Lnrent
	logit	OLS
Lnflaw	0.283*** (0.032)	0.068 (0.045)
Ifenterprise	0.243 (0.258)	0.603*** (0.213)
常数项	-7.006*** (0.490)	6.504*** (0.793)
样本量	3651	329
Pseudo R^2	0.272	0.220
F/LR 统计量	601.63	9.883

注：*、**、*** 分别代表变量在 10%、5%、1% 的置信水平上显著，括号内为稳健性标准误。

首先观察农户租赁决策，可以发现：从供给层面来说，房屋市价（Lnhousing）显著正向影响农户租赁决策，房屋市价每提高 1 个百分点，城郊农户采取租房决策的可能性将提高 2.08 个百分点[①]；拥有多处住房（Ifrent）显著正向影响农户租赁决策，除现住房外还有其他住房的农户采取租房决策的可能性将比只有一处住房的农户高 5.36 个百分点；房屋整洁程度（Pattern）对城郊农户租赁决策有显著负向作用，即村内房屋越整洁的村庄，其农户采取租赁决策的可能性将下降，这或许可以解释城郊村或城中村内屋租市场缘何杂乱的原因，这可能是由于城郊村中有很大一部分租客属于农民工群体，他们对村庄的整洁程度并不在意，其租房的主要目的在于有一个安身之所；住房拥挤程度（Crowded）显著正向影响农户房屋租赁决策，即房屋越拥护的村庄，其农户采取租赁决策的可能性将更高。从需求层面来说，距县城距离（Distance）对农户租赁决策有显著负向作用，即距离县城越近的村庄，其农户更可能采取租房决策，这主要是因为离城较近的城郊村，其土地价值更高、人流更密集，从而导致租赁需求更强；村庄的非农产值（Industry）显著正向影响农户租赁决策，即非农产业越发达的城郊村，其农

① 此处 2.08 为 logit 模型的 OR 值，其计算公式为 OR = e^coef。下同。

户住房租赁的可能性越高；村庄内流动人口数（Lnflaw）显著正向影响农户租赁决策，流动人口越多的村庄，其农户住房租赁的可能性越高。

以上分析表明，对于宅基地尚未征用的城郊农户，其租赁决策将受到多方面因素的影响，归纳起来主要为供给层面和需求层面的特征变量，供给层面主要包括房屋价值、房屋数量、房屋整洁程度、房屋拥挤程度等；需求层面主要包括距离城市远近、村内非农产业发展、村内流动人口数量。因此，城郊农民能否获得较多的租赁收入，关键在于供给层面和需求层面的因素是否得到满足。

为此，我们进一步观察城郊农户租赁收入回归模型。从结果来看，房屋价值、是否有多处住房、房屋拥护程度、村庄内是否有企业显著正向影响租金收入，即房屋价值越高、有多处房屋租赁、房屋拥挤程度越高、所在村庄有企业的农户将有更高的租金收入。与之相反，村庄内农户的同质性程度越高，将越不利于提高租金收入，这主要是因为同质性程度越高的农户，其在屋租市场上的竞争力也越大，从而会降低租金价格，导致租金收入降低。

综上所述，城郊农民的租房决策及租金收入将会受到房屋质量、地理位置、房产数量、村庄内产业发展情况等多种供求因素影响，从而验证了本章理论分析部分所得出的结论。

6.5　城郊未征地农民租赁经济对收入水平的影响分析

上节我们分析了城郊农民租赁经济决策及租金收入背后的影响因素，此节我们将进一步分析未征地农户租赁决策对收入水平的影响，定义如下方程：

$$Y = \gamma L + \partial X + \varepsilon \tag{6-22}$$

式（6－22）中，Y 表示城郊农民收入，L 表示未宅基地征用农户是否出租房屋的二值变量，X 表示控制变量矩阵，ε 表示随机扰动项。如果农户是否出租房屋是随机的，那么租赁房屋的收入效应就可以表示为出租房屋农户收入与非出租房屋农户收入的差值，此时 γ 便是城郊农民房屋租赁决策的收入效应。然而，如上节分析所述，农户房屋租赁决策并非随机决定的，而是受到房屋质量、地理位置、房产数量、距离城市远近、流动人口多寡等众多供求因素影响。如房屋质量较好、周边有企业、距离城市较近的农户可能更愿意租赁房屋，这些因素也会通过租赁决策间接影响到城郊农民的收入，因而他们出租房屋的可能性也更大。此时我们以收入为因变量将可能导致 L 与 ε 相关，运用 OLS 估计可能导致 γ 的估计有偏，并出现内生性问题。因此，房屋出租农户与非出租农户的收入不能进行直接比较。在这种情况下，我们可以采用倾向得分匹配（PSM）处理样本偏误问题。

6.5.1 倾向得分匹配方法

根据非宅基地征用农户是否出租房屋，本书将样本分为激励组和控制组两类。激励组即出租房屋的城郊农民，控制组即未出租房屋的城郊农民。前文提到，城郊农民出租房屋对收入的影响效果，可能来自房屋质量、地理位置、房产数量、距离城市远近、流动人口多寡等众多供求因素影响，而出租房屋的直接影响，因此有必要控制样本的自选择偏误。文章采用 Rosenbaum 和 Rubin（1983）提出的倾向得分匹配模型（PSM），其基本思想是找到与激励组相似的控制组样本，从而降低样本自选择偏误。这种选择方法即是倾向得分（propensity score），倾向得分既可以使激励组寻找一对一的控制组样本，也可以寻找一对多的控制组样本。倾向得分定义是在样本 X 给定的条件下，城郊农民选择出租房屋的条件概率，即：

$$p(Z_i) = Pr\{L_i = 1 \mid Z_i\} = E\{L_i \mid Z_i\} \tag{6-23}$$

其中，L_i 表示城郊农民选择出租与否，取值 0 表示未出租房屋，取值 1 表示出租房屋。Z_i 表示影响出租房屋的供求因素。倾向得分 $p(Z_i)$ 可以用 logit 或者 probit 模型进行估计（Faltermeier & Abdulai，2009），在已知农户的倾向得分 $p(Z_i)$ 后，通常无法寻找到得分完全一样的样本，已有文献主要通过最近邻匹配、半径匹配和核匹配等方法来达到激励组与控制组的样本匹配，这三种方法的计算公式在此不一一列举，通过 Stata 13.1 软件可以很方便地计算出。样本匹配完成后，进一步估计城郊农民选择非农就业的平均处理效果（ATT），其公式为：

$$ATT = E[E\{Y_i^1 \mid L_i = 1, p(Z_i)\} - E\{Y_i^0 \mid L_i = 0, p(Z_i)\} \mid L_i = 1] \tag{6-24}$$

其中，Y_i^0 和 Y_i^1 分别表示同一个城郊农户未出租房屋和出租房屋的收入水平。

6.5.2　匹配结果及检验

PSM分析的第一步是获得倾向得分（PS值），倾向得分主要通过probit或logit等概率回归模型进行估计而获取。为了达到匹配效果最佳，概率模型的选择很重要，Lian等（2011）认为，倾向得分估计的概率模型设定主要通过调整R^2(Pseudo R^2）和AUC值进行判定。在概率模型中，被解释变量是0－1离散型变量，而通过概率模型估计获得的倾向得分（PS值）则是连续变量，因此传统的判定方法失效（Hosmer & Lemeshow，2013），而AUC值①则能较好地反映模型设定效果。表6－6列举了logit和probit两种概率回归模型的估计结果，从回归结果来看，logit和probit的调整R^2分别为0.272、0.265，probit模型的AUC值略高于logit模型的AUC值，Stürmer等（2006）认为获取倾向得分值的概率模型，其AUC值大于0.8时，匹配模型的效果会较好。而本书中probit模型的AUC值为0.855，高于0.8，同时也高于logit模型的AUC值。因此，本书选择logit模型作为获取倾向得分的回归模型。

表6－6　　概率模型估计

变量	LOGIT模型	PROBIT模型
Lnhousing	0.732*** (11.47)	0.384*** (11.69)
Ifhouse	1.679*** (11.65)	0.873*** (11.34)
Vacancy	－0.008 (－1.28)	－0.004 (－1.22)
Homogeneity	－0.022 (－0.27)	0.012 (0.29)
Pattern	－0.159* (－1.79)	－0.098** (－2.15)
Crowded	0.154** (2.30)	0.060* (1.78)

① 医学中常用的受试者工作特征曲线（Receiver Operating Characteristic，ROC）以下的面积被定义为AUC值。

续表

变量	LOGIT 模型	PROBIT 模型
Distance	-0.004* (-1.94)	-0.002** (-2.08)
Industry	0.118*** (5.32)	0.061*** (5.43)
Lnflaw	0.283*** (8.88)	0.127*** (8.37)
Ifenterprise	0.243 (0.94)	0.130 (0.98)
常数项	-7.006*** (-14.30)	-3.555*** (-15.34)
Pseudo R^2	0.272	0.265
AUC	0.854	0.855
样本量	3651	3651

注：*、**、*** 分别代表变量在 10%、5%、1% 的置信水平上显著，括号内为稳健性标准误。

经过 probit 模型计算得到倾向匹配得分（PS 值后），选择合适的匹配方法，可以计算处理组（非农就业）与对照组（未非农就业）的平均处理效应（ATT），匹配方法主要有最近邻匹配、半径匹配和核匹配，本书以最近邻匹配方法为主，半径匹配和核匹配作为稳健性检验。以最近邻匹配方式进行匹配后，分别构造匹配前后租赁组与非租赁组倾向得分的核密度图，以检验匹配的有效性。从图 6-2 可以发现，匹配前租赁组与非租赁组的核密度有显著差异，这进一步验证了租赁组与非租赁组的收入不能简单比较。通过倾向得分构造对照组以后，租赁组与非租赁组倾向得分的核密度曲线呈现一致走势，这表明租赁组与非租赁组农户的可观测变量具有相似特征，从而使得两组农户的收入具有了可比较性。此外，核密度曲线还显示两组农户的倾向得分取值范围大致相同。因此，表明倾向得分匹配满足共同支撑条件，倾向得分匹配效果良好。

倾向得分匹配还必须满足平行假设，即城郊农民非农就业群体与未非农就业群体在倾向得分匹配后，其各个维度特征无显著差异。平衡性检验的总体检验表明（见表 6-7），无论采用最近邻匹配、半径匹配还是核匹配，控制变量总体的标准化偏误均从匹配前的 40.1% 下降到 6.9% ~10.7%，这说

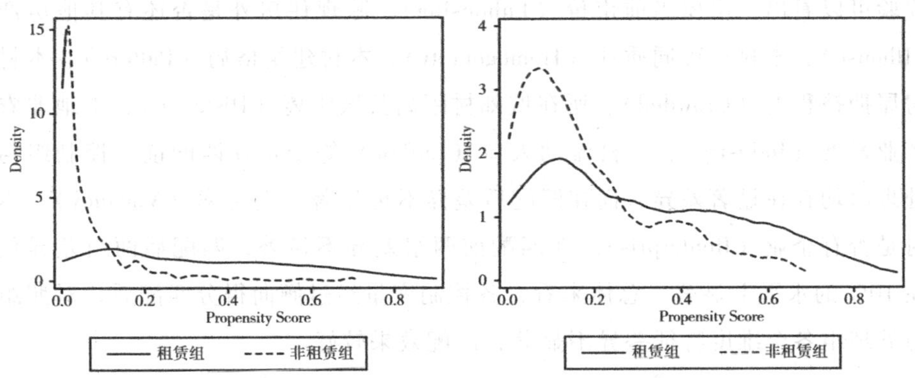

图 6－2　未宅基地征用农户租赁组与非租赁组倾向得分的核密度曲线

明经过倾向得分匹配后样本的偏误问题得到了有效化解。另外，似然比检验表明匹配前控制变量的联合显著性在 1% 的水平上高度显著，而匹配后联合显著性均不能拒绝原假设；Pseduo－R^2 也从匹配前的 0.268 下降到 0.007～0.024，表明利用匹配后的样本对模型进行估计，已经无法识别租赁组与非租赁组特征上的差别。可见，平衡性的总体检验表明经过倾向得分匹配后样本间已无显著差异，模型匹配较成功。

表 6－7　　　　　倾向得分匹配模型的总体平衡性检验

样本		pseudo－R^2	似然比检验		标准化偏误	
			LR 值	p 值	均值	中位数
匹配前		0.268	557.75	0.000	40.1	21.1
匹配后	最近邻匹配（K＝3）	0.016	12.76	0.238	7.6	7.3
	半径匹配（s＝0.001）	0.024	13.11	0.217	10.7	10.0
	核匹配	0.007	5.96	0.819	6.9	5.7

注：最近邻匹配中的 K＝3 的含义是：每个房屋出租的农户找到与其倾向得分最近的 3 位非出租农户，然后加权这三位非房屋出租农户并合成为一个农户，从而得到该房屋出租农户的匹配样本。与最近邻匹配类似，半径匹配和核匹配主要通过加权倾向得分范围内的非房屋出租农户以合并为一个农户。

表 6－8 进一步列举了倾向得分匹配后的分组平衡性检验，标准偏误低于 20% 通常被认为是良好的匹配结果（Rosenbaum & Rubin，1985），从表中可以看出，经过匹配后，影响城郊农户租房租赁决策的所有变量的标准偏误均低于 20%，而在匹配前，这些变量的标准偏误都较高。与此同时，通过 t

检验可以看出，房屋当前市价（Lnhousing）、除现住房外是否还有其他房产（Ifhouse）、本村居民同质性（Homogeneity）、本村建筑格局（Pattern）、本村房屋拥挤程度（Crowded）、所在城郊村距离县城距离（Distance）、本地非农产业发展（Industry）、本村流动人口（Lnflaw）等变量在匹配前，控制组与处理组均存在显著差异，而在匹配后差异不再显著。空房率（Vacancy）、本村是否有企业（Ifenterprise）在匹配前两组差异不显著，匹配后两组差异仅在 10% 的水平上显著。总体来看，各控制变量经过倾向得分匹配后，对照组与处理组各个维度特征差异不显著，匹配效果较好。

表 6－8　倾向得分匹配模型的分组平衡性检验

变量	样本	均值		标准偏误（%）	误差消减（%）	t 检验	
		处理组	控制组			t 值	p 值
Lnhousing	匹配前	3. 854	2. 775	99. 8	95. 1	17. 12	0. 000
	匹配后	3. 745	3. 797	-4. 9		-0. 60	0. 547
Ifhouse	匹配前	0. 434	0. 134	70. 4	85. 8	14. 08	0. 000
	匹配后	0. 390	0. 348	10. 0		1. 06	0. 290
Vacancy	匹配前	7. 164	7. 267	-1. 0	-1276. 9	-0. 16	0. 873
	匹配后	7. 279	5. 867	13. 1		1. 79	0. 074
Homogeneity	匹配前	5. 119	4. 964	12. 1	84. 3	2. 06	0. 040
	匹配后	5. 059	5. 035	1. 9		0. 24	0. 811
Pattern	匹配前	4. 968	4. 772	17. 3	59. 0	2. 58	0. 000
	匹配后	4. 948	4. 868	7. 1		1. 08	0. 282
Crowded	匹配前	4. 865	4. 618	18. 0	54. 9	2. 76	0. 006
	匹配后	4. 781	4. 669	8. 1		1. 17	0. 243
Distance	匹配前	34. 084	42. 242	-24. 1	69. 3	-4. 11	0. 000
	匹配后	31. 341	33. 850	-7. 4		-0. 93	0. 353
Industry	匹配前	6. 778	4. 468	70. 8	99. 9	11. 97	0. 000
	匹配后	6. 655	6. 658	-0. 1		-0. 01	0. 993
Lnflaw	匹配前	6. 327	3. 982	82. 8	94. 2	14. 19	0. 000
	匹配后	6. 194	6. 331	-4. 8		-0. 60	0. 549
Ifenterprise	匹配前	0. 071	0. 059	4. 8	-293. 7	0. 83	0. 407
	匹配后	0. 077	0. 123	-18. 7		-1. 85	0. 065

6.5.3 房屋租赁决策的收入效应

通过倾向得分匹配检验后，获得了无标准化偏差的农户样本，从而可以通过测算房屋出租样本与匹配的非房屋出租样本间的收入差值，以估计房屋出租组的平均处理效应（ATT）。由此便可以计算出未宅基地征用农户房屋出租的收入效应：

$$\hat{ATT} = \frac{1}{N_1}\sum_{i:D_i=1}(y_i - \hat{y}_{0i}) \quad (6-25)$$

式（6-25）中，N_1 表示房屋出租组的城郊农户样本量，$i:D_i=1$ 表示仅对房屋出租的城郊农户样本进行加总，$\hat{y}_{0i}$ 表示房屋出租组内某农户的匹配样本的人均收入对数。基于式（6-25）可以计算出房屋出租的收入效应。表6-9列举了基于三种匹配方式获得的ATT值。从表6-9可知，基于最近邻匹配方式，匹配前，处理组与控制组的收入对数值分别为10.930和10.329，前者比后者高5.8%，两者的差值（ATT）为0.601，且在1%的水平上高度显著；匹配后，分别采用最近邻匹配、半径匹配和核匹配，估计出来的ATT值均大于0，且均在5%的显著性水平上拒绝原假设，尽管三种匹配方式下其ATT值大小有所差异，但测算的结果基本一致。可见，从总体上来看，房屋出租能够显著正向影响城郊农民的收入。

表6-9　未宅基地征用城郊农户房屋出租的收入效应估计

样本	匹配方式	处理组	控制组	ATT	标准误	t值
匹配前		10.930	10.329	0.601	0.068	8.77***
匹配后	最近邻匹配	10.873	10.484	0.389	0.101	3.85***
	半径匹配	10.724	10.329	0.395	0.095	4.15***
	核匹配	10.903	10.715	0.188	0.075	2.49**

注：*、**、***分别表示在10%、5%、1%的水平上显著。

6.6 本章小结

本章的主要目的是基于前一章的结论进行拓展分析，上一章得出的结论之一是：土地征用后，城郊农民的非农就业对收入的边际效应与征地补偿金有关，非农就业的收入边际效应随着征地补偿金的上升而不断降低，即当补偿价格较低时，城郊农民非农就业率更高，而当补偿价格较高时，城郊农民非农就业率更低。而这一观点正解释了我国当前的一种现象：当承包地的征地补偿金较高时，很多城郊农户离开了就业市场。对于城郊农民来说，他们将很难再返回到农业生产活动中，这是因为农业的边际效益相对较低。因此，我们试图从城郊农民的租赁经济中寻找答案，我们发现租赁经济能够显著正向影响城郊农民收入，很多城郊村存在租赁经济现象，既包括城郊农户私人租赁经济，也包括城郊村集体租赁经济。本章基于案例分析和倾向得分匹配等方法，分析了城郊农户租赁决策及租金收入的影响因素，并在此基础上分析房屋出租是否提高城郊农民收入，本章的结论可以归纳为如下几个方面：

（1）对于宅基地征用后的城郊农民来说，虽然他们不能再获得租赁收入，但如果他们在与村集体的博弈中还保留有村集体成员的身份，则他们还能够获得集体收入。

（2）对于未宅基地征用的城郊农民来说，城郊农民的租房决策及租金收入将会受到房屋质量、地理位置、房产数量、村庄内产业发展情况等多种供求因素影响。

（3）运用倾向得分匹配模型消除样本偏差后，即控制了房屋质量、地理位置、房产数量、村庄内产业发展情况等因素后，我们发现，城郊农户的房屋出租能够显著正向影响城郊农民收入。

第7章

土地征用、非农就业与城郊农民收入结构

第5章的分析主要研究了土地征用、非农就业与城郊农民收入水平的关系问题，并得出相应结论。同时，我们也应当看到收入水平是收入结构的反映，城郊农民收入水平的增长和变动关键在于收入结构的变化，而收入结构的变化又受制于其背后的微观因素。基于此，本章将利用CFPS2010、CFPS2014数据考察土地征用、非农就业对城郊农民收入结构的影响及机制。

7.1 引　言

自20世纪80年代开始，我国农民收入呈现短暂的增长态势后，便处于缓慢增长状态，无论是收入增长的水平还是速度上，农民收入都远低于同期的城镇居民。与此同时，随着劳动力的转移、城镇化进程的加快，“摊大饼”式的外围扩张不断挤压城郊农民的土地，众所周知，费孝通在《乡土中国》中说中国农民是带有泥土气息的，农民离不开泥土，种地是农民谋生最有效的办法，城郊农民同样也离不开土地。

从第5章分析中得出，土地征用后，城郊农民的非农就业对收入的边际效应与征地补偿金有关，非农就业的收入边际效应随着征地补偿金的上升而不断降低。与此同时，土地征用对城郊农民收入的影响关键在于征地补偿金的多寡。土地征用对城郊农民收入呈现出正向显著效应，即征地补

偿金越多，城郊农民收入增加越明显。此外，当补偿金过高时，存在着城郊农民离开就业市场、依赖租赁经济获取收入的现象。可见土地征用后补偿金的多寡、非农就业机会以及租赁经济的获取成为城郊农民收入增长的主要途径，这与远郊农民遵循着不同的收入增长路径。探寻城郊农民收入增长背后的结构性因素及其微观机制，无疑是解开城郊农民收入增长之秘的一把钥匙。为此，本章试图从收入结构视角，分析土地征用、非农就业对城郊农民工资性收入、财产性收入、经营性收入和其他收入的影响。

7.2 理论分析

本书认为，由于城镇化的兴起和发展，以及由此导致的土地征用、就业方式转换，改变了城郊农民收入增长模式，从而表现出与远郊农民不同的增长途径。因此，土地征用和非农就业在城郊农民收入增长过程中扮演着重要的作用，而其背后的具体机制是怎样的？本部分试图将土地征用、非农就业纳入一个统一的分析框架之中，以探求土地征用、非农就业对城郊农民收入增长的作用机理。

7.2.1 土地征用与城郊农民收入结构

1. 土地征用对城郊农民农业经营性收入的影响

土地要素的投入会增加城郊农民的农业经营收入，传统微观经济学将土地与劳动力、技术等要素纳入产出函数分析框架。对于工业化水平较低、农业产出比例较高的经济体来说，土地无疑对收入具有重要正向影响，有地和无地农民的收入差距较大。Bravo - Ureta（2006）通过萨尔瓦多和洪都拉斯的调研数据发现，与土地利用直接相关的变量，如产出多元化、水土保持结构、林业系统的采用等，与农场收入有显著的正相关。此外，研究还发现拥有土地的农民比无地农民拥有更高的农业经营收入。Winters 等（2009）运用 15 个国家的数据发现土地使用权的确权对农业生产率的提高有促进作用，并意味着更高的农民福利，而无地农民则无法享受到这种福利。

而土地征用则会减少城郊农民的经营性收入，其主要通过减少农业投资影响城郊农民收入增长，主要表现在：

(1) 土地征用通过增强土地产权不确定性影响土地的投资能力，进而影响城郊农民经营性收入。

Riordan 和 Williamson (1985) 的交易费用理论表明，不确定性是影响交易的主要因素之一。显然，对于风险厌恶的城郊农民来说，土地产权的不确定性会弱化其对土地进行投资。Besley (1995)、Braselle 等 (2002)、Grimm 和 Klasen (2008) 等认为土地产权的确定可以刺激农民进行各种投资决策，Beekman 和 Bulte (2012) 也认为农民只有确定未来的投资收益回报大于其成本时，其才会进行投资，而土地所有权的弱化可能导致农民无法判断未来的收益回报。通过对未来预期收益的确定、从而进行投资决策的行为，Beekman 和 Bulte (2012) 将其称为“保证效应 (assurance effect)”。因此，当土地产权较弱时，农民的土地随时有可能被剥夺，而其在土地上的投资无法得到保障，只能享受部分投资收益或者完全无法享受投资收益，此时，农民将会削弱其对土地进行投资 (Banerjee & Ghatak，2003)。此外，土地使用的不确定性还可能导致农民在土地使用期间过度使用土地，以使自己的收益最大化 (Ray，2001)，但这会造成土地后续投资利益的下降。可见，土地产权的确定对农民投资有着重要的指示作用，明晰的产权可以为农民投资提供保证，保证其土地不被企业、政府或其他组织剥夺，这也有利于农民对土地的合理投资和利用。

从上述分析来看，土地征用无疑是对城郊农民土地产权的剥夺，这会增加城郊农民未来投资的不确定性，导致城郊农民中长期投资风险的增大。经常性的土地变动使得城郊农民投资信心弱化，并减少对土地的投资，或者在短期内过度使用土地，造成土地再生能力下降。由此可见，土地征用是对农民土地所有权和使用权的剥夺，也是对其土地投资权利的剥夺。从这个意义上说，土地征用会导致城郊农民收入的降低。

(2) 土地征用通过弱化土地的抵押效应影响土地的投资能力，进而影响城郊农民经营性收入。

Deinlnger (1999) 认为土地的信贷功能是农民缓解融资困难、进行有效信贷配给的重要途径。自 20 世纪 80 年代以来，土地的产权改革在亚洲、拉丁美洲各国得到了有效推广，从而使土地信贷成为农民重要的融资方式。可见，农民土地产权的确定、并使土地具有抵押功能，不仅可以缓解农民的信贷供给，也可以促使农民进行土地投资，从而增加农户收入（Besley & Ghatak，2009）。当农民土地产权明晰时，金融机构会预期到土地未来升值价值以及未来土地产出的增加，从而会上调土地的担保价值，以更低的贷款利率放贷，并向农民提供更多的信贷信息，农民便有更多的资金进行投资，使以土地作为融资方式的投资成本更为低廉（Feder & Nishio，1998）。此外，农民某一地块产权的确定，其所获得的融资收益可以延伸到该农户其他地块上，使土地整体投资水平得以提高（Besley，1993）。

然而，由于我国的农地经营制度是统分结合、双层经营的家庭联产承包责任制，农村和城郊的土地属于集体所有，农民仅有使用权和经营权。这种制度使农民土地产权并不稳定，农村土地并不能作为信贷抵押，导致农民的信贷不足。土地产权的不稳定和法律制度限制土地的融资功能，使农民依靠土地进行投资可能性较小。不过，随着土地制度的不断演进，中央也对土地的融资功能进行了试点，特别是 2016 年中央经济工作会议提出，以农村土地征收、集体经营性建设用地入市、宅基地制度改革为代表的“三块地”改革进入全面试点。按照试点方案，将探索宅基地有偿使用制度和自愿有偿退出机制，探索农民住房财产权抵押、担保、转让的有效途径。一旦农村宅基地和农房被赋予资产属性可以在银行抵押贷款后，能在一定程度上缓解很多农业创富者的资金短缺问题。不管是流转土地，还是购买农资、农机，都可以用宅基地和农房来解决资金难题。

不过，有研究发现土地的融资抵押功能在不同的农户群体中存在着较显著的异质性，Tassel（2004）认为，土地融资抵押功能仅在土地经营规模较大的农户中有效，而较贫困的农民由于交易成本的限制，往往无法通过土地抵押实现投资经营。Menkhoff（2012）通过越南的实证研究发现，银行在发放贷款过程中，土地使用权的抵押并未成为发放贷款的依据，而农民与银行的关系才是主要依据。可见，即使土地抵押试点不断推行，由于农户规模较小而导致融资过程中交易成本上升以及农业用地的价值普遍较低，金融机构出于利益最大化考虑，很难将土地作为融资抵押物。

从上述分析来看，土地征用加剧了土地产权的不确定性，降低了土地的融资抵押功能，且城郊村属于寸土寸金的地段，一旦土地的抵押功能得以确定，金融机构比较乐意将城郊村土地作为融资抵押物。因此，土地征用是对城郊农民融资抵押功能的褫夺，导致城郊农民土地投资积极性下降，城郊农民收入整体上会下降。

（3）土地征用通过弱化土地流转功能影响土地的投资能力，进而影响城郊农民经营性收入。

2016年中央农村工作会议明确提出，“鼓励承包农户依法采取转包、出租、互换、转让及入股等方式流转承包地，发展适度规模经营，促进农民增收”。土地流转是为了解决农地细碎化、劳动力与土地配置不合理所创新出的一种要素配置方式，是调整农村生产力与生产关系的合理举措。同时，土地流转政策使农村土地经营权得以放活，农民可以根据市场供需调节适时地出租或租赁土地，使土地能够在短期内获得投资回报，而减少了自己经营土地所带来的长期经营风险。此外，土地经营权流转的放活可以将土地置入农地流转市场，通过市场的资源配置效应，将土地流转到最需要土地的农民手中，以达到土地投资的目的。通过土地出租、转让等形式以达到土地投资的目的，有学者（Beekman & Bulte，2012）将之称为“实现效应（realizability effect）”。

《中华人民共和国农村土地承包法》规定“通过家庭承包取得的土地承包经营权可以依法采取转包、出租、互换、转让或者其他方式流转”，这为土地投资的“实现效应”提供了法律基础。但农地流转的一个前提条件是农地产权的稳定性，产权不稳定会影响到农地流转合同的有效性，进而阻碍土地流转市场的发育（钱忠好，2002）。

显然，城郊村的土地征用影响到了农地产权的稳定性，土地产权的不稳定会影响到城郊农民的长期投资行为（贺振华，2006），从而使土地的“实现效应”不能得到充分发挥。

基于上述分析，我们认为：土地征用通过减少农业生产性投资，进而显著负向影响农业经营性收入，如图7-1所示。

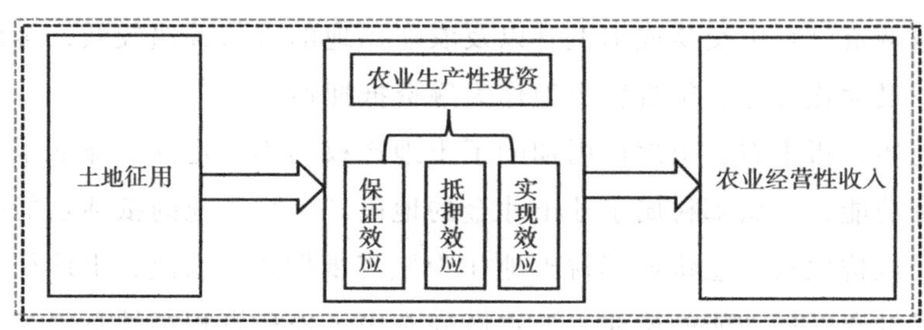

图 7-1　土地征用影响农业经营性收入的路径

2. 土地征用对城郊农民工资性收入的影响关键在于城郊农民的非农就业

土地征用会影响城郊农民的工资性收入。土地征用会减少城郊农民的土地，无地或少地农民会转入非农就业，但非农就业面临许多隐性成本，诸如留守儿童问题，父母无法照顾孩子所带来的成本远大于其收入效应（陶然和周敏慧，2012）；就业歧视问题，农民在城市非农产业就业面临同工不同酬的问题（姚先国和赖普清，2004）；城市融入问题，非农就业农民在就业和生活压力加大的影响下，其社会安全感、公平感、满意度和未来预期却都有所降低（李培林和李炜，2010）。从这个意义上说，土地征用会导致土地规模的减少，更多的人投入到非农就业活动中，但非农就业所带来的隐性成本往往大于其收入效应，从而导致农民收入的减少。当然，也有持相反看法的学者，张广胜和周娟（2009）研究发现，土地面积越大的村，也可能由于规模化经营条件不足、农业生产效率较低、农户人均收入较低等原因，造成其非农就业比例较高的现象。

从土地与农民收入的关系上可以出，土地对增加城郊农民的农业经营性收入是有利的，土地作为农业生产经营活动的保障，是农业经营收入获取的必要条件。但土地对城郊农民的工资性收入影响却观点不一，从而导致土地征用对城郊农民收入的影响方向并不确定。不过，也有不少文献认为土地与工资性收入之间可以实现良好的互动，Gray 和 Bilsborrow（2014）通过对中南美洲国家的分析发现，良好的土地禀赋可以促使农民使用农用机械、化肥的积极性，并提高农业生产效率，从而导致机械对劳动力的替代，节省更多的劳动力，而多余的劳动力会进入非农产业，农民在非农产业中获得的工资性收入可以购买更多的机械和化肥，进一步提高农业生产率。这样既保证了农民的务农收入，也保证了其务工收入，从而实现土地与农民收入的良性互动。显然，土地征用破坏了这一良性互动，使城郊农民收入来源变得不稳定。此外，学者（Van wey et al，2012）也证实了土地、农民收入、农民外出务工比例并无明确的负向关系。从这些文献分析可以发现，土地对农民收入的影响并非单向且没有反馈作用的，而农业投资在其中扮演着关键的作用。

土地被是农民重要的生产资料和农民增收的保障，土地规模的变化会引起生产资料的变化和农民收入的增减，土地是农民获取农业经营收入的渠道，但同时也是农民获取非农业工资性收入的障碍（骆永民、樊丽明，2015）。土地的丧失会使农民更多地从事非农产业，获取工资性收入（Winters et al.，2009）。这种理论也得到了实证数据的支持，学者们利用墨西哥（Yunez - Naude et al.，2001；Winters et al.，2002）、埃及（Adams，2002）、尼加拉瓜（Corral & Reardon，2001）的实证分析均表明，土地规模与农业生产活动呈现一个正相关关系，土地规模越大，农民会把更多的时间投入到农业经营活动中，而将更少的时间投入非农经营活动。从而导致农业经营收入的增加和非农工资性收入的减少。简言之，土地规模会改变农民的收入结构。对于中国的研究，结论也大体一致，土地的多少会影响农民的择业行为，土地越多，农民会更趋向农业经营，减少外出务工活动，土地越少，会驱使农民外出务工，以获取工资性收入（张广胜、周娟，2009）。土地征用是一种农民土地减少或丧失的过程，基于文献研究，征地应当会导致农民收入结构的变动。

通过上述文献分析，以前第 5 章得出的结论，我们认为土地征用对城郊农民非农就业的影响，关键在于土地征用后城郊农民是否有非农就业机会，而非农就业机会包括供给和需求两方面的因素，与此同时，城郊农民是否非农就业还与征地补偿金有关，征地补偿越多，城郊农民更容易离开就业市场，如图 7 - 2 所示。

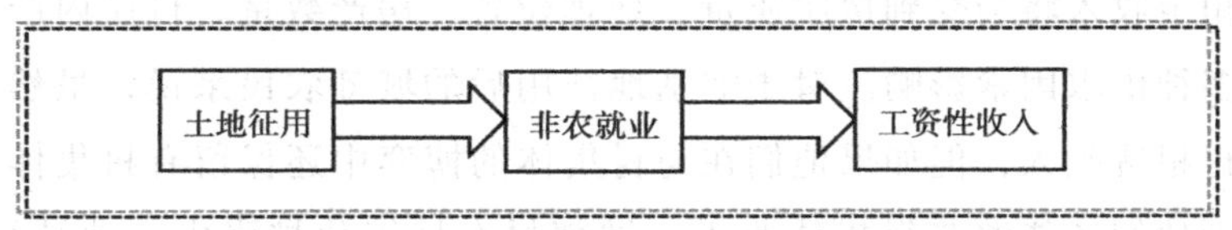

图 7 - 2　土地征用影响工资性收入的路径

3. 土地征用对财产性收入的影响关键在于征地补偿金和房屋租金的多寡

党的十八大明确提出“改革征地制度，提高农民在增值收益中的比例分配”，十八届三中全会也提出“缩小征地范围，规范征地程序，完善对被征地农民合理、规范、多元保障机制”。可见，建立兼顾国家、社会、个人土地增值收益分配机制，已经成为征地改革的重要内容。

城郊农民能够获得征地补偿收入，其实质是福利经济学的要素贡献率分配机制在起作用，也即土地发展权（柴铎和董藩，2014）。土地发展权的含义是土地所有者或承包经营者拥有提高土地开发强度的权利，这种权利可以从土地权利束中剥离出来。土地发展权的本质是平衡土地所有者（或经营者）土地收益最大化与公众整体福利的缓冲手段。假定土地所有者为维持某种公众福利的土地用途所获得的效用为 U_p，其他社会成员的效用为 U_s，土地所有者提高土地强度所获得的纯效用为 C_p，若满足 $U_{p+}U_s > C_p$，且 $C_p > U_p$，则土地所有者维持现有土地用途对社会是有益的，此时土地所有者承担的效用为 $C_p - U_p$，即土地发展权；而如果 $C_p - U_p < U_s$，则此时社会也可以让渡一部分效用补偿土地所有者，此时，社会将享有 $U_s - (C_p - U_p)$ 的剩余效用。可见，通过土地价值的再配置，对土地所有者为社会福利所让渡的发展权价值进行补偿，并使其有利可图，提高土地所有者的边际效用，正是我国逐渐实行的土地征用制度。国家为了维持城镇建设的公共福利，对城郊农民进行土地征用、并对其为公共利益而让渡的土地发展权进行补偿，使国家、社会、城郊农民均能享受土地增值收益。因此，征地补偿金的多寡成为城郊农民能否增加财产性收入的关键。

此外，如第 6 章所分析，城镇化扩张会引起城郊村的土地升值，城郊农民可以通过升值的土地或房屋发展屋租市场，部分城郊农户可以获得租金收入，由前述分析可知，对于未宅基地征用的城郊农民来说，城郊农民的租房决策及租金收入将会受到房屋质量、地理位置、房产数量、村庄内产业发展情况等多种供求因素影响。对于宅基地征用后的城郊农民来说，虽然他们不能再获得租赁收入，但如果他们在与村集体的博弈中还保留有村集体成员的身份，则他们还能够获得集体收入。城郊村在城镇化扩张中土地被征用时，村集体依法享有留用地。国家明文规定“农村集体土地依法被征收为国有土地的，设区的市、县（市、区）人民政府除依照法律、法规规定的标准给予补偿外，还应当按照被征收土地面积的一定比例，为被征地村安排集体经济发展留用地，或者以留用地指标折算为集体经济发展资金等形式予以补偿"，留用地可以用于工业建设或发展服务业，通过项目招标的模式进行，留用地项目建成后，村级集体经济组织持有部分可用于租赁获取长期收益，国家禁止村集体通过"以租代售"形式变相转让留用地项目。可见，通过留用地的经营收益，可以作为村级财政收入或村民福利发放的载体，留用地已经成为被征地农民重新就业的重要途径，也是村级收益的重要来源，如图7－3所示。

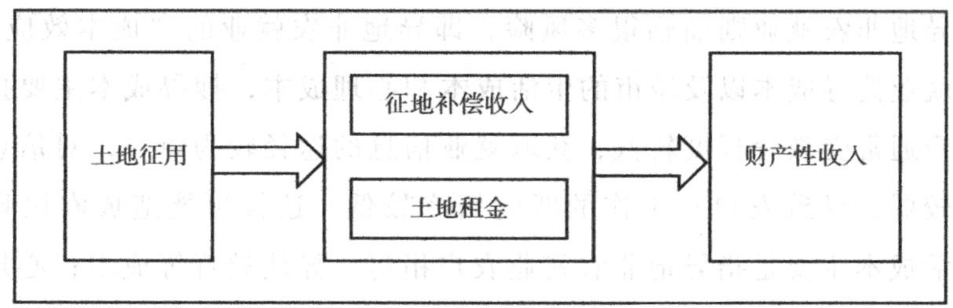

图7－3　土地征用影响财产性收入的路径

7.2.2　非农就业与城郊农民收入结构

前述通过理论分析得出征地在城郊农民增收环节中的重要作用，也可以推知城郊农民利用土地如租赁、土地转出等形式获得财产性收入。除此之外，对于城郊农民来说，其非农就业也是一个很重要的配置要素。由于我国长期实行户籍制度限制政策，农户外出非农就业往往是暂时且不充分的，即农户经常往返于城市和农村之间、农户家庭存在着就业行为的优化配置问题。传统的古典经济学将个体作为最优决策单位并不能较好地说明非农就业对城郊农民收入水平及结构的影响，而现有研究则较多地将家庭收益最优化作为决策目标。同时，非农就业对收入结构往往存在着不同的影响效应，城郊农民是否选择非农就业是综合决策的，而并非仅仅根据某种经济行为决定。鉴于此，本小节将分析非农就业对城郊农民各种收入来源的影响。

1. 非农就业对工资性收入的影响

非农就业可以直接增加农户的工资性收入，选择非农就业的外出务工人员和留守在家的成员存在着一种潜在的契约关系，即外出非农就业的成员会为家庭提供汇款收入，以增加工资性收入改善家庭生活生产环境。这一观点得到较多研究的证实，无论是国外发展中国家的劳工输出，还是国内的农民工外出非农就业，其所获得的工资性收入都会通过汇款形式转移给留守家庭。可见，非农就业具有直接增加城郊农民收入的“财富效应”。

但也应当注意到，农户外出非农就业分为本地非农就业和异地非农就业，而异地非农就业则面临很多风险，即异地非农就业的“成本效应”，主要包括就业搜寻成本以及城市的生活成本和心理成本，搜寻成本主要指外出务工农户通常受教育程度较低，获取就业信息的途径较为单一，对信息甄别的能力较弱，导致农户与工作的匹配概率较低，这样可能造成农民盲目流动；生活成本主要是指异地非农就业农户租房、异地教育等成本；心理成本主要是指异地就业农户可能面临孤独、城市居民的歧视、对工作的适应等问题。而本地非农就业所面临的成本则相对较小。从统计上来说，城郊农民以本地非农就业为主，其就业过程中面临的各种成本相对较小，而远郊农民则以异地非农就业为主，其就业过程中面临的成本较大。可见，城郊农民由于本地农民就业率较小，其工资性收入不必因为各种成本而抵消，从而非农就业所带来的收入净效应也更大。

2. 非农就业对农业经营性收入的影响

非农就业主要通过对农业生产性投资的增减来影响农业经营性收入，具体来说主要有：

(1) 非农就业造成农业劳动力的流失，从而影响农业生产性投资。刘易斯提出的“二元经济理论”认为在具有二元经济结构特征的社会里，由于传统农业部门存在大量低收入的劳动力，促使了农业劳动力资源不断从农村流向城市，直到农业部门剩余劳动力全部被工业部门吸收，二元经济变为一元经济。虽然刘易斯没有考虑到农业在社会经济中的作用，但其改进模型费拉模型将“农业生产效率提高”作为前提，得出的结论是，从刘易斯第一拐点到第二拐点之间的区间，农业生产效率不为零、但农业工资低于工业工资时，农业劳动力依然会被工业部门吸收。农业生产效率与工业生产效率无法同步提高，劳动力将由农业部门转向非农部门，农业将会受到负面影响。在已有微观研究中，非农就业造成的劳动力流失也被证实，农户非农就业会直接减少农业生产经营所需的劳动力（Sindi，2006），由于中国传统的小农生产经营环境，农村劳动力供求市场发展滞后，非农就业所造成的劳动力短缺往往无法被雇工替代，而劳动力短缺则会影响农业生产性投资。

与此同时，非农就业导致劳动力的“短缺效应”，还可能导致农业生产粗放化、女性化、老年化。传统农业生产通常是精耕细作，这得益于大量的农业劳动力附着于土地，而随着劳动力非农就业机会的增多，留在农村的多为“三八六一九九”部队，劳动力在农业和工业部门的不同配置使农业成为增收的弱势产业，农业对收入增长的贡献正在逐渐降低，农业只是起到社会保障作用。农业经营的老年化和女性化也必然导致他们减少农业经营规模，或者减少劳动力密集型的农作物种植，而经营规模和种植结构的变化则会导致劳动生产率和土地产出率的减少，进而减少农业经营收入。余凤（2013）运用重庆市的调研数据发现，劳动力缺失会导致留守人员减少水稻、小麦等劳动密集型作物的种植，而增加玉米、马铃薯等粗放型作物的种植。

（2）非农就业可以减缓农业生产经营的风险，进而影响农业生产性投资。农业是弱质性产业，面临着自然风险和市场风险。从自然风险来说，农业生产中地形、土壤的不同，天气、气候等的不确定性，尤其是病虫灾害、自然灾害等的不可抗拒性等因素，会导致农业生产面临较高的经营风险；从市场风险来说，农业生产分工环节众多，农产品交易的不确定性、农产品较高的资产专用性、农户间较高的交易频繁等导致交易费用较高，很难实现纵向协调，降低生产成本，规避市场风险，同时农产品的市场价格波动较大，农户面临较大市场交易风险。而发达国家的经验证据表明，完善的农业保险能够减缓农户经营中所面临的各种风险，提高农户对农业生产性投资的积极性（Wu & Adams，2003）。但在中国这样的发展中国家，政策性农业保险和商业性农业保险均不发达，农业保险市场并未帮助农户规避风险。一旦发生气象或地质灾害，政府只能通过专项补贴缓冲风险，而农业生产损失绝大多数则由农户自己承担，这会严重打击农户投资农业的信心。而对于农产品交易中所遇到的市场风险，也没有农业保险给予扶持，农户只能通过加入合作社缓解交易风险。从这个意义上来说，在农业保险市场不够发达的农村，非农就业及其汇款收入则是对保险功能的一种替代（Gubert，2002），可以缓解自然风险和市场风险对农户家庭经营的消极影响。非农就业可以看作一种风险抵抗能力提升的反映，而风险能力的提升则会驱使农户采用高风险、高技术的种业技术，从而促进农业投资水平的提高（方鸿，2013）。

（3）非农就业可以缓解信贷约束，进而影响农业生产性投资。中国是典型的小农经营国家，这就决定了农业生产是一种自给自足的生产方式，农业所需要的资本基本来自家庭经营收入或非农就业收入。但随着现代适度规模经营的要求，一大批新型农业经营主体应运而生，越来越多的农户依靠金融机构贷款或非正式组织借款发展现代农业。可以说，贷款在农业经营中占据着重要地位（Saqib et al.，2010）。不少研究均已证实信贷效应对农业生产性投资的重要影响（Kohansal et al.，2008）。然而，对于中国这样农业经营水平较低的国家来说，农业信贷存在着交易费用较高、风险与收益不匹配等问题，从而导致信贷市场存在选择性信贷配给现象（刘瑞明，2011），农户往往不能获得正规金融机构的贷款（桑瑜，2015）。在正规信贷无法满足农户农业投资需求的前提下，大部分农户选择非正规金融机构来缓解信贷约束（Turvey et al.，2010）。

非农就业却能够缓解农户面临的正规信贷和非正规信贷的约束。一方面，非农就业能够提高农户的工资性收入，同时也能够缓解农业生产中自然风险和交易风险对农业经营收入的冲击。工资性收入的增加和农业经营风险的降低会增加正规金融机构的放贷意愿，从而有利于增加农户获得正规金融机构贷款的概率和额度（黄祖辉等，2009）。另一方面，非农就业有助于农户突破传统的农村地缘、血缘和亲缘等社会关系，进入到城市，构建起更为复杂的社会关系，从而有助于扩大农户非正规信贷来源（孙永苑等，2016）。因此，无论是正规金融信贷还是非正规金融信贷，非农就业率较高的家庭更易从中获得贷款，这将有助于农户家庭将贷款用于农业生产性投资，从而增加农业经营收入。但农户获得的贷款用于农业投资只是一个必要条件，如果贷款未用于农业投资，而是用于住房、教育、医疗等方面，那么信贷能力提升对农业生产性投资并无积极影响。因而，非农就业所带来的信贷约束缓解对农业生产性投资的影响效应将很难判断。

(4) 非农就业所带来的收入增加效应可以直接用于农业投资。虽然农户可能因为非农就业而导致农业经营的劳动力短缺，但农户进入到非农产业，能够获得比农业经营更多的工资性收入，而这部分收入则使得留守成员能够购买更多的农业生产性资料，如化肥、农药、种子等（Wang et al.，2016）。但农户非农就业所带来的收入也可能用于消费性支出或医疗教育等支出，而并非用于农业投资。因此，非农就业所带来的收入增长效应对农业生产性投资的影响效应将很难判断，如图 7－4 所示。

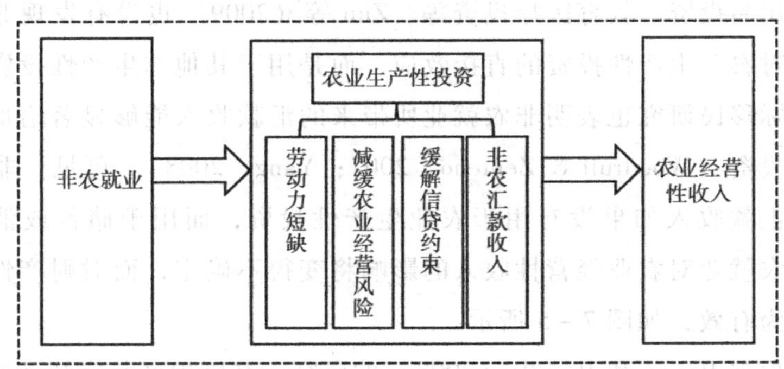

图 7－4　非农就业影响城郊农民农业经营性收入的路径

从上述分析来看，非农就业对农业经营性收入的影响存在多方面的效应，即劳动力的短缺造成农业投资减少；通过减缓经营风险和信贷约束增加农业投资；通过汇款收入增加农业资料的购买。王子成（2012）的研究表明非农就业对农业经营性收入、非农经营收入和其他收入均产生负面影响，汇款只能部分补偿非农就业对农业生产经营所带来的负面效应。因此，非农就业对农业经营性收入的影响还需要进一步运用实证方法验证。

3. 非农就业对财产性收入的影响

非农就业对城郊农民财产性收入的影响，可表现为：配置效应和投资效应。

(1) 配置效应。城郊农民家庭劳动力转向非农就业，农户面临不再经营农业或部分经营农业的决策，如果不再经营农业，则未被征用的土地将以出租的方式流转给职业农民，如果部分经营农业，则这部分农民成为兼业户，土地仍然将通过出租等方式流转给职业农民。事实上，城郊村的土地价值较高，传统的农业经营面临巨大的机会成本，很多城郊农民已经不再从事农业，而将土地出租出去。因此，非农就业可以实现土地资源的合理配置，同时也能够获得土地租金，增加其财产性收入。

（2）投资效应。前文研究表明非农就业可能增加农户的农业生产性投资，进而促进农业经营性收入的增加。但 Brauw 和 Rozelle（2008）的研究并没有发现非农就业与农业生产性投资正向效应的直接证据，而是通过贫富差异的异质性发现，贫困地区农户家庭成员非农就业会直接增加其当期消费水平，而富裕地区农户家庭更倾向于将非农汇款收入用于消费性投资，如住房投资、耐用品投资、教育医疗投资等。Zhu 等（2009）也没有发现非农就业汇款收入对农业生产性投资的直接效应，而是用于其他非生产性投资。一些最新的国际移民研究也表明非农就业所带来的汇款收入能够显著增加储蓄和非生产性投资（Woodruff & Zenteno，2007；Yang，2008）。可见，非农就业所带来的汇款收入如果没有用于农业生产性投资，而用于储蓄或消费性投资，则非农就业对农业经营性收入的影响将变得不确定，而对财产性收入的影响将更为有效，如图 7－5 所示。

不过根据 Brauw 和 Rozelle（2008）的研究，贫困地区与富裕地区农户家庭所获得的汇款收入存在投资差异，城郊村相较于远郊村来说更为富裕，我们认为城郊农民更倾向于将其所获得的非农汇款收入用于住房、储蓄等非生产性投资，因而非农就业对财产性收入的正向效应将更显著。

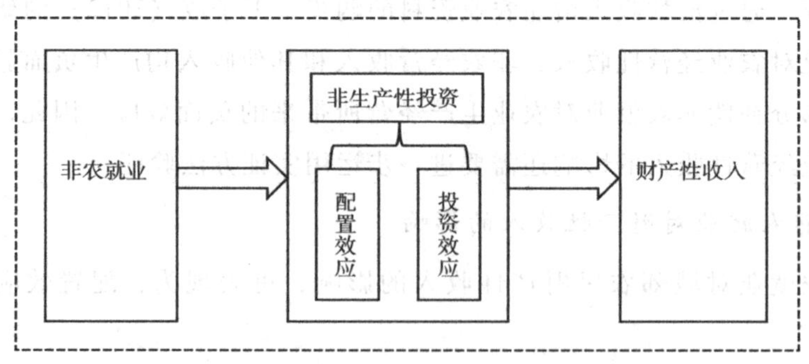

图 7－5　非农就业影响城郊农民财产性收入的路径

7.3　研究设计

7.3.1　数据来源

本章的数据依然使用 2010 年、2014 年中国家庭追踪调查（China Family Panel Studies，CFPS），第 5 章和第 6 章已经对 CFPS 数据作了较为详细的介绍，本章的数据处理过程与第 5 章的数据处理过程相同，此处不再赘述。

本章使用的实证数据是 2010 年和 2014 年的 CFPS 数据，之所以选择这两个年度的调查数据，主要在于：通过筛选 2010 年度的征地数据，并与 2014 年度的非农就业、城郊农民收入相关特征、城郊农民个体特征的数据进行合并，可以获得征地之后城郊农民的非农就业、收入变化等情况。本章主要分析土地征用、非农就业对城郊农民收入结构的影响，基于不同的收入来源从而获得收入结构方面的数据，能够较好地阐明土地征用、非农就业所带来的影响效应大小。

7.3.2　计量模型与变量定义

研究收入结构问题，通常采用明瑟收入方程，借鉴 Morduch 和 Sicular（2000）的半对数收入决定函数，本章将基准模型设定如下：

$$Wage/Operate/Property/Else = \alpha + \beta_1 nonfarm + \beta_2 TDZY + \gamma_i X_i + \delta_j V_j + \lambda_k P_k + \varepsilon \quad (7-1)$$

在本章中，为了研究土地征用、非农就业对城郊农民收入结构的影响，我们根据收入的来源，将收入分为工资性收入（Wage）、经营性收入（Operate）、财产性收入（Property）和其他收入（主要指转移性收入）（Else）。在因变量中，我们采用两种定义：一是取工资性收入、经营性收入、财产性收入和其他收入水平的对数值；二是取工资性收入、经营性收入、财产性收入和其他收入在总收入各自所占比例。同样地，式（7－1）中 nonfarm 代表是否参与非农就业，通过该变量的系数 β_1 的显著水平和方向，可以判定非农就业对城郊农民四种收入的各自影响；TDZY 代表是否经历了土地征用，城郊农民经历了承包地征用或宅基地征用中的任何一类或两者都经历，则视为经历了土地征用，否则则定义为未经历土地征用，通过该变量的系数 β_2 的显著水平和方向，可以判定土地征用对城郊农民四种收入的各自影响；X_i 和 V_j 分别表示城郊农户家庭层面、村庄层面的各个控制变量，通过对家庭层面和村庄层面变量的控制，可以使结果更稳健；P_k 为省际层面的控制变量，以消除省际差异对城郊农民收入的影响；ε 为随机误差项。

本章的变量解释如下：

1. 对于本章的被解释变量，主要是指收入结构。根据收入水平和结构的统计规律，通常将收入分为工资性收入、财产性收入、经营性收入和转移性收入。其中工资性收入主要是家庭成员通过非农就业途径而获得的收入；财产性收入是指家庭通过出租和出卖财物以及通过正式或非正式金融机构获得的存款利息和投资金融产品而获得的收入；经营性收入主要是指农业生产的纯收入、个体经营或开办私营企业的利润收入；转移性收入是指通过政府的各种补贴和救济、社会捐助、养老金等途径而获得的收入。

2. 非农就业。非农就业是本文的关键解释变量，对于非农就业的定义，学界并没有统一的标准。张锦华等（2016）使用非农就业收入占总收入的比例来定义非农就业，De Brauw（2010）使用非农就业劳动力占家庭总劳动力的比例来定义非农就业。本书考虑到 CFPS2014 的数据设置，采用 Feng 等（2010）的方法，将非农就业（Nonfarm）定义为城郊农民家庭中是否有人从事非农产业，如果有人从事非农产业，则赋值为 1，否则赋值为 0。

3. 土地征用。土地征用也是本书的关键解释变量。由于农民生产生活的土地主要分为承包地和宅基地两类，因此，本书将土地征用分为承包地征用和宅基地征用。承包地征用是指政府为了社会公共利益需要，按照法律规定的批准权限和程序，并给农民集体和个人补偿后，将农民集体所有的土地（包括承包地和宅基地）转变为国家所有。土地征用是保证国家公共设施和公益事业建设所需土地的一项重要措施。宅基地征用是根据城镇规划进行开发建设的单位，经过规定的管理机关批准，拆除城郊农民的房屋，并按照公开市场价值对城郊农民进行补偿、安置的行为。宅基地征用既包括对属于集体所有的宅基地进行征用，也包括对宅基地上的附着物进行拆除和补偿。为了方便数据处理及分析，本书将两类土地征用合并，统一用土地征用（TDZY）来定义，城郊农民只要经历过承包地征用或宅基地征用的任何一种，或两者都经历过，则土地征用赋值为 1，即经历过土地征用，反之则赋值为 0，即未经历过土地征用。

4. 家庭层面的控制变量。根据第 2 章城郊农民收入增长的影响因素的文献检索，并考虑到 CFPS2014 的数据设置，本书农户个体层面的变量，包括户主婚姻状况（Marriage）、家庭成员平均年龄（Age_mean）、家庭成员平均年龄平方（Agesq_mean）、家庭成员平均受教育年限（Edu_mean）、家庭成员平均健康状况（Health_mean）、家庭成员中女性所占比例（Female_ratio）、家庭社会地位（Social_status）、宗教重要性（Religion）、亲戚联络频率（Realtive_contact）、邻里关系（Neighbor）、家庭规模（Familysize）、是否欠银行贷款（Debt）、银行存款总额（Cunkuan）、是否拥有农用机械（Machinery）、是否享有低保或惠农政策（Policy）。具体说来：

（1）户主婚否。婚姻也是影响收入的一个重要变量，李雅楠和秦佳（2013）、Ashwin 和 Isupova（2014）的研究发现，在控制其他变量后，已婚男性收入明显高于未婚男性。王智波和李长洪（2016）也认为同等条件下已婚男性收入更高，主要是因为已婚男性结婚之后责任感更高、变得更好所致。

（2）家庭成员平均年龄和年龄的平方。Sun 等（2011）认为无论农业就业还是非农就业，其生产活动都是体力劳动，随着年龄的增长，人体的各项机能会逐渐成熟，但到一定年龄阶段后，人体的各项机能又会逐渐衰退。而体力劳动是随着身体机能的变化而相应变化的。因此劳动者的年龄与收入水平呈现一种倒“U”形关系，即随着年龄增长，收入不断增加，但到年龄拐点后，收入逐渐下降。

（3）家庭成员平均健康水平。健康属于一种重要的人力资本，对于体力劳动者来说，健康无疑是至关重要的。魏众（2004）认为健康有助于非农就业机会的增加，同时也有助于非农就业收入的提高。

（4）家庭成员中女性所占比例（Female_ratio）。性别主要反映了社会分工以及家庭生理、心理和文化的差异。在传统的家庭分工模式中，“男主外，女主内”是比较流行的，男性主要从事农业生产或非农就业，而女性则主要在家庭内部从事家庭劳务。

（5）社会资本。本章主要设置了家庭社会地位、宗教重要性、亲戚联络频率和邻里关系四类社会资本。如文献研究中所述，社会资本对收入的增加是有明显促进作用的。

（6）家庭规模。家庭规模也是影响收入的重要因素，通常家庭规模越大，个体分工更为明确，个体不需要参加农业生产或非农就业，而家庭规模越小则产生相反的作用。但从另外一方面来看，家庭规模越大，也意味着家庭的老年人和小孩人数较多，这类人往往不能产生经济效益，对收入的增加会起相反的作用。

（7）金融资本。本章设置了是否欠银行贷款和银行存款总额两类金融资本，如文献综述所述，金融资本对收入也有显著作用。

（8）农用机械。杨志海等（2015）认为，机械属于农业资本，而资本对劳动力具体替代作用。家庭拥有的农用机械越多，则会替代更多的劳动力，而这些劳动力则会进入非农产业。

（9）惠农政策。田红宇（2016）认为，惠农政策有助于增加粮食生产，而粮食生产则会提高农民的经营性收入。因此可以预见，惠农政策对于农业经营性收入的增加是有积极影响的。

5. 村庄层面的控制变量。主要包括村庄经济发展水平（Vill_income）、村庄便利性（Vill_conv）、是否少数民族聚集区（Vill_minzu）、村庄地形（Vill_dx）。具体来说：

（1）村庄经济发展水平。通常情况下，村庄经济发展水平越高，村内的就业机会会更多，农民外出务工的比例相对比较，这样农民可以既兼顾到农业生产，也兼顾到非农就业，对收入的增加是有正向作用的。本章使用村庄人均收入的对数来衡量。

（2）村庄便利性。村庄离城较近时，村庄交通越便利，农民更容易从事兼业活动，即兼顾到农业活动，也兼顾到非农就业。同时离城较近，其土地价值更大，农民的财产性收入也会越高。本章使用“村庄距离县城的时间”来衡量。

（3）村庄地形。地形地貌对于农业生产活动至关重要，并产生显著正向影响。本书使用“是否平原”来衡量。

由于第5章已经对关键解释变量及控制变量进行了描述性分析，本章便不统计解释变量与控制变量的描述性信息，而统计收入结构的四个被解释变量的信息。表 7 - 1 汇报了收入结构四个变量的描述性信息。

表 7 - 1　收入结构变量及其占比的描述性统计　单位：元

收入结构	均值	标准差	最小值	最大值
工资性收入	27128.49	31345.38	0.00	280000.00
经营性收入	8371.22	20803.11	0.00	201820.00
财产性收入	4517.57	21345.66	0.00	319992.00
其他收入	670.16	4209.12	0.00	100000.00
工资性收入占比	49.84%	34.04%	0.00%	100.00%
经营性收入占比	29.94%	31.56%	0.00%	100.00%
财产性收入占比	11.54%	20.55%	0.00%	100.00%
其他收入占比	5.94%	16.35%	0.00%	100.00%

从表 7 - 1 可以看出，工资性收入的平均值为 27128 元，占总收入比重为 49.84%；经营性收入的平均值为 8371 元，占总收入比重为 29.94%；财产性收入的平均值为 4517 元，占总收入的比重为 11.54%；其他收入的平均值为 670 元，占总收入的比重为 5.94%。由此可见，从收入结构来看，工资性收入和经营性收入、财产性收入是城郊农收入的主要收入来源，三者在总收入中所占比例依次递减，收入结构还需要进一步优化。同时我们也应看到，财产性收入的最大值为 31.99 万元，远高于工资性收入和经营性收入的最大值，可以看出部分城郊农民所拥有的财产性收入很高。

7.4　实证结果与分析①

7.4.1　城郊农民工资性收入模型的回归结果

1. 中介效应概述

在第 3 章理论分析中，我们通过机理分析得出城郊农民收入增长途径主

① 由于转移性收入是政府转移支付的外生行为，因此本章不分析土地征用、非农就业对转移性收入的影响。

要有三种：一是直接通过征地补偿获得收入；二是征地使城郊土地升值，城郊农民可以通过租赁经济获得收入；三是征地会驱使城郊农民脱离农业，转入非农产业活动中。由此可见，土地征用对城郊农民收入的影响主要有两种效应：一是征地补偿带来的直接效应；二是通过租金水平和非农就业带来的间接效应。第 5 章和第 6 章已经对这两种效应作了阐述。本节将进一步围绕征地补偿、非农就业机会分析两者及其交互效应对城郊农民工资性收入①的影响。我们将运用中介效应模型来进行分析，对于中介效应，除了传统的纳入交互项进行回归以外，还可以利用中介效应方程进行检验。参考 Baron 和 Kenny（1986）、温忠麟和叶宝娟（2014）的中介效应检验流程，我们首先检验非农就业的中介效应，设定如下三个方程：

$$Wage = cCompensation + \gamma_i X_i + \varepsilon_1 \tag{7-2}$$

$$Nonfarm = aCompensation + \alpha_i X_i + \varepsilon_2 \tag{7-3}$$

$$Wage = c'Compensation + bNonfarm + \beta_i X_i + \varepsilon_3 \tag{7-4}$$

式（7－2）中系数 c 代表征地补偿金（Compensation）对城郊农民工资性收入（Wage）的总效应；式（7－3）中系数 a 代表征地补偿金（Compensation）对中间变量非农就业（Nonfarm）的效应；式（7－4）中系数 b 代表控制了变量征地补偿金（Compensation）的影响后，中间变量非农就业（Nonfarm）对被解释变量城郊农民工资性收入（Wage）的效应；系数 c' 代表控制了中介变量非农就业（Nonfarm）的影响后，征地补偿金（Compensation）对城郊农民工资性收入（Wage）的直接效应；γ_i、α_i、β_i 分别表示式（7－2）、式（7－3）、式（7－4）中其他控制变量的系数，X_i 代表控制变量，ε_1、ε_2、ε_3 代表三个方程的残差项。对于这种较简单的中介效应方程，征地补偿金对城郊农民工资性收入的总效应应该为 c，间接效应为系数 a 与系数 b 的乘积，即 ab，直接效应应为 c'。此外，有文献发现（郑建君，2015），中介效应检验所需的样本量至少应为 500 份，本章所用到的样本量为 461 份②，基本能够满足中介效应的要求。

---

① 在回归分析中，本书的工资性收入取了对数，下文中农业经营收入、财产性收入和转移性收入相同。

② 这里的样本量是指已经土地征用的人群，未包括未征地人群。

三个方程的模型示意图分别对应如下①：

式（7－2）的模型示意图如图（7－6）所示：

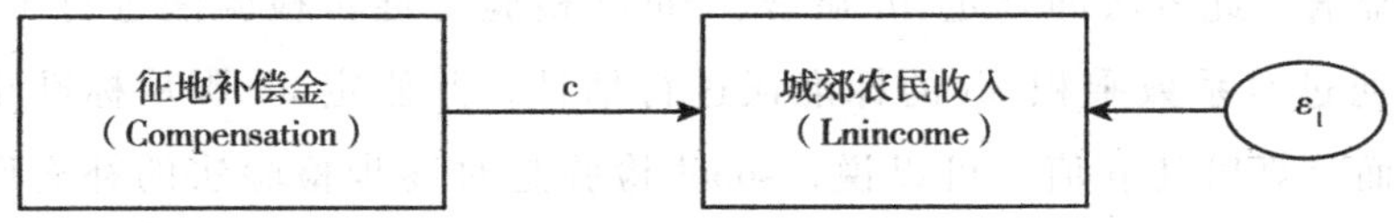

图 7－6　总效应模型图

图片来源：温忠麟和叶宝娟（2014）。

式（7－3）和式（7－4）的模型示意图：

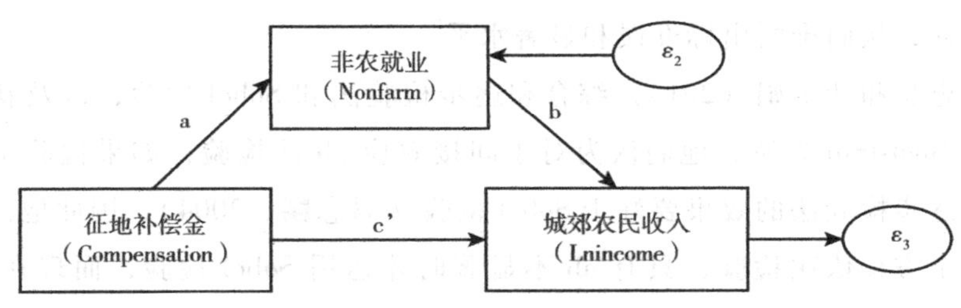

图 7－7　中介效应模型图

图片来源：温忠麟和叶宝娟（2014）。

中介效应主要是通过逐步检验三个方程的系数 a、b、c、c' 的显著性水平来判断（Baron & Kenny，1986；Judd & Kenny，1981），具体步骤如下：第一步，检验式（7－2）中系数 c 的显著性，即检验原假设 H0：c＝0，如果显著，则进入第二步，否则停止检验。第二步，依次检验式（7－3）和式（7－4）中系数 a 和系数 b 的显著性水平，即检验原假设 H0：a＝0 和 H0：b＝0，Hayes（2009）将这一步骤的检验称为联合显著性检验（Test of Joint Significance），如果 a 和 b 都显著时，则中介效应显著，进入第三步；如果 a 和 b 至少有一个不显著时，则进行 sobel 检验，sobel 检验显著，则中介效应显著，进入第三步，sobel 检验不显著，则中介效应不显著，检验停止；第三步，检验完全中介效应还是部分中介效应，如果系数 c' 不显著，则为完全中介效应，当系数 c' 显著时，则为部分中介效应。

上述的检验步骤主要是通过逐步检验法（The causal steps approach）

① 本模型图省略了控制变量，并不影响分析。

(Baron & Kenny, 1986) 和 soble 检验法 (Sobel, 1982) 进行, 逐步检验法的主要缺陷在于, 模拟研究发现该检验的第一类错误率较低, 即如果系数 a 和 b 都显著, 此方法即判定 ab 显著, Sobel 检验对逐步检验法进行了补充, 该检验通过对系数乘积 ab 的标准误进行估计, 并假定 ab 服从标准正态分布, 从而计算出其 p 值。可以说, sobel 检验是对逐步检验法的补充而非替代。但 sobel 检验也有致命缺陷, 即该检验需要间接效应 ab 的样本服从正态分布, 但 Bollen 和 Stine (1990) 和 Stone 和 Sobel (1990) 发现其样本并不服从正态分布, 而是偏度和峰度非 0 的不对称分布。Mackinnon 等 (2002) 认为一个较好的替代方法是运用自抽样法 (Bootstrap), 通过对样本不断地重复抽样, 从而推断出标准误和显著水平。

温忠麟和叶宝娟 (2014) 综合和逐步检验法和 Sobel 检验, 以及新近发展出的 Bootstrap 方法, 他们认为对于间接效应 ab 的检验, 如果检验结果都显著, 逐步检验法的效果要好于 Sobel 检验 (温忠麟, 2004), 因此他们提出先对三个方程依次检验, 只有 ab 不显著时才运用 Sobel 检验, 而现在 Sobel 检验被 Bootstrap 方法替代。从而他们提出了更为有效的检验流程: 第一步, 检验式 (7-2) 中系数 c 的显著性水平, 如果 c 显著, 则按中介效应立论; 如果 c 不显著, 则按遮掩效应立论。不管 c 显著与否, 都要进行后续步骤。第二步, 逐步检验式 (7-3) 中系数 a 和式 (7-4) 中系数 b 的显著性水平, 如果 a 和 b 都显著, 则间接效应显著, 并转到第四步; 如果 a 和 b 至少有一个不显著, 则转到第三步。第三步, 运用 Bootstrap 方法检验 H0 : ab = 0, 如果该原假设被推翻, 说明 ab 显著, 则间接效应显著, 并转到第四步; 如果原假设成立, 说明 ab 不显著, 则间接效应不显著, 此时应停止检验。第四步, 检验式 (7-4) 的系数 c', 如果 c' 显著, 则说明直接效应显著, 此时为部分中介效应, 并进入到第五步; 如果 c' 不显著, 则直接效应不显著, 此时为完全中介效应。第五步, 判定 ab 与 c' 的符号, 如果同号, 则属于部分中介效应, 中介效应占总效应的比值应为 ab/c, 如果异号, 则属于遮掩效应, 间接效应与直接效应的比值应该为 |ab/c'|。检验流程可以通过一个流程图 (见图 7-8) 进行描述。

2. 征地补偿与非农就业的中介效应

根据温忠麟和叶宝娟关于中介效应的检验程序, 我们分别运行式 (7-2)、

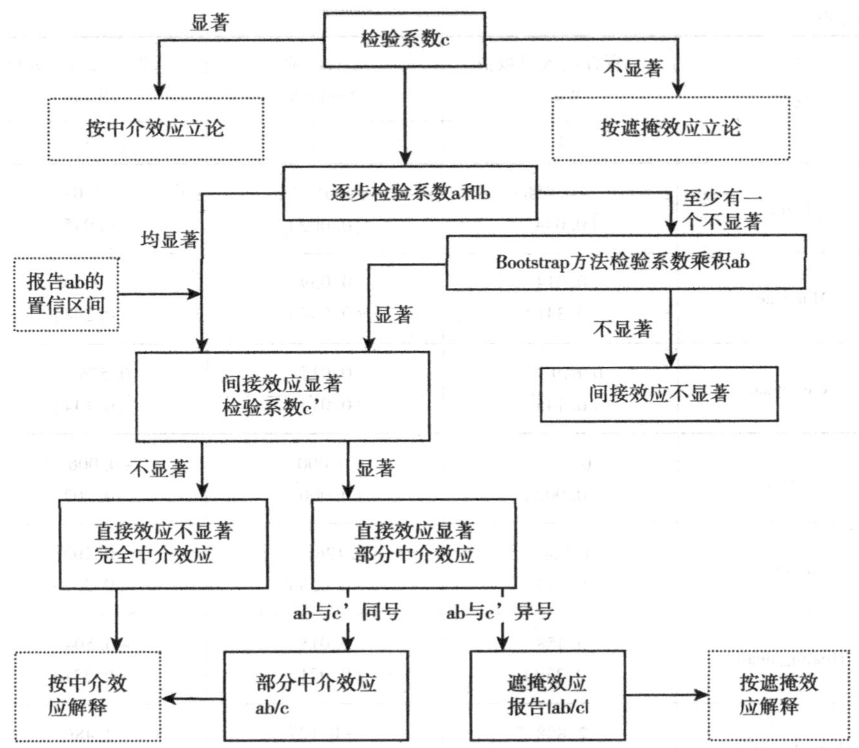

图 7-8　中介效应检验流程图

图片来源：温忠麟和叶宝娟（2014）。

式（7-3）、式（7-4），并分别检验土地征用后征地补偿的中介效应。从而得到如表 7-2 所示的回归结果，表 7-2 的第二列对应式（7-2），表 7-2 的第三列对应式（7-3），表 7-2 的第四列对应式（7-4）。

表 7-2　　　　征地补偿与非农就业的中介效应

变量	工资性收入对数值 Wage	非农就业 Nonfarm	工资性收入对数值 Wage
	(1)	(2)	(3)
Nonfarm			2.524*** (0.632)
Compensation	0.113** (0.050)	0.003 (0.005)	0.106** (0.048)

续表

变量	工资性收入对数值 Wage	非农就业 Nonfarm	工资性收入对数值 Wage
	(1)	(2)	(3)
Land	-0.056 (0.044)	-0.017*** (0.002)	-0.013 (0.045)
Marriage	0.014 (0.341)	0.059 (0.044)	-0.135 (0.298)
Age_mean	0.619*** (0.145)	0.017 (0.013)	0.576*** (0.144)
Agesq	-0.007*** (0.002)	-0.000* (0.000)	-0.006*** (0.002)
Edu_mean	0.524* (0.317)	0.126*** (0.023)	0.205 (0.332)
Health_mean	-0.458** (0.230)	0.018 (0.021)	-0.504** (0.221)
Female_ratio	-2.808** (1.248)	-0.127 (0.105)	-2.486** (1.214)
Social_status	-0.925*** (0.281)	-0.061*** (0.022)	-0.772*** (0.271)
Religion	-1.117*** (0.404)	-0.122*** (0.037)	-0.808** (0.391)
Relative_contact	-0.165 (0.220)	-0.028 (0.021)	-0.095 (0.202)
Neighbor	-0.149 (0.205)	0.060*** (0.016)	-0.302 (0.207)
Familysize	0.054 (0.072)	0.013** (0.006)	0.020 (0.070)
Debt	3.500*** (0.344)	0.104 (0.064)	3.238*** (0.391)
Cunkuan	0.022 (0.029)	-0.002 (0.003)	0.026 (0.028)

续表

变量	工资性收入对数值 Wage	非农就业 Nonfarm	工资性收入对数值 Wage
	(1)	(2)	(3)
Machinery	-0.015 (0.399)	-0.083*** (0.030)	0.196 (0.386)
Policy	1.047*** (0.394)	0.057** (0.028)	0.902** (0.389)
Vill_income	0.529** (0.257)	0.124*** (0.019)	0.217 (0.274)
Vill_conv	-0.029 (0.043)	0.002 (0.003)	-0.035 (0.041)
Vill_minzu	0.020 (0.127)	0.010 (0.012)	-0.005 (0.123)
Vill_dx	0.012 (0.008)	-0.003*** (0.001)	0.020*** (0.007)
省际变量	已控制	已控制	已控制
常数项	-2.764 (4.251)	-0.637* (0.343)	-1.157 (4.160)
调整 R2	0.177	0.324	0.210
F 统计量	7.954	15.916	7.038
样本量	461	461	461

注：*、**、*** 分别代表变量在 10%、5%、1% 的置信水平上显著，括号内为稳健性标准误。

结果显示（见表 7-2），征地补偿金对城郊农民工资性收入的影响通过置信水平为 1% 的显著性检验，即式（7-2）的系数 c 显著，由此进入第二步，征地补偿金对非农就业的影响不显著，即式（7-3）的系数 a 不显著；但非农就业对城郊农民工资性收入的影响通过 1% 的置信水平检验，即式（7-4）的系数 b 显著，从而可以判断出 a 和 b 至少有一个不显著，进入第三步。在第三步中，运用 Bootstrap 方法检验 H0：ab = 0，表 6-10 列出了系数乘积 ab 的检验效果，从表 7-3 中可以看出，ab 通过 1% 的置信水平检验，说明间接效应显著，由此进入第四步。第四步，在控制了中介变量后，征地补偿

金对城郊农民工资性收入的影响依然通过1%的置信水平检验，即式（7－4）的系数c'显著，说明直接效应显著。第五步，比较ab与c'的符号，很显然，ab与c'异号，从而按遮掩效应解释，间接效应与直接效应的比例为|ab|/c' = 7.14%。通过分析我们可以知道，非农就业这一中介变量成立，征地补偿金的多少会影响非农就业，并进而影响城郊农民工资性收入。

表7－3　　中介效应的bootstrap检验

	系数值	Bootstrap标准误	Z值	P值
a * b	0.0829	0.0212	3.920	0.000

结合第5章的分析，并结合本节所得出的结论，我们可以进一步得出：土地征用后城郊农民非农就业的关键在于非农就业机会的获取，同时还受征地补偿金的影响，可见，非农就业机会和征地补偿金是土地征用后城郊农民工资性收入能够提高的关键。

7.4.2　城郊农民财产性收入模型的回归结果

城郊租赁经济作为城郊村一种重要的经济形态，第3章和第6章已经通过理论分析了土地征用导致了城郊土地的升值，而土地升值会促使城郊农民待地而沽，依靠租赁经济生存和发展。因此，这一部分将通过中介效应检验流程检验土地租金的中介效应是否存在。

首先，我们引入土地租金（Rent）这一中介变量，我们根据“是否有住房出租?”这一问题设置该变量，如果有住房出租，则土地租金赋值为1，否则则土地租金赋值为0。

我们设定如下中介变量检验方程：

$$Property = cTDZY + \gamma_i X_i + \varepsilon_1 \quad (7-5)$$

$$Rent = aTDZY + \alpha_i X_i + \varepsilon_2 \quad (7-6)$$

$$Property = c'TDZY + bRent + \beta_i X_i + \varepsilon_3 \quad (7-7)$$

式（7－5）中系数c代表土地征用（TDZY）对城郊农民财产性收入（Property）的总效应；式（7－6）中系数a代表土地征用（TDZY）对中间变量土地租金（Rent）的效应；式（7－7）中系数b代表控制了变量土地征

用（TDZY）的影响后，中间变量土地租金（Rent）对被解释变量城郊农民财产性收入（Property）的效应；系数 c' 代表控制了中介变量土地租金（Rent）的影响后，土地征用（TDZY）对城郊农民财产性收入（Property）的直接效应；γ_i、α_i、β_i 分别表示式（7－5）、式（7－6）、式（7－7）中其他控制变量的系数，X_i 代表控制变量，ε_1、ε_2、ε_3 代表三个方程的残差项。

表 7－4　土地征用通过中介变量土地租金影响城郊农民财产性收入

变量	财产性收入 Property	农业生产性投资 Farm_invest	财产性收入 Property
	(1)	(2)	(3)
Rent			0.844*** (0.027)
TDZY	5.649*** (0.385)	-0.293 (0.219)	5.896*** (0.388)
Marriage	-0.351 (0.449)	-0.507 (0.342)	0.077 (0.358)
Age_mean	0.107 (0.071)	0.029 (0.050)	0.082 (0.057)
Agesq_mean	-0.001 (0.001)	-0.000 (0.000)	-0.001 (0.001)
Edu_mean	0.163 (0.155)	0.326*** (0.113)	-0.113 (0.122)
Health_mean	0.083 (0.136)	0.092 (0.104)	0.006 (0.103)
Female_ratio	-0.008 (0.005)	-0.008* (0.004)	-0.002 (0.004)
Social_status	-0.184 (0.143)	0.028 (0.100)	-0.207* (0.116)
Religion	-0.322 (0.225)	-0.460** (0.192)	0.066 (0.158)
Relative_contact	0.031 (0.125)	0.122 (0.090)	-0.072 (0.097)

续表

变量	财产性收入 Property	农业生产性投资 Farm_invest	财产性收入 Property
	(1)	(2)	(3)
Neighbor	-0.072 (0.126)	0.035 (0.087)	-0.102 (0.105)
Familysize	0.049 (0.077)	0.038 (0.055)	0.018 (0.059)
Debt	0.595 (0.586)	0.384 (0.475)	0.271 (0.454)
Cunkuan	0.049** (0.022)	0.010 (0.016)	0.041** (0.018)
Machinery	-0.441* (0.266)	-0.336* (0.178)	-0.157 (0.229)
Policy	0.444* (0.233)	0.298* (0.175)	0.193 (0.181)
Vill_income	-0.087 (0.165)	0.241** (0.119)	-0.290** (0.133)
Vill_conv	0.011 (0.010)	-0.016*** (0.006)	0.025*** (0.009)
Vill_minzu	-0.230** (0.112)	-0.147* (0.088)	-0.107 (0.084)
Vill_dx	0.941*** (0.233)	0.023 (0.166)	0.922*** (0.182)
常数项	1.315 (2.320)	-0.928 (1.789)	2.098 (1.646)
样本量	3721	3721	3721

注：*、**、*** 分别代表变量在 10%、5%、1% 的置信水平上显著，括号内为稳健性标准误。

我们考察土地租金作为中间变量、土地征用对城郊农民财产性收入影响的中介效应。结果显示（见表 7-4），第一步，土地征用对城郊农民财产性收入的影响为正，且通过置信水平为 1% 的显著性检验，即式（7-5）的系数 c 显著，由此进入第二步，土地征用对土地租金的影响为负但不显著，即

式（7－6）的系数 a 不显著；但土地租金对城郊农民财产性收入的影响为正，且通过 1% 的置信水平检验，即式（7－7）的系数 b 显著，从而可以判断出 a 和 b 至少有一个不显著，进入第三步。在第三步中，运用 Bootstrap 方法检验 H0：ab＝0，表 7－3 列出了系数乘积 ab 的检验效果，从表 7－5 中可以看出，ab 通过 1% 的置信水平检验，说明间接效应显著，由此进入第四步。第四步，在控制了中介变量土地租金后，土地征用对城郊农民财产性收入的影响依然为正，且通过 1% 的置信水平检验，即方程 7－7 的系数 c' 显著，说明直接效应显著。第五步，比较 ab 与 c' 的符号，很显然，ab 与 c' 异号，从而按遮掩效应解释，间接效应与直接效应的比例为 |ab|/c'＝4.19%。通过分析我们可以知道，土地租金这一中介变量成立，土地征用会通过土地租金的间接影响来影响城郊农民收入，由于土地征用会抬升土地价值，从而抬升土地租金水平，对于城郊农民来说，他们可以通过土地获得租金，从而增加收入水平。

表 7－5　　中介变量土地租金：系数 ab 检验

	系数值	Bootstrap 标准误	Z 值	P 值
a * b	0.0241	0.0088	2.75	0.0069

由此可见，城郊村土地征用促使土地升值，而土地升值则使农民依靠租赁经济生存，从而带来财产性收入的增加。

然而我们也应当看到，土地租金是存在中介效应，但土地租金对于未征地农民的收益更大，而对于失去宅基地的农民来说，他们无法享有租赁经济，同时从第 6 章分析可知，租赁经济受地理位置、房屋质量等因素影响，因此租赁经济在城郊农民不同群体之间有着不同的效应，而这有可能造成收入群体的分化。

在新中国成立后很长一段时间内，农村的社会结构在经济上其实是一种扁平化的状态，土地改革使得农民均质化地占有经济资源，城郊农民在城镇化运动未兴起之前也呈现这种状态。然而在城郊逐步城镇化的趋势下，农民的资源禀赋逐渐在市场化条件下被激活，而土地的地理位置便是农民的一种重要资源禀赋。依靠有利的位置，越来越多的城郊农民发展租赁经济，而城郊村中离城较远或者远郊农村的农民则享受不到这种资源优势。可见，城郊租赁经济正逐步成为城郊农民阶层分化的一个重要因素。

7.4.3 城郊农民经营性收入模型的回归结果

本节将重点分析城郊农民农业经营收入微观机理，而工资性收入主要通过非农就业机会实现，财产性收入主要通过征地补偿金和租赁经济实现，这两部分内容在第5章和第6章已经作了充分阐述，本节将不再作重点分析。

从前文的分析可以看出，土地征用和非农就业对城郊农民的经营性收入呈显著负向影响，那么这种影响效应背后的机理如何？郑黎义（2011）认为，农户外出务工会减少生产性投资，虽然通过汇款收入、调整农业生产结构、采取资金替代劳动等形式可以在一定程度上弥补生产性投资减少带来的农业收入减少，但生产性投资减少所产生的负向效应远大于汇款收入增加、结构调整、资金替代劳动所产生的正向效应。因此，可以看出，生产性投资的减少是土地征用和非农就业对城郊农民经营收入负向影响的重要中介变量。本部分将分别从非农就业和土地征用两个角度，研究农业生产投资的中介效应。

首先，我们引入农业生产性投资（Farm_invest）这一中介变量，钟甫宁、纪月清（2009）认为生产性投资可以表示为种子、化肥、农药三类投资总和的货币化表示。因此，我们根据CFPS2010“种子化肥农药费”这一问题设置该变量，同时对该变量取对数。我们设定如下中介变量检验方程：

$$\text{Operate} = c\text{TDZY/Nonfarm} + \gamma_i X_i + \varepsilon_1 \tag{7-8}$$

$$\text{Farm\_invest} = a\text{TDZY/Nonfarm} + \alpha_i X_i + \varepsilon_2 \tag{7-9}$$

$$\text{Operate} = c'\text{TDZY/Nonfarm} + b\text{Nonfarm} + \beta_i X_i + \varepsilon_3 \tag{7-10}$$

式（7-8）中系数c代表土地征用（TDZY）或非农就业（Nonfarm）对城郊农民经营性收入（Operate）的总效应；式（7-9）中系数a代表土地征用（TDZY）或非农就业（Nonfarm）对中间变量农业生产性投资（Farm_invest）的效应；式（7-10）中系数b代表控制了变量土地征用（TDZY）或非农就业（Nonfarm）的影响后，中介变量农业生产性投资（Farm_invest）对被解释变量城郊农民经营性收入（Opeate）的效应；系数c'代表控制了中介变量农业生产性投资（Farm_invest）的影响后，土地征用（TDZY）或非农就业（Nonfarm）对城郊农民经营性收入（Operate）的直接效应；γ_i、α_i、β_i 分别表示式（7-8）、式（7-9）、式（7-10）中其他控制变量的系数，X_i 代表控制变量，ε_1、ε_2、ε_3 代表三个方程的残差项。

根据前述温忠麟和叶宝娟关于中介效应的检验程序，我们分别运行式（7-8）、式（7-9）、式（7-10），检验农业生产性投资的中介效应。从而得到如表7-6和表7-7所示的回归结果，表7-6和表7-7的第（1）列对应式（7-8），表7-6和表7-7的第（2）列对应式（7-9），表7-6和表7-7的第（3）列对应式（7-10）。

1. 非农就业通过农业生产性投资减少影响经营性收入

我们考察农业生产性投资作为中间变量、非农就业对城郊农民经营性收入影响的中介效应。结果见表7-6，第一步，非农就业对城郊农民经营性收入的影响通过置信水平为1%的显著性检验，即式（7-8）的系数c显著，由此进入第二步，非农就业对农业生产性投资呈显著负向关系，即式（7-9）的系数a显著；第三步，农业生产性投资对城郊农民收入的影响也通过1%的置信水平检验，即式（7-10）的系数b显著，从而可以判断出a和b均显著，进入第四步。第四步，在控制了中介变量农业生产性投资后，非农就业对城郊农民收入的影响不显著，即式（7-10）的系数c' 显著，说明只存在中介效应。

由此可见，农业生产性投资是非农就业影响农业经营收入的完全中介变量，非农就业导致农业生产性投资的下降（非农就业群体比农业就业群体的农业生产性投资下降165.1%），农业生产性投资也导致城郊农民农业经营性收入下降（农业生产性投资的减少会导致经营收入下滑 a * b = 138.4%）。

表7-6　非农就业通过中介变量农业生产性投资影响城郊农民经营性收入

变量	经营性收入 Operate	农业生产性投资 Farm_invest	经营性收入 Operate
	(1)	(2)	(3)
Farm_invest			0.507 *** (0.043)
Nonfarm	-1.651 *** (0.311)	-2.730 *** (0.246)	-0.266 (0.307)

续表

变量	经营性收入 Operate	农业生产性投资 Farm_invest	经营性收入 Operate
	(1)	(2)	(3)
Marriage	0.394 (0.464)	-0.679* (0.385)	0.738* (0.416)
Age_mean	0.094 (0.082)	0.179*** (0.064)	0.003 (0.073)
Agesq_mean	-0.001 (0.001)	-0.002** (0.001)	-0.000 (0.001)
Edu_mean	0.336* (0.183)	0.164 (0.144)	0.252 (0.164)
Health_mean	-0.291* (0.165)	-0.121 (0.129)	-0.230 (0.154)
Female_ratio	0.005 (0.006)	0.009* (0.005)	0.001 (0.006)
Social_status	0.481*** (0.169)	0.208 (0.135)	0.375** (0.154)
Religion	-0.226 (0.279)	0.331 (0.213)	-0.394 (0.253)
Relative_contact	0.205 (0.147)	0.114 (0.117)	0.148 (0.132)
Neighbor	0.050 (0.166)	-0.044 (0.132)	0.072 (0.151)
Familysize	0.141* (0.085)	0.180** (0.070)	0.049 (0.083)
Debt	-0.114 (0.724)	-0.249 (0.519)	0.012 (0.675)
Cunkuan	0.016 (0.027)	-0.009 (0.021)	0.021 (0.025)
Machinery	2.077*** (0.324)	1.773*** (0.253)	1.177*** (0.315)

续表

变量	经营性收入 Operate	农业生产性投资 Farm_invest	经营性收入 Operate
	(1)	(2)	(3)
Policy	0.719** (0.304)	1.379*** (0.240)	0.020 (0.279)
Vill_income	0.242 (0.204)	0.257 (0.160)	0.112 (0.192)
Vill_conv	0.004 (0.012)	-0.004 (0.010)	0.006 (0.011)
Vill_minzu	-0.248* (0.133)	0.033 (0.092)	-0.264** (0.127)
Vill_dx	0.167 (0.302)	0.035 (0.232)	0.149 (0.279)
常数项	-1.205 (2.661)	-4.651** (2.064)	1.155 (2.569)
样本量	3721	3721	3721

注：*、**、*** 分别代表变量在 10%、5%、1% 的置信水平上显著，括号内为稳健性标准误。

2. 土地征用通过农业生产性投资减少影响经营性收入

同理，我们考察农业生产性投资作为中间变量、土地征用对城郊农民经营性收入影响的中介效应。结果显示（见表 7-7），第一步，土地征用对城郊农民收入的影响为负向效应，且通过置信水平为 1% 的显著性检验，即式（7-8）的系数 c 显著，由此进入第二步，土地征用对农业生产性投资为负向效应，且通过 1% 的显著性检验，即式（7-9）的系数 a 显著。第三步，农业生产性投资对城郊农民收入的影响为负向，且通过 1% 的置信水平检验，即式（7-10）的系数 b 显著，从而可以判断出 a 和 b 均显著，进入第四步。第四步，在控制了中介变量农业生产性投资后，土地征用对城郊农民收入的影响不显著，即式（7-10）的系数 c' 显著，说明只有中介效应。

由此可见，农业生产性投资是土地征用影响农业经营收入的完全中介变量，土地征用导致农业生产性投资的下降（征地农民比未征地农民的农业生产性投资下降 85.5%)，农业生产性投资也导致城郊农民农业经营性收入下降（农业生产性投资的减少会导致经营收入下滑 a * b = 102.3%）。

表 7-7　　土地征用通过中介变量农业生产性投资影响城郊农民经营性收入

变量	经营性收入 Operate	农业生产性投资 Farm_invest	经营性收入 Operate
	(1)	(2)	(3)
Farm_invest			0.531 *** (0.040)
TDZY	-0.855 ** (0.429)	-1.927 *** (0.387)	0.168 (0.518)
Marriage	0.792 * (0.463)	-0.106 (0.385)	0.848 ** (0.412)
Age_mean	0.093 (0.084)	0.186 *** (0.069)	-0.005 (0.074)
Agesq_mean	-0.001 (0.001)	-0.001 * (0.001)	0.000 (0.001)
Edu_mean	0.194 (0.187)	-0.012 (0.152)	0.200 (0.162)
Health_mean	-0.275 (0.168)	-0.082 (0.138)	-0.231 (0.154)
Female_ratio	0.006 (0.006)	0.009 * (0.005)	0.002 (0.006)
Social_status	0.534 *** (0.175)	0.294 ** (0.146)	0.378 ** (0.155)
Religion	-0.214 (0.280)	0.261 (0.224)	-0.352 (0.256)
Relative_contact	0.235 (0.152)	0.185 (0.128)	0.137 (0.133)
Neighbor	0.088 (0.169)	0.030 (0.137)	0.072 (0.150)
Familysize	0.117 (0.086)	0.144 ** (0.070)	0.041 (0.082)

续表

变量	经营性收入 Operate	农业生产性投资 Farm_invest	经营性收入 Operate
	(1)	(2)	(3)
Debt	-0.166 (0.706)	-0.272 (0.555)	-0.021 (0.670)
Cunkuan	0.009 (0.028)	-0.021 (0.022)	0.020 (0.025)
Machinery	2.258 *** (0.325)	2.016 *** (0.265)	1.187 *** (0.316)
Policy	0.870 *** (0.306)	1.674 *** (0.252)	-0.019 (0.279)
Vill_income	0.104 (0.207)	0.074 (0.167)	0.064 (0.190)
Vill_conv	0.007 (0.013)	-0.002 (0.011)	0.008 (0.011)
Vill_minzu	-0.269 ** (0.133)	-0.028 (0.101)	-0.255 ** (0.127)
Vill_dx	0.059 (0.301)	-0.150 (0.245)	0.138 (0.277)
常数项	-1.427 (2.711)	-5.202 ** (2.207)	1.335 (2.581)
样本	3721	3721	3721

注：*、**、*** 分别代表变量在 10%、5%、1% 的置信水平上显著，括号内为稳健性标准误。

7.5　本章小结

本章分析了土地征用、非农就业对城郊农民收入结构的影响及微观机制。本章运用 CFPS2010、CFPS2014 数据进行了验证，得到如下研究结论：

（1）土地征用后城郊农民非农就业的关键在于非农就业机会的获取，同时还受征地补偿金的影响，可见，非农就业机会和征地补偿金是土地征用后城郊农民工资性收入能够提高的关键。

（2）土地征用会通过土地租金的间接影响来影响城郊农民收入，由于土地征用会抬升土地价值，从而抬升土地租金水平，对于城郊农民来说，他们可以通过土地获得租金，从而增加收入水平。但土地租金对于未征地农民的收益更大，而对于失去宅基地的农民来说，他们无法享有租赁经济，租赁经济受地理位置、房屋质量等因素影响。因此，租赁经济在城郊农民不同群体之间有着不同的效应，而这有可能造成收入群体的分化。

（3）土地征用后被征地农户和未征地农户的农业经营收入存在显著差异，主要在于土地征用后城郊农民用于农业生产的投资会减少。与此同时，非农就业对农业经营性收入的影响也随着农业生产性投资的变化而不同。

| 第8章 |

土地征用、非农就业与城郊农民收入极化

8.1 引　言

当前，收入极化[①]问题已经受到学术界和政策制定者的高度关注。所谓收入极化，是指国民收入向部分人集中的过程（Foster & Wolfson，2010），其后果是形成社会阶层收入的固化以及收入的流动性变差（汪晨等，2015）。通过学者对我国收入分配的观察与研究发现，社会阶层的两极分化与固化现象较为严重、收入存在明显的极化现象（刘欣和朱妍，2011），这与政府倡导形成橄榄型分配格局的主张是相悖的[②]。党的十八届三中全会明确要求“规范收入分配秩序，完善收入分配调控体制机制和政策体系，增加低收入者收入，扩大中等收入者比重，努力缩小城乡、区域、行业收入分配差距，逐步形成橄榄型分配格局”。

在已有研究中，学者主要从城市、农村、失地农民等范畴研究了收入极化问题（罗楚亮，2010），得出城镇和农村均存在收入极化的结论，城镇居民收入极化现象加快，农村居民收入极化速度快于城镇，失地农民收入存在

---

① 本书中收入不均等与收入差距、收入不平等为同义词，而收入极化则是指城郊农民不同群体的收入随着时间演化而形成的两极分化，即所谓的贫者更贫、富者更富，是收入不平等的极端发展。

② 目前还没有专门的收入极化统计指标，以衡量收入不平等程度较通行的基尼系数指标来看，2015 年我国的基尼系数为 0.462（国家统计局网站，2015），高于国际警戒水平 0.4 的标准，表明我国的居民收入不平等程度已经达到很高的程度。

“贫者更贫、富者更富”的极化效应，同时还得出外出务工对收入极化有重要影响的结论。从这些结论可以看出，无论是城镇居民的收入极化、还是农村居民的收入极化，均反映出城镇化在收入不平等演化过程中所扮演的重要作用（Wan，2008）。因此，研究受城镇化外延式扩张影响更为深刻的城郊农民收入极化问题，则更具有针对性，对于探索收入极化机制、打破收入固化、逐步形成橄榄型分配格局有着重要意义。由于特殊的地理位置，城郊农民的土地财富效应显著，很多农民在征地拆迁过程中往往获得高额的土地补偿金，还有农民依靠土地租金获得租赁收入，而未能依靠土地获得极差收入的农民则无法获得土地补偿金或租赁收入。与此同时，城郊农民也面临着脱离农业、融入城市的市民化过程，身份、就业方式、生活方式等发生了转变。那么，土地征用的差异、非农就业机会的大小，是否导致城郊农民在城镇化扩张过程中出现了收入极化现象？如果存在收入极化问题，那么其表现何在？原因为何？其背后的影响因素是什么？这些问题的回答将是本章研究的重点。

8.2 文献及评述

我国自改革开放以来，社会经济发生了深刻而剧烈的变化，经济在不断增长的同时，居民收入差距也在不断拉大。很多情况下，这种收入差距不断拉大的过程被称为两极分化。极化效应的上升通常伴随着中等收入群体比重的下降和收入不平等程度的加剧。基于两极分化的不同认知，不同的学者在分析极化问题时采用了不同的分析范式。Esteban 和 Ray（1994）认为存在极化效应的社会有三个特征：一是阶层数量少；二是阶层内部间具有较高的同质性；三是阶层之间具有较高的异质性。基于此，他们构建了一个“疏离—认同”框架，疏离用于描述不同阶层因收入分布差异巨大而产生了巨大的疏离感，认同用于描述同一收入阶层内部之间的群体认同感强。显然，基于这样的理论，当社会极化效应明显时，不同阶层会逐渐固化，排斥其他阶层，阶层之间容易发生冲突或矛盾，影响社会稳定（Duclos et al.，2004）。

关于极化效应的度量，主要有两种度量方法：一是从两极分化角度进行度量，通过研究分布于收入中位数附近人群比例的大小，来测度中等收入群体比重的变化（Wolfson，1994）；二是通过将收入相关影响因素纳入极化测度指标，该方法主要考察不同组别内部的一致效应和组别之间的异质效应，综合考察极化效应的大小。这种方法是“认同—疏离”框架的数理化展现。然而，这两种方法都需要主观上划分群组，Wolfson（2010）运用偏序和随机占优思想，提出了一种新的测度方法，这可以在很大程度上降低由主观性标准划分而引致的测量偏差。

基于上述极化度量方法的发展，一大批实证研究成果也应运而生，Wolfson（2010）运用美国和加拿大的数据发现，美国收入分配的极化效应更显著，而加拿大则更接近于橄榄型收入分配格局。Rossi 等（2011）分析了乌拉圭中产阶级收入变化情况，发现 2002 前收入极化效应显著上升，而 2002 年之后收入极化效应稳中有降。

而国内较早的研究主要集中于对研究对象的定义，即中等收入群体（中产阶层）。苏海南（2003）认为，中等收入群体的划分应该考虑到收入水平、质量及职业技能等各种因素。李培林（2007）认为，中等收入群体应该定义为平均收入以上到平均收入 2.5 倍的群体。龙莹（2012）发现 1988 ~ 2005 年我国中等收入群体的比重不断下降，极化效应明显。Zhang 等（2012）运用 CHIP2007 数据对我国农村中等收入群体进行了研究，发现 2007 年农村中等收入样本占农村总样本的 57%，而政治资本、人力资本、非农就业机会的不同是两极分化的重要因素。黄潇（2013）运用 2003 ~ 2008 年 CGSS 数据对我国城镇样本进行了分析，发现城镇收入极化效应呈两端高、中间低的“U”形曲线，极化效应整体仍然较高，其中教育、住房、党员身份是个体能否进入中等收入群体的重要因素。Wang 和 Wan（2015）基于 CHIP 数据和统计年鉴的收入分组数据发现，我国收入极化效应显著，且中西部地区极化程度远高于东部地区、农村居民的极化程度高于城镇居民。研究还发现，2002 ~ 2007 年间极化效应的加剧主要是由财产性收入和转移性收入分布的变动引致。而姚先国等（2012）则认为工资性收入是导致不同地区间收入极化效应的主要因素。Bonnefond 和 Clément（2012）运用 CHNS 数据发现，我国整体极化效应明显，从城乡角度来看，城市的极化效应比农村更显著。农村极化效应主要与非农就业机会的不同有关，而城市极化效应主要与城镇补贴的急剧减少、劳动力就业市场和国有企业市场化有关。赵翠霞（2015）将研究对象聚焦于失地农民，通过对济南400名失地农民的入户调查，发现城郊失地农民存在收入极化效应，失地前高收入者的收入是低收入者的1.7倍，而失地后高收入者的收入是低收入者的16倍，从而导致“贫者更贫，富者更富”，导致这种极化效应的直接原因在于高收入者的财产性收入和非农经营收入高于低收入者，深层次原因则在于高收入与低收入者的社会资源和经济资源不同。

通过对相关文献的梳理，我们发现：第一，从梳理的文献看，研究收入极化的主题越来越多，但将城郊农民作为研究对象的还比较少，而我国城郊农民有着其特殊性，从本质上讲城郊农民属于农民范畴，但城郊农民所处地域靠近城市，必然受到城镇化扩张影响。城郊农民收入水平和结构与远郊农民有着显著差异，而导致这种差异的土地征用、非农就业等要素是否引致城郊农民收入极化，还需要进一步验证；第二，国外学者主要从微观视角研究收入问题，但其数据不适用于国内城郊农民收入问题研究，国内学者主要从宏观视角研究收入问题，多借助于《中国统计年鉴》《中国农村统计年鉴》等宏观数据进行分析。本书主要借助于中国家庭营养调查数据（CHNS），覆盖面广、代表性强；第三，本书对城郊农民收入极化的影响因素分解上，将基于回归分析的shapley分解方法，此方法主要运用在收入分配和贫困分析的文献中，因此将其运用于城郊农民收入极化效应的分解是比较适合的。

8.3　城郊农民收入极化的经验证据

城郊农民收入极化的经验观察，主要数据来自中国家庭健康营养调查数据（CHNS），该数据是由美国北卡罗琳娜大学组织调查的[①]，数据的样本涵盖1993年、1997年、2000年、2004年、2006年、2009年和2011年，地或包括北京、辽宁、黑龙江、上海、江苏、山东、河南、湖北、湖南、广西、贵州和重庆12个省市，并发布了面板标识。为了研究的方便，本书将数据

① 该数据网站可见http：//www.cpc.unc.edu/projects/china/。

进行了合并，以便获取本书需要的变量和数据。同时，根据数据中变量A8B1和STRATUM可以分离出城郊农民数据，A8B1代表户籍类型，取值为1代表城市户口，取值为2代表农村户口，STRATUM表示城乡变量，取值为1代表城市，取值为2代表城郊，取值为3代表集镇，取值为4代表乡村。根据这两类变量，我们选取A8B1值为2、STRATUM值为2的数据，这即是我们所选择的城郊农民数据，同时CHNS提供了去除CPI影响并以2009年为基期的个人年收入数据，我们将该数据除以12以获得月数据，并取对数，最终获得个人月收入对数数据，记为lnincome。

衡量收入不平等的指标，我们遵循徐舒（2010）和万广华（2015）的研究思想。徐舒（2010）使用收入的方差、50% ~10%分位数差、90% ~10%分位数差三个统计量衡量收入极化问题，其中方差反映了城郊农民收入不平等的总体波动情况，50% ~10%分位数差反映了城郊农民收入下侧波动情况，90% ~50%分位数差反映了城郊农民收入上侧波动情况。这三个统计量可以综合反映城郊农民收入不平等情况。图8-1反映了我国城郊农民收入变化情况。

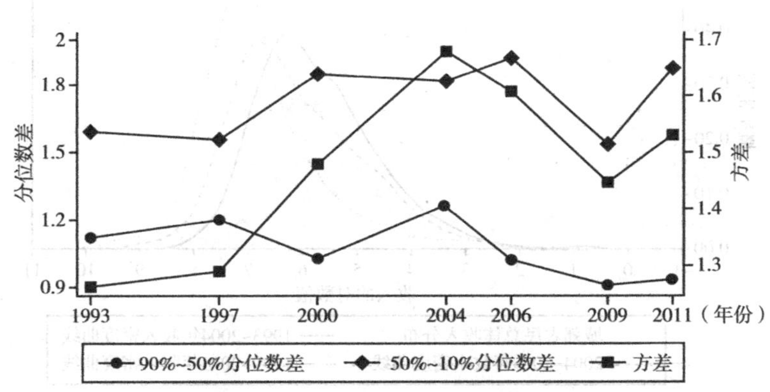

图8-1　1993~2011年我国城郊农民收入变动情况

资料来源：根据CHNS数据整理。

图8-1中，左侧刻画了城郊农民90% ~50%分位数差和50% ~10%分位数差，右侧刻画了城郊农民的方差。若以方差衡量收入不平等程度，1993~2011年，我国城郊农民收入方差由1.26上升到1.53，上涨幅度达21.4%。其中2004年达到最大，为1.67，这反映出我国城郊农民收入不平

等加剧，出现严重的收入极化现象。进一步观察分位数差可以了解城郊农民收入波动性的主要来源，由图中看出，50% ~10% 分位数差由 1993 年的 1.59 上涨到 2011 年的 1.87，上涨幅度达 17.6%。这说明城郊农民收入不平等主要是由 50% ~10% 分位数差导致的，即城郊农民低收入群体与其他群体收入差距拉大引起的。而 90% ~50% 分位数差呈下降趋势，说明高收入群体与其他群体收入差距在逐渐下降。

从图 8 -1 中还可以发现，虽然城郊农民整体不平等程度、低收入群体与其他收入群体都呈上升态势，但这种态势是呈波动性上升的，可以发现 2004 年和 2009 年是两个重要的拐点，2004 年之前，城郊农民整体不平等程度、低收入群体与其他收入群体收入差距都在拉大，2004 ~2009 年，两者情况有所缓解，2009 年以后又呈拉大态势。为此，为了进一步了解城郊农民收入不平等的特征，我们将 1993 ~2011 年样本期分为 3 个阶段，其中 1993 ~2004 为第一阶段，2004 ~2009 为第二阶段，2009 ~2011 为第三阶段，分别绘出 3 个时期的核密度函数，如图 8 -2 所示。

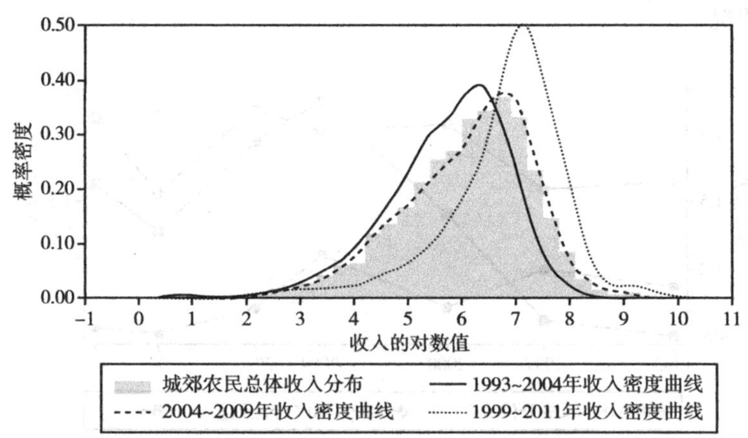

图 8 -2　城郊农民样本收入分布及不同时期概率密度函数

资料来源：根据 CHNS 数据整理。

从图 8 -2 可以看出，1993 ~2004 年、2004 ~2009 年、2009 ~2011 年三个时期城郊农民收入分布左偏程度都较重，左尾厚度增加，表明三个时期城郊农民收入中位数与下侧分位数的差距都较大，而收入分布右侧并没有呈拖尾现象，表明三个时期城郊农民收入中位数与上侧分位数的差距没有增大。

从收入分布的左偏和右偏可以看出，城郊农民收入极化的主要原因在于低收入群体与其他收入群体收入差距的拉大。

进一步观察城郊农民不同收入群体收入变化趋势，我们将1993～2011年城郊农民收入样本数据按25百分位点、75百分位点分为三个区间，25百分位点以下为低收入群体，25～75百分位点为中等收入群体，75百分位点以上为高收入群体。分别绘制出三个群体月对数收入波动情况，如图8-3所示。

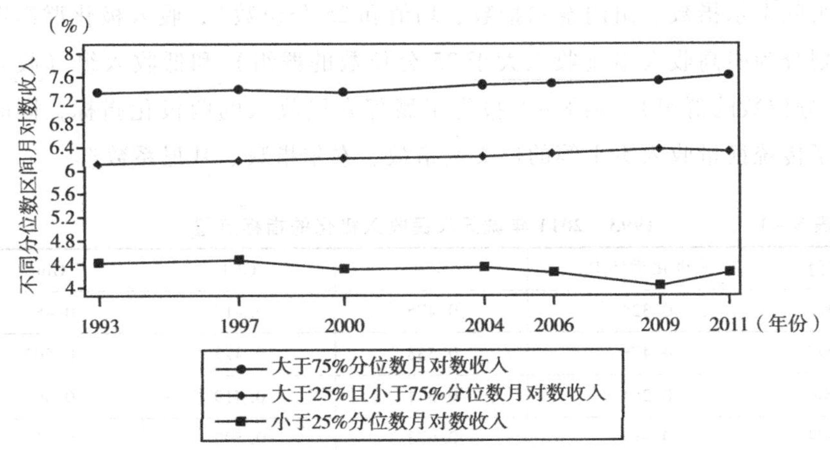

图8-3　不同分位数区间城郊农民样本收入变动情况

资料来源：根据CHNS数据整理。

从图8-3可以看出，大于75%分位数区间月对数收入由1993年的7.32上升到2011年的7.59，上涨3.69%，表明城郊农民中高收入群体的月对数收入呈上升态势；大于25%且小于75%分位数区间月对数收入由1993年的6.1上升到2011年的6.32，上涨3.6%，表明城郊农民中等收入群体的月对数收入呈上升态势；小于25%分位数区间月对数收入由1993年的4.42下降到2009年的4.0，下降幅度达9.5%，2009年后有所上升，从2009年的4.0上升到2011年的4.23，但相比1993年依然呈下降态势，下降幅度达4.3%，这说明城郊农民中低收入人群的月对数收入呈下降状态。以上分析表明城郊农民中中高收入群体收入随着时间都在不断上升，而低收入群体收入增长却呈现下降趋势，低收入群体收入增长缓慢导致了城郊农民收入极化。

除徐舒的度量方法以外，万广华（2015）等人还提出了精确的极化度量指标，他认为收入极化有两极分化和多极分化。两极分化主要是由于中产收入群体的空洞化造成的（Wolfson，1994），是橄榄型收入分配格局的逆向发展。由前述分析可知城郊农民收入极化主要是低收入群体与中高收入群体的两极分化造成的。因此，本书将重点观察城郊农民收入的两极分化指标，两极分化指标度量公式如下：

$$P_G = (I_G^B - I_G^W)(\bar{x}/m) \tag{8-1}$$

式（8－1）中，P_G、I_G^B、I_G^W、$\bar{x}$、m 分别表示城郊农民收入的两极化指数、组间泰尔指数、组内泰尔指数、均值和25分位数①，收入极化群组以中位数划分为中高收入组（收入大于25分位数的群组）和低收入组（收入小于25分位数的群组）。表8－1报告了城郊农民收入的两极化指标，同时还报告了传统衡量收入不平等的广义熵指数、泰尔指数、基尼系数②。

表8－1　1993～2011年城郊农民收入极化的指标度量

年份	两极化指标 P_G	GE0	GE1	Gini
1993	0.324	0.476	0.417	0.487
1997	0.478	0.538	0.473	0.507
2000	0.261	0.541	0.419	0.491
2004	0.983	0.673	0.599	0.555
2006	0.313	0.558	0.437	0.497
2009	0.550	0.528	0.510	0.491
2011	0.478	0.575	0.492	0.500

资料来源：作者根据样本数据计算而得。

从表8－1可以看出，无论是从广义熵指标（GE0）、泰尔指数（GE1）、基尼系数（Gini），还是从两极化指标（P_G）来看，均可以发现1993～2011年城郊农民收入极化均呈现扩大趋势。广义熵指标从1993年的0.476上升

① 万广华（2015）在两极化指标中将m定义为中位数，本书由于前述分析极化原因主要在于低收入群体与中高收入群体的收入差距越来越大，因此将m定义为25分位数更为合适；其将I_G^B、I_G^W定义为组间和组内基尼系数，但基尼系数的群组分解问题在学术研究中仍然有一定限制（刘学良、田青，2009），且在运用Stata命令ineqdeco时，无基尼系数的群组分解结果，因此本书将I_G^B、I_G^W定义为组间、组内泰尔指数。

② 此处报告城郊农民收入的广义熵指数、泰尔指数和基尼系数等指标，是为了描述的方便，同时下文回归方程的shapley值分解也需要运用这些指标。

到 2011 年的 0.575，上升幅度达 20.8%；泰尔指数从 1993 年的 0.417 上升到 2011 年的 0.492，上升幅度达到 17.99%；基尼系数从 1993 年的 0.487 上升到 2011 年的 0.500，上升幅度达到 2.67%；两极化指标从 1993 年的 0.324 上升到 2011 年的 0.478，上升幅度达到 47.53%。当然，这四项指标并不是直线上升，而是波动式上升，即在某些年份呈下降趋势，某些年份又上升，如两极化指标在 1993 ~ 1997 年呈上升趋势，1997 ~ 2000 年又呈下降趋势，2000 ~ 2004 年又大幅度上涨，2004 ~ 2006 年又急剧下降，2006 ~ 2009 年又呈现上升，2009 ~ 2011 年有所下降，但从两极化指标的总体趋势来看，城郊农民收入极化是在不断加剧的。从两极化指标公式来看，两极化指标是组间泰尔指数的增函数、组内泰尔指数的减函数，因此，城郊农民收入极化的原因可以推断为城郊农民高低收入不均等程度的加剧，这进一步验证了前面的分析。

8.4　城郊农民收入极化的原因分析

Shorrocks（2013）认为，探寻收入不平等的原因，应从收入增长的影响因素着手，通过对收入差异的 Shapley 分解，测度各影响因素对收入不平等的贡献度。为此，本书对城郊农民收入极化的原因分析，将从以下步骤进行。一是基于城郊农民收入回归方程的分解，回归之后得到各解释变量的拟合值，求出解释变量拟合值的泰尔指数（或基尼系数）在城郊农民收入观测值的泰尔指数（或基尼系数）所占比例，从而得到各影响因素对收入极化的贡献率；二是计算各解释变量的 Shapley 值；三是求出第一步所得贡献率值与第二步所得 Shapley 值的乘积，就可以得到各解释变量的贡献度（Morduch & Sicular，2002）。

8.4.1　收入回归方程分析

1. 模型设定与数据处理

根据以上步骤，测度城郊农民收入不平等原因，首要建立城郊农民收入方程模型。城郊农民收入增长的影响因素众多，本章考虑到 CHNS 的数据获取，主要考虑非农就业、土地征用两大因素对收入极化的影响，而 CHNS 数据中并没有直接的土地征用问题设置，本章用调查村庄的城镇化指数作为土地征用的替代变量，通过城镇化越高，意味着更高的土地征用率，而我国地方政府长期实施“摊大饼”式的城镇化模式，土地城镇化成为城镇化的核心，因此使用城镇化指数作为土地征用的替代变量是较为合适的。除这两个主变量外，本章还选取了是否户主、婚否、是否少数民族、健康、受教育程度、性别、年龄、年龄的平方、是否村干部等个体特征变量纳入分析。基于明瑟收入方程构建如下收入决定模型：

$$\begin{aligned} lnincome_{it} = {} & \beta_0 + \beta_1 nonfarm_{it} + \beta_2 TDZY_{it} + \beta_3 minority_{it} + \beta_4 head_{it} \\ & + \beta_5 health_{it} + \beta_6 marital_{it} + \beta_7 edu_{it} + \beta_8 gender_{it} + \beta_9 age_{it} \\ & + \beta_{10} agesq_{it} + \beta_{11} villcadre_{it} + \mu_{it} \end{aligned} \tag{8-2}$$

式（8－2）中，lnincome 代表被解解释变量。其一即城郊农民月收入的对数值，取对数值主要在于对数数据相比原始数据更接近正态分布，消除了极端值对模型的干扰，有助于消除异方差，使模型更为稳健；其二在于取对数后反映出一种边际效应，能够较好地说明各解释变量对城郊农民收入的边际贡献。主解释变量中，nonfarm 代表被调查对象是否非农就业，TDZY 代表被调查对象所在村或社区土地征用率，由于 CHNS 数据没有土地征用的相关问题设置，故用该村或社区的城镇化指数进行替代。控制变量中，head 代表被调查对象是否为户主，marital 代表被调查对象婚否，minority 代表被调查对象是否少数民族，health 代表被调查对象的身体健康程度，edu 代表被调查对象受教育程度，gender 代表被调查对象的性别，age 代表被调查对象的年龄，agesq 代表被调查对象年龄的平方，取年龄的平方在于，随着年龄增加，城郊农民收入会增加，当年龄达到一定程度后，年龄的增加会使收入减少，因此年龄与收入之间应该是一种倒“U”形关系。villcadre 代表被调查对象是否为村干部。β_1，…，β_{11}代表各解释变量的系数，μ 代表随机误差项。i 代表被调查对象，t 代表样本时间。为简便起见，我们将除主解释变量和内生变量 nonfarm、TDZY、edu 以外的所有外生变量记为 X_{it}，故式（8－2）可以改写为：

$$lnincome_{it} = \beta_0 + \beta_1 nonfarm_{it} + \beta_2 TDZY_{it} + \beta_3 edu_{it} + \beta X_{it} + \mu_{it} \tag{8-3}$$

模型的数据主要来源于中国家庭健康营养调查数据（CHNS），数据的样本涵盖1993年、1997年、2000年、2004年、2006年、2009年和2011年。本书对样本数据进行了常规处理，处理方法如下：选择符合城郊农民范畴的样本，前文已作说明；剔除了未参加工作的学生以及女性年龄大于55周岁、男性年龄大于60周岁的样本；剔除了就业状态为未就业的样本；剔除了样本期生病、死亡的观测值；对样本期内具有固定属性的变量，如性别、年龄、户主、是否少数民族、受教育程度等，其当期数据的缺失值以前一样本期数据或后一样本期数据进行替换；是否村或社区干部这一变量，其缺失值处理以固定属性变量进行处理，即其当期缺失值以前一样本期或后一样本期数据进行替换，这主要是由于村干部往往是地方宗族势力的代表，乡土社会主要依靠教化性的"长老统治"来维持（费孝通，1980），因此乡土社会村领导通常是固定的。此外，本书还将重点说明非农就业和土地征用两类变量的描述及数据处理。对于非农就业，CHNS问卷设置了13类职业，其中第5类为农林牧副渔业，其余为非农职业。将职业类型为第5类的设置为0，其余职业类型设置为1，赋予非农就业变量，其缺失值进行删除。对于土地征用，主要来源于CHNS问卷中的城镇化问卷，此问卷调查了当地村或社区的城镇化指数，取值在0~100之间，将此问卷与CHNS个人调查问卷进行合并，可以获得样本所在村或社区的城镇化指数。最终本文获取了3183份城郊农民调查样本，样本区域覆盖辽宁、黑龙江、江苏、山东、河南、湖北、湖南、广西、贵州和重庆10个省市，其中各年度的样本量分别为：1993年573个、1997年674个、2000年502个、2004年337个、2006年362个、2009年372个、2011年363个，各变量及样本的测度和描述性统计见表8-2。

表8-2　　变量的测度和描述性统计分析

变量	变量说明	平均值	最大值	最小值	标准差	样本量
lnincome	月收入对数值	6.185	10.131	1.359	1.185	3183
nonfarm	是否非农就业，1=是；0=否	0.226	1.000	0.000	0.418	3183
TDZY	所处村或社区土地征用率，取值为0~100	54.121	94.452	27.393	15.016	3183
head	是否户主，1=是，0=否	0.389	1.000	0.000	0.488	3183

续表

变量	变量说明	平均值	最大值	最小值	标准差	样本量
marital	婚否，1 = 未婚；2 = 已婚；3 = 离异	1.902	5.000	1.000	0.442	3183
minority	是否少数民族，1 = 是；0 = 否	0.023	1.000	0.000	0.151	3183
health	健康状态，1 = 很好；2 = 好；3 = 一般；4 = 差	2.138	4.000	1.000	0.515	3183
edu	受教育程度，0 = 文盲；1 = 小学；2 = 初中；3 = 高中；4 = 大专；5 = 本科及以上	1.534	5.000	0.000	1.081	3183
gender	性别，1 = 男；2 = 女	1.469	2.000	1.000	0.499	3183
age	年龄	38.741	59.900	14.800	10.552	3183
agesq	年龄的平方	1612.179	3588.010	219.040	810.038	3183
villcadre	是否村或社区干部，1 = 是；0 = 否	0.017	1.000	0.000	0.128	3183

资料来源：根据 CHNS 数据整理。

2. 样本自选择和内生性问题

获取各变量准确的无偏估计量，是进行 shapley 值分解的基础。为了获取准确的无偏估计量，式（8 -3）中的收入决定模型面临两个重要难题：内生性问题和样本自选择问题。

其一，内生性问题。受教育程度（edu）和非农就业（nonfarm）是两个可能的内生变量，其原因在于，一个地区居民的受教育程度和非农就业机会往往会受到本地经济发展水平、经济结构、社会文化风俗、地理位置等各种社会特征的影响，这些未被纳入解释变量的社会特征会与受教育程度和非农就业机会高度相关。因此我们无法断定受教育程度、非农就业机会对城郊农民收入的影响到底是来自受教育程度、非农就业机会的直接影响，还是来自各种社会经济特征的间接影响。可以说，无法观测的残差项与受教育程度、非农就业机会产生了相关性，违背变量外生性假定。处理内生性问题的常用方法是二阶段最小二乘的工具变量法（2SLS - IV），第一阶段将内生变量对所有工具变量及个体特征变量进行回归，得到内生变量的拟合值；第二阶段使用内生变量拟合值为工具变量对原模型进行回归。对于本书来说，受教育程度和非农就业是两个内生变量，因此第一阶段的回归方程应设置为：

$$edu_{it} = \alpha_1 Z_{it}^1 + \alpha_2 Z_{it}^2 + \alpha X_{it} + \varepsilon_{it} \quad (8-4)$$

$$nonfarm_{it} = \gamma_1 Z_{it}^3 + \gamma X_{it} + e_{it} \quad (8-5)$$

式（8-4）和式（8-5）中，ε_{it}、e_{it}分别表示第一阶阶段回归方程的随机误差项，X_{it}表示所有外生变量和工具变量，α 表示式（8-4）方程中外生变量的回归系数，γ 表示式（8-5）中外生变量的回归系数。关于受教育程度的工具变量，本文考虑了是否出生在第一季度和母亲的受教育程度两个工具变量。Angrist 和 Krueger（1991）利用是否出生在第一季度作为受教程度的工具变量，如果出生在第一季度，则取值为 1，否则取值为 0。通过研究发现出生在第一季度的人群往往入学较晚，因此他们在完成义务教育后，所受的教育应该会少于其他群体，表明其与城郊农民的教育水平呈现相关性，另外，其与样本所在村或社区的各种经济社会特征却不相关，符合工具变量外生性的假定，但这一工具变量面临弱工具变量质疑。Trostel（2002）使用父亲和母亲的受教育程度作为工具变量。为此，本书引入母亲的受教育程度作为城郊农民样本受教育水平的第二个工具变量。因此，式（8-4）对受教育程度设置了两个工具变量，即 Z_{it}^1、Z_{it}^2，分别代表是否出生在第一季度、母亲的受教育程度。

关于非农就业的工具变量，我们选择是否村干部这一变量，主要是因为是否村干部反映出城郊农民的社会网络情况，农民外出非农就业，并非盲目的，其家庭社会网络在非农就业过程中发挥着重要作用。社会网络可以通过减少城郊农民外出非农就业的搜索成本、生活成本等来影响非农就业。但是否村干部与残差项（主要是社会经济变量）相关性却较弱，符合工具变量外生的假定。因此，式（8-5）对非农就业设置了一个工具变量，即 Z_{it}^3，代表是否村干部。

其二，样本自选择问题。本书所选择的样本，虽经前文的数据处理过程，剔除了生病、死亡等观测值，但样本调查的随机性，并不能保证每个样本在每个调查期都参与调查。事实上，除了生病、死亡等因素，人口流动也是影响样本调查的一个重要因素，这意味着每个调查期的观测样本并不相同，并由此产生严重的样本自选择问题。可见，人口流动的控制对于样本自选择问题是很关键的，本书根据“是否居住在家里?”这一问题对人口流动（flow）[①] 进行定义，该问题的取值为 1 代表一直居住在家里、取值为 2 代表上学[②]、取值为 3 代表参军、取值为 4 代表异地就业、取值为 5 代表旅居海外、取值为 6 代表其他原因造成未在家里居住，本书在该问题取值为 4 时进行截尾，取值大于等于 4 时，人口流动定义为 0，小于 4 时，其定义与问题“是否居住在家里?”定义相同。

对于样本自选择的处理，学界常用的做法是运用 heckman 两步法。但 heckman 方法第一步处理上，需要设置排除变量，即会影响人口流动决策、但不会影响收入的变量。很明显寻找这样一种变量进行估计是较困难的，而且排除变量有效性的检验也存在问题。因此，本书借鉴刘宏、毛明海（2015）的做法，使用 Tobit selection 模型来处理样本自选择问题。具体来说，模型设置如下：

$$flow_{it} = \delta_1 nonfarm_{it} + \delta_2 edu_{it} + \delta X_{it} + v_{it} \qquad (8-6)$$

式（8-6）中，δ_1、δ_2、δ 代表方程内生变量和外生变量的估计系数，v_{it}代表随机误差项，将式（8-6）估计结果所得的残差拟合值 $\hat{v}_{it}$作为样本自选择偏误的误差修正项代入式（8-3），通过对式（8-3）的最小二乘法回归，可以得到经过修正后的估计结果，如果误差修正项 $\hat{v}_{it}$的估计系数显著，则说明人口流动导致了严重的样本选择偏误，因此修正是必要的，反之则说明人口流动并未产生严重的样本选择偏误（Wooldridge，1998）。

为了获得式（8-3）的无偏估计量，必须同时考虑上述内生性问题和样本自选择问题。因此需要同时对式（8-3）至式（8-6）进行估计。本书遵循 Wooldridge（2015）的做法，综合考虑样本自选择问题和内生性问题，具体步骤如下：

首先，利用城郊农民样本，以 flow 为被解释变量、所有外生变量和工具变量为解释变量进行 Tobit 回归，获得残差拟合值 $\hat{v}_{it}$，将其作为样本自选择修正项加入式（8-3）进行回归，回归方程如下：

$$lnincome_{it} = \beta_0 + \beta_1 nonfarm_{it} + \beta_3 edu_{it} + \beta_4 \hat{v}_{it} + \beta X_{it} + \mu_{it} \qquad (8-7)$$

---

① 本书试图借鉴易龙飞和亓迪（2014）的做法，将人口流动定义为户口为农业户口、但居住地在城市的人群，但本书所选择的城郊农民样本全都符合这一定义，故重新根据“是否居住在家里?”对人口流动进行定义。

② 前文中已经剔除学生样本，因此这个问题中无取值为 2 的样本。

其次，利用未发生人口流动的样本，加入工具变量，对式（8－7）进行2sls 回归，得到回归的参数估计结果。

3. 参数估计结果

根据上述步骤，本文分别采用传统 OLS 方法和考虑样本自选择问题的 2SLS 方法进行估计，如表 8－3 所示，为区分全体样本和各年份样本，表 8－3 还报告了 1993～2004 年、2004～2009 年、2009～2011 年三个时期的修正后 2SLS 估计结果[①]。

表 8－3 的第（1）列报告了 OLS 回归结果，从该栏估计结果来看，土地征用（TDZY）对城郊农民收入有显著正向作用，土地征用率每提高一个百分点，城郊农民收入将提高 0. 19%。非农就业（nonfarm）对城郊农民收入有显著正向作用，城郊农民由农业就业转入非农就业，其收入增长效应达 17. 65%。受教育程度（edu）对城郊农民收入有显著的正向作用，教育水平每提高一个等级，城郊农民收入将提高 12. 75%[②]。健康状况（health）对城郊农民收入有显著正向作用[③]，健康状况每降低一个等级，城郊农民收入将提高 14. 36%。年龄对城郊农民收入影响存在一个先上升后下降的效应，年龄的回归系数为正，年龄的平方系数为负，表明年龄对收入的增长效应存在一个拐点，在拐点之前，随着年龄的增加收入会提高，在拐点之后，随着年龄的增加收入会减少，经过计算，年龄的拐点约在 42 岁左右，即在 42 岁之前，年龄每提高一岁，城郊农民收入增加 8. 76%。此外，是否户主（head）、婚姻状况（marital）、是否少数民族（minority）、性别（gender）、是否村或社区干部（villcadre）对城郊农民收入的影响不显著。

由于前文分析中发现城郊农民样本面临自选择问题、受教育水平和土地征用面临内生性问题。因此，基于传统 OLS 回归得出的结果可能是有偏误的。为了消除样本自选择和内生性问题带来的偏误，表 8－3 第（2）栏报告

---

① 限于篇幅，本书不一一列举各年份的回归结果，而是根据前述分析所得到的 2004 年、2009 年两个拐点，分别估计 1993～2004 年、2004～2009 年、2009～2011 年三个时期的样本回归方程，以反映各变量对城郊农民收入的动态影响。

② 基于半对数模型的百分比效应，其计算公式为：$\%\hat{y} = 100 * (e^{beta} - 1)$，其中 beta 为各变量的估计系数（Wooldgridge，2015）。

③ 健康状况变量的设置是 1 代表非常健康，数值越高，越不健康，因此其参数估计符号为负号。

了经过修正后的两阶段最小二乘法（2SLS）估计结果。在进行结果分析之前，需要对模型的样本自选择问题和内生性问题进行分析。从样本自选择问题来看，本书基于 Tobit 选择模型，需要重点关注 Tobit 残差项，该残差项的系数估计值为 0.317，Z 值为 4.30，在 1% 的水平上显著，表明城郊农民样本存在样本自选择问题，运用传统 OLS 回归会存在偏误，而经过修正后的 2SLS 估计则可以消除这种偏误；从内生性问题来看，检验内生性问题需要检验弱工具变量问题和过度识别问题，弱工具变量检验通常运用第一阶段的 F 统计量，该统计量是检验两阶段最小二乘法第一阶段中所有工具变量的系数都为 0 时的 F 统计量。当存在内生变量时，第一阶段 F 统计量小于 10 表明该内生变量的工具变量是一个弱工具变量，Staiger 和 Stock（1994）提出了一个经验规则，即第一阶段 F 统计量应大于 10，否则会存在弱工具变量问题。从第（2）栏中所列的第一阶段 IV 估计 F 统计量来看，受教育程度为 189.201，土地征用为 123.694，均远大于 10，表明本书选择的工具变量是否出生在第一季度、母亲的受教育水平、样本所处村或社区的卫生水平均不存在弱工具变量问题。另外，由于工具变量数大于内生变量数，还需要进行过度识别检验，过度识别检验的常用统计量有 Sargan 统计量（Sargan，1983），该统计量的原假设是所有工具变量不存在过度识别问题，从第（2）栏结果来看，P 值为 0.343，不能拒绝原假设，因此可以推断本文所使用的 3 个工具变量不存在过度识别问题。

经过上述 Tobit 残差显著性检验、弱工具变量检验和过度识别检验，发现经过修正后的两阶段最小二乘法已经消除了样本自选择和内生性问题所带来的估计偏误，因此修正后的 2SLS 估计结果是可信的。从表 8-3 第（2）可以看出，与 OLS 回归相比，各变量的显著性水平、影响方向都具有一致性，但其估计系数却有差别。土地征用对城郊农民收入的影响被高估了，经过修正后，土地征用率每提高 1 个百分点，城郊农民收入水平将增加 0.13%，OLS 回归高估了 0.06 个百分点；非农就业对城郊农民收入的影响被高估了，经过修正后，城郊农民由农业就业转入非农就业，其收入增长效应为 17.28%，OLS 回归高估了 0.25 个百分点；受教育水平对城郊农民收入的影响明显被低估了，经过修正后，受教育水平每提高一个等级，城郊农民收入水平增加 23.49%，OLS 回归低估了 10.74 个百分点；健康状况对城郊农民收入水平的影响被高估了，健康状况每降低一个等级，城郊农民收入将增加 15.21%，OLS 回归高估了 0.85 个百分点；年龄对城郊农民收入的影响依然呈现倒“U”形关系，年龄的系数为 0.087，年龄平方的系数为 -0.001，通过计算得出年龄的拐点为 43.5 岁，与 OLS 回归计算出的年龄拐点 42 岁相比，年龄对城郊农民收入的正向影响被提前了 1.5 岁。从影响系数来说，在 43.5 岁以前，年龄每增加 1 岁，城郊农民收入将增加 9.09%，OLS 回归低估了 0.33 个百分点。此外，是否户主、婚姻状况、是否少数民族、性别、是否村或社区干部对城郊农民收入的影响依然不显著。

表 8-3 的（3）~（5）栏报告了分年度样本修正后的 2SLS 回归结果，Tobit 残差项的 Z 值在 1993~2004 年、2004~2009 年、2009~2011 年三个样本期分别为 2.38、0.92、-0.18，表明 1993~2004 年度存在样本自选择问题，而 2004~2009 年度、2009~2011 年度则不存在样本自选择问题，三个样本期第一阶段 IV 估计 F 统计量分别为：受教育程度 100.907、37.125、28.770，非农就业 44.675、83.918、47.344，均大于 10，表明这三个样本期均不存在弱工具变量问题。三个样本期的 Sargan 统计量的 P 值分别为 0.390、0.834、0.429，均不能拒绝原假设，表明这三个样本期均不存在工具变量的过度识别问题。通过上述分析可知，经过修正后的两阶段最小二乘法估计已经消除了样本自选择和内生性问题带来的偏误。从回归结果来看，土地征用对城郊农民的收入增加效应越来越高，1993~2004 年其收入增加效应为 0.14%，2004~2009 年度其收入增加效应为 0.18%，2009~2011 年度其收入增加效应为 0.23%，且其增加效应在 2004~2009 年度、2009~2011 年度高度显著；非农就业对城郊农民的收入增加效应也越来越高，1993~2004 年度其收入增加效应为 10.34%，2004~2009 年度其收入增加效应为 19.1%，2009~2011 年度其收入增加效应为 20.01%，且其收入增加效应在三个样本期内都高度显著；教育水平对城郊农民的收入增加效应呈“U”形变化关系，即先降低后增加，但 2004~2009 年度、2009~2011 年度其收入增加效应不显著；健康状况对城郊农民收入呈正向影响，即身体越健康，收入增加越多，但健康状况的收入增加效应越来越少，1993~2004 年其收入增加效应为 8.61%，且在 5% 水平上显著，2004~2009 年度其收入增加效应为 5.45%，2009~2011 年度其收入增加效应为 5.54%，且后两个样本期内健康

状况的收入增加效应均不显著；年龄对收入增加的效应也越来越少，1993～2004年度其收入增加效应为11.4%，且在1%的水平上高度显著，2004～2009年度其收入增加效应为3.36%，2009～2011年度其收入增加效应为1.92%，后两个样本期内年龄的收入增加效应不显著，此外，通过年龄与城郊农民收入的倒“U”形关系，分别计算出三个样本期年龄拐点为54岁、41.25岁、47.5岁。此外，是否户主（head）、婚姻状态（marital）、是否少数民族（minority）、性别（gender）、是否村或社区干部（villcadre）在各个样本期内对城郊农民的收入增长影响均不显著，不具有统计学显著意义。

表8－3　　城郊农民收入决定模型的参数估计

因变量：lnincome	OLS	修正后的2SLS	修正后的2SLS	修正后的2SLS	修正后的2SLS
	全体样本	全体样本	1993～2004年	2004～2009年	2009～2011年
	(1)	(2)	(3)	(4)	(5)
截距项	3.366*** (13.58)	3.739*** (10.81)	3.221*** (6.13)	4.461*** (6.60)	5.202*** (5.86)
nonfarm	1.017*** (23.54)	1.008*** (20.86)	0.710*** (9.36)	1.068*** (12.23)	1.099*** (13.81)
TDZY	0.019*** (17.10)	0.013*** (3.04)	0.014 (1.58)	0.018*** (3.72)	0.023*** (3.94)
edu	0.120*** (6.48)	0.211*** (4.03)	0.169** (1.98)	0.108 (1.09)	0.118 (0.98)
head	-0.029 (-0.60)	-0.044 (-0.82)	0.084 (1.12)	0.004 (0.04)	-0.049 (-0.46)
marital	-0.001 (-0.02)	0.005 (0.10)	-0.073 (-0.98)	0.011 (0.11)	-0.071 (-0.83)
minority	-0.130 (-1.18)	-0.105 (-0.87)	-0.185 (-1.07)	-0.093 (-0.39)	-0.031 (-0.14)
health	-0.155*** (-4.57)	-0.165*** (-4.52)	-0.090** (-2.21)	-0.056 (-0.66)	-0.057 (-0.35)
gender	-0.050 (-1.14)	-0.032 (-0.67)	0.023 (0.34)	-0.086 (-0.87)	0.001 (0.01)

续表

因变量：lnincome	OLS	修正后的 2SLS	修正后的 2SLS	修正后的 2SLS	修正后的 2SLS
	全体样本	全体样本	1993 ~ 2004 年	2004 ~ 2009 年	2009 ~ 2011 年
	(1)	(2)	(3)	(4)	(5)
age	0.084 *** (6.35)	0.087 *** (6.43)	0.108 *** (5.69)	0.033 (1.12)	0.019 (0.55)
agesq	-0.001 *** (-5.59)	-0.001 *** (-5.32)	-0.0013 *** (-4.93)	-0.0039 (-1.10)	-0.00019 (-0.47)
villcadre	0.092 (0.78)	0.106 (0.75)	0.271 (1.60)	0.043 (0.12)	0.380 (0.66)
Tobit 残差项		0.317 *** (4.30)	0.298 ** (2.38)	0.130 (0.92)	-0.017 (-0.18)
第一阶段 IV 估计 F 统计量（edu）		189.201 *** (0.000)	100.907 *** (0.000)	37.125 *** (0.000)	28.770 *** (0.000)
第一阶段 IV 估计 F 统计量（nonfarm）		123.694 *** (0.000)	44.675 *** (0.000)	83.918 *** (0.000)	47.344 *** (0.000)
sargan 统计量		0.899 (0.343)	0.738 (0.390)	0.044 (0.834)	0.625 (0.429)
R^2	0.291	0.287	0.152	0.333	0.195

注：第一阶段 IV 估计 F 统计量、sargan 统计量括号内的数值代表 P 值，其余括号内为 Z 值。*、**、*** 分别表示在 10%、5%、1% 的水平上显著。

数据来源：作者根据数据计算而得。

8.4.2　回归模型的 shapley 值分解

赵剑治和陆铭（2009）认为，一个因素对收入差距的形成主要受两方面效应的影响：一是该变量对收入的偏效应，即回归系数。在该变量的分布状况不变的前提下，回归系数越大，该变量对收入的偏效应就越大，从而对收入差距的贡献度也就越高；二是该变量的分布状况，在该变量对收入的回归系数不变的前提下，变量分布越不均等，则该变量对收入差距的贡献度越高。基于这样的逻辑，可以发现前述的回归分析为城郊农民收入极化的影响因素创造了基础。本书将在以上回归分析的基础上，运用 Shapley 值（Shorrocks，2013）来分解各解释变量对城郊农民收入极化的影响。该分解方法的主要思想是：对某个变量取样本均值，将样本均值和其他变量的实际观察值代入收入决定模型，计算出该变量取样本均值后的收入拟合值，运用衡量收入不平等的指标计算出该收入拟合值的不平等指数，显然该指数不再包含该变量的影响。与此同时，我们计算出实际收入的不平等指数，将两个指数的差距作为该变量对收入极化的贡献度。如果两指数差距为正，则说明该变量是收入极化的因素，反之，则说明该变量是缩小收入差距的因素。

本书设定的被解释变量为对数、解释变量为非对数的半对数模型，在 shapley 值分解时如果仍然使用半对数模型，则可能造成收入分布的扭曲，因此本书对分解方程两边同时取指数。根据表 8－3 的回归结果，建立如下城郊农民收入极化 Shapley 分解的回归方程①：

$$EXP(lnincome_{it}) = EXP(\hat{\beta}_0) * EXP(\beta_1 TDZY_{it} + \beta_2 edu_{it} + \beta X_{it}) * EXP(\hat{\mu}_{it}) \quad (8-8)$$

式（8－8）中，方程的截距对城郊农民收入极化不会有影响，因为分解方程取了指数后，截距项将作为一个常系数，在运用不平等指标计算收入极化指数时，该系数能够从方程中消除（Wan，2004）。对于残差项 $\hat{\mu}_{it}$ 对城郊农民收入极化的影响，则不能简单地消除，因为残差项并不是一个常系数，赵剑治和陆铭（2009）的做法是计算城郊农民原始样本的收入的不平等指数，再计算 $\hat{\mu}_{it}=0$ 时城郊农民收入的不平等指数，两者的差值即为残差对收入极化的贡献度。残差贡献度的一个重要作用是用于解释所有变量不能解释收入极化的部分，如果残差贡献度为 0，则说明分解方程中所有变量均能解释城郊农民收入的极化，否则，则说明还有一些未知因素也对城郊农民收入极化产生了影响。因此，总的收入贡献度可以分为残差贡献度和可观测变量的贡献度，残差贡献度所占比率表示收入极化的未知解释部分，而 1 减去这个比率则表示收入极化决定模型中所有变量可以解释的部分。

① 分解方程年龄和年龄平方项进行了合并，年龄平方项主要是用于说明年龄与城郊农民收入之间的倒“U”形关系。

在 Shapley 分解之前，还需要确定能够反映收入极化的指标，而收入不平等常用的指标主要有变异系数平方、基尼系数（GINI）、广义熵指标（GE0 和 GE1）和 Atkinson 指数，由于变异系数平方违背了收入不平等指数的转移原理，Atkinsonr 指数只是广义熵指数的简单变换，两者所解释意义是一样的。因此，本书选用基尼系数、广义熵 GE0 和广义熵 GE1 指数来反映收入极化问题。GE0 代表对数离差均值，对城郊农民低收入人群的收入变化较敏感，GE1 代表泰尔指数（Theil），对城郊农民高收入人群的收入变化较为敏感，GINI 系数代表基尼系数，对城郊农民中等收入群体的收入变化较为敏感（李敬等，2007）。这三个指数反映了城郊农民不同群体收入变化问题，因此能够较好地反映城郊农民收入极化问题。基于收入不平等指标，可以进一步进行 shapley 值分解，表 8 -4 报告基于 GINI 指标总系数被各变量解释比例。从表中可以看出，在 1993 ~2004 年、2004 ~2009 年、2009 ~2011 年三个样本期，总系数被自变量解释的比例分别为 56.30%、62.46%、58.84%，均大于 50%[①]，这反映出分解方程中各自变量能够较好地解释城郊农民收入极化，保证了分解结果的可靠性。

表 8 -4　基于基尼系数（GINI）的收入极化总系数和被解释比例

年份	总系数	自变量	被解释比例（%）
1993 ~2004	0.10402	0.05856	56.30
2004 ~2009	0.09781	0.06109	62.46
2009 ~2011	0.07836	0.04611	58.84

资料来源：作者根据数据计算而得。

本书的 shapley 值分解，主要运用联合国世界发展经济学研究院（UNU - WIDER）开发的 Java 程序，该程序能够基于常用的不平等指标，将回归方程中各自变量的线性组合代入其中，并将各自变量贡献的平均值作为最终分解结果。但该程序运行不太稳定，自变量每增加一个，程序运算量呈几何级数增加，运行时间往往超过 12 个小时，且很多时候得不到结果。因此，为了控制自变量个数，本书对自变量进行了合并，将年龄和年龄的平方

① 赵剑治和陆铭（2009）认为，总系数被自变量解释比例大于 50%，表明分解方程较为可信。

项进行合并，作为年龄对收入极化的贡献。这两项合并能够简化计算，且不影响分解结果。

表 8 – 5 报告了 1993 ~ 2011 年度基于 GINI 指标的城郊农民收入极化的 Shapley 值分解结果，为保证回归分析的样本量、同时结合前文分析城郊农民收入极化拐点，本书未一一列出每个样本年份的 Shapley 值分解，而是将 1993 ~ 2011 年分为 1993 ~ 2004 年、2004 ~ 2009 年、2009 ~ 2011 年三个样本期。本书还报告了 Shapley 值分解后各变量对城郊农民收入极化的绝对贡献度和相对贡献度，绝对贡献度是某一变量基于特定收入极化度量指标下对于收入极化的绝对值，相对贡献度是某一变量贡献的绝对值与所有自变量贡献绝对值之和的比值。从表中可以看出，在各年份中，相对贡献度超过 10% 的变量有非农就业（nonfarm）、土地征用率（TDZY）、受教育程度（edu）和劳动力年龄（age），但在不同样本期，其贡献度有所不同。土地征用在 1993 ~ 2004 年的相对贡献度为 33. 10%，2004 ~ 2009 年的相对贡献度为 30. 45%，2009 ~ 2011 年的相对贡献度为 18. 95%，土地征用对城郊农民收入极化有所减缓，但依然是造成收入极化的重要因素。非农就业在 1993 ~ 2004 年的相对贡献度为 10. 36%，2004 ~ 2009 年的相对贡献度为 29. 17%，2009 ~ 2011 年的相对贡献度为 40. 90%，表明非农就业加剧了城郊农民收入极化，这与赵剑治和陆铭（2009）的研究结论相似，对于效益低下的农业来说，城郊农民的非农就业能够快速提高收入水平。受教育程度在 1993 ~ 2004 年度的相对贡献度为 14. 55%，在 2004 ~ 2009 年度的相对贡献度为 17. 93%，在 2009 – 2011 年度的相对贡献度为 12. 56%，这种贡献度的变化反映出受教育程度对城郊农民收入极化的影响呈现先上升、后下降的趋势，但总体上加大了城郊农民的收入极化，教育水平的差异加剧了城郊农民收入极化，Morduch 和 Sicular（2002）的研究也证实了教育对收入差距的重要作用。劳动力年龄在 1993 ~ 2004 年的相对贡献度为 12. 54%，2004 ~ 2009 年的相对贡献度为 7. 17%，2009 ~ 2011 年的相对贡献度为 10. 39%，劳动力年龄对城郊农民收入极化的影响呈现先下降、后上升的趋势。此外，其余影响因素对城郊农民收入极化的贡献度均在 10% 以下，且不显著。

表8-5　基于GINI指标的城郊农民收入极化的shapley值分解结果

变量	1993~2004年		2004~2009年		2009~2011年	
	绝对贡献度	相对贡献度（%）	绝对贡献度	相对贡献度（%）	绝对贡献度	相对贡献度（%）
nonfarm	0.00607	10.36	0.01782	29.17	0.01886	40.90
TDZY	0.01938	33.10	0.01860	30.45	0.00874	18.95
edu	0.00852	14.55	0.01095	17.93	0.00579	12.56
head	0.00393	6.71	0.00180	2.94	0.00020	0.44
marital	0.00515	8.79	0.00202	3.30	0.00210	4.56
minority	0.00001	0.02	0.00014	0.22	0.00005	0.11
health	0.00374	6.38	0.00321	5.26	0.00205	4.45
gender	0.00443	7.57	0.00216	3.53	0.00304	6.59
age	0.00734	12.54	0.00438	7.17	0.00479	10.39
villcadre	-0.00001	-0.01	0.00002	0.02	0.00049	1.06
总计	0.05856	100.00	0.06109	100.00	0.04611	100.00

资料来源：作者根据数据计算而得。

如前述分析可知，收入不平等贡献度受两方面因素影响：一是该自变量对因变量的回归系数；二是该自变量自身的分布状况。在自变量回归系数既定的前提下，自变量自身的分布越不均等，则该自变量对收入极化的贡献度越高；在自变量分布既定的前提下，自变量对因变量的回归系数越大，则该自变量对收入极化的贡献度越高。因此，对于本文影响城郊农收入极化贡献度较高的四个变量，其对城郊农民收入极化的影响机理是不相同的。对于土地征用，其在全体样本内的标准差①为15.016（见表8-2），在各年度的回归系数为0.014~0.023（见表8-3），可以推知，土地征用对收入极化加剧的原因在于土地征用率的分布不均，东部地区的土地征用率较高，而中西部土地征用率较低。对于非农就业，其在全体样本内的标准差为0.418，在各年度的回归系数为0.710~1.099，可以推知，非农就业对城郊农民收入极化加剧的原因可能在于非农就业回归系数较高，导致回归系数较高的原因在于人们认识

① 标准差反映了自变量的分布状况，因此可以将标准差大小作为变量分布的依据。

非农就业的重要性，从而越来越多的人倾向于非农就业，但非农就业往往限于教育水平较高或年龄较小的中青年，而文化水平较低或年龄较大的中老年则不适宜非农就业，从而导致非农就业变量对收入的回归系数较高，但分布却较不均等。对于受教育程度，其在全体样本内的标准差为 1.081，在各年度的回归系数为 0.108 ~ 0.169，可知受教育程度分布较不平均、回归系数较大，两者同时导致了受教育程度的相对贡献较大。对于劳动力年龄，其在全体样本内的标准差为 10.552，在各年度的回归系数为 0.019 ~ 0.108，可以推知，年龄对收入极化贡献度较高的原因可能在于城郊农民年龄分布的不平均。

8.4.3　分解结果的稳健性分析

为了确保结果的稳健性，本书进一步基于广义熵指数 GE0 和广义熵指数 GE1（泰尔指数）进行了回归方程的 shapley 值分解。表 8 - 6 报告基于 GE0 指标和 GE1 指标总系数被各变量解释比例。从表中可以看出，在 1993 ~ 2004 年、2004 ~ 2009 年、2009 ~ 2011 年三个样本期，基于 GE0 指标总系数被自变量解释的比例分别为 37.85%、61.29%、51.67%，基于 GE1 指标总系数被自变量解释的比例分别为 41.20%、42.67%、50.99%。基于 GE0 和 GE1 指标得出的总系数被解释比例虽然达不到基于 GINI 指标得出的总系数被解释比例且部分年度自变量解释比例之和未超过 50%，但 Morduch 和 Sicular（2002）认为各自变量对收入差距的贡献既有拉大作用（符号为正）、也有缩小作用（符号为负），基于衡量收入不平等的不同指标进行 shapley 值分解，其洛伦兹曲线的不同部分被赋予不同的权重，因而各自变量对收入极化总系数的解释比例有所差异。总系数被自变量解释的比例大多都超过 40%，这反映出分解方程中各自变量能够较好地解释城郊农民收入极化，保证了分解结果的稳健性。

表 8 - 6　　基于 GE0 指数的收入极化总系数和被解释比例

年份	指标	总系数	自变量	被解释比例（%）
1993 ~ 2004	GE0	0.01492	0.00565	37.85
	GE1	0.01321	0.00544	41.20

续表

年份	指标	总系数	自变量	被解释比例（%）
2004 ~ 2009	GE0	0.01144	0.00701	61.29
	GE1	0.01681	0.00717	42.67
2009 ~ 2011	GE0	0.00949	0.00490	51.67
	GE1	0.01065	0.00543	50.99

资料来源：作者根据数据计算而得。

表 8 – 7 和表 8 – 8 分别报告了 1993 ~ 2011 年度基于 GE0 指标、GE1 指标的城郊农民收入极化的 shapley 值分解结果。从表中可以看出，土地征用率（TDZY）、非农就业（nonfarm）、受教育程度（edu）在各年度均是造成收入极化的重要因素。如表 8 – 7 所示，土地征用在 1993 ~ 2004 年的相对贡献度为 56.92%，2004 ~ 2009 年的相对贡献度为 46.11%，2009 ~ 2011 年的相对贡献度为 17.27%，土地征用对城郊农民收入极化有所减缓，但依然是造成收入极化的重要因素。非农就业在 1993 ~ 2004 年的相对贡献度为 21.78%，2004 ~ 2009 年的相对贡献度为 51.83%，2009 ~ 2011 年的相对贡献度为 71.41%，表明非农就业加剧了城郊农民收入极化。受教育程度在 1993 ~ 2004 年度的相对贡献度为 12.75%，在 2004 ~ 2009 年度的相对贡献度为 23.43%，在 2009 ~ 2011 年度的相对贡献度为 10.36%，这种贡献度的变化反映出受教育程度对城郊农民收入极化的影响呈现先上升、后下降的趋势。表 8 – 8 也报告了近似的结果。无论是基于 GE0 指标还是 GE1 指标，土地征用、非农就业和受教育水平对城郊农民收入极化的贡献度变化，与基于 GINI 指标得出的结果相似，保证了分解结果的稳健性。

表 8 – 7　基于 GE0 指标的城郊农民收入极化的 shapley 值分解结果

变量	1993 ~ 2004 年		2004 ~ 2009 年		2009 ~ 2011 年	
	绝对贡献度	相对贡献度（%）	绝对贡献度	相对贡献度（%）	绝对贡献度	相对贡献度（%）
nonfarm	0.00123	21.78	0.00364	51.83	0.00350	71.41
TDZY	0.00321	56.92	0.00323	46.11	0.00085	17.27
edu	0.00072	12.75	0.00164	23.43	0.00051	10.36
head	0.00046	8.13	0.00008	1.20	–0.00001	–0.10

续表

变量	1993～2004年		2004～2009年		2009～2011年	
	绝对贡献度	相对贡献度（%）	绝对贡献度	相对贡献度（%）	绝对贡献度	相对贡献度（%）
marital	0.00050	8.85	-0.00008	-1.07	0.00010	2.06
minority	-0.00000	-0.05	-0.00000	-0.01	0.00000	0.08
health	-0.00033	-5.84	-0.00030	-4.26	0.00003	0.59
gender	-0.00064	-11.37	-0.00067	-9.51	-0.00019	-3.96
age	0.00055	9.70	-0.00054	-7.69	0.00000	-0.04
villcadre	-0.00005	-0.87	0.00000	-0.03	0.00011	2.32
总计	0.00565	100.00	0.00701	100.00	0.00490	100.00

资料来源：作者根据数据计算而得。

表8-8　基于GE1指标的城郊农民收入极化的shapley值分解结果

变量	1993～2004年		2004～2009年		2009～2011年	
	绝对贡献度	相对贡献度（%）	绝对贡献度	相对贡献度（%）	绝对贡献度	相对贡献度（%）
nonfarm	0.00123	22.52	0.00367	51.09	0.00336	61.95
TDZY	0.00316	57.97	0.00320	44.65	0.00068	12.51
edu	0.00071	13.08	0.00164	22.79	0.00051	9.45
head	0.00042	7.75	0.00005	0.72	-0.00001	-0.09
marital	0.00047	8.58	-0.00004	-0.59	0.00013	2.45
minority	0.00000	-0.04	0.00000	-0.04	0.00000	0.06
health	-0.00033	-6.04	-0.00017	-2.43	0.00079	14.59
gender	-0.00062	-11.39	-0.00063	-8.74	-0.00017	-3.08
age	0.00046	8.39	-0.00053	-7.40	-0.00002	-0.31
villcadre	-0.00005	-0.83	0.00000	-0.06	0.00014	2.49
总计	0.00544	100.00	0.00717	100.00	0.00543	100.00

资料来源：作者根据数据计算而得。

8.4.4　作用机理分析

从收入回归的Shapley值分解及稳健性分析可知，无论是基于基尼系数、还是基于广义熵 GE0 指数、广义熵 GE1 指数，非农就业、土地征用和受教育水平三个变量是城郊农民收入极化的关键影响因素，表明了结果的稳健性，而年龄的极化效应则在不同的衡量指标下有所差异，不具稳健性。那么，这三个因素是如何影响收入极化的呢？为此，本书基于分位数回归探索土地征用、非农就业和受教育程度三个因素对城郊农民不同收入群体的影响效应大小。同时，收入不平等贡献度受两方面因素影响：一是该自变量对因变量的回归系数；二是该自变量自身的分布状况。表 8－9 列出了不同分位数下三个变量的标准差，以反映三个变量在不同分位数下的分布状况。从表中可以看出，在不同分位数条件下，土地征用、非农就业和受教育程度的标准差变化均较小。因此，可以将三变量在不同分位数下标准差视为既定，则在不同分位数下三变量对收入极化的贡献度，只需要观察三变量对城郊农民收入的回归系数。

表 8－9　不同分位数下各变量的标准差

	10 分位数	25 分位数	50 分位数	75 分位数
nonfarm	0.255	0.245	0.260	0.277
TDZY	11.421	11.796	12.469	13.650
edu	1.047	1.013	1.018	1.033

资料来源：作者根据数据计算而得。

表 8－10 显示了不同分位数条件下三个关键变量的回归系数。从表中可以看出，土地征用对收入的影响，在不同分位数条件下均显著，回归系数值随着分位数的升高而下降，同样表明土地征用对低收入群体的提升效应更明显，同时也反映出土地征用对低收入群体收入不平等贡献度更高，这种不平等贡献度反映在组间收入差距上，表现为土地征用的收入极化效应，即土地征用拉大了低收入群体和中高收入群体的收入差距。非农就业对城郊农民收入在各分位数下均显著，分位数越高，则回归系数值越低，表明非农就业对低收入群体的提升效应更大，同样反映出非农就业对低收入群体收入不平行贡献度更高，这种不平等贡献度反映在组间收入差距上，表现为非农就业的收入极化效应，即非农就业拉大了低收入群体与中高收入群体的收入差距。同理，受教育程度在不同分位数条件下均显著，从系数来看，分位数由低到

高，其系数值由高到低变化，表明受教育程度对低收入群体的提升效应更为明显，同时也反映出受教育程度对低收入群体的收入不平等贡献度更高，因为在受教育水平分布状况相同的前提下，回归系数越高，其对收入不平等的贡献度更高，而这种不平等贡献度反映在组间收入差距上，则表现为收入极化。

表 8-10　　不同分位数下各变量的回归系数比较①

	10 分位数	25 分位数	50 分位数	75 分位数
TDZY	0.0301*** (0.000)	0.0246*** (0.000)	0.0189*** (0.000)	0.0124*** (0.000)
nonfarm	1.180*** (0.000)	1.089*** (0.000)	0.983*** (0.000)	0.876*** (0.000)
edu	0.136*** (0.002)	0.148*** (0.000)	0.116*** (0.000)	0.115*** (0.000)

注：被解释变量为 lnincome，括号内的数值代表 P 值。*、**、*** 分别表示在 10%、5%、1% 的水平上显著。

数据来源：作者根据数据计算而得。

综上可知，基于基尼系数、GE0 指数、GE1 指数进行的 shapley 值分解结果均表明，土地征用、非农就业和受教育水平是城郊农民收入极化最为重要的因素，土地征用对收入极化的影响呈现减缓趋势，但土地征用依然是城郊农民收入极化的重要因素，即土地征用拉大了低收入群体与中高收入群体的收入差距。因此，在城镇化的推进过程中，如何让中低收入农民积极有效地参与进来，防止收入的两极分化，依然是一个值得研究的课题。党的十六大提出了新型城镇化，主要就是为了纠正地方政府热衷于以土地扩张为内容的“摊大饼式”城镇化，是一种以人为本的城镇化，而以人为本最重要的内容就是保障城郊农民的收入合理健康地增长。同时，非农就业也是城郊农民收入极化的重要因素，非农就业对收入极化的贡献度呈不断上升趋势，表明非农就业对城郊农民收入极化效应越来越大，而这种极化效应表现在拉大低收入群体与中高收入群体的收入差距。因此，鼓励低收入

① 分位数回归控制了其他各因素，但未列出其他因素的结果。

群体非农就业，是缩小低收入群体与中高收入群体收入差距的必要途径。此外，由分析得知，受教育程度也是造成城郊农民收入极化的一个重要原因，受教育程度对收入极化的贡献度呈现先上升、后下降的变化趋势，城郊农民的受教育程度分布不均等，造成低收入群体受教育程度大都较低，高收入群体受教育程相对较高，受教育程度的收入极化效应会导致低收入群体收入越来越低，高收入群体收入越来越高，产生收入两极分化。由此可见，合理公平分配教育资源，保障低收入人群充分享有教育资源，也是一个重要的研究课题。

8.5　不同地区各变量对收入极化贡献度的比较

本部分将从地区角度探索不同地区之间其城郊农民收入极化问题，我们将样本划分为东部地区和中西部地区，在 10 个调研省份中，按照国家统计局的标准，将辽宁、江苏、山东划分为东部地区，将黑龙江、河南、湖北、湖南、广西、贵州和重庆划分为中西部地区。这样的划分主要是基于不同地区之间收入水平的差异，东部地区的城郊农民收入水平明显高于中西部地区，而中部地区和西部地区的收入差距却不是太大，因此将中部和西部合并为中西部地区。不同地区之间收入极化的分析依然按照第四部分阐述的那样，首先进行回归分析，其次进行 shapley 值分解。

8.5.1　回归方程的分析

收入回归方程与第四部分回归分析类似，只是本部分分别基于东部和中西部单独进行回归，通过修正样本后的两阶段最小二乘估计，我们得到了表 8 - 11 的回归结果。

从表 8 - 11 可以看出，土地征用对东部地区城郊农民收入有显著提升效应，OLS 回归表明土地征用率每提高 1 个百分点，城郊农民收入提高 0.18%，修正样本后的两阶段最小二乘法回归表明土地征用率每提高 1 个百分点，城郊农民收入提高 0.7%，而土地征用对中西部地区城郊农民收入的提升效应，在不同的回归方程中有所不同，OLS 回归表明土地征用率提高 1 个百分点，城郊农民收入提高 0.18%，且显著，修正样本后的两阶段最小二乘法回归表明土地征用率每提高 1 个百分点，城郊农民收入提高 0.07%，且不显著。因此，经过修正后的回归结果表明，土地征用对东部地区城郊农民收入影响显著，而对中西部地区城郊农民收入影响不显著；非农就业对东部地区的城郊农民收入提升效应不及中西部地区，在东部地区的回归方程中，OLS 回归表明城郊农民由纯农就业转入非农就业，其收入提升效应为 108.97%，而修正样本后的两阶段最小二乘回归表明城郊农民由纯农就业转入非农就业，其收入提升效应为 33.51%，在中西部地区的回归方程中，OLS 回归表明城郊农民由纯农就业转入非农就业，其收入提升效应为 188.35%，修正样本后的两阶段最小二乘回归表明城郊农民由纯农就业转入非农就业，其收入提升效应为 183.77%；受教育水平对东部地区城郊农民的收入提升效应不显著，而对于中西部地区城郊农民收入却有显著提升效应，OLS 回归表明受教育水平每提升一个等级，城郊农民收入提高 14.45%，修正后的两阶段最小二乘回归表明受教育水平每提升一个等级，城郊农民收入提高 34.45%，OLS 回归明显低估了受教育程度对中西部城郊农民的收入提升效应；劳动者年龄对东部地区城郊农民收入提升效应不显著，而对中西部地区城郊农民收入提升效应极为显著，对于中西部地区来说，回归结果表明年龄与城郊农民收入呈倒“U”形关系，OLS 回归计算出的年龄拐点为 49 岁，修正样本后的两阶段最小二乘回归计算出的年龄拐点为 51 岁，在 51 岁之前，年龄每增加一岁，收入提高 0.96%；健康状况对东部地区城郊农民收入不显著，而对于中西部地区城郊农民收入有显著影响。此外，是否户主、婚姻状况、是否少数民族、性别、是否村干部等因素，对东部地区和中西部地区的城郊农民收入影响均不显著，此处不予分析。

从上述分析来看，基于修正后的两阶段最小二乘法回归结果，土地征用对东部地区城郊农民收入影响显著，而对中西部地区却不显著；非农就业对东部地区城郊农民收入影响效应不显著，而对中西部地区影响却很显著；受教育程度对东部地区城郊农民收入影响不显著，而对中西部地区却有着显著的收入提升效应；劳动者年龄对中西部地区城郊农民的收入提升效应更为显著。

表 8-11　东部和中西部地区城郊农民收入决定模型的参数估计①

因变量：lnincome	东部地区		中西部地区	
	OLS	修正后的 2SLS	OLS	修正后的 2SLS
	(1)	(2)	(3)	(4)
截距项	5.478*** (6.91)	2.924** (2.09)	3.273*** (12.77)	3.328*** (10.11)
nonfarm	0.737*** (6.01)	0.289 (1.46)	1.059*** (22.57)	1.043*** (20.59)
TDZY	0.018*** (4.20)	0.068*** (4.71)	0.018*** (13.01)	0.007 (1.41)
edu	0.025 (0.47)	0.158 (0.99)	0.135*** (6.77)	0.296*** (4.96)
head	0.008 (0.06)	0.189 (1.11)	-0.042 (-0.75)	-0.082 (-1.41)
marital	0.018 (0.06)	-0.036 (-0.20)	-0.0003 (-0.01)	0.030 (0.55)
minority	0.057 (0.06)	0.354 (0.34)	-0.099 (-0.81)	-0.042 (-0.33)
health	-0.097 (-1.04)	0.026 (0.22)	-0.170*** (-4.56)	-0.181*** (-4.61)
gender	-0.213* (-1.78)	-0.207 (-1.35)	-0.031 (-0.62)	0.002 (0.04)
age	0.016 (0.39)	0.008 (0.15)	0.089*** (6.30)	0.092*** (6.40)
agesq	-0.0002 (-0.45)	-0.0004 (-0.60)	-0.0009*** (-5.40)	-0.0009*** (-5.08)

① 限于篇幅，表格未列出东部地区和中西部地区分年度的回归结果。

续表

因变量：lnincome	东部地区		中西部地区	
	OLS	修正后的 2SLS	OLS	修正后的 2SLS
	(1)	(2)	(3)	(4)
villcadre	0.084 (0.29)	-0.055 (-0.16)	0.087 (0.56)	0.100 (0.63)
Tobit 残差项		-0.465** (-2.06)		0.373*** (4.72)
第一阶段 IV 估计 F 统计量 (edu)		20.379*** (0.000)		174.369*** (0.000)
第一阶段 IV 估计 F 统计量 (nonfarm)		17.174*** (0.000)		106.759*** (0.000)
sargan 统计量		1.966 (0.161)		0.043 (0.835)
R^2	0.249	0.0014		0.266

注：第一阶段 IV 估计 F 统计量、sargan 统计量括号内的数值代表 P 值，其余括号内为 Z 值。*、**、*** 分别表示在 10%、5%、1% 的水平上显著。

数据来源：作者根据数据计算而得。

8.5.2 东部地区和中西部地区的 shapley 值分解

从东部地区和中西部地区的回归分析来看，土地征用、非农就业、受教育程度和劳动者年龄是影响城郊农民收入的显著因素，而且这些影响因素对东部和中西部地区城郊农民收入的影响效应有所不同，但还无法说明这些因素对城郊农民收入极化在不同地区的差异。因此，这部分将根据前述的回归结果进行分地区 shapley 值分解，以探明这些因素对城郊农民收入极化在不同地区会有怎样的不同。

表 8-12 显示了基于 GINI 指标总系数被各变量解释比例。从表中可以看出，在 1993~2004 年、2004~2009 年、2009~2011 年三个样本期，东部

地区的回归分解方程中，总系数被自变量解释的比例分别为 49.96%、60.98%、52.83%，中西部地区的回归分解方程中，总系数被自变量解释的比例分别为 52.68%、55.66%、57.26%，均接近或大于 50%，这反映出基于不同地区的回归方程中各自变量能够较好地解释城郊农民收入极化，保证了分解结果的可靠性。

表 8-12　基于基尼系数（GINI）的不同地区收入极化总系数和被解释比例

年份	地区	总系数	自变量	被解释比例（%）
1993～2004	东部	0.087377	0.043652	49.96
	中西部	0.107904	0.056839	52.68
2004～2009	东部	0.097246	0.059302	60.98
	中西部	0.117787	0.065557	55.66
2009～2011	东部	0.080712	0.042641	52.83
	中西部	0.086618	0.049595	57.26

资料来源：作者根据数据计算而得。

表 8-13 报告了 1993-2011 年度基于 GINI 指标的东部地区城郊农民收入极化的 shapley 值分解结果，从表中可以看出，土地征用对收入极化的贡献度在 1993～2004 年度为 40.77%，2004～2009 年度为 19.80%，2009～2011 年度为 25.22%，总体态势来看，土地征用对东部地区城郊农民收入极化贡献度呈现下降趋势；非农就业对收入极化的贡献度在 1993～2004 年度为 6.87%，2004～2009 年度为 41.76%，2009～2011 年度为 51.39%，总体态势来看，非农就业对东部地区城郊农民收入极化贡献度呈现上升趋势；受教育程度对东部地区城郊农民收入极化的贡献度维持在 12%～16%；劳动者年龄对收入极化的贡献度在 1993～2004 年度为 10.54%，2004～2009 年度为 8.72%，2009～2011 年度为 4.33%，总体态势来看，劳动者年龄对东部地区城郊农民收入极化贡献度呈现下降趋势。此外，其余变量的贡献度大都在 10% 以下，且不显著。

表 8－13　基于 GINI 指标的东部地区城郊农民收入极化的 shapley 值分解结果①

变量	1993～2004 年		2004～2009 年		2009～2011 年	
	绝对贡献度	相对贡献度（%）	绝对贡献度	相对贡献度（%）	绝对贡献度	相对贡献度（%）
nonfarm	0.003001	6.87	0.024765	41.76	0.021914	51.39
TDZY	0.017797	40.77	0.011739	19.80	0.010753	25.22
edu	0.006513	14.92	0.007637	12.88	0.006617	15.52
head	0.003714	8.51	0.004241	7.15	0.001100	2.58
marital	0.003141	7.20	0.000756	1.27	0.000152	0.36
minority	0.000091	0.21	0.000436	0.74	0.000381	0.89
health	0.001931	4.42	0.001667	2.81	－0.000180	－0.42
gender	0.002888	6.62	0.001678	2.83	0.000058	0.14
age	0.004600	10.54	0.005173	8.72	0.001846	4.33
villcadre	－0.000024	－0.05	0.00121	2.04	0.000000	0.00
总计	0.043652	100.00	0.059302	100.00	0.042641	100.00

资料来源：作者根据数据计算而得。

表 8－14 报告了 1993～2011 年度基于 GINI 指标的中西部地区城郊农民收入极化的 shapley 值分解结果，从表中可以看出，土地征用对中西部城郊农民收入极化的贡献度呈现下降趋势，1993～2004 年度其贡献度为 25.69%，2004～2009 年度其贡献度为 22.40%，2009～2011 年度其贡献度为 13.57%；非农就业对中西部地区城郊农民收入极化贡献度呈现上升趋势，1993～2004 年度其贡献度为 13.26%，2004～2009 年度其贡献度为 35.23%，2009～2011 年度其贡献度为 40.03%；受教育程度对农民收入极化的贡献度在三个样本期基本一致、但略有下降，1993～2004 年度其贡献度为 18.48%，2004～2009 年度其贡献度为 18.82%，2009～2011 年度其贡献度为 14.43%；劳动者年龄对中西部地区城郊农民收入极化贡献度呈现先下降、后上升趋势，1993～2004 年度其贡献度为 16.87%，2004～2009 年度其贡献度为 8.33%，2009～2011 年度其贡献度为 14.19%。此外，其他因素对城郊

① villcadre 在 2009～2011 年度全部取值为 0，即无样本为村或社干部。

农民收入极化的贡献度基本上在 10% 以下，且不显著。

表 8-14　基于 GINI 指标的中西部地区城郊农民收入极化的 shapley 值分解结果

变量	1993~2004 年		2004~2009 年		2009~2011 年	
	绝对贡献度	相对贡献度（%）	绝对贡献度	相对贡献度（%）	绝对贡献度	相对贡献度（%）
nonfarm	0.007539	13.26	0.023096	35.23	0.019851	40.03
TDZY	0.014602	25.69	0.014687	22.40	0.006728	13.57
edu	0.010506	18.48	0.012339	18.82	0.007159	14.43
head	0.001973	3.47	0.000663	1.01	0.000372	0.75
marital	0.004293	7.55	0.002522	3.85	0.002472	4.98
minority	0.000014	0.02	0.000466	0.71	0.000466	0.94
health	0.003183	5.60	0.003448	5.26	0.001569	3.16
gender	0.00511	8.99	0.002698	4.12	0.003146	6.34
age	0.00959	16.87	0.00546	8.33	0.007037	14.19
villcadre	0.000029	0.05	0.000178	0.27	0.000795	1.60
总计	0.056839	100.00	0.065557	100.00	0.049595	100.00

资料来源：作者根据数据计算而得。

从东部地区和中西部地区各变量对城郊农民收入极化的贡献度变化的差异来看，两个地区各变量对收入极化的贡献度变化趋势大体一致，但变化幅度有所差异。土地征用对收入极化的贡献，在东部地区呈先大幅下降、后小幅上升的趋势，在中西部地区则呈现下降趋势，从贡献度大小来看，在 1993~2000 年度，东部地区其贡献度明显大于中西部地区，而 2000~2009 年度，东部地区其贡献度又小于中西部地区，2009~2011 年度，中西部地区其贡献度又小于东部地区；非农就业对城郊农民收入极化的贡献，在东部地区呈现急剧上升趋势，而在中西部地区上升幅度不及东部地区；受教育程度对收入极化的贡献，在东部地区呈先下降、后上升趋势，在中西部地区则呈先上升、后下降趋势，从贡献度大小来看，在样本早期，中西部地区受教育程度对收入极化的贡献度大于东部地区，而在样本后期，东部地区受教育程度对收入极化的贡献度则略大于中西部地区；劳动者年龄对城郊农民收入极化的贡献，在东部地区呈现急剧下降趋势，而在中西部地区下降幅度不及东部地区。

8.5.3 稳健性分析

为了确保结果的稳健性，本部分进一步基于广义熵指数 GE0 和广义熵指数 GE1（泰尔指数）进行了回归方程的 shapley 值分解。通过回归分析，我们发现无论是基于 GE0 指数还是基于 GE1 指数，东部地区和中西部地区各变量总系数被自变量解释的比例均在 40% 以上，此处未再一一列举。这反映出分解方程中各自变量能够较好地解释城郊农民收入极化，保证了分解结果的稳健性。

表 8－15 和表 8－16 报告了基于 GE0 指标和 GE1 指标的我国东部地区城郊农民收入极化 shapley 值分解结果，从结果来看，土地征用对收入极化的贡献度呈大幅下降趋势，非农就业对收入极化的贡献度呈大幅上升趋势，受教育程度对收入极化的贡献度越来越高，劳动者年龄对收入极化的贡献度由正变负，表明劳动者年龄对收入极化的影响从加剧极化转变为缩小收入差距。此外，其余影响因素的回归系数不显著，其贡献度也多低于 10% 以下，不再赘述。从结果来看，回归结果的 shapley 值分解保证了结果的稳健性。

表 8－15　基于 GE0 指标的东部地区城郊农民收入极化的 shapley 值分解结果

变量	1993～2004 年		2004～2009 年		2009～2011 年	
	绝对贡献度	相对贡献度（%）	绝对贡献度	相对贡献度（%）	绝对贡献度	相对贡献度（%）
nonfarm	0.000550	17.08	0.005499	76.91	0.003439	70.72
TDZY	0.003304	102.58	0.001602	22.41	0.001196	24.59
edu	0.000099	3.07	0.000840	11.75	0.000690	14.19
head	0.000338	10.49	0.000535	7.48	0.000068	1.40
marital	0.000241	7.48	－0.000346	－4.84	0.000002	0.04
minority	0.000009	0.28	0.000094	1.31	0.000035	0.72
health	－0.000534	－16.58	－0.000405	－5.66	－0.000358	－7.36

续表

变量	1993～2004 年		2004～2009 年		2009～2011 年	
	绝对贡献度	相对贡献度（%）	绝对贡献度	相对贡献度（%）	绝对贡献度	相对贡献度（%）
gender	-0.000909	-28.22	-0.000852	-11.92	-0.000026	-0.53
age	0.000203	6.30	-0.000120	-1.68	-0.000183	-3.76
villcadre	-0.000080	-2.48	0.000303	4.24	0.000000	0.00
总计	0.003221	100.00	0.007150	100.00	0.004863	100.00

资料来源：作者根据数据计算而得。

表 8-16　基于 GE1 指标的东部地区城郊农民收入极化的 shapley 值分解结果

变量	1993～2004 年		2004～2009 年		2009～2011 年	
	绝对贡献度	相对贡献度（%）	绝对贡献度	相对贡献度（%）	绝对贡献度	相对贡献度（%）
nonfarm	0.000553	22.50	0.005349	77.11	0.003351	71.79
TDZY	0.002896	117.82	0.001554	22.40	0.001196	25.62
edu	-0.000029	-1.18	0.000723	10.42	0.000681	14.59
head	0.00023	9.36	0.000407	5.87	0.000061	1.31
marital	0.000139	5.66	-0.000346	-4.99	0.000003	0.06
minority	0.000004	0.16	0.000083	1.20	0.000036	0.77
health	-0.000533	-21.68	-0.000288	-4.15	-0.000432	-9.25
gender	-0.000819	-33.32	-0.000759	-10.94	-0.000027	-0.58
age	0.000095	3.86	-0.000105	-1.51	-0.000201	-4.31
villcadre	-0.000078	-3.17	0.000319	4.60	0	0.00
总计	0.002458	100.00	0.006937	100.00	0.004668	100.00

资料来源：作者根据数据计算而得。

表 8-17 和表 8-18 报告了基于 GE0 指标和 GE1 指标的我国中西部地区城郊农民收入极化 shapley 值分解结果，从结果来看，土地征用对收入极化的贡献度呈下降趋势，非农就业对收入极化的贡献度呈大幅上升趋势，受教育程度对收入极化的贡献度呈现下降趋势，劳动者年龄对收入极化的贡献度由正变负、再由负变正，表明劳动者年龄对收入极化的影响随着时间变化而有所不同。此外，其余影响因素的回归系数不显著，其贡献度也多低于 10% 以下，

不再赘述。从结果来看，回归结果的 shapley 值分解保证了结果的稳健性。

从东部地区和中西部地区的比较来看，土地征用对东部地区和中西部地区收入极化的贡献度均越来越低；非农就业对东部地区和中西部地区收入极化的贡献度均越来越高；受教育程度加剧了东部地区的收入极化、而对中西部地区收入极化的贡献度则越来越低；而劳动者年龄对收入极化的影响，在东部地区和中西部地区则呈现不同的变化。

表 8-17　　基于 GE0 指标的中西部地区城郊农民收入极化的 shapley 值分解结果

变量	1993~2004 年		2004~2009 年		2009~2011 年	
	绝对贡献度	相对贡献度（%）	绝对贡献度	相对贡献度（%）	绝对贡献度	相对贡献度（%）
nonfarm	0.001554	32.47	0.005527	63.24	0.004114	69.60
TDZY	0.0019	39.70	0.002494	28.54	0.000544	9.20
edu	0.000989	20.66	0.001801	20.61	0.000579	9.80
head	0.000213	4.45	0.000023	0.26	-0.000026	-0.44
marital	0.000298	6.23	0.000119	1.36	0.000312	5.28
minority	-0.000017	-0.36	0.000049	0.56	0.000069	1.17
health	-0.000334	-6.98	-0.00015	-1.72	-0.000203	-3.43
gender	-0.000431	-9.01	-0.000708	-8.10	-0.000206	-3.49
age	0.000609	12.72	-0.000439	-5.02	0.000542	9.17
villcadre	0.000005	0.10	0.000024	0.27	0.000186	3.15
总计	0.004786	100.00	0.00874	100.00	0.005911	100.00

资料来源：作者根据数据计算而得。

表 8-18　　基于 GE1 指标的中西部地区城郊农民收入极化的 shapley 值分解结果

变量	1993~2004 年		2004~2009 年		2009~2011 年	
	绝对贡献度	相对贡献度（%）	绝对贡献度	相对贡献度（%）	绝对贡献度	相对贡献度（%）
nonfarm	0.001518	32.83	0.005393	64.09	0.003941	67.44
TDZY	0.001895	40.98	0.00243	28.88	0.000441	7.55
edu	0.000822	17.78	0.001579	18.76	0.000583	9.98

续表

变量	1993~2004 年		2004~2009 年		2009~2011 年	
	绝对贡献度	相对贡献度（%）	绝对贡献度	相对贡献度（%）	绝对贡献度	相对贡献度（%）
head	0.000201	4.35	0.000016	0.19	-0.000027	-0.46
marital	0.000292	6.31	0.000092	1.09	0.000289	4.95
minority	-0.000017	-0.37	0.000032	0.38	0.000061	1.04
health	-0.000292	-6.31	-0.000092	-1.09	0.00014	2.40
gender	-0.000404	-8.74	-0.00072	-8.56	-0.000231	-3.95
age	0.000605	13.08	-0.000343	-4.08	0.000447	7.65
villcadre	0.000004	0.09	0.000028	0.33	0.0002	3.42
总计	0.004624	100.00	0.008415	100.00	0.005844	100.00

资料来源：作者根据数据计算而得。

8.6　本章小结

本章运用 1993~2011 年中国家庭健康营养调查数据（CHNS），对我国城郊农民收入极化现象进行了经验观察，并在此基础上运用分位数面板回归模型探究收入极化的影响因素。然后以回归模型为基础进行 Shapley 值分解，分析城郊农民收入极化的各影响因素贡献度。分析结果如下：

（1）城郊农民收入极化的经验观察表明，我国城郊农民收入收入存在极化现象，主要是由收入分布中 50%~10% 分位数差导致的，即城郊农民低收入群体与其他群体收入差距拉大引起的。而收入分布中 90%~50% 分位数差呈下降趋势，说明高收入群体与其他群体收入差距在逐渐下降。城郊农民收入极化主要在于低收入群体收入增长缓慢。

（2）修正后的 2SLS 回归结果表明，土地征用、非农就业、受教育程度、劳动力年龄是影响城郊农民收入收入增长的重要且显著因素，土地征用随着时间演化对城郊农民的收入增加效应越来越高，1993~2004 年其收入增加效应为 0.14%，2004~2009 年度其收入增加效应为 0.18%，2009~2011 年度其收入增加效应为 0.23%；非农就业对城郊农民的收入增加效应也越来越高，1993～2004 年度其收入增加效应为 10.34%，2004～2009 年度其收入增加效应为 19.1%，2009～2011 年度其收入增加效应为 20.01%；受教育水平对城郊农民的收入增加效应呈“U”形变化关系，即先降低后增加，总体上受教育水平每提高一个等级，城郊农民收入水平增加 23.49%；年龄对收入增加的效应也越来越少，1993～2004 年度其收入增加效应为 11.4%，且在 1%水平上高度显著，2004～2009 年度其收入增加效应为 3.36%，2009～2011 年度其收入增加效应为 1.92%，后两个样本期内年龄的收入增加效应不显著，此外，通过年龄与城郊农民收入的倒“U”形关系，分别计算出三个样本期年龄拐点为 54 岁、41.25 岁、47.5 岁。

（3）回归模型的 Shapley 值分解表明，基于 GINI 指标的 Shapley 值分解，1993～2004 年、2004～2009 年、2009～2011 年三个样本期其总系数被自变量解释的比例分别为 56.30%、62.46%、58.84%，均大于 50%，这反映出分解方程中各自变量能够较好地解释城郊农民收入极化，保证了分解结果的可靠性，基于 GE0 和 GE1 指标的总系数被自变量解释比例虽然低于 GINI 指标，但自变量解释比例多在 40%以上。从相对贡献度来看，土地征用的极化效应在 1993～2004 年为 33.10%，2004～2009 年为 30.45%，2009～2011 年为 18.95%，土地征用对城郊农民收入极化效应有所减缓，但依然是造成收入极化的重要因素；非农就业在 1993～2004 年为 10.36%，2004～2009 年为 29.17%，2009～2011 年为 40.90%，表明非农就业加剧了城郊农民收入极化。受教育程度在 1993～2004 年度为 14.55%，在 2004～2009 年度为 17.93%，在 2009～2011 年度为 12.56%，其变化呈现先上升、后下降的趋势，但总体上加大了城郊农民的收入极化，教育水平的差异加剧了城郊农民收入极化；同时基于 GE0 和 GE1 指标验证分解结果的稳健性，但劳动力年龄在三个指标中的分解结果有所差异，不具稳健性，其他影响因素的相对贡献度低于 10%，且不显著。基于收入不平等不同指标得出的 Shapley 分解值均表明，非农就业、土地征用是城郊农民收入极化的主要原因，非农就业正在加剧城郊农民的收入极化，而土地征用对收入极化的作用正在下降。

（4）土地征用、非农就业对城郊农民收入极化的影响机理，主要是通过加剧城郊农民低收入群体与中高收入群体的收入差距形成的，这两个变量对低收入群体的收入效应更大，同时也加剧了对低收入群体的收入不平等。

| 第9章 |

研究结论与政策含义

本书较为全面系统地回归了农民收入增长理论、农户行为理论、劳动力迁移理论等，并在此基础上构建了土地征用和非农就业与城郊农民收入增长的理论框架，运用全国范围内的大样本微观数据集 CFPS2010、2014 和 CHNS，考察了土地征用和非农就业对城郊农民收入增长的影响。与已有研究相比，本书对土地征用和非农就业影响城郊农民收入的作用机理进行了拓展，并将研究对象设定为城郊农民及其收入增长，将研究主题锁定为土地征用、非农就业与城郊农民收入，从而综合考察了土地资源的配置（政府的征地行为）和劳动力资源的配置（农户的非农就业行为）对城郊农民收入影响。在分析两种资源对城郊农民收入影响的同时，我们还考虑到样本自选择问题和内生性问题，运用多种计量经济学方法，有效地处理了样本自选择问题、内生性问题和异质性问题，从而使研究结论更具信服力。具体来说，主要探讨了如下几方面的问题：(1) 城郊农民收入增长的特征事实和政府对城郊村土地征用的特征事实；(2) 土地征用后城郊农民征地补偿与非农就业的交互效应及其对城郊农民收入水平的影响问题；(3) 征地补偿过高时城郊农民离开非农就业市场的原因剖析，基于租赁经济的视角分析宅基地征用、租赁经济对城郊农民收入的影响问题；(4) 土地征用和非农就业对城郊农民收入结构的影响问题。本章将对上述几方面的问题进行总结，并提出政策建议。

9.1 研究结论

农业是一个比较经济效益较差但比较社会效益较好的产业，农业的基础地位决定了政府必须重视农业的发展，但综观几十年来的农业问题研究，解决农业问题的有效途径就是转移过剩的农村劳动力、摆脱农业过密化的困境，实现农业的规模化增长。本书以农业的困境出发，但并不研究农业的发展途径，本书研究的是大量的农村剩余劳动力转移到城市后，加速的城镇化会对原有城郊农民的收入产生何种影响，其收入结构会发生何种变化？本书便是着眼于这样的现实，即城镇化进程中，土地征用和非农就业对城郊农民收入水平、收入结构的影响。通过前文的机理分析和实证检验，本书得出如下研究结论：

1. 城郊农民与远郊农民遵循不同的收入增长路径，同时两者的非农就业行为和土地征用频率也有显著差异

改革开放以来，无论是城郊农民还是远郊农民，我国农村居民的收入均呈现快速增长，两者呈现类似的变化趋势。但两者之间却存在较大的收入差距，从收入水平上看，城郊农民收入显著高于远郊农民；从收入结构上看，城郊农民收入构成中工资性收入和财产性收入占据重要位置，远郊农民收入构成中工资性收入和农业经营性收入占据重要位置；从城郊农民收入构成来看，工资性收入主要依靠非农就业实现，而财产性收入则依靠其土地征用以及由此导致的土地增值来实现。正是土地征用和非农就业这两大因素造成了城郊农民与远郊农民收入结构及收入增长路径有所不同。

工资性收入的差异主要表现在城郊农民与远郊农民非农就业类型不同，城郊农民主要以本地非农就业为主，其本地非农就业率为64.32%，远郊农民本地非农就业率刚过50%，这说明城郊农民更倾向于本地非农就业、远郊农民更倾向于异地非农就业。财产性收入的差异主要表现在城郊农民土地征用（承包地征用和宅基地征用）频率较高，城郊农民能够获得征地补偿收入和租金收入。

城镇化和工业化的快速发展，导致城市对土地的需求越来越大，政府征收城郊农民土地的案例越来越多。但城郊农民的土地征用也具有如下特征：

从征地面积来看，城郊农民被征的土地大多是零碎的细块土地，被连片征收的大户土地较少，这也反映出我国实行家庭联产承包责任制导致农民耕种细碎化，在征地过程中也是征用小块土地，这使得征地过程矛盾众多，成为社会稳定的隐患。而城郊细碎化的征地过程，会直接导致城郊失地农民获得的失地补偿金额相对较小。同时，这种土地征用存在着区域差异，相较于中西部地区，东部地区获得高额补偿的城郊农民比例更大，东部地区的城郊农民更期盼土地被征用。

宅基地征用方面，从宅基地征用（房屋拆迁）面积来看，房屋拆迁面积大多都较小，这反映出拆迁对象主要是普通的住户，而大型企业或机构较少，这也使得拆迁过程是一项较繁重的工作，同时也是政府与普通农户拆迁与反拆迁的博弈过程。房屋拆迁面积也可以看出我国土地的细碎化较为严重，细碎化的土地导致细碎化的宅基地，细碎化的宅基地进一步导致城郊农民住房面积的狭小。从补偿方式来看，房屋拆迁补偿主要通过房屋补偿、货币补偿方式为主，房屋补偿主要是将被拆迁户的房屋拆迁、政府修建新的安置房进行补偿，而货币补偿则给拆迁户一次性补偿款实现。从补偿金额的区域差异来看，东部地区最高、西部地区次之、中部地区最低，东部地区补偿款高于全国平均水平，而中部和西部地区则低于全国平均水平。

2. 土地征用后城郊农民收入提高的关键在于征地补偿金的多寡和非农就业机会的获取

具体来说，土地征用后，城郊农民是否参与非农就业，受到征地强度和非农就业机会的影响，非农就业机会主要包括供给和需求两个层面，主要表现为：一是征地强度，征地强度越大，农户将倾向于非农就业；二是供给因素，家庭中老年人比例越高、家庭成员健康状况较差、家庭越贫困，即使土地被征用，农户由于丧失非农就业的劳动力，他们也很难参与到非农就业中；三是需求因素，本地非农产业越发达，将会吸引更多的劳动力参与到非农活动中。

土地征用后，城郊农民的非农就业对收入的边际效应与征地补偿金有关，非农就业的收入边际效应随着征地补偿金的上升而不断降低。即当补偿价格较低时，城郊农民非农就业率更高，其收入增长效应也更明显，而当补偿价格较高时，城郊农民非农就业率更低，其收入增长效应变得不显著。

土地征用对城郊农民收入的影响关键在于征地补偿金的多寡。土地征用对城郊农民收入呈现出正向显著效应，即征地补偿金越多，城郊农民收入增加越明显。因此，虽然土地征用的农户收入显著高于未征地农户，但土地征用的关键在于征地补偿收入，显然大多数的被征地农户获得的补偿收入并不高，也并不能持续增加农户收入。当补偿价格较低时，土地征用并不能带来城郊农民家庭收入的增加；当补偿价格较高时，土地征用会显著增加城郊农民家庭收入。

3. 征地补偿过高时，存在城郊农民离开非农就业市场的现象，其原因主要在于很多城郊农民能够获取租金收入

土地征用后，城郊农民的非农就业对收入的边际效应与征地补偿金有关，非农就业的收入边际效应随着征地补偿金的上升而不断降低，即当补偿价格较低时，城郊农民非农就业率更高，而当补偿价格较高时，城郊农民非农就业率更低。而这一观点正解释了我国当前的一种现象：当承包地的征地补偿金较高时，很多城郊农户离开了就业市场。对于城郊农民来说，他们将很难再返回到农业生产活动中，这是因为农业的边际效益相对较低。因此，我们试图从城郊农民的租赁经济中寻找答案，我们发现租赁经济能够显著正向影响城郊农民收入，很多城郊村存在租赁经济现象，既包括城郊农户私人租赁经济，也包括城郊村集体租赁经济。

租赁收入主要表现为：对于宅基地征用后的城郊农民来说，虽然他们不能再获得租赁收入，但如果他们在与村集体的博弈中还保留有村集体成员的身份，则他们还能够获得集体收入；对于未宅基地征用的城郊农民来说，城郊农民的租房决策及租金收入将会受到房屋质量、地理位置、房产数量、村庄内产业发展情况等多种供求因素影响；运用倾向得分匹配模型消除样本偏差后，即控制了房屋质量、地理位置、房产数量、村庄内产业发展情况等因素后，我们发现，城郊农户的房屋出租能够显著正向影响城郊农民收入。

4. 土地征用后被征地农户的农业经营性收入的显著低于非征地农户，非农就业也会显著负向影响城郊农民的农业经营性收入

从农业经营性收入角度看，农业生产性投资是土地征用影响农业经营收入的完全中介变量，土地征用导致农业生产性投资的下降（征地农民比未征

地农民的农业生产性投资下降 85.5%），农业生产性投资也导致城郊农民农业经营性收入下降，农业生产性投资的减少会导致经营收入下降 102.3%。

5. 我国城郊农民收入存在极化现象，主要在于城郊农民低收入群体与其他群体收入差距拉大。而这种极化的影响因素则在于土地征用和非农就业机会的不同

土地征用和非农就业机会的不同，其后果就是可能导致城郊农民收入的分化，有租赁收入来源的城郊农民收入水平显著高于没有租赁收入来源的城郊农民，获得征地补偿的农户财产性收入高于未获得征地补偿的农户，非农就业机会的不同以及非农就业类型的不同也可能带来收入分化。因此，综合考察土地征用、非农就业对城郊农民收入差距的影响，就是一个值得重视的问题，更确切地说是可能带来的收入极化问题。

通过城郊农民收入极化的经验观察表明，我国城郊农民收入收入存在极化现象，主要是由收入分布中 50% ~10% 分位数差导致的，即城郊农民低收入群体与其他群体收入差距拉大引起的。而收入分布中 90% ~50% 分位数差呈下降趋势，说明高收入群体与其他群体收入差距在逐渐下降。城郊农民收入极化主要在于低收入群体收入增长缓慢。通过构建回归模型的 Shapley 值分解表明，非农就业和土地征用是城郊农民收入极化的主要因素，非农就业机会的差异正在加剧城郊农民的收入极化，而土地征用对收入极化的作用正在下降。分析其影响机理发现，极化效应主要是通过加剧城郊农民低收入群体与中高收入群体的收入差距形成的。

9.2　政策含义

本书的政策含义提出思路如下：通过理论和数理模型分析得出征地补偿与非农就业存在交互效应，征地（承包地）补偿较高时存在农户离开非农就业市场的行为，而征地（承包地）补偿较低时农户的非农就业比例却较高。因此对于征地（承包地）补偿较低的农户，应该为他们创造非农就业机会，而对于征地（承包地）补偿较高的农户，应当考虑发展租赁经济。征地（承包地）补偿较高的农户往往是由于地理位置相对较好、离城较近，他们

不愿意非农就业，他们有发展租赁经济的条件和机会。同时承包地征用的农户中有高达90%的农户并未同步发生宅基地征用。这使得这部分农户完全有发展租赁经济的条件。

根据以上思路，可以得出如下政策含义：

1. 提高征地补偿较低人群的非农就业水平

对于城郊征地补偿收入较低的人群，往往居住在地理位置离城较远的区段，一旦农地被征用，他们的生计行为将发生重要变化，从农业生产转换为闲暇或非农就业。但地理位置离城相对较远，他们利用财产性资产如房屋发展租赁经济的可能性较小，非农就业成为征地后就业的重要途径。而在研究结论中也得出低征地补偿人群往往拥有更高的非农就业率。

非农就业在增加家庭收入、增加消费和减少贫困、提高城郊农民获得感、幸福感等方面有着不可替代的作用，政府应当通过制度相应的政策措施，把劳动者分流到非农行业，既可以解决城镇化扩张造成的城郊农民土地流失问题，也可以使城郊农民有效参与市民化过程。

同时，针对城郊农民内部不同群体的非农就业比例，政策制定者要着力关注受教育程度较低、社会地位较低、性别为女性的城郊农民非农就业问题，受教育程度较低、社会地位较低、性别为女性的城郊农民非农就业能够显著增加收入，但他们面临非农就业进入障碍，导致这些人群的非农就业参与度较低，政府要破除就业歧视和进入障碍，免除他们非农就业的后顾之忧，鼓励他们从事非农活动。具体来说，政府应当制度针对低学历、女性等人群的针对性就业政策、营造宽松的就业环境；企业应当实行同工同酬的工资待遇、减少对低学历、女性等人群的就业歧视；非政府组织及社会应当积极宣传公平的就业政策，为他们提供各种就业帮扶和救助。当然，由于专业技术、性别等方面的差异，政府应当鼓励低学历、女性等人群进入到就业门槛较低的服务行业。相较于非农产业，农业是一个比较经济效益不好而比较社会效益好的产业，农业比较经济效益低是一个普遍现象。因此，鼓励城郊农民中的低技能劳动者转移到城市第三产业中来，既能实现低技能劳动者经济效益的提升，也能实现城郊农业规模经济效益。梁文泉和陆铭（2015）认为，低技能劳动者能够与城市高技能劳动实现互补、实现人力资本外溢，而这些低技能人群进入到服务行业，正好能够促进城市高低技能劳动者的共同发展，促进城镇化快速发展。

2. 鼓励有房屋等财产保障的农户发展租赁经济，为“租售同权”提供经验

党的十八届三中全会明确要求，发挥市场机制对资源配置的基础性作用。而改革开放40多年的农村市场化改革，也客观上要求将农户房屋财产纳入市场机制中进行优化配置。对于城郊农民中有房屋等财产保障的群体来说，让其房屋成为重要的财产性收入，也是市场化改革的重要内容。对于城郊村来说，租金收入在城郊农民的收入增长来源中无疑占据重要地位，而地租收入也几乎成为城郊村集体经济的全部，这种地租生金的收入结构，为城郊农民的高福利、高收入提供了资金来源。

随着城镇化的快速发展，大量农村人口流向城市，随之而来的是城市房价的不断攀高。作为房地产健全发展的重要一环，“租房”成为缓解房价、解决各类人群居住的重要手段。对于城郊农民中高补偿金低就业率的群体来说，鼓励他们依靠房屋等财产发展租赁经济，不失为收入增长途径的重要探索，同时也能够起到房价稳定的作用。

3. 规范房屋租赁市场，调整产业结构

过度依赖土地或房屋租金的收入增长模式，既违反社会公平正义的要求，也潜伏着城郊产业发展后劲不足等问题。城郊农民依靠地理位置的先天优势，在城镇化的大潮中成为食利者，与远郊农民相比，其收入远远高于后者，但在城郊村内部，不同收入群体依然有差距，那些只注重眼前利益的群体，把土地一卖了之，后续发展必然面临动力不足，那些眼光长远些的群体，利用地租发展经济，以土地生财，看似能够获得较高收入，但在较高收入水平之上会长期维持一种“中等收入陷阱”。

城郊村的土地有限，依靠增量土地创造收入是不可持续的，一旦土地存量不足或者房地产行业衰退时，租赁经济便失去其发展空间。从某种程度上说，租赁经济的繁荣是城镇化快速发展的后果，是城镇化的次生结果。城镇化过快发展造成城郊农民的地租依赖，本质上是农户的逐利行为，但客观上也与城郊村的产业演化、城镇空间集聚能力薄弱有关。城郊村产业演化能力不强主要体现在城镇化的畸形发展造成农户逐利房地产和租赁产业，而城郊

村的实体产业如现代农业、园艺业等得不到发展，造成产业的空心化。而空间集聚能力薄弱则与当前的土地制度有关，城郊村土地多为集体所有，由于补偿价位等条件无法与政府达成一致，许多已经纳入城市规划范围的土地被闲置在一边，形成大量城郊村，既不能发展农业，也不能发展城市产业。因此，调整产业结构、破除地租依赖，要从增强产业演化和空间聚集能力上下工夫。换句话说，城郊村产业要增强演化能力，城镇人口、产业空间聚集要合理。

为何基于产业演化和空间聚集的视角呢？首先，城郊村产业演化能力不强、产业结构不合理，农业发展缓慢。要实现农业现代化条件下农村劳动力转型，只有增强产业演化能力才有出路。其次，城镇聚集了大量的人口、产业，空间聚集成为城市的本质特征，它是城镇最普遍的空间组织形式。人口、产业的聚集是城镇发展的动力，空间聚集能够产生良好的外部经济性，促进城镇工业发展。而城郊村空间集聚并不合理，通过发展租赁经济在某种程度上能够增加城郊农民的收入，但租赁经济过度繁荣也带来了诸如暴力犯罪、规划混乱、环境卫生条件差等社会问题。

因此，城郊农民应该依靠市场和地理位置良好的区位优势，通过土地变现获得的资本形成原始资本积累，投资发展优势产业。首先，要在现行统分结合、双层经营的家庭联产承包责任制度下，创新土地流转模式；发展规模化现代农业产业，推进科技创新以实现规模报酬递增，逐步实现农业生产集约化和规模化，提高农业利用效率，让多余劳动力在农业高效发展的前提下转移出来。其次，要提高城郊村的空间聚集能力，通过人口、产业两大要素在城郊村的集聚，以达到减少交易费用、实现规模报酬递增的目的，从而实现产业发展，推动工业化，进而增强城镇吸纳农村转移劳动力的能力。

4. 优化配置城郊农民的土地资源，设计合理的征地补偿金标准

城郊农民收入变化最大之处在于其财产性收入的变化，而土地则是其财产性收入的重要保障。对于城郊村的土地配置，既要考虑到我国农村的基本土地制度，同时，还要兼顾到我们的土地征收制度。对于前者来说，要坚持城郊村的家庭联产承包责任制，坚持统分结合的双层经营，坚持农村集体作为城郊村土地的所有权，同时稳定其承包权，放活其经营权，引导和鼓励城郊村的土地流转；对于后者来说，城镇化的发展必然会征收城郊村的土地，而征地过程中城郊农民的权益保护、征地后所获土地价值的分配问题、土地

征收后失地农民的安置问题，则显得尤为重要。只有充分考虑到这些问题，才能使城郊村“留得住绿水青山、系得住乡愁”，才能使农业增产、农民持续有效地增收。

第一，稳定和完善家庭联产承包责任制，正确处理好土地所有权、承包权和经营权的关系。坚持并明确村集体的所有权地位，防止村集体所有权的虚化，落实所有权的前提是加快城郊村的土地确权进程，只有土地经过确权登记后，才能防止村集体的所有权虚化，也才能使城郊农民能够将土地变为资产，从而使其投资农村产业，或将资产作抵押或股权，在土地的流转过程中保护城郊农民的合法权益。城郊村惜地如金，通过土地流转发展现代园艺业或农业观光业，既能充分利用土地，增加产出，也能够保护城郊农民的合法权益。同时，还要明晰城郊农民的土地承包权，通过土地确权登记，可以充分保障城郊农民的土地承包权，增强城郊农民对土地的预期收益。此外，还要放活土地经营权，放活经营权，就是要优化土地的利用率，将土地流转给那些有能力、有经营意愿的专业大户，让他们在土地上进行专业化种植，获得最大化的产出，从而达到土地利用优化配置的目的。

第二，要完善土地的征用制度，保护失地农民的合法权益。全面性、系统性和有针对性地对城郊农民制定征地政策。征地现象是城镇化扩张过程中不可避免的社会经济现象。本文发现征地补偿金的多寡关系到城郊农民收入的增加，同时还发现征地补偿金过高时存在城郊农民离开就业市场的行为。因此，在针对不同收入组的城郊农民时，有针对性、有区别地制定出征地政策，是可行的。此外，要明晰城郊农民的土地财产权，保护其合法权益。征地往往因为过程不明晰而会使农民不愿意被征地，而其根源在于土地权属不明确。因此，明晰城郊农民土地的财产性权利，使得他们在征地过程中享有公平公正的征地程序，提高其征地意愿。此外，征地还应该考虑到城郊农民土地的预期收益，由于土地被征收后城郊农民面临未来收入水平、生活质量、社会福利等方面的不确定性变化，很多农民将土地作为一种财产性保值工具，只有明确未来收入水平高于土地的现有价值和未来价值，农民才愿意接受土地被征用，反之，城郊农民是不愿意将土地被征用的。因此，土地征用要充分考虑到土地的未来预期收益，在房地产和土地财富效应显著的当下，很多农民待地而沽，土地的预期收益应当被合理考虑。

参考文献

[1] 鲍海君，吴次芳．论失地农民社会保障体系建设［J］．管理世界，2002（10）：37-42．

[2] 蔡昉．劳动力流动的政治经济学［M］．上海：上海三联书店，2003．

[3] 蔡昉．城乡收入差距与制度变革的临界点［J］．中国社会科学，2003（5）：16-25．

[4] 柴铎，董藩．美国土地发展权制度对中国征地补偿改革的启示——基于福利经济学的研究［J］．经济地理，2014（2）：148-153．

[5] 柴国俊，陈艳．征地补偿的多与寡：公平与效率视角［J］．农业经济问题，2017（2）：16-22．

[6] 才国伟，刘剑雄．收入风险、融资约束与人力资本积累——公共教育投资的作用［J］．经济研究，2014（7）：67-80．

[7] 钞小静，沈坤荣．城乡收入差距、劳动力质量与中国经济增长［J］．经济研究，2014（6）：30-43．

[8] 曹光乔，周力，易中懿，等．农业机械购置补贴对农户购机行为的影响——基于江苏省水稻种植业的实证分析［J］．中国农村经济，2010（6）：38-48．

[9] 曹永福，杨梦婕，宋月萍．农民工自我雇佣与收入：基于倾向得分的实证分析［J］．中国农村经济，2013（10）：30-41．

[10] 陈安平．财政分权、城乡收入差距与经济增长［J］．财经科学，2009（10）：93-101．

[11] 陈斌开，林毅夫．发展战略、城市化与中国城乡收入差距［J］．中国社会科学，2013（4）：81-102．

[12] 陈斌开，陆铭，钟宁桦．户籍制约下的居民消费 [J]．经济研究，2010 (S1)：62-71．

[13] 陈斌开，张鹏飞，杨汝岱．政府教育投入、人力资本投资与中国城乡收入差距 [J]．管理世界，2010 (1)：36-43．

[14] 陈斌开，林毅夫．金融抑制、产业结构与收入分配 [J]．世界经济，2012 (1)：3-23．

[15] 陈锡文，韩俊．如何推进农民土地使用权合理流转 [J]．中国改革：农村版，2002 (3)：37-39．

[16] 陈奕山，钟甫宁，纪月清．为什么土地流转中存在零租金？——人情租视角的实证分析 [J]．中国农村观察，2017，(4)：43-56．

[17] 陈钊，陆铭．从分割到融合：城乡经济增长与社会和谐的政治经济学 [J]．经济研究，2008 (1)：21-32．

[18] 陈钊．中国城乡发展的政治经济学 [J]．南方经济，2011 (8)：3-17．

[19] 陈钊，陆铭，佐藤宏．谁进入了高收入行业？——关系、户籍与生产率的作用 [J]．中国经济学，2009 (6)：121-132．

[20] 程诚，边燕杰．社会资本与不平等的再生产 以农民工与城市职工的收入差距为例 [J]．社会，2014 (4)：67-90．

[21] 程诚，王奕轩，边燕杰．中国劳动力市场中的性别收入差异：一个社会资本的解释 [J]．人口研究，2015 (2)：3-16．

[22] 程名望，史清华，Jin Yanhong. 农户收入水平、结构及其影响因素——基于全国农村固定观察点微观数据的实证分析 [J]．数量经济技术经济研究，2014 (5)．

[23] 丁士军，张银银，马志雄．被征地农户生计能力变化研究——基于可持续生计框架的改进 [J]．农业经济问题，2016 (6)：25-34．

[24] 邓明．人口年龄结构与中国省际技术进步方向 [J]．经济研究，2014 (3)：130-143．

[25] 杜鑫．中国农村两种类型转移劳动力收入差距的比较研究 [J]．经济评论，2008 (2)：81-86．

[26] 方金兵，张兵，曹阳．中国农村金融发展与农民收入增长关系研

究［J］. 江西农业学报，2009，21（1）：143－147.

［27］方鸿．非农就业对农户农业生产性投资的影响［J］. 云南财经大学学报，2013（1）.

［28］贺晓英．关中地区城市扩张与农地保护［M］. 北京：中国农业出版社，2015.

［29］费孝通．小城镇大问题［J］. 江海学刊，1984（1）：6－26.

［30］费孝通．乡土中国生育制度［M］. 北京：北京大学出版社，1998.

［31］费孝通．乡土中国［M］. 上海：上海人民出版社，2007.

［32］高波，洪涛．中国住宅市场羊群行为研究——基于1999～2005年动态面板模型的实证分析［J］. 管理世界，2008（2）：90－96.

［33］高波，王文莉，李祥．预期、收入差距与中国城市房价租金"剪刀差"之谜［J］. 经济研究，2013（6）：100－112.

［34］高进云，周智，乔荣锋．森的可行能力理论框架下土地征收对农民福利的影响测度［J］. 中国软科学，2010（12）：59－69.

［35］高玉强．农机购置补贴与财政支农支出的传导机制有效性——基于省际面板数据的经验分析［J］. 财贸经济，2010（4）：61－68.

［36］郭庆海．土地适度规模经营尺度：效率抑或收入［J］. 农业经济问题，2014（7）.

［37］韩志荣．工农三大剪刀差及其现状分析［J］. 经济研究，1996（10）：57－61.

［38］何军，李庆，张姝弛．家庭性别分工与农业女性化——基于江苏408份样本家庭的实证分析［J］. 南京农业大学学报社会科学版，2010，10（1）：50－56.

［39］何深静，钱俊希，吴敏华．"学生化"的城中村社区——基于广州下渡村的实证分析［J］. 地理研究，2011，30（8）：1508－1519.

［40］贺俊，吴照龚．财政分权、经济增长与城乡收入差距——基于省际面板数据的分析［J］. 当代财经，2013（5）：27－38.

［41］贺光烨，吴晓刚．市场化、经济发展与中国城市中的性别收入不平等［J］. 社会学研究，2015（1）：140－165.

[42] 贺雪峰. 地权的逻辑Ⅱ——地权变革的真相与谬误 [M]. 北京: 东方出版社, 2013.

[43] 贺振华. 劳动力迁移、土地流转与农户长期投资 [J]. 经济科学, 2006 (3): 10-18.

[44] 黄乾. 两种就业类型农民工工资收入差距的比较研究 [J]. 财经问题研究, 2009 (6): 118-124.

[45] 黄小明. 收入差距、农村人力资本深化与城乡融合 [J]. 经济学家, 2014 (1): 84-91.

[46] 黄宗智. 华北的小农经济与社会变迁 [M]. 北京: 中华书局, 2000.

[47] 黄祖辉, 刘西川, 程恩江. 贫困地区农户正规信贷市场低参与程度的经验解释 [J]. 经济研究, 2009 (4): 116-128.

[48] 霍华德. 明日的田园城市 [M]. 金经元, 译. 北京: 商务印书馆, 2010.

[49] 焦斌龙. 人力资本对居民收入差距影响的存量效应 [J]. 中国人口科学, 2011, 05: 16-25, 111.

[50] 金丽馥, 孙莉. 基于失地农民权益流失问题的农地产权制度探析 [J]. 调研世界, 2008 (8): 40-42.

[51] 金晶, 许恒周. 失地农民的社会保障与权益保护探析——基于江苏省16县（市、区）320户失地农民的调查数据分析 [J]. 调研世界, 2010 (7): 15-16.

[52] 金晶, 曲福田. 农地非农化的政策演进: 1949~2007年 [J]. 改革, 2010 (9): 86-92.

[53] 赖小琼, 黄智淋. 财政分权、通货膨胀与城乡收入差距关系研究 [J]. 厦门大学学报（哲学社会科学版）, 2011 (1): 22-29.

[54] 蓝宇蕴. 都市里的村庄 [D]. 北京: 中国社会科学院研究生院, 2003.

[55] 李春玲, 李实. 市场竞争还是性别歧视——收入性别差异扩大趋势及其原因解释 [J]. 社会学研究, 2008 (2): 94-117.

[56] 李培林, 李炜. 近年来农民工的经济状况和社会态度 [J]. 中国

社会科学，2010（1）：119－131.

[57] 李强，陈宇琳，刘精明．中国城镇化“推进模式”研究［J］．中国社会科学，2012（7）：82－100.

[58] 李瑞琴．农户农业生产要素可得性及其对农业收入的影响研究［D］．重庆：西南大学，2015.

[59] 李雅楠，秦佳．我国男性的婚姻溢酬——基于内生选择性模型的分析［J］．南方人口，2013，28（2）：19－27.

[60] 李伶俐，谷小菁，王定祥．财政分权、城市化与城乡收入差距［J］．农业技术经济，2013（12）：4－14.

[61] 李实，罗楚亮．中国收入差距究竟有多大？——对修正样本结构偏差的尝试［J］．经济研究，2011（4）：68－79.

[62] 李实．中国个人收入分配研究回顾与展望［J］．经济学（季刊），2003（2）：379－404.

[63] 李实，马欣欣．中国城镇职工的性别工资差异与职业分割的经验分析［J］．中国人口科学，2006（5）：2－13.

[64] 李实，宋锦，刘小川．中国城镇职工性别工资差距的演变［J］．管理世界，2014（3）：53－65.

[65] 李婷．“熟人社会”中的农村阶层关系［J］．华南农业大学学报（社会科学版），2016，20（2）：62－71.

[66] 李燕凌，欧阳万福．县乡政府财政支农支出效率的实证分析［J］．经济研究，2011（10）：110－122.

[67] 李农，万祎．我国农机购置补贴的宏观政策效应研究［J］．农业经济问题，2010（12）：79－84.

[68] 李雪松，冉光和．财政分权、农业经济增长与城乡收入差距［J］．农业技术经济，2013（1）：86－94.

[69] 梁文泉，陆铭．城市人力资本的分化：探索不同技能劳动者的互补和空间集聚［J］．经济社会体制比较，2015（3）.

[70] 林乐芬，金媛．征地补偿政策效应影响因素分析——基于江苏省镇江市40个村1703户农户调查数据［J］．中国农村经济，2012（6）：20－30.

[71] 林毅夫，李周. 中国经济转型时期的地区差距分析 [J]. 经济研究，1998 (6): 3-10.

[72] 刘灿，韩文龙. 农民的土地财产权利：性质、内涵和实现问题——基于经济学和法学的分析视角 [J]. 当代经济研究，2012 (6): 62-69.

[73] 刘瑞明. 金融压抑、所有制歧视与增长拖累——国有企业效率损失再考察 [J]. 经济学（季刊），2011: 603-618.

[74] 刘守英. 集体土地资本化与农村城市化——北京市郑各庄村调查 [J]. 北京大学学报：哲学社会科学版，2008 (6): 123-132.

[75] 刘守英. 中国城乡二元土地制度的特征、问题与改革 [J]. 国际经济评论，2014 (3): 9-25.

[76] 刘卫东，彭俊. 征地补偿费用标准的合理确定 [J]. 中国土地科学，2006, 20 (1): 7-11.

[77] 刘魏，张应良，田红宇. 人力资本投资与农村居民收入增长 [J]. 华南农业大学学报（社会科学版），2016, 15 (3): 63-75.

[78] 刘魏，张应良. 非农就业对城郊农民收入的影响研究. 西南大学学报（社会科学版），2016, 42 (5): 61-73.

[79] 刘晓峰，陈钊，陆铭. 社会融合与经济增长：城市化和城市发展的内生政策变迁 [J]. 世界经济，2010 (6): 60-80.

[80] 刘向南，吕图，严思齐. 征地过程中程序性权利保障与农民满意度研究——基于辽宁省6市30村的调研 [J]. 中国土地科学，2016 (6).

[81] 刘泽云. 女性教育收益率为何高于男性？——基于工资性别歧视的分析 [J]. 经济科学，2008 (2): 119-128.

[82] 柳思维，唐红涛. 经济转型中的新剪刀差与城乡消费差距的扩大 [J]. 消费经济，2006 (6): 8-11.

[83] 陆铭，陈钊，万广华. 因患寡，而患不均——中国的收入差距，投资，教育和增长的相互影响 [J]. 经济研究，2006 (12): 4-14.

[84] 陆铭，蒋仕卿，佐藤宏. 公平与幸福 [J]. 劳动经济研究，2014 (1): 26-48.

[85] 陆铭，向宽虎，陈钊. 中国的城市化和城市体系调整：基于文献的评论 [J]. 世界经济，2011 (6): 3-25.

[86] 陆铭. 中国的大国经济发展道路 [M]. 北京: 中国大百科全书出版社, 2008.

[87] 陆铭, 高虹, 佐藤宏. 城市规模与包容性就业 [J]. 中国社会科学, 2012 (10): 47 - 66.

[88] 陆铭, 陈钊. 城市化、城市倾向的经济政策与城乡收入差距 [J]. 经济研究, 2004 (6): 50 - 58.

[89] 陆铭, 张航, 梁文泉. 偏向中西部的土地供应 如何推升了东部的工资 [J]. 中国社会科学, 2015 (5): 59 - 83.

[90] 罗仁福, 张林秀, Scott Rozelle. 我国农村劳动力非农就业的变迁及面临的挑战 [J]. 农业经济问题, 2011 (9): 18 - 24.

[91] 罗静, 曾菊新. 城市化进程中的土地稀缺性与政府管制 [J]. 中国土地科学, 2004, 18 (5): 16 - 20.

[92] 罗东, 矫健. 国家财政支农资金对农民收入影响实证研究 [J]. 农业经济问题, 2014 (12).

[93] 骆永民, 樊丽明. 土地: 农民增收的保障还是阻碍? [J]. 经济研究, 2015 (8): 146 - 161.

[94] 吕炜, 张晓颖, 王伟同. 农机具购置补贴、农业生产效率与农村劳动力转移 [J]. 中国农村经济, 2015 (8).

[95] 马万里. 中国式财政分权对城乡收入差距的影响研究 [D]. 济南山东大学, 2014.

[96] 马克思. 资本论 (第3卷) [M]. 北京: 人民出版社, 2004: 698.

[97] 马克思. 政治经济学批判大纲 [M]. 北京: 人民出版社, 1975.

[98] 马新文. 我国现行征地补偿制度剖析 [J]. 同济大学学报: 社会科学版, 2009, 20 (3): 93 - 96.

[99] 毛丹. 赋权、互动与认同: 角色视角中的城郊农民市民化问题 [J]. 社会学研究, 2009 (4): 28 - 60.

[100] 毛学峰, 刘靖. 本地非农就业、外出务工与中国农村收入不平等 [J]. 经济理论与经济管理, 2016, 36 (4): 100 - 112.

[101] 倪军昌. 北京城乡结合部征地和失地农民问题研究 [D]. 北京: 中国农业大学, 2004.

[102] 宁光杰. 自选择与农村剩余劳动力非农就业的地区收入差异——兼论刘易斯转折点是否到来 [J]. 经济研究, 2012 (S2): 42 - 55.

[103] 恰亚诺夫. 农民经济组织 [M]. 萧正洪, 译. 北京: 中央编译出版社, 1996.

[104] 钱忠好. 农村土地承包经营权产权残缺与市场流转困境: 理论与政策分析 [J]. 管理世界, 2002 (6): 35 - 45.

[105] 钱忠好. 土地征用: 均衡与非均衡——对现行中国土地征用制度的经济分析 [J]. 管理世界, 2004 (12): 50 - 59.

[106] 乔明睿, 钱雪亚, 姚先国. 劳动力市场分割、户口与城乡就业差异 [J]. 中国人口科学, 2009 (1): 32 - 41.

[107] 秦立建, 陈波, 蒋中一. 我国城市化征地对农民健康的影响 [J]. 管理世界, 2012 (9): 82 - 88.

[108] 秦晖. 关于传统租佃制若干问题的商榷 [J]. 中国农村观察, 2007 (3): 27 - 40.

[109] 桑瑜. 农民贷款难的症结: 一个新的分析视角 [J]. 中央财经大学学报, 2015 (7): 50.

[110] 盛来运. 流动还是迁移: 中国农村劳动力流动过程的经济学分析 [M]. 上海: 上海远东出版社, 2008.

[111] 孙永苑, 杜在超, 张林, 等. 关系、正规与非正规信贷 [J]. 经济学: 季刊, 2016 (1): 597 - 626.

[112] 史清华, 晋洪涛, 卓建伟. 征地一定降低农民收入吗: 上海7村调查——兼论现行征地制度的缺陷与改革 [J]. 管理世界, 2011 (3): 77 - 82.

[113] [美] 舒尔茨 (Schultz, T. W.). 改造传统农业 [M]. 梁小民, 译. 北京: 商务印书馆, 2011.

[114] 陶然, 徐志刚. 城市化、农地制度与迁移人口社会保障——一个转轨中发展的大国视角与政策选择 [J]. 经济研究, 2005 (12): 45 - 56.

[115] 陶然, 周敏慧. 父母外出务工与农村留守儿童学习成绩——基于安徽、江西两省调查实证分析的新发现与政策含义 [J]. 管理世界, 2012 (8): 68 - 77.

[116] 藤田昌久，保罗·R·克鲁格曼，安东尼·J·维纳布尔斯．空间经济学［M］．梁琦，译．北京：中国人民大学出版社，2013.

[117] 田红宇．财政分权、财政支农政策与粮食生产研究［D］．西南大学，2016.

[118] 涂名．圈地末路——什么人的改革？什么样的发展？［J］．中国改革：农村版，2004（7）：8－11.

[119] 孙永强．金融发展、城市化与城乡居民收入差距研究［J］．金融研究，2012（4）：98－109.

[120] 万海远，李实．户籍歧视对城乡收入差距的影响［J］．经济研究，2013（9）：43－55.

[121] 汪晖．城乡结合部的土地征用：征用权与征地补偿［J］．中国农村经济，2002（2）：40－46.

[122] 汪险生，郭忠兴．被征地农民的收入下降了吗——来自 CFPS 数据的证据［J］．农业技术经济，2017（6）：14－27.

[123] 王定祥，田庆刚，李伶俐，等．贫困型农户信贷需求与信贷行为实证研究［J］．金融研究，2011（5）：124－138.

[124] 王甫勤．人力资本、劳动力市场分割与收入分配［J］．社会，2010（1）：109－126.

[125] 王慧博．城市化进程中失地农民市民化调查状况比较分析［J］．宁夏社会科学，2010（4）：66－72.

[126] 王美艳．城市劳动力市场上的就业机会与工资差异——外来劳动力就业与报酬研究［J］．中国社会科学，2005（5）：36－46.

[127] 王敏，曹润林．城镇化对我国城乡居民财产性收入差距影响的实证研究［J］．宏观经济研究，2015（3）：76－84.

[128] 王睿，黄森．农村资金投入与农村区域间居民收入差异——基于1999～2006年省际面板数据的实证研究［J］．数量经济技术经济研究，2010（1）：44－57.

[129] 王文莉，赵奉军．城市化进程与房价租金比高企问题研究——基于中国35个大中城市面板数据实证分析［J］．财贸研究，2011，22（5）：28－33.

[130] 王修华，邱兆祥．农村金融发展对城乡收入差距的影响机理与实证研究 [J]. 经济学动态，2011 (2)：71-75.

[131] 王永钦，张晏，章元，等．十字路口的中国经济：基于经济学文献的分析 [J]. 世界经济，2006 (10)：3-20，95.

[132] 王引，尹志超．健康人力资本积累与农民收入增长 [J]. 中国农村经济，2009 (12)：24-31.

[133] 王小华，温涛，王定祥．县域农村金融抑制与农民收入内部不平等 [J]. 经济科学，2014 (2)：44-54.

[134] 王智波，李长洪．好男人都结婚了吗？——探究我国男性工资婚姻溢价的形成机制 [J]. 经济学：季刊，2016 (2)：917-940.

[135] 王子成．外出务工、汇款对农户家庭收入的影响——来自中国综合社会调查的证据 [J]. 中国农村经济，2012 (4)：4-14.

[136] 魏下海，董志强，赵秋运．人口年龄结构变化与劳动收入份额：理论与经验研究 [J]. 南开经济研究，2012 (2)：100-119.

[137] 魏众．健康对非农就业及其工资决定的影响 [J]. 经济研究，2004 (2)：64-74.

[138] 温涛，王小华，董文杰．金融发展、人力资本投入与缩小城乡收入差距——基于中国西部地区 40 个区县的经验研究 [J]. 吉林大学社会科学学报，2014 (2)：27-36.

[139] 温涛，冉光和，熊德平．中国金融发展与农民收入增长 [J]. 经济研究，2005 (9)：30-43.

[140] 温忠麟，叶宝娟．中介效应分析：方法和模型发展 [J]. 心理科学进展，2014，22 (5)：731-745.

[141] 温忠麟，张雷，侯杰泰，等．中介效应检验程序及其应用 [J]. 心理学报，2004，36 (5)：614-620.

[142] 文军．农民市民化：从农民到市民的角色转型 [J]. 华东师范大学学报（哲学社会科学版），2004，36 (3)：55-61.

[143] 武力．1949~1978 年中国“剪刀差”差额辨正 [J]. 中国经济史研究，2001 (4)：5-14.

[144] 吴晓刚，张卓妮．户口、职业隔离与中国城镇的收入不平等

[J]. 中国社会科学, 2014 (6): 118-140, 208-209.

[145] 徐舒. 中国劳动者收入不平等的演化 [D]. 成都: 西南财经大学, 2010.

[146] 徐雨璇, 何深静, 钱俊希. 基于新制度经济学视角的学生化社区房屋租赁现象研究——以广州南亭村为例 [J]. 人文地理, 2014 (4): 36-43.

[147] 徐琴. 可行能力短缺与失地农民的困境 [J]. 江苏社会科学, 2006 (4): 140-144.

[148] 许庆, 田士超, 徐志刚, 等. 农地制度、土地细碎化与农民收入不平等 [J]. 经济研究, 2008 (2): 83-92.

[149] 许峰. 农民市民化问题探讨 [J]. 林业经济, 2004 (20): 52-53.

[150] 严瑞珍, 龚道广, 周志祥, 等. 中国工农业产品价格剪刀差的现状、发展趋势及对策 [J]. 经济研究, 1990 (2): 64-70.

[151] 杨进. 中国农业机械化服务与粮食生产 [D]. 杭州: 浙江大学, 2015.

[152] 杨涛. 城乡收入差距的政治经济学 [J]. 中国社会科学, 2000 (4): 11-22.

[153] 杨新铭, 罗润东. 技术进步条件下农村人力资本与收入差距的互动机制 [J]. 数量经济技术经济研究, 2008, 25 (1): 74-84.

[154] 杨志海, 麦尔旦·吐尔孙, 王雅鹏. 健康冲击对农村中老年人农业劳动供给的影响——基于 CHARLS 数据的实证分析 [J]. 中国农村观察, 2015 (3): 24-37.

[155] 姚先国, 赖普清. 中国劳资关系的城乡户籍差异 [J]. 经济研究, 2004 (7): 82-90.

[156] 余凤. 重庆农村劳动力转移对农业生产的影响研究 [D]. 雅安: 四川农业大学, 2013.

[157] 尹恒, 龚六堂, 邹恒甫. 收入分配不平等与经济增长: 回到库兹涅茨假说 [J]. 经济研究, 2005 (4): 17-22.

[158] 余长林. 财政分权、公共品供给与中国城乡收入差距 [J]. 中国

经济问题，2011（5）：36－45.

［159］余菊，刘新．城市化，社会保障支出与城乡收入差距——来自中国省级面板数据的经验证据［J］．经济地理，2014，34（3）：79－84.

［160］余吉祥，沈坤荣．中国农村居民工资性收入的地区差距：影响因素及路径［J］．世界经济，2010（1）：84－99.

［161］余新平，熊皛白，熊德平．中国农村金融发展与农民收入增长［J］．中国农村经济，2010（6）：77－86.

［162］［美］詹姆斯.C．斯科特．农民的道义经济学：东南亚的反叛与生存［J］．社科新视野，2002（5）：47－47.

［163］翟振武．从人口变迁看民生发展［M］．北京：中国人口出版社，2012.

［164］张车伟．营养、健康与效率——来自中国贫困农村的证据［J］．经济研究，2003（1）：3－12.

［165］张广胜，周娟．农民外出务工影响因素的实证研究——基于沈阳村级层面的调查［J］．农业经济问题，2009（3）：37－42.

［166］张锦华，刘进，许庆．新型农村合作医疗制度、土地流转与农地滞留［J］．管理世界，2016（1）：99－109.

［167］张强．土地流转视野的农村租赁经济发育：自北京郊区观察［J］．改革，2009（5）：88－92.

［168］翟洪峰．城郊农民的现代化［M］．合肥：合肥工业大学出版社，2009.

［169］赵冈，陈钟毅．中国土地制度史［M］．台北：台北联经出版公司，1982：195－242.

［170］赵耀辉．中国农村劳动力流动及教育在其中的作用——以四川省为基础的研究［J］．经济研究，1997（2）：37－42.

［171］郑建君．政治沟通在政治认同与国家稳定关系中的作用——基于6159名中国被试的中介效应分析［J］．政治学研究，2015（1）：86－103.

［172］郑黎义．劳动力外出务工对农户农业生产的影响［D］．杭州：浙江大学，2011.

［173］钟甫宁，纪月清．土地产权、非农就业机会与农户农业生产投资

[J]. 经济研究, 2009 (12): 43-51.

[174] 钟甫宁, 王兴稳. 现阶段农地流转市场能减轻土地细碎化程度吗? ——来自江苏兴化和黑龙江宾县的初步证据 [J]. 农业经济问题, 2010, 31 (1): 23-32.

[175] 钟甫宁, 何军. 增加农民收入的关键: 扩大非农就业机会 [J]. 农业经济问题, 2007 (1): 62-70.

[176] 周晔馨. 社会资本是穷人的资本吗? ——基于中国农户收入的经验证据 [J]. 管理世界, 2012 (7): 83-95.

[177] 周其仁. 改革的逻辑 [M]. 北京: 中信出版社, 2013.

[178] 周飞, 倪绍祥. 我国现行土地征用制度缺陷及其改革 [J]. 江海学刊, 2004 (6): 82-86.

[179] 周义, 李梦玄. 失地冲击下农民福利的改变和分化 [J]. 农业技术经济, 2014 (1): 73-80.

[180] 周振, 伍振军, 孔祥智. 中国农村资金净流出的机理、规模与趋势: 1978~2012 年 [J]. 管理世界, 2015 (1): 63-74.

[181] 邹薇, 张芬. 农村地区收入差异与人力资本积累 [J]. 中国社会科学, 2006 (2): 67-79.

[182] 朱长存, 马敬芝. 农村人力资本的广义外溢性与城乡收入差距 [J]. 中国农村观察, 2009 (4): 37-46.

[183] 朱喜, 史清华, 李锐. 转型时期农户的经营投资行为——以长三角 15 村跟踪观察农户为例 [J]. 经济学季刊, 2010, 9 (1): 713-730.

[184] 朱介鸣, 郭炎. 城乡统筹发展规划中的土地经济租金、“乡乡差别”与社会公平 [J]. 城市规划学刊, 2014 (1).

[185] 祝树金, 钟腾龙. 中国工农剪刀差系统模型构建及实证研究 [J]. 经济问题探索, 2014 (2): 9-17.

[186] Abraham, K. and J. Medoff. 1983. Length of Service and the Operation of Internal Labor Markets. Sloan School of Management Working Paper No. 1394-83. Massachusetts Institute of Technology, Cambridge, Massachusetts.

[187] Adams, Jr R H. Nonfarm income, inequality, and land in rural Egypt [J]. Economic Development and Cultural Change, 2002, 50 (2): 339-363.

[188] Akerlof G A. Labor contracts as partial gift exchange [J]. The quarterly journal of economics, 1982, 97 (4): 543 -569.

[189] Ashwin S, Isupova O. "Behind Every Great Man…": The Male Marriage Wage Premium Examined Qualitatively [J]. Journal of Marriage and Family, 2014, 76 (1): 37 -55.

[190] Banerjee A V, Newman A F. Occupational choice and the process of development [J]. Journal of political economy, 1993, 101 (2): 274 -298.

[191] Banerjee A V, Ghatak M. Eviction threats and investment incentives [J]. Journal of Development Economics, 2003, 74 (2): 538 -539.

[192] Baron R M, Kenny D A. The moderator - mediator variable distinction in social psychological research: conceptual, strategic, and statistical considerations. [J]. Journal of Personality & Social Psychology, 1987, 51 (6): 1173 -1182.

[193] Bartlett, R. L. and T. I. Miller. Executive Compensation: Female Executives and Networking. The American Economic Review: 1985, 72 (2), 266 -270.

[194] Bates, R. H. Markets and States in Tropical Africa. Berkeley, California: University of California Press, 1981.

[195] Bank, W.: Sharing Rising Incomes: Disparities in China, World Bank Publications, 1997.

[196] Beekman G, Bulte E H. Social norms, tenure security and soil conservation: Evidence from Burundi [J]. Agricultural Systems, 2012, 108 (4): 50 -63.

[197] Benjamin D, Brandt L, Giles J. Inequality and growth in rural China: does higher inequality impede growth? [J]. 2006.

[198] Berdegué J A, Ramírez E, Reardon T, et al. Rural nonfarm employment and incomes in Chile [J]. World Development, 2001, 29 (3): 411 -425.

[199] Besley T. Property Rights and Investment Incentives: Theory and Evidence from Ghana [J]. Journal of Political Economy, 1993, 103 (5): 903 -37.

[200] Bian Y. Guanxi and the allocation of urban jobs in China [J]. The China Quarterly, 1994a (140): 971 -999.

[201] Bian Y. Work and inequality in urban China [M]. Albany: State University of New York Press, 1994b.

[202] Bollen K A, Stine R. Direct and Indirect Effects: Classical and Bootstrap Estimates of Variability [J]. Sociological Methodology, 1990, 20 (1): 115.

[203] Borooah V K, Gustafsson B, Li S. China and India: Income inequality and poverty north and south of the Himalayas [J]. Journal of Asian Economics, 2006, 17 (5): 797 -817.

[204] Bravo - Ureta B E, Solis D, Cocchi H, et al. The impact of soil conservation and output diversification on farm income in Central American hillside farming [J]. Agricultural Economics, 2006, 35 (3): 267 -276.

[205] Bolton P. A trickle down theory of growth and development with debt overhang [J]. Review of Economics Studies, 1997 (64): 151 -172.

[206] Brauw A D, Rozelle S. Migration and household investment in rural China [J]. China Economic Review, 2008, 19 (2): 320 -335.

[207] Burt R S. Structural holes: The social structure of competition [M]. Harvard university press, 2009.

[208] Capozza D R, Helsley R W. The fundamentals of land prices and urban growth [J]. Journal of Urban Economics, 1989, 26 (3): 295 -306.

[209] Card D. The causal effect of education on earnings [J]. Handbook of labor economics, 1999 (3): 1801 -1863.

[210] Chang X. ‘Fat Pigs’ and Women's Gifts: Agnatic and Non - Agnatic Social Support in Kaixiangong Village [M]. Women of China. Palgrave Macmillan UK, 1999.

[211] Cheung S N S. A Theory of Price Control [J]. Journal of Law & Economics, 1974, 17 (1): 53 -71.

[212] Corral L, Reardon T. Rural Nonfarm Incomes in Nicaragua [J]. World Development, 2001, 29 (3): 427 -442.

[213] David H, Frank L, Richard J M. The Skill Content of Recent Technological Change: An Empirical Exploration [J]. Quarterly Journal of Economics, 2003 (118): 4.

[214] Davies J B, Shorrocks F. The Distribution of Wealth in Handbook of Income Distribution, AB Atkinson and F. Bourguignon [J]. 1999.

[215] Deichmann U, Shilpi F, Vakis R. Urban proximity, agricultural potential and rural non - farm employment: Evidence from Bangladesh [J]. World Development, 2009, 37 (3): 645 - 660.

[216] Deinlnger K. The Evolution of the World Bank's Land Policy: Principles, Experience, and Future Challenges [J]. World Bank Research Observer, 1999, 14 (2): 247 - 76.

[217] Deolalikar A. Nutrition and labor productivity in agriculture [J]. Review of Economics & Statistics, 1988, 23 (3): 515 - 519.

[218] Dewen W, Fang C, Guoqing Z. Factors Influencing Migrant Workers' Employment and Earnings——The Role of Education and Training [J]. Social Sciences in China, 2010, 31 (3): 123 - 145.

[219] Dimaggio P, Garip F. Network Effects and Social Inequality [J]. Social Science Electronic Publishing, 2012, 38 (4): 93 - 118.

[220] Dimaggio P, Garip F. How Network Externalities Can Exacerbate Intergroup Inequality 1 [J]. American Journal of Sociology, 2011, 116 (6): 1887 - 1933.

[221] Du Y. Rural labor migration in contemporary China: an analysis of its features and the macro context [J]. Rural Labor Flows in China, Institute of East Asian Studies, University of California, Berkeley, 2000.

[222] Eccles R G, Crane D B. Doing deals: Investment banks at work [M]. Boston: Harvard Business School Press, 1990.

[223] Fafchamps M, Shilpi F. The spatial division of labour in Nepal [J]. The Journal of Development Studies, 2003, 39 (6): 23 - 66.

[224] Fan S. Effects of Technological Change and Institutional Reform on Production Growth in Chinese Agriculture [J]. American Journal of Agricultural

Economics, 1991, 73 (2): 266 -275.

[225] Fan S, Zhang L, Zhang X. Growth, Inequality, and Poverty in Rural China: The Role of Public Investment [J]. Research Report of the International Food Policy Research Institute, 2002, 55 (125): 417 -419.

[226] Feder G, Nishio A. The benefits of land registration and titling: Economic and social perspectives [J]. Land Use Policy, 1998, 15 (1): 25 -43.

[227] Feng S, Heerink N, Ruben R, et al. Land rental market, off - farm employment and agricultural production in Southeast China: A plot - level case study [J]. China Economic Review, 2010, 21 (4): 598 -606.

[228] Firpo S, Fortin N M, Lemieux T. Unconditional Quantile Regressions [J]. Econometrica, 2009, 77 (3): 953 -973.

[229] Fishman A, Simhon A. The division of labor, inequality and growth [J]. Journal of Economic Growth, 2002, 7 (2): 117 -136.

[230] Gagnon J J. Are All Migrants Really Worse Off in Urban Labour Markets? New Empirical Evidence from China [J]. OECD Development Centre Working Papers, 2009, 55 (1): 161 -167.

[231] Galor O, Zeira J. Income distribution and macroeconomics. Rev Econ Stud [J]. Review of Economic Studies, 1993, 60 (1): 35 -52.

[232] Gao Y D, Wen T, Yi W, et al. A spatial econometric study on effects of fiscal and financial supports for agriculture in China [J]. Agricultural Economics, 2013, 59 (7): 315 -332.

[233] Gray C L, Bilsborrow R E. Consequences of Out - Migration for Land Use in Rural Ecuador. [J]. Land Use Policy, 2014, 36 (1): 182 -191.

[234] Glaeser, E. L. and M. Lu. Human Capital Externalities in China [J]. Harvard University and Shanghai Jiaotong University Working Paper, 2014.

[235] Granovetter M. Getting a job: A study of contacts and careers [M]. University of Chicago Press, 1995.

[236] Gubert F. Do migrants insure those who stay behind? Evidence from the Kayes area (Western Mali) [J]. Oxford Development Studies, 2002, 30 (3): 267 -287.

[237] Gurley J G, Shaw E S. Financial Aspects of Economic Development [J]. American Economic Review, 1955, 45 (4): 515 - 538.

[238] Gustafsson B, Li S. Economic transformation and the gender earnings gap in urban China [J]. Journal of Population Economics, 2000, 13 (2): 305 - 329.

[239] Hainmueller J, Mummolo J, Xu Y. How Much Should We Trust Estimates from Multiplicative Interaction Models? Simple Tools to Improve Empirical Practice [J]. Social Science Electronic Publishing, 2016.

[240] Hayes A F. Beyond Baron and Kenny: Statistical mediation analysis in the new millennium. [J]. Communication Monographs, 2009, 76 (4): 408 - 420.

[241] Hosmer Jr D W, Lemeshow S, Sturdivant R X. Applied logistic regression [M]. New York: John Wiley & Sons, 2013.

[242] Huang J, Deng X, Rozelle S. Cultivated land conversion and bioproductivity in China [J]. Proceedings of SPIE - The International Society for Optical Engineering, 2004: 5544.

[243] Hui E C M, Bao H J, Zhang X L. The policy and praxis of compensation for land expropriations in China: An appraisal from the perspective of social exclusion [J]. Land Use Policy, 2013, 32 (3): 309 - 316.

[244] Ju Q, Ni J, Ni D, et al. Land Acquisition, Labor Allocation, and Income Growth of Farm Households [J]. Emerging Markets Finance and Trade, 2016, 52 (8): 1744 - 1761.

[245] Kanbur R, Zhang Z. 2005, "Fifty Years of Regional Inequality in China: A [J]. Journey Through Evolution, Reform and Openness", Review of Development Economics, 2005, 9 (1): 87 - 106.

[246] Kellermann G, Shaw C R, Luyten - Kellerman M. Aryl hydrocarbon hydroxylase inducibility and bronchogenic carcinoma. [J]. New England Journal of Medicine, 1973, 289 (18): 934 - 937.

[247] Kipnis, A. B. Producing Guanxi [M]. Duke University Press, 1997.

[248] Knight J, Yueh L. The role of social capital in the labour market in China [J]. Economics of Transition, 2008, 16 (3): 389 -414.

[249] Knight J, Lina S. Why urban wages differ in China [M] //The distribution of income in China. Palgrave Macmillan UK, 1993: 216 -284.

[250] Knight J, Song L. The Determinants of Urban Income Inequality In China [J]. Oxford Bulletin of Economics and Statistics, 1991, 53 (2): 123 - 154.

[251] Knight, J. and L. Song. 1999. The Rural - Urban Divide: Economic Disparities and Interactions in China. Oxford: Oxford University Press.

[252] Knight J, Weir S, Woldehanna T, et al. The role of education in facilitating risk - taking and innovation in agriculture [J]. Journal of Development Studies, 2003, 39 (6): 1 -22.

[253] Kohansal M R, Ghorbani M, Mansoori H. Effect of Credit Accessibility of Farmers on Agricultural Investment and Investigation of Policy Options in Khorasan - Razavi Province [J]. 2008, 8 (23): 4455 -4459.

[254] Kumar A, Roy D, Trapathi G, et al. Can contract farming increase farmers' income and enhance adoption of food safety practices: Evidence from remote areas of Nepal [M]. 2016.

[255] Kuznets S. Economic growth and income inequality [J]. The American economic review, 1955: 1 -28.

[256] Lanjouw P, Shariff A. Rural non - farm employment in India: Access, incomes and poverty impact [J]. Economic and Political Weekly, 2004: 4429 -4446.

[257] Lee C K. Gender and the South China miracle: Two worlds of factory women [M]. Univ of California Press, 1998.

[258] Li W. The Impact of Economic Reform on the Performance of Chinese State Enterprises, 1980 ~ 1989 [J]. Journal of Political Economy, 1997, 105 (5): 1080 -1106.

[259] Lian Y, Su Z, Gu Y. Evaluating the effects of equity incentives using PSM: Evidence from China [J]. Frontiers of Business Research in China,

2011, 5 (2): 266 -290.

[260] Lin N. Social capital: A theory of social structure and action [M]. Cambridge university press, 2002.

[261] Lin J Y. Rural Reforms and Agricultural Growth in China [J]. American Economic Review, 1992, 82 (1): 34 -51.

[262] Lipton M. Why Poor People Stay Poor: Urban Bias in World Development. Cambridge. MA: Harvard University Press, 1977.

[263] Lucas R E. On the mechanics of economic development [J]. Journal of monetary economics, 1988, 22 (1): 3 -42.

[264] Lucas R E J. Life Earnings and Rural - Urban Migration. [J]. Journal of Political Economy, 2004, 112 (S1): 29 -29.

[265] Mackinnon D P, Lockwood C M, Hoffman J M, et al. A comparison of methods to test mediation and other intervening variable effects. [J]. Psychological Methods, 2002, 7 (1): 83 -104.

[266] Mathenge, Mary K, Smale M, Tschirley D. Off - farm Employment and Input Intensification among Smallholder Maize Farmers in Kenya [J]. Journal of Agricultural Economics, 2015, 66 (2): 519 -536.

[267] McMillan J. Markets in transition [M]. Graduate School of International Relations and Pacific Studies, University of California, San Diego, 1995.

[268] Meng X, Zhang J. The Two - Tier Labor Market in Urban China: Occupational Segregation and Wage Differentials between Urban Residents and Rural Migrants in Shanghai [J]. Journal of Comparative Economics, 2001, 29 (3): 485 -504.

[269] Menkhoff L, Neuberger D, Rungruxsirivorn O. Collateral and its substitutes in emerging markets' lending [J]. Journal of Banking & Finance, 2012, 36 (3): 817 -834.

[270] Miceli T J, Sirmans C F. Efficiency rents: A new theory of the natural vacancy rate for rental housing [J]. Journal of Housing Economics, 2013, 22 (1): 20 -24.

[271] Mincer J. Schooling, Experience, and Earnings. Human Behavior &

Social Institutions No. 2 [J]. 1974.

[272] Mincer J. Progress in Human Capital Analysis of the Distribution of Earnings [J]. Nber Working Papers, 1974, 3 (2): 135 - 146.

[273] Moretti E. Estimating the social return to higher education: evidence from longitudinal and repeated cross - sectional data [J]. Journal of Econometrics, 2004, 121 (s 1 - 2): 175 - 212.

[274] Murphy K M, Shleifer A, Vishny R. Income distribution, market size, and industrialization [R]. National Bureau of Economic Research, 1988.

[275] Montgomery J D. Social networks and labor - market outcomes: Toward an economic analysis [J]. The American economic review, 1991, 81 (5): 1408 - 1418.

[276] Morduch J, Sicular T. Politics, Growth and Inequality in Rural China: Does it Pay to Join the Party? [J]. Journal of Public Economics, 2000, 77 (3): 331 - 356.

[277] Mortensen D T, Vishwanath T. Personal contacts and earnings: It is who you know! [J]. Labour economics, 1994, 1 (2): 187 - 201.

[278] Nguyen A T, Dzator J, Nadolny A. Does contract farming improve productivity and income of farmers?: A review of theory and evidence [J]. The Journal of Developing Areas, 2015, 49 (6): 531 - 538.

[279] Northam R M. Urban geography [M]. John Wiley & Sons, 1979.

[280] Nowotarski J. Computing electricity spot price prediction intervals using quantile regression and forecast averaging [J]. Computational Statistics, 2015, 30 (3): 791 - 803.

[281] Nurkse R. Problems of capital formation in underdeveloped countries [M]. Basil Blackwell, 1953.

[282] Oaxaca R L, Ransom M R. On discrimination and the decomposition of wage differentials [J]. Journal of econometrics, 1994, 61 (1): 5 - 21.

[283] Oi J C. State and Peasant in Contemporary China: The Political Economy of Village Government [M]. University of California Press, 1989.

[284] Oi J C. Rural China takes off: Institutional foundations of economic

reform [M]. Univ of California Press, 1999.

[285] Park K H. Educational expansion and educational inequality on income distribution [J]. Economics of education review, 1996, 15 (1): 51-58.

[286] Patrick L, Hamilton D R, Choyke W J. Growth, Luminescence, Selection Rules, and Lattice Sums of SiC with Wurtzite Structure [J]. Physical Review, 1966, 143 (2): 526-536.

[287] Persson T, Tabellini G. Is inequality harmful for growth? [J]. American Economic Review, 1994, 84 (3): 600-621.

[288] Popkin S L. The rational peasant: the political economy of rural society in Vietnam. [J]. Foreign Affairs, 1979, 41.

[289] Polanyi, Karl, Huang, Shu-min. 巨变：当代政治与经济的起源 [M]. 社会科学文献出版社，2013.

[290] Psacharopoulos G. Returns to education: a further international update and implications [J]. Journal of human resources, 1985: 583-604.

[291] Ray T, Singh N. Limited liability, contractual choice, and the tenancy ladder [J]. Journal of Development Economics, 2001, 66 (1): 289-303.

[292] Reskin B. Sex Segregation in the Workplace [J]. Annual Review of Sociology, 2003, 19 (4): 241-270.

[293] Roberts B E. A Dead Senator Tells No Lies: Seniority and Distribution of Federal Benefits [J]. American Journal of Political Science, 1990, 34 (1): 31-31.

[294] King R G, Levine R. Finance, entrepreneurship and growth [J]. Journal of Monetary economics, 1993, 32 (3): 513-542.

[295] Rosenbaum P R, Rubin D B. The central role of the propoensity score in observational studies for causal effects [J]. Biometrika, 1983, 70 (1): 41-55.

[296] Saqib S E, Ahmad M M, Panezai S, et al. Factors influencing farmers' adoption of agricultural credit as a risk management strategy: The case of Pakistan [J]. International Journal of Disaster Risk Reduction, 2016 (17):

67 -76.

[297] Schultz T P. Wage Gains Associated with Height as a Form of Health Human Capital [J]. American Economic Review, 2002, 92 (2): 349 -353.

[298] Scoones I. Sustainable rural livelihoods: a framework for analysis [J]. Subsidy Or Self, 1998.

[299] Shu X, Bian Y. Market Transition and Gender Gap in Earnings in Urban China [J]. Social Forces, 2003, 81 (4): 1107 -1145.

[300] Sicular T, Ximing Y, Gustafsson B, et al. The urban - rural income gap and inequality in China [J]. Review of Income and Wealth, 2007, 53 (1): 93 -126.

[301] Sindi K. A Test of the New Economics of Labor Migration Hypothesis: Evidence from Rural Kenya [J]. General Information, 2006.

[302] Sobel M E. Some New Results on Indirect Effects and Their Standard Errors in Covariance Structure Models [J]. Sociological Methodology, 1986 (16): 159 -186.

[303] Stijns J P C. Natural resource abundance and economic growth revisited [J]. Resources Policy, 2005, 30 (2): 107 -130.

[304] Stone C A, Sobel M E. The robustness of estimates of total indirect effects in covariance structure models estimated by maximum [J]. Psychometrika, 1990, 55 (2): 337 -352.

[305] Strauss J. Does Better Nutrition Raise Farm Productivity? [J]. Journal of Political Economy, 1986, 94 (2): 297 -320.

[306] Stürmer T, Joshi M, Glynn R J, et al. A review of the application of propensity score methods yielded increasing use, advantages in specific settings, but not substantially different estimates compared with conventional multivariable methods. [J]. Journal of Clinical Epidemiology, 2006, 59 (5): 437.

[307] Sun L, Chang J, Liu Y, et al. The urban - rural disparities of the elderly labor supply and income in China [J]. Procedia Engineering, 2011, 15 (1): 5274 -5278.

[308] Szelenyi I. Social Inequalities in State Socialist Redistributive Economies

[J]. International Journal of Comparative Sociology, 1978, 19 (1-2): 63-87.

[309] Tang W S, Chung H. Rural-urban transition in China: illegal land use and construction [J]. Asia Pacific Viewpoint, 2002, 43 (1): 43-62.

[310] Tassel E V. Credit access and transferable land rights [J]. Oxford Economic Papers, 2004, 56 (1): 151-166.

[311] Tatom J A. Paved with good intentions: The mythical national infrastructure crisis [J]. Water supply, 1993, 110.

[312] Tax S. Penny capitalism: a guatemalan indian economy [J]. Smithsonian Institution Institute of Social Anthropology, 1953, 47 (1).

[313] Turvey C G, Kong R, Huo X. Borrowing amongst friends: the economics of informal credit in rural China [J]. China Agricultural Economic Review, 2010, 2 (2): 133-147.

[314] Wainaina P W, Okello J J, Nzuma J. Impact of contract farming on smallholder poultry farmers' income in Kenya [C] //Selected Paper prepared for presentation at the International Association of Agricultural Economists (IAAE) Triennial Conference, Foz do Iguau, Brazil. 2012: 18-24.

[315] Walder A G. Communist neo-traditionalism: Work and authority in Chinese industry [M]. Univ of California Press, 1988.

[316] Walder A G. Income Determination and Market Opportunity in Rural China, 1978~1996 [J]. Journal of Comparative Economics, 2002, 30 (2): 354-375.

[317] Waldinger R D. Still the promised city?: African-Americans and new immigrants in postindustrial New York [M]. Harvard University Press, 1999.

[318] Wan G, Lu M, Chen Z. The inequality-growth nexus in the short and long run: Empirical evidence from China [J]. Journal of Comparative Economics, 2006, 34 (4): 654-667.

[319] Wan, G.: Accounting for Income Inequality in Rural China: a Regression-based Approach, Journal of Comparative Economics, 2004, 32 (2): 348-363.

[320] Wang X, Yamauchi F, Huang J. Rising wages, mechanization, and the substitution between capital and labor: evidence from small scale farm system in China [J]. Agricultural Economics, 2016, 47 (3): 309 - 317.

[321] Wank D L. Bureaucratic patronage and private business: changing networks of power in urban China [J]. The waning of the communist state: Economic origins of political decline in China and Hungary, 1995: 153 - 183.

[322] Wang S. Challenges and Opportunities for Tibetan Farmers: Seeking Non - farm Income [J]. Asian Survey, 2014, 54 (6): 1113 - 1135.

[323] Winters P, Davis B, Carletto G, et al. Assets, activities and rural income generation: evidence from a multicountry analysis [J]. World Development, 2009, 37 (9): 1435 - 1452.

[324] Winters P, Davis B, Corral L. Assets, activities and income generation in rural Mexico: factoring in social and public capital [J]. Agricultural Economics, 2002, 27 (2): 139 - 156.

[325] Woodruff C, Zenteno R. Migration networks and microenterprises in Mexico [J]. Journal of Development Economics, 2007, 82 (2): 509 - 528.

[326] Wu X, Perloff J M. China's income distribution over time: Reasons for rising inequality [J]. Cudare Working Paper, 2004.

[327] Wu J J, Adams R M. Production Risks, Acreage Decisions, and Implications for Revenue Insurance Programs [M] //Risk Management and the Environment: Agriculture in Perspective. Springer Netherlands, 2003: 161 - 180.

[328] Yang D. International Migration, Remittances and Household Investment: Evidence from Philippine Migrants' Exchange Rate Shocks [J]. The Economic Journal, 2008, 118 (528): 591 - 630.

[329] Yang D T, Fang C. The Political Economy of China's Rural - Urban Divide [J]. 2000.

[330] Yang D T. Urban - biased policies and rising income inequality in China [J]. American Economic Review, 1999: 306 - 310.

[331] Yang J, Wang H, Jin S, et al. Migration, local off - farm employment, and agricultural production efficiency: evidence from China [J]. Journal

of Productivity Analysis, 2016, 45 (3): 247 -259.

[332] Yang M M. Gifts, favors, and banquets: The art of social relationships in China [M]. Cornell University Press, 1994.

[333] Yan Y. The flow of gifts: Reciprocity and social networks in a Chinese village [M]. Stanford University Press, 1996.

[334] Yunez - Naude, A., & Taylor, J. E. (2001). The determinants of nonfarm activities and incomes in rural households in Mexico with an emphasis on education. World Development, 29 (3), 561 -572.

[335] Zhang, J., Giles, J., and Rozelle, S.: Does it Pay to be a Cadre? Estimating the Returns to being a Local Official in Rural China, Journal of Comparative Economics, 2012, 40 (3): 337 -356.

[336] Zhang J, Han J, Liu P W, et al. Trends in the Gender Earnings Differential in Urban China, 1988 - 2004 [J]. Industrial & Labor Relations Review, 2008, 61 (2): 224 -243.

[337] Zhang Q, Gao L, Zheng M, et al. Income Polarization in Latin America: Patterns and Links with Institutions and Conflict [J]. Oxford Development Studies, 2008, 36 (4): 461 -484.

[338] Zhang Y, Wan G H, Khor N. The rise of middle class in rural China [J]. China Agricultural Economic Review, 2012, 4 (1): 36 -51.

[339] Zhu Y, Wu Z, Peng L, et al. Where did all the remittances go? Understanding the impact of remittances on consumption patterns in rural China [J]. Applied Economics, 2009, 46 (907): 1312 -1322 (11).

致 谢

我来自农村，我热爱农村这片土地。然而在农村中我也目睹了太多“面朝黄土背朝天”“每天坚守着一亩三分地”的场景，村民们在土地上辛勤地耕作，为碎银几两，却并未使他们致富。相反，身处城郊的农民，却可以凭借自己的土地增值获得较高的征地补偿金。为什么远郊村的农民筚路蓝缕，任劳任怨，却依旧穷其一生？为什么城郊村的农民只需要几亩土地就可以坐享其成？勤劳不再是致富的法宝吗？这样的疑问始终萦绕在我脑海中，作为一个农民的儿子，我必须研究这些问题背后的根源，这既是义务，也是责任。从这一刻起，我便将“三农”问题研究作为己任。

感谢吾师

衷心感谢我的恩师张应良教授，是张老师给了我梦想的舞台，让我走进“三农”研究的大门。依稀记得2013年，我申请读张老师的博士，张老师毫不犹豫地就答应了我的申请，给了我一个继续深造的机会。还没有入学时，张老师就给我机会写作项目，让我受宠若惊。在四年半的读博生涯中，我跟随张老师学会了项目申报书的撰写，学会了学术论文的写作，培养了基本的学术素养，每次我将写作好的小论文和博士论文发给老师点评，他都认真评阅，小到标点符号的使用、错别字的纠正，大到理论框架的修改，他都给出详细的修改意见，让我少走许多弯路，恩师经常不厌其烦地指导我如何读文献、如何从别人的经典文献中提炼出选题、怎样通过观察身边的经济现象提出科学问题等，尤其在论文写作期间，老师给我详尽的指导，包括如何选题、梳理文献、搭建理论框架、理顺逻辑思路、数据分析、文字撰写等，当自己对选题充满疑惑时，跟老师交流后总能茅塞顿开。张老师拥有渊博的农业经济理论知识，对“三农”问题有独到的看法和见解，能够跟随老师学习将是我一生的财富，而这份财富并不会随着时间的流逝而沉淀下去，相反，这份财富将是我以后继续发展的资本，随着时间的积淀而不断增值。

感谢父母

我出生在湖北西南部的一个小山村，这里山大人稀、交通不便，到最近的集镇都有二三十里路，我在10岁以前都没有走出过我出生的那个小乡镇。对于这样一个大山连绵的小山村，读过初中的人都可以用凤毛麟角来形容，更别谈高中、大学，可以说，读书成了西部大山孩子脱离“农门”的唯一途径。如果不是11岁时全家搬进县城，或许我的一生也逃不出打工、务农的轨迹。在那个城镇化尚未兴起的年代，父亲就申请“农转非”，把我们全家接进了城，我从此踏上与同村孩子不一样的轨迹。衷心感谢我的父母，我在这30年中不忠不孝，没有让他们过上一天幸福的生活，好在子欲养亲还待！

我的父亲从2004年开始生病，一直到现，这13年间，我未能尽到一个子女应尽的义务，给他承担一部分医药费，相反，他们还不停地支持我、关心我、鼓励我，经常问我“有没有钱”。即使在他生病最艰难的时期，那时我还在上大学，他总是每个月按时给我转生活费。长时期的生病，已经让我的父亲变得有些敏感，家道中落，这些年来，我一直埋怨家里穷，埋怨父母不够优秀。其实，我的父亲作为一个病人，同时作为中国社会的底层百姓，他已经很做得够好了，在他这个状态能够把我和弟弟供养出来并顺利大学毕业，他已经全力以赴了。这30多年来，父亲都在拼命地用他柔弱的肩膀把我往理想的高度上托着，但不知不觉他已经老了。而我，多年以来，父亲罹病疾而未侍榻前，却只能疚存心底；父亲遭困苦而未报养恩，却只能愧随涕零。

我的母亲是典型的中国式母亲，温和、谦恭，父亲生病后，家道中落，为了生计，母亲只得远走他乡打工，每个月依靠1000多元的工资养活整个家，这10多年里，她在广东的电子厂、制衣厂过着非人的岁月。母亲是那种任劳任怨的人，工厂流水线操作、餐馆洗碗、发传单，她都不辞辛劳地做，只为让家里负担不那么大。小时候依稀记得她还打骂过我们，但从进到县城后，她已经变得很温和，甚至可以用懦弱来形容了，她从来不打骂我们。我可以说她是伟大的，为了供我读大学、读研读博，她奉献出了最宝贵的人生经历，亲情无须多言，他们是中国底层社会的典型代表，不善言谈、不善表露，但自始至终，他们都在拼尽全力为子女做最坚固的基石。

感谢同学

如果说，老师是我们成长道路上的指路人，那么同学就是我们在成长这条道路上的搀扶者，是一起面对困难、互相鼓励的伙伴。因为有了同学的陪伴，我们才不至于在书山的攀登中感到孤寂，在困难面前才能更有勇气。

感谢师门的师兄弟姐妹，他们分别是杨芳博士、张建锋博士、李龙峰博士、孙枫博士、刘建徽博士、陈乙萍博士、王卫卫博士、雷丽霞博士、李国珍博士、文婷博士、孔立博士、郑淋议博士、王硕博士、刘静硕士、周静璇硕士、魏韬硕士、李璇硕士、徐亚东硕士、李正梅硕士、来雪晴硕士、吴乐硕士、李璐硕士、王雪娇硕士、郭亚楠硕士。虽然跟师门的同学交流不多，但在每次的讨论会中，我们都碰撞出思想的火花。在每次的师门聚餐上，大家也畅谈人生。在这里，尤其要感谢杨芳博士，她作为师门的负责人，经常不厌其烦地为大家服务，她优秀的组织能力值得我好好学习，衷心祝愿她在加拿大一切安好。还要特别感谢陈乙萍博士，作为我的同级同学，我们之间沟通相对较多，经常互通有无，常常关心彼此的生活、感情状态，偶尔也开开玩笑，感谢她一直以来对我的关心和帮助！

感谢2013级农业经济管理专业的同班同学，他们分别是田红宇博士、阿木不打博士、严宏博士、魏晓博博士、瞿浩淼博士、周波博士、白继山博士、曹峥林博士、陈艺琼博士、董文杰博士、李海央博士、李丽辉博士、徐苗苗博士、杨芷汀博士、周志波博士、朱明月博士。学习的道路上永远也缺少不了同学们的陪伴，如果没有你们，求学道路将会非常枯燥。尤其要感谢田红宇博士，作为恩施老乡，他住在我寝室隔壁，经常串门，沟通学术问题和生活问题，还记得博一时，每隔几天便一起去天生丽街的石锅鱼店吃鱼，现在依然回味无穷。毕业离校后，他把他珍贵的发财树、做饭的厨具全都赠送给了我，写到这里，我抬头望了望阳台上的发财树，依然长势良好，生机盎然，见证着我们的同学情谊。

感谢所有博士阶段认识的同学，他们分别是王小华博士、陈成龙博士、张骞博士、王汉杰博士、韩佳丽博士、姜松博士、封永刚博士、李瑞琴博士、王艳红博士、卢德彬博士、张梓榆博士、车四方博士、双琰博士、刘艳萍博士、马巍莹博士、邵萍博士、李福博士、陈博博士等。

感谢爱人

最后，我要感谢与我相濡以沫的妻子鄢晓娟女士，无数次在我青黄不接的日子里，她给我寄来她省吃俭用的钱，使我顺利完成学业。当然，我们在生活中也难免有争吵，有时我伤她很深，现在回想起来，我很愧疚，这么好的女孩，我怎能伤她？感谢她在我孤立无援时施以援手，又在我佯装坚强时温婉如流，在我春风得意时授我平静，在我暴雨来袭时携我面对。荣幸有你在我最焦灼的青春中，坚如磐石；我许你在山丘之后的天地里，并肩撒野。最后，感谢我的女儿刘芮宁，感谢你的到来，使家里充满欢乐，愿你健康茁壮成长！

落笔终有时，要感谢的人很多，在此就不一一列举了。

恩情深而笔墨短，友谊远而言语拙。诚诚然尽致谢意，默默兮倾诵感怀。